Otto Borst

Geschichte Baden-Württembergs

Otto Borst

Geschichte Baden-Württembergs

Ein Lesebuch

Herausgegeben von
Susanne und Franz Quarthal

THEISS

Gedruckt mit freundlicher Unterstützung
der Stadt Esslingen

Bibliografische Information **Der Deutschen Bibliothek**
Die Deutsche Bibliothek verzeichnet diese Publikation in der
Deutschen Nationalbibliografie; detaillierte bibliografische
Daten sind im Internet über http://dnb.ddb.de abrufbar.

Lektorat: Barbara Locher, Neuenbürg
Typographie: Magdalene Krumbeck, Wuppertal
Satz: Dörr + Schiller GmbH, Stuttgart
Druck und Bindung: Ebner & Spiegel GmbH, Ulm
ISBN 3-8062-1730-0

Besuchen Sie uns im Internet: www.theiss.de

Inhalt

Geleitwort – 7
Vorwort – 17

Das Land – 26
Zwei Wörter – ein Stamm – 49
Von Tragik umweht: Das Herzogtum Schwaben – 57
Der Ausgriff der Grafen – 71
Die Städter kommen – 81
Die permanente Reformation – 109
Prälaten, Schreiber, Grandseigneurs – 126
Hie Fürst – hie Landschaft – 135
»Was in Praxi nützlich sein kann …« – 143
Terra magistrorum – 154
Im Glanz der Königskrone – 161
Provinz im Aufbruch – 169
Der Vormärz – seine schwäbisch-alemannische Variante – 192
Die Beisteuer zur deutschen Revolution 1848/49 – 222
Der schwäbische Weg zur Industrie – 242
Im Takt der Maschinen – 272
Silvester 1900 – 303
Der schmähliche Abschied – 314
Volksstaat der Verlässlichkeit – 324
Die »Golden Twenties«? – 333
Aschenjahre: Wenn alles in Trümmer fällt – 349
Dichtung und Literatur – 356
Wege aus dem Elend – 375
»Wir gehören schon längst zusammen« – 381

Zeittafel zur Geschichte Baden-Württembergs – 407
Professor Dr. Otto Borst (1924–2001) – 431
Auswahlbibliographie – 439

Geleitwort

Baden-Württemberg war für Otto Borst kein Zufallsprodukt der jüngsten deutschen Geschichte, der Nachkriegszeit und des Besatzungswillens, sondern ein historisch sinnhaftes Gebilde. Zwar ist das Land erst 1952 durch den Zusammenschluss der drei Nachkriegsländer Baden, Württemberg-Baden und Württemberg-Hohenzollern entstanden, doch Borst sah die Einheit des südwestdeutschen Raumes nicht nur schon in der Weimarer Republik, sondern weit zurück in der frühmittelalterlichen Geschichte vorgegeben. Als einen Ausdruck der Zusammengehörigkeit empfand er bereits die germanische Besiedlungsgeschichte Südwestdeutschlands. Die Alemannen seien ein einheitlicher Volksstamm gewesen, der den südwestdeutschen Raum ebenfalls als zusammengehörigen Raum besiedelt hatte. Diese Alemannen wurden seit dem 10. Jahrhundert Schwaben genannt und hatten als solche wiederum einheitlich den gesamten südwestdeutschen Raum organisiert. Das schwäbische Herzogtum war somit der Träger einer südwestdeutschen Einheitsidee, die sich durch die gesamte spätere Geschichte dieses Raumes verfolgen lässt. Die dynastische Territorialbildung der Württemberger, der Habsburger, der Badener, der Wittelsbacher, der Hohenloher seit dem späten Mittelalter hat im Grunde Zusammengehöriges getrennt. Auch die Mittelstaaten des 19. Jahrhunderts, das Großherzogtum Baden und das Königreich Württemberg – mitsamt den hohenzollerischen Landen – waren im Grunde nur ephemere Gebilde, auf Fürstenhäuser hin konzentriert. Die auf die Geschichte der Herrscherhäuser und der Einzelterritorien fixierte Landesgeschichtsschreibung habe das Trennende vertieft, ja durch ihre Gestaltung der Vergangenheit recht eigentlich erst geschaffen. Mit der Abdankung der Monarchen nach der Revolution von 1918 hätten die natürlichen, historisch wirkenden Kräfte des südwestdeutschen Raumes wieder zu einer Einheit finden können.

Borst kontrastiert die genossenschaftlichen Kräfte im Laufe der Geschichte, die in den Landständen, den Korporationen wie dem Schwäbischen Bund und dem Schwäbischen Kreis ihren Ausdruck gefunden haben, mit dem dynastischen Herrscherwillen, der trennte, was als Einheit vorgegeben war. Schwäbisches Herzogtum, Schwäbischer Bund und Schwäbischer Kreis waren die Gebilde, die das Eigentliche, das Wesentliche des südwestdeutschen Raumes ausmachten. Dass dabei der Oberrheinische, der Österreichische und der Fränkische Kreis in ihrer Bedeutung verkürzt wurden und sich die fränkischen oder kurpfälzischen Teile Baden-Württembergs nicht ganz in dieser Sicht wiederfinden konnten, focht Otto Borst nicht an. Schwaben in seiner Ausdehnung vor dem Untergang der Staufer vom Lech bis zu den Vogesen, von der Rems bis zu den Alpen, Schwaben als die Heimat von Gestalten von europäischer Bedeutung wie Friedrich Barbarossa oder Friedrich II., dies war für ihn die historische Wurzel Baden-Württembergs. Diese Schwabenidee wurde in der Neuzeit auf Württemberg verkürzt, doch schon in der Rezeption der Französischen Revolution wurde mit der Idee einer »Schwäbischen Republik« erneut der Blick auf ein einheitliches Südwestdeutschland geworfen. So sind die vielfältigen Einheitsideen, die seit 1918 in der Weimarer Zeit formuliert wurden – sei es von dem engagierten Siedlungsgeographen Friedrich Metz oder von dem feinsinnigen Journalisten Theodor Heuss, sei es das faszinierende Bild einer historischen Einheit Südwestdeutschlands, das Karl Siegfried Bader 1950 entwarf –, nur eine Wiedergeburt der natürlich vorgegebenen Idee der Einheit des südwestdeutschen Raumes. »Wir sind schon lange eine Einheit«, diese Vorstellung hat das Geschichtsdenken Otto Borsts beseelt. Seiner tiefsten Überzeugung von der Einheit des südwestdeutschen Raumes widersprach es, dass das neu geschaffene Bundesland sich nicht einen eigenen, passenden Namen gab, der für Borst nur »Schwaben« sein konnte, sondern seine beiden dynastischen Hälften mit der künstlichen Wortschöpfung »Baden-Württemberg« zusammenklebte. Er wurde nicht müde, diese Verbiegung der Einheitsidee zu geißeln. Es ging nicht um eine Äußerlichkeit, ein Missverständnis der eigenen Vergangenheit war in dem neuen Namen verewigt worden. Ein Symbol der Einheit, ein Stück möglicher Identifikation mit dem neuen Bundesland war durch die Namensgebung für ihn auf Dauer vertan.

Ein kleines Beispiel mag verdeutlichen, weshalb Borst den einheitlichen Namen als Identifikationselement für das »Bindestrich«-Bundesland so unabdingbar für notwendig hielt. Im Jahre 1986 feierte die Münchner Abtei St. Bonifaz den 200. Geburtstag ihres Gründers, König Ludwigs I. von Bayern, der 1850 die Abtei als bayerisches Wissenschaftskloster begründet und reich dotiert hatte. »Bayern« war bei diesem Festakt anwesend: Neben einem Vertreter der bayerischen Landesregierung waren die Chefs des Hauses Wittelsbach präsent; die katholische Kirche war vertreten durch den Münchner Erzbischof und Kardinal Wetter, die bayrischen Universitäten waren repräsentiert durch den Rektor der Universität München. Wie hätte sich bei einem ähnlichen Anlass »Baden-Württemberg« darstellen sollen? Repräsentiert der Herzog von Württemberg oder der Markgraf von Baden den Adel im Land? Spricht der Erzbischof von Freiburg oder der Bischof von Rottenburg für die katholische Kirche? Wem kommt es zu, die baden-württembergischen Hochschulen zu vertreten? Bayerische Selbstverständlichkeiten müssen in Baden-Württemberg eigens geklärt werden. Gerade deswegen war Otto Borst auf der Suche nach historischen Exempeln, nach Symbolen und Bezeichnungen, die eine Identifikation mit dem Südweststaat fördern sollten.

Dass die von ihm für die historisch verbürgte Einheit des Landes immer wieder genannten Institutionen, das schwäbische Herzogtum, der Schwäbische Bund, der Schwäbische Kreis jeweils nur ein Teil des neuen Bundeslandes umfasste, wie erwähnt, störte ihn wenig. Die Tatsache, dass auch er selbst seine Kindheit nicht im Schwäbischen, sondern im fränkischen Hohenlohe zugebracht hat, eine Heimat, der er zeitlebens verbunden blieb, konnte er in diesem Geschichtsbild weitgehend in den Hintergrund treten lassen. Dass Franken sich in einem Bundesland Schwaben nicht unbedingt wiedergefunden hätte, wurde von ihm großzügig ignoriert.

Otto Borst wurde in Waldenburg, in dem ehemaligen kleinen Fürstentum Hohenlohe, geboren und war in der Reichsstadt Esslingen den größten Teil seines Arbeitslebens berufstätig – dies hinderte ihn nicht, sich mit innerster Überzeugung als Württemberger zu empfinden. Über den Zusammenhang zwischen württembergischer und schwäbischer Denkungsweise hat er immer wieder reflektiert. Er sah sich als reichsstädtisch-württembergischer Schwabe und meinte, dass dies gut die gesamte Geistigkeit des Südwestens abdecken könne. Zwar gab es einen bayerischen Regierungsbezirk Schwaben, dessen Trennung von einem Bundesland Schwaben verschmerzbar erschien, galten doch die Prälaten der Abteien im Bistum Augsburg schon den Zeitgenossen des 17. und 18. Jahrhunderts als Fremde, als »transilleriani« (die jenseits der Iller Wohnenden), von denen man leicht geschieden war. Borst gehörte zu denen, die nach 1945 das Heilige Römische Reich als wichtigen Teil historischer Tradition in Deutschland wieder entdeckten. Er war fasziniert von der Kulturbedeutung der oberdeutschen Reichsstadt, die ohne die Territorialgrenzen des 19. Jahrhunderts über ganz Südwestdeutschland verbreitet war und deren geistige Welt auch sein eigenes Denken prägte. Ein zweiter wesentlicher säkularer Strang schwäbisch-württembergischer Geschichte war für ihn der Pietismus, der Mentalität und Lebensweise Württembergs sowie gerade die Entwicklung zum modernen Industriestaat fundamental bestimmte. Bei allem Bewusstsein der historischen Rolle von Augsburg, Ulm oder Zürich im Herzogtum Schwaben beziehungsweise von Ulm im Schwäbischen Bund und im Schwäbischen Kreis war es deswegen für ihn unstrittig, dass nur Stuttgart der Mittelpunkt des neuen Bundeslandes sein konnte.

So ist Borsts Geschichtsdenken zutiefst württembergisch geprägt gewesen. Als Gewährsleute und Zeugen für sein Geschichtsbild wählte er immer wieder (alt)württembergische Autoren. Seine Affinität zur Form, Verfassung und theologischen Prägung der württembergischen Landeskirche, zur lutherischen Orthodoxie und zum schwäbischen Pietismus ist unverkennbar. Ausladend und breit wird er in seiner historischen Darstellung gerne dort, wo der württembergisch-schwäbische Gedankenkosmos im 19. Jahrhundert, in der schwäbischen Romantik und in der aufbrechenden Öffnung zur industriellen Welt sein Thema war. Die literarische Produktion Schwabens im 19. Jahrhundert ist ihm von der Poesie über die theologisch-philosophische Fachliteratur hin bis zu den Publikationen der Vordenker von Wirtschaft und Industrie ständig präsent. Dies war der Nährboden, von dem er den geistigen Umbruch des 19. Jahrhunderts ausgehen sah.

Badisches erschien in dieser württemberg-geprägten Perspektive Borsts eher am Rande, eine eigene Geistigkeit – da es sich ja um einen Bestandteil Schwabens handelte – mochte er darin nicht zu erkennen. Noch ferner als Baden waren ihm die kurpfälzischen Traditionen des neuen Bundeslandes. Heidelberg und Mannheim, den Hof der pfälzischen Wittelsbacher, streifte er in seiner Darstellung zumeist nur am Rande. Die kurpfälzische Akademie der Wissenschaften war ihm weit weniger präsent als die Gedankenwelt der Tübinger Professorenschaft. Schöpflin, das Pforzheimer Gymnasium, die geistige Welt Freiburgs in österreichischer Zeit, die spätscholastische Gedankenwelt des jesuitisch geprägten Katholizismus blieben ebenso im Hintergrund. Die höfische Welt Württembergs, das prächtige Ludwigsburger Schloss mit den Festen Eberhard Ludwigs und Carl Eugens, Mätressenwirtschaft und Jagden, all dies war zumeist auf den württembergischen Raum begrenzt. Carl Theodor von der Pfalz blieb Borst fremd, die Markgräfin Sybilla von Baden, der Türkenlouis oder Markgraf Carl Friedrich von Baden wurden mehr gestreift als dass sie intensiv behandelt worden wären.

Dies bedeutete aber nicht, dass Otto Borst etwa Württemberger gewesen wäre. Er empfand sich durch und durch als Baden-Württemberger, dessen im Herzogtum und im Königreich Württemberg verhafteter historischer Hintergrund ihm die ganze Weite des deutschen Südwestens erschloss. Die von ihm über lange Jahre geleitete »Schwäbische Gesellschaft« (mit Sitz in Stuttgart) war ein »Tauschplatz« schwäbisch-weiten, südwestdeutschen Geistes.

Mit Verve hat er sich für das »Haus der Geschichte Baden-Württemberg« eingesetzt. Von der ersten Idee, ein solches Geschichtsgebäude für den neuen Südweststaat zu schaffen, über alle Weiterentwicklung der frühen Entwürfe hinaus hat er die Entstehungsphase dieser Institution begleitet. Das Haus der Geschichte war ihm deswegen ein so großes Anliegen, weil er immer wieder darauf hinwies, dass dem neuen Bundesland Identifikationssymbole fehlten. Geschichte soll anschaubar, fassbar und fühlbar sein. Das Haus der Geschichte sollte eine zentrale Anschauung der Gesamtidee Südwestdeutschlands möglich machen. Deswegen sollte ein Schwerpunkt im 20. Jahrhundert liegen. Der Rückgriff auf das 19. Jahrhundert, die Einbeziehung der napoleonischen Staatsumwälzung aber erschienen ihm unerlässlich, genauso wie die weiten Perspektiven in die historische Tiefe dieser Landschaft. Otto Borst hat sich dafür engagiert, er war bei den Fahrten dabei, wo man moderne Museumskonzeptionen auf der ganzen Welt studierte, um diesem Geschichtsmuseum Baden-Württembergs einen adäquaten Rahmen zu geben. Er hat die erste große Ausstellung über die Nachkriegszeit im Haus der Wirtschaft mit begleitet und sah sie als einen seiner persönlichen Erfolge an.

Otto Borst wirkte zunächst als Studienrat, dann als Stadtarchivar und zuletzt als Professor an der Pädagogischen Hochschule in Esslingen. Als diese älteste Lehrerbildungsanstalt in Baden-Württemberg 1986 aufgelöst wurde, führte er seine Lehrtätigkeit an der Universität Stuttgart weiter. Es war ihm ein großes Anliegen, dass die Vertretung des Lehrgebietes Landesgeschichte nach seiner Pensionierung an der Landeshauptstadt nicht untergehen sollte. In zahlreichen Gesprächen mit Vertretern der baden-württembergischen Landesregierung und des baden-württembergischen Landtags gelang es ihm, darauf hinzuwirken, dass der baden-württembergische Landtag im Jahre 1988 beschloss, einen eigenen Lehrstuhl für »Landesgeschichte Baden-Württembergs« einzurichten und diesen Lehrstuhl der Universität Stuttgart anbot.

Die von Borst vorgeschlagene Umschreibung des Aufgabengebietes des Stuttgarter Lehrstuhls wurde zunächst teilweise nicht verstanden. Die Zeitgeschichte lag damals für viele Vertreter des Fachs Landesgeschichte, das im Grunde der Mediävistik seine Existenz verdankte, fern. Erst langsam entstanden Arbeiten über das Dritte Reich, über die kommunalen Institutionen von der Weimarer Zeit bis zur Gegenwart, über den Wiederbeginn des politischen Lebens nach 1945 in lokalem Rahmen. Otto Borst wollte dies zu der zentralen Aufgabe des neuen Lehrstuhls machen. Dessen Perspektive sollte alle Landesteile gleichmäßig in den Blick nehmen und Verständnis für die historischen Traditionen und die Gegenwart des Bundeslandes Baden-Württemberg wecken. Dass ihm dies gelungen ist, rechnete er sich als einen seiner ganz großen Erfolge an.

Borsts drittes großes Anliegen war es, eine lesbare Geschichte Baden-Württembergs zu schreiben, die nicht enzyklopädisch historische Fakten aufzählen und auf Vollständigkeit aus sein sollte, sondern die Schwerpunkte setzen, Strukturen deutlich machen und Verständnis für das Wesentliche wecken sollte. Wie das Haus der Geschichte, wie der Lehrstuhl für Landesgeschichte Baden-Württembergs, so sollte auch »Die Geschichte Baden-Württembergs« Identität in dem neuen Bundesland stiften.

Der Plan für dieses Werk hat Borst über Jahrzehnte begleitet. Für dieses Buch hat er umfangreiche Materialien gesammelt. Weit über zwanzig Leitzordner umfassen die Sammlungen, die er zu diesem Thema angelegt hat. Die Konzeption liegt vor. Das Werk sollte von der alemannischen Besiedlung bis zur Gegenwart reichen. Das vierzigjährige Landesjubiläum hat er noch persönlich mit einem großen Beitrag mitgestaltet. Er war einer der Hauptredner auf der Sitzung der Kommission für geschichtliche Landeskunde im Großen Saal des Freiburger Kaufhauses im Jahre 1992. Damals stimmte er noch recht kritische Töne an. Zu viel war ihm doppelt geblieben, die landesgeschichtlichen Zeitschriften, die Rundfunkanstalten, das Fehlen einer gemeinsamen Zeitung, die das Land verbinden würde. Das Haus der Geschichte, lange geplant, war immer noch nicht vom Fleck gekommen. Die Staufer-Ausstellung von 1977, die die Zähringer für ihn zu wenig berücksichtigte, schien ihm mehr zu trennen als zu verbinden. Der staufische Löwe band zwar das Land bildhaft zusammen, in vielen Institutionen aber war es getrennt geblieben. Dies war ihm zu wenig. Zehn Jahre später, zum fünfzigjährigen Landesjubiläum im Jahre 2002, hätte manches anders ausgesehen. Otto Borst hat es nicht mehr erlebt.

Wenn man weiß, wie sehr ihm Baden-Württemberg am Herzen lag, wie stark er den Südwesten als Einheit empfunden hat, überrascht es, wenn man in den einzelnen Kapiteln, die er für seine Darstellung der baden-württembergischen Geschichte verfasste, den dominanten württembergischen Aspekt herausspürt. Die Geschichte der Grafen von Württemberg war ihm wesentlich präsenter als die der Markgrafen von Baden oder gar der Kurfürsten von der Pfalz. Die schwäbischen Städte standen ihm weitaus näher als etwa die markgräflichbadischen oder die Reichsstädte am Oberrhein. Die Ritterschaft hatte für ihn zweifellos ihren Schwerpunkt in Schwaben. Die oberrheinische oder die Kraichgauer Ritterschaft rückten in den Hintergrund. Der Schwäbische Kreis stand im Mittelpunkt seiner Betrachtungen, der Fränkische Kreis oder der Oberrheinische Kreis interessierten ihn weniger. Die Universität des deutschen Südwestens ist Tübingen; Freiburg und Heidelberg standen da sehr viel stärker am Rande. Die wesentliche Technische Hochschule war Stuttgart, die »Schule des Schwabenlandes«, die badische Gründung in Karlsruhe lag dagegen am Rande von Borsts Gesichtsfeld. Auch seine Beispiele für die Industrialisierung nahm er in erster Linie aus dem Württembergischen. Am breitesten war er noch dort, wo er sich mit der literarischen Produktion des 19. Jahrhunderts auseinandersetzte. Hier wirkte die Öffnung des Geisteslebens im 19. Jahrhundert, der sich kaum noch Grenzen setzen ließen, deutlich nach. Hier lag zugleich der Themenbereich, der Otto Borst wohl am stärksten faszinierte.

Und doch, ist es nicht gerade dieser Aspekt, den man als Fazit aus den Diskussionen über die baden-württembergische Identität herauslösen kann, die aus Anlass des fünfzigjährigen Landesjubiläums so intensiv geführt wurde? Innerhalb der fünfzig Jahre seit der Gründung des Bundeslandes, seit 1952, sei so etwas wie eine Identität gewachsen. Darüber war man sich einig. Diese baden-württembergische Identität aber würde in starkem Maße von Teilidentitäten bestimmt, die die regionale Bindung der einzelnen Landesteile, der kleinräumigen historischen Traditionen des jungen Bundeslandes, deutlich machten. So wird man Otto Borst sicher dann am besten gerecht, wenn man ihn als hohenlohischen, als reichsstädtischen und als württembergischen Baden-Württemberger versteht. Er bejahte das Bundesland ohne Einschränkung, er hatte seinen reichen historischen Erfahrungshintergrund in den Regionen, aus denen er stammte, und diese brachte er in die Diskussion um das Bundesland ein. So ist das Werk, das er plante, »Die Geschichte Baden-Württembergs« nie als ausgewogene Darstellung geplant gewesen. Es ist das Bekenntnis zum Bundesland aus der Perspektive des Altwürttembergischen, der die historischen Kräfte dieses Raums eben aus der Sichtweise beschreibt, in der er sich beheimatet fühlte.

Otto Borst ist im Jahre 2001 verstorben, ohne das Werk, das ihn seit den siebziger Jahren des 20. Jahrhunderts beschäftigte, zu einem Abschluss bringen zu können. Er hat zu dem Thema gesammelt, exzerpiert, Ordner angelegt, kopiert. Einzelne Kapitel wie die Zeit der Weimarer Republik oder des Dritten Reiches hat er in Vorlesungen behandelt. Immer wieder hat er einzelne Teile geschrieben und verändert. An dieser Stelle sei Lieselotte Ritter herzlicher Dank gesagt für die sorgfältige Abschrift der von Otto Borst verfassten Texte.

Er hat es in einem Stil geschrieben, der nicht nachzuahmen ist. Die vielen, in den Ordnern gesammelten Materialien erlauben es, seine Vorstellungen von dem Buch nachzuvollziehen, ohne dass es möglich war, aus der Gliederung, den Stichworten und seinen Sammlungen das Manuskript völlig zu Ende zu führen.

So haben sich Herausgeber und Verlag entschlossen, die Teile, die offen geblieben sind, durch fertige Texte von ihm zu ergänzen, wenn sich zeigen ließ, dass dies seinen Intentionen entsprochen hat. Leider ist er dort, wo wir ihn gerne ausführlicher gehört hätten, nämlich in der Zeit von 1945 bis 1990, relativ schweigsam gewesen. Das fünfzigjährige Jubiläum Baden-Württembergs im Jahre 2002 hat Otto Borst nicht mehr erlebt. Das Land ist in dieser Periode weiter zusammengewachsen, gerade die Jüngeren haben in ihm zu guten Teilen die Identität gefunden, die Borst sich für Baden-Württemberg gewünscht hat. Die Teilidentitäten einzelner Regionen haben jedoch ihre Bedeutung bewahrt.

So mag man das Buch nehmen als das leidenschaftliche Plädoyer eines Baden-Württembergers, der sein wissenschaftliches Leben der Erforschung der Geschichte und Kultur Schwabens gewidmet hatte, für eine Identifikation mit dem südwestdeutschen Bundesland, das nach 1952 endlich wieder die Bereiche umfasste, die politisch auch eine Einheit sein sollten. Das Plädoyer eines Baden-Württembergers, der seine altwürttembergische Herkunft nicht verleugnen kann und nicht verleugnen will, der ein politisch und historisch stark ponderiertes Geschichtsbild hat, der aber auch anderen Perspektiven einen gleichgewichtigen Rang einräumt.

Franz Quarthal

Die Exzerpte, Vorlesungsskripten und die verschiedenen Fassungen des Manuskriptes »Die Geschichte Baden-Württembergs. Eine Lesebuch« wurden dem Stadtarchiv Esslingen übergeben. Zur Ergänzung und Überarbeitung des Borst'schen Manuskriptes wurden Texte aus folgenden Werken Otto Borsts herangezogen und gelegentlich leicht modifiziert, um sie in den Zusammenhang einzufügen:

Aufruhr und Entsagung. Vormärz 1815–1848 in Baden und Württemberg. Stuttgart 1992. (Stuttgarter Symposion 2)
Das Dritte Reich in Baden und Württemberg. Hrsg. v. Otto Borst, Stuttgart 1988 (Stuttgarter Symposion 1)
Ein Jahrhundert beginnt. Hrsg. vom Haus der Geschichte Baden-Württemberg in Verbindung mit der Landeshauptstadt Stuttgart von Otto Borst. Tübingen 1996. (Stuttgarter Symposion 6).
Württemberg. Geschichte und Gestalt eines Landes. Konstanz 1978
Identität und Integration, in: 40 Jahre Baden-Württemberg. Versuch einer historischen Bilanz (1952–1992). Colloquium am 2. 7. 1992 in Freiburg im Br. Hrsg. v. Meinrad Schaab, Stuttgart 1993 (Veröffentlichungen der Kommission für geschichtliche Landeskunde Baden-Württemberg B 134)
Stuttgart: Die Geschichte der Stadt. 3., durchges. u. erw. Aufl. Stuttgart; Aalen 1986

Eine Chronik schreibt nur derjenige,
dem die Gegenwart wichtig ist.
J. W. GOETHE,
Maximen und Reflexionen

Vorwort

Wenn Geschichte, wie von Marx bis zu den französischen Annalisten unserer Tage immer wieder gesagt, die Wissenschaft vom Menschen ist, dann ist Landesgeschichte die Wissenschaft vom Menschen in einem bestimmten geschichtlichen Raum.

Wir brauchen den Begriff »Raum« nicht unnötig zu komplizieren. Noch hat der eine oder andere der Ältesten unter uns die Aschenjahre seit Januar 1933 im Gedächtnis, als der viel gelesene Karl Haushofer, wunderlich geduldet, ja gefördert von den Nazis, seine Raumforschung zelebrierte und mit Büchern wie »Grenzen und ihre geographische und politische Bedeutung« (1927) oder »Raumüberwindende Mächte« (1934) die nationalsozialistischen Offenbarungen vom »Lebensraum« (wie das damals hieß) immer wieder neu in Gang zu bringen vermochte. Es gab im Dritten Reich einen voluminösen Roman von Hans Grimm, der Pflichtlektüre der Abschlussklassen der Oberschulen wurde. Der Titel war Programm: »Volk ohne Raum« (1928). Man hat ihn als Hauptbuch des deutschen Nationalismus bezeichnet. Die Platzangst der Deutschen begann mit diesem Buch zu grassieren.

Wir suchen, uns freizuhalten von ideologischen Machenschaften, in die sich die Haushofers, Vater und Sohn, verstrickt haben. In der Frage, was ein beschreibbarer Kulturraum sei, gibt uns die Landesgeschichte, die »Mikrogeschichte«, eine verlässliche, unabhängige Antwort. In der Einleitung zu seinem 1980 erschienenen Buch »Aufbruch und Verweigerung. Literatur und Geschichte am Oberrhein im hohen Mittelalter. Aspekte eines geschichtlichen Kulturraums« schreibt der Verfasser Bernd Thum: »Ich werde in diesem Buch den hochmittelalterlichen Oberrheinraum zu bestimmen, zu rekonstruieren versuchen, so gut uns dies heute noch möglich ist.«

Karl Siegfried Bader, souveräner Kenner der territorialen und der kulturräumlichen Gliederung Baden-Württembergs, schrieb 1946: »Der für den Historiker gegebene natürliche Kleinraum ist die geschichtliche Landschaft. Als geschichtliche Landschaft ist jener Raum anzusprechen, der durch die geschichtliche Entwicklung ein einheitliches Gepräge erhalten hat. Als geschichtliche Landschaft ist nicht der heutige politisch geeinte und organisierte Raum, etwa ein Amtsbezirk, eine Provinz als solche anzusehen, sondern das durch geschichtliches Herkommen wirtschaftlich, rechtlich, sozial und kulturell als Einheit gebildete Stück Erde.«

Die Landesgeschichte hat also auf bestimmte Räume aufmerksam zu machen, deren Entwicklung und vor allem deren jeweilige Besonderheit und Unverwechselbarkeit es zu ergründen gilt. Im vorliegenden Buch geht es nicht darum, einen Raum zu rekonstruieren, sondern diejenigen Kräfte darzustellen, die einen bestimmten Raum – in unserem Falle letztlich das heutige Baden-Württemberg – im Laufe der Zeit ausgebildet und geprägt haben.

Der Begriff »Raum« kann in diesem Zusammenhang variieren. Mit gleichem Recht ist etwa von »Landschaften« oder von »Regionen« die Rede. Gemeint ist am Ende immer dasselbe: ein Stück Land, das sich in mehreren Perspektiven abhebt von kleineren oder größeren Nachbarräumen. In vorliegendem Buch soll nicht das Gleiche geboten werden, was andere Bundesländer vice versa auch haben, der für deutsche Verhältnisse erscheinende übliche Standard, sondern das Charakteristische, Originäre, Besondere – das Eigene.

Man begeht kein Sakrileg, wenn man feststellt, dass es die kulturellen, die geistigen Elemente sind, die eine Landschaft, einen Raum kennzeichnen oder beispielsweise einer großen Stadt ihr Profil geben. Merkwürdig bleibt es, aber es war immer so: Nicht das rechnet man einer großen Stadt an, was sie in ihr Verkehrsnetz oder in die städtische Hygiene oder in die städtischen Sozialleistungen, also in ihre Infrastruktur investiert; vielmehr beachtet man, was ihr Opernhaus ausstrahlt, ihre Galerien, ihre Jazz-Keller. Nicht die gestaltete Administrative ist es, die zwar teuer ist, aber nicht viel hermacht, sondern der Auftritt der Rolling Stones: das verbindet man dann mit Frankfurt – und vielleicht auch noch ein bisschen Goethe.

Es ist also keine altmodische Unterschätzung der politischen oder administrativen Bedingtheiten, wenn wir die spezifischen Profile eines Raums respektive einer Landschaft in ihren geistigen und kulturellen Äußerungen erkennen. So wird beispielsweise vom »schwäbischen Geist« gesprochen und die Frage gestellt, welche Belege sich dafür anführen lassen. Oder signalisiert das »Alemannische« originäre geistige Sonderart? Geistige Führerschaft einer Landschaft (oder einer Region) krönt die Entwicklung eines eigenen Geschichtsraums auf alle Fälle. Der Breisgau, das Markgräfler Land, die Rheinpfalz und so weiter haben es mit der Beheimatung eigenen Geistes so weit gebracht, dass von besonderen, eigenständigen Räumen mit »Vollausstattung« gesprochen werden darf.

Der Historiker als Berichterstatter und als Beschreiber hat darauf zu achten, dass er dieser geschichtlichen Besonderheit und dieses Charakters eines Raumes gewahr und gerecht wird. Im frühen 19. Jahrhundert programmierte die deutsche Romantik eine Erscheinungslehre des Volkscharakters. Eine mit der Landschaft bzw. dem Raum korrespondierende Wesensschau war der wissenschaftliche Traum der Romantik. Schon vorher, im 18. Jahrhundert kam man zu der Gewissheit, dass alle Äußerungen des geschichtlichen Lebens ein unverwechselbares individuelles Gepräge haben. Folgenschwerer noch war die Ahnung desselben Jahrhunderts, die verschiedenen Gebiete der objektiven Kultur – Dichtung, Staat, Kunst, religiöses Bekenntnis, Wehrverfassung, Hausbau, Sitte, Lebensgefühl – könnten aus einem einheitlichen psychischen Mittelpunkt gespeist werden, den man »Charakter« nennen dürfte.

Wir wollen dieser vor allem von Herder verfolgten Spur nicht weiter nachgehen. Für unser Buch und für unser Thema – die Geschichte und Gegenwart eines Bundeslandes – bedeutet das, auf eingefahrene Klischees und lieb gewonnene Stereotypen erst einmal zu verzichten. Die Geschichtsschreibung hat hier von der Geschichtsforschung vorurteilslos zu lernen und hat die Forschungsergebnisse zu respektieren.

In der Beschränkung zeigt sich – auch hier – der Meister. Man müsse nicht alles sagen wollen, meinte Voltaire einst gewiss zu Recht; unter den neueren Historikern hat das Franz Schnabel immer wieder betont. Man fragt sich, ob Qualität von der Quantität gemacht wird. Dieser Unsinn verdunkelt die Köpfe noch heute. So sagt mir jüngst der Herausgeber einer Stadtgeschichte, er sei ganz beglückt, jetzt habe er über zwanzig Mitautoren für den Sammelband beieinander, das sei doch ausgezeichnet. Die unausrottbare alte Vorstellung, je mehr, desto besser, kommt durch die Hintertür wieder zum Vorschein. Gleich sind die Enzyklopädiker wieder auf dem Plan, sammeln alles, ordnen alles, systematisieren alles, bringen alles ins Internet, ein intellektuelles Spektakel ohnegleichen.

Der Geschichtsschreiber profitiert davon nicht. Er weiß, dass er – angesichts des riesenhaften Stoffes einer Landesgeschichte zumal – auswählen und werten muss. Der Leser vorliegenden Buches wird manches vermissen, auch manches von dem, was ihm in Sachen Landesgeschichte im Verlaufe der Jahre lieb und teuer geworden ist. Die Entschiedenheit, der Wille zu werten verschwinden mehr und mehr. Übrig bleibt öde aufgehäuftes Material, blässliche, dünne »Professorengeschichtsschreibung«, wie Theodor Haecker das meinte nennen zu können.

Der Historiker ist nicht Buchhalter, der die Zahlen und Fakten registriert. Er ist nicht Notar, der sie beglaubigt. Im hundert Mal zitierten Elfenbeinturm abgewehrte Geschichte gibt es nicht. Sonst ein Leben lang distanziert von berufsmäßiger und selbstverständlicher Geschichte, resümiert Goethe in den »Maximen und Reflexionen«: »Pflicht des Historikers, das Wahre vom Falschen, das Gewisse vom Ungewissen, das Zweifelhafte vom Verwerflichen zu unterscheiden.« Wir haben uns so weit von engagierter Geschichte entfernt, dass wir Goethes Auftrag schlicht als Zumutung empfinden. Aber er hat recht. Man muss aus der Geschichte keine Sargnägel machen. Dem Leben gehört sie. Das Leben, unser Leben kritisiert sie, relativiert sie, sozialisiert sie. Um noch einmal mit Goethe zu reden: »Eine Chronik schreibt nur derjenige, dem die Gegenwart wichtig ist.«

Was bedeutete das für den Autor dieses Buches? Es ist kein Fürstenbuch. Bis um 1800 hat man Landesgeschichte als Fürstengeschichte betrieben. 1890 hat Friedrich von Weech in Karlsruhe eine »Badische Geschichte« erscheinen lassen, ein Werk von über 600 Seiten. 31 Kapitel gleich 31 Herrscherbiographien. Die badische Geschichte haben die badischen Markgrafen und Großherzöge gemacht. Das ist die selbstverständliche Botschaft dieses Buches. Landesgeschichte war Dynastengeschichte, repräsentative Unternehmung soli gloria des Herrscherhauses. Die Deszendenz und Aszendenz der Fürsten gaben das Ordnungsprinzip ab für den Lauf einer vielhundertjährigen Geschichte. Friedrich Christoph Jonathan Fischer hat 1787 – in London übrigens – eine »Pragmatische Geschichte Würtembergs, unter der Regierung der Grafen und Herzoge« auf den Markt gebracht. So haben es alle Zunftgenossen gehalten. So zum Beispiel Christian Friedrich Essich: »Geschichte von Würtemberg, mit einer Stammtafel der Würtembergischen Regenten und einer geschichtlich illuminirten Charte« (1818); oder Karl Pfaff: »Geschichte des Fürstenhauses und Landes Wirtemberg« (1835). Auch David Hünlins »Allgemeine Geschichte von Schwaben und der benachbarten Lande. In einer kurzgefaßten Beschreibung der denkwürdigsten Begebenheiten, Religion, Sitten usw. bis auf unsere Zeiten« (1773–1775) ist nicht durchgearbeitete und auf Zusammenhänge erpichte Gesamtgeschichte, sondern eine ergötzliche Sammlung von »Denkwürdigkeiten«, wie sie dem Topographen und Lexigraphen Hünlin auf dem Boden des Schwäbischen Kreises und darüber hinaus begegnet sind. Derlei »Denkwürdigkeiten« wirken wie die Pendants zu den »Curiosa« der sich damals füllenden Schatzkammern im Besitz der feudalen Herrschaft und des Großbürgertums. »Chronica württ. Stammes, Herkhommens, Lands, Stätten und anderer denkwürdiger Sachen« ist eine Handschrift, die letzte Jahreszahl ist 1649, überschrieben.

In dieser Welt der grenzenlosen Polyhistoren darf der alte Crusius nicht fehlen. Mit seinen monumentalen »Annales Suevici« (1595/96) bringt er einen unerschöpflichen Kommentar zur Geschichte vor Gott und der Welt, ohne dass Schwaben als Ganzheit irgendwo erschiene oder gar untersucht würde. Crusius, noch ganz der vorwissenschaftlichen Epoche der südwestdeutschen Geschichtsforschung angehörig, hat mehr verwirrt als aufgeklärt.

Die kopernikanische Wende brachte das Jahr 1803. Ein schwäbischer Dorfpfarrer namens Johann Christian Pfister hat damals den ersten Band seiner – 1817 fünfbändig abschließenden – »Geschichte von Schwaben« auf den reich gedeckten Tisch der Landesgeschichte gelegt. Pfister war der Erste und bis 1944 Einzige, der nicht Dynasten zum Ordnungsprinzip machte, sondern den schwäbisch-alemannischen Stamm. In seinem groß angelegten Geschichtswerk spielen die Staufer und die Habsburger und die Wirtemberger schon eine Rolle. Aber sie sind nicht die Einzigen mit einer geschichtsprägenden Funktion. Nicht die Herren allein bestimmen die Geschichte, auch die Bürger und – für Perioden – selbst die Bauern. Nicht das feudale Fürstenregiment allein macht Geschichte, auch die Bünde aller Art und Größe und all die genossenschaftlichen Institutionen und überhaupt die föderalen Geschichtskonstruktionen.

Pfisters geschichtsschreiberische Leistung und Bedeutung kann gar nicht hoch genug eingeschätzt werden. Mit der stillschweigenden Beseitigung des dynastischen Monopols in Sachen Geschichte geht eine erstaunliche Öffnung einher. Jetzt ist der Stamm mit seinen vielfältigen Ausprägungen das Thema.

Mit einem Schlag bietet Geschichte ein wahrhaft interdisziplinäres Bündel von »Geschichte« an, die Sozialgeschichte, die Wirtschaftsgeschichte, die Geistesgeschichte, die Kunstgeschichte und so weiter. Ist einmal der Raum als prima causa erkannt, so bleibt nichts unangesprochen im Bemühen, diesen Raum in seiner Sonderart und mit seinen Menschen zu entdecken. Gesprächspartner sind dann nicht nur die gekrönten Häupter, sondern alle: die Bürgersleute und die »Arbeitende Klasse«, der Handwerker und der gemeine Mann. Geschichte ist die Wissenschaft vom Menschen, wir haben das einleitend so gesagt.

Pfister – im Tübinger Stift an der Seite Hölderlins und Schellings und damit, mutmaßen wir, Mitdiskutant inmitten jenes Aufbruchs, den man den deutschen philosophischen Idealismus genannt hat – war alles andere als ein eingezogener Produzent von eingeschränkter, partikularer Geschichte. Mitten drin in den napoleonischen Veränderungen und territorialen Neuschöpfungen steht er vor staatlichen Kreationen, die modern und zeitgemäß sind, aber kein eigenes Staats-

und Identitätsgefühl mehr haben. Bei der Stiftung solchen Staatsbewusstseins kann die Geschichte eine wichtige, staatstragende Bedeutung haben.

Die Parallele zu Baden-Württemberg liegt auf der Hand. In beiden Fällen handelt es sich um Neuschöpfungen, die freilich ihre eigenen, alten Traditionen mitbringen. In beiden Fällen geht es darum, den Neustaaten eine neue Identität zu schaffen. Dass der baden-württembergische Landtag sich seinerzeit in der fatalsten Sitzung seit seinem Bestehen nicht für den Namen »Schwaben«, sondern für »Baden-Württemberg« entschied, macht die Sache nicht gerade leichter.

An der Notwendigkeit, für die neuen Staatsgebilde auch ein neues Gemeingefühl zu erzeugen, hat kaum jemand gezweifelt. Die Gefahr, in spätmittelalterliche Vorstellungen und Wünsche zu verfallen, war zum Greifen nahe. Immer noch bot sich die Schweiz als ein kaum kaschiertes Trümmerfeld kantonaler Eifersüchteleien: recht verstandene und recht dargebrachte Geschichte konnte da zurechtbiegen und aufräumen. Immer noch war der deutsche Südwesten ein Konglomerat von Staaten und Staats-Partikeln: dem konnte und musste abgeholfen werden durch recht eingebrachte Geschichte und Tradition.

Leidenschaftliche Geister auf demselben Gebiet ziehen sich an. Bald war der Untertürkheimer Dorfpfarrer, der das Geschichtsschreiben nicht lassen konnte, Mitglied hoch geachteter Gelehrten-Gesellschaften, bald war er Adept des in Schaffhausen geborenen Johannes von Müller. Mit ihm, dem viel diskutierten und nicht nur gelobten Geschichtsschreiber und großen Prosaisten seiner Zeit verband Pfister bald eine rührige Gesinnungs- und Werkgemeinschaft. Beide zogen sie aus, mit dem Geschichtsbuch, Landesidentität zu stiften. Der eine, Müller, tat das mit seinen »Geschichten schweizerischer Eidgenossenschaften« (1786–1808), die Friedrich Gundolf einmal als »das erste schriftstellerisch durchgebildete Gesamtgeschichtswerk in deutscher Sprache« apostrophierte, der andere mit der genannten »Geschichte von Schwaben« (1803–1827).

Sie wollten wirken. Was Pfister anlangt, so schaut aus jeder Ecke der Pfarrer und Prediger Pfister heraus, der ex officio und mit einer adäquaten Sprache bei den Leuten »ankommen« muss. Wenn er, der um eine Generation jüngere Schüler Müllers, da und dort über's Ziel hinausschoss, dann mag man ihm das nachsehen. Beispielsweise ist Pfister der Ansicht, die Schweiz sei eine »schwäbische Kolonie«. Pfister hat diese Erkenntnis nie aufgegeben, auch nicht gegenüber seinem verehrten (und entsetzten) Meister. Dabei liegt die Korrektur sozusagen auf der Straße: auch die Deutschschweizer gehören natürlich zum schwäbisch-alemannischen Stamm. Noch im 15. Jahrhundert sprach man von »Zürich in Schwaben«.

Pfister, den König Wilhelm I. schließlich noch zum Prälaten und Generalsuperindenten hat befördern lassen, war der Erste und Einzige, der ein »Großschwaben« als wissenschaftliches Anliegen ins Gespräch brachte. Er wollte damit nicht ethnischen Imperialismus oder gar die schrecklichen ethnischen »Säuberungen« aller Generationen legitimieren. Es ging ihm einfach darum, für den geschichtlichen Weg Schwabens die richtige, passende Form zu finden.

In der Deklaration »Schwaben« war schon eine kleine Revolution verborgen. Die »Badener« sind anders als die »Schwaben«, wie verwirrenderweise bis heute gesagt wird: der Satz ist doppelt falsch, entweder meint man die Stammeszugehörigkeit (»Schwaben« bzw. »Alemannen«) oder die Dynastie (»Baden« bzw. »Württemberg«). Pfister wusste, dass derlei Regional-Nationalismen kurze Beine haben.

Das seither oft zitierte Wort des alten Walafried Strabo, »Schwaben« und »Alemannen« seien zwei Worte für ein geschichtliches Gebilde, für *einen* Stamm, war ihm geläufig, Pfister hatte es mehrfach und ausdrücklich zitiert. Noch 1813 erklärte er in seiner »Übersicht der Geschichte Schwabens«, einer Art Wissenschaftskommentar zum Schwabenproblem, eine planmäßige, zusammenhängende und vielfältig belehrende Geschichte von Schwaben »durch alle Jahrhunderte, auch die verwirrendsten Perioden«, sei »durchaus möglich«.

Anderthalb Jahrhunderte hat es gedauert, bis wieder der Versuch gewagt wurde, die Geschichte Schwabens in einer Gesamtdarstellung einzufangen. Im vorletzten Kriegsjahr 1944, in einer Zeit, in der sich aus kriegswirtschaftlichen Gründen jede Form von Veröffentlichung von selbst verbot, erschien Karl Wellers »Geschichte des schwäbischen Stammes bis zum Untergang der Staufer«. Sie hat nichts vom sprachlichen, kompositorischen Glanz seiner geschichtsschreibenden Vorgänger Pfister oder gar Müller. Karl Weller geht den nüchternen, bescheidenen, aber doch höchst informativen Gang des Pragmatikers unter den Mediävisten. Im Grunde gibt Weller Entwicklungsgeschichte, nicht ohne die Tendenz, alles zu sagen oder doch sehr viel. Das ließe sich weiter nicht bedenklich an, wenn sich Weller nicht – freiwillig oder gezwungen – ohne viel Aufsehens der Nazi-Geschichtslehre immer wieder ohne Scheu bedient hätte – und das im Alterswerk eines Historikers, der sich sein Leben lang von den Segnungen der Ideologien distanziert hatte.

Jetzt, als altem Mann, mutet man ihm zu, mit den Ergebnissen der nationalsozialistischen Rassenlehre zu hantieren und den Weisungen der braunen Vor- und Frühgeschichte zu folgen. Im Übrigen ist das Schema rasch durchschaut: Nach einem größeren oder großen Stück Entwicklungsgeschichte folgt eine Pause, wo auf die sittliche Leistung des Schwabenstammes abgehoben wird und auf eine unerschöpfliche politisch-kulturelle Leistungskraft. Dass das nicht mehr der alte Weller ist, werden viele damals gespürt haben. Das Buch war übrigens vor 1944 der erste Band einer Reihe »Geschichte der westgermanischen Stämme im deutschen Raum«. Dass Weller damals das nationalsozialistische Forschungsprojekt mit seinem Schwabenbuch eröffnete, zeugt von seiner großen Verlässlichkeit. Der unselige Band hat eine so geringe Resonanz gehabt, dass man vermuten könnte, es sei sein Satz in einem der Münchener Luftangriffe vernichtet oder auch eingestampft worden. Fata sua libelli habent.

Waldenburg im Hohenlohischen, Pfingstmontag 1999.

Otto Borst

Das Land

Die Einwohner nennen es liebevoll »Ländle«, und die Zugezogenen machen es ihnen nach. Dabei entsteht der Eindruck, als handle es sich um einen geschichtlichen Winzling, der täglicher Hilfe und Stütze bedarf. Weit gefehlt. 1952 hat man in der Südwestecke der Bundesrepublik ein neues Bundesland aus der Taufe gehoben, das mit seinen 35 752 km² der drittgrößte bundesdeutsche Flächenstaat, unser Baden-Württemberg, wurde. Lediglich Bayern (70 549 km²) und Niedersachsen (47 618 km²) sind größer, Belgien (30 518 km²) oder die Niederlande (32 400 km²) sind kleiner als Baden-Württemberg. Auch im Blick auf die Einwohnerzahl liegt Baden-Württemberg im Bundesgebiet an dritter Stelle. Im Dezember 2002 zählte man 10,661 Millionen in Baden-Württemberg: mehr Menschen als in der Schweiz, in Österreich, Finnland, Dänemark oder Irland.

Bis 1945 waren namentlich im deutschen Südwesten offene Grenzen undenkbar. Frankreich war der Gegner, der Erbfeind, in der Perspektive von 1870 schon seit tausend Jahren. Der Zweite Weltkrieg brachte die Wende. Jetzt ist Frankreich der Partner, der höchst pragmatisch und realistisch mitarbeitet am »Haus« Europa. Für Baden-Württemberg ist die Mithilfe am Bau eines vereinten Europa oberstes außenpolitisches Ziel. Ernst Moriz Arndts Schrift »Der Rhein Teutschlands Strom, aber nicht Teutschlands Grenze« von 1813 war einmal. Im Westen ist die Rheinmitte auf eine Länge von 179 km die gemeinsame Grenze mit Frankreich. Die Grenzen zu Österreich und zur Schweiz sind auf der Bodenseefläche nicht festgelegt. Die Hoheitsrechte der Anrainerstaaten – worunter Alt-Baden sicherlich seine exorbitanten Kunst- und Bauschätze am lebendigsten betreut hat – sind weder beschrieben noch definiert. Dafür hat der Jurist der Universität Konstanz 1982 wissen lassen, die Rechtsfrage des Bodensees sei »nicht nur nicht geklärt, sondern es scheint sogar, man sei heute weiter denn je davon entfernt, eine allseits akzeptierte Antwort zu finden.«

Wie auch immer: Man profitiert vom See, nicht nur die Gastwirte und Hoteliers, zu Tausenden fallen die Touristen ein, die Mainau, Meersburg, die Reichenau können sich kaum mehr retten. Die Heiterkeit des Sees, der, wie Goethe des Öfteren in Italien notierte, »klare Dunst« über dem Wasser – das ergibt eine Landschaft, die ganz wunderbar und unwiederholbar scheint. Bemerkenswert, dass niemand, kein Schweizer, kein Bregenzer, kein Bundesdeutscher je versucht hat, den See zu nationalisieren. Nicht einmal in Laienkreisen hat man den See personifiziert, wie zum Beispiel mit Vater Rhein oder dem Blanken Hans geschehen. Es gibt kein Denkmal für den Bodensee.

Und wohl keine unter den Landschaften Südwestdeutschlands, die der Bodenseeregion das Wasser reichen könnte. Dafür bedürfen die Fluren Alt-Badens, die Wege und die Wälder, der permanenten Pflege. Aber man liebt seine »Region« wie eh und je, wie man seine Heimat liebt, treu, anhänglich, verteidigend. Die Perlenschnur, an der wir die kleinen Herrlichkeiten Altbadens aufreihen möchten, trägt Kostbarkeiten, Schönheiten ganz eigener Art. Wir wollen diese Eigenheiten suchen und dingfest machen.

Wir beginnen die kleine Rundreise, die zugleich den Blick auf das Land und die Regionen Badens eröffnen soll, dort, wo die Autoschlangen aus dem Norden nach stundenlanger »Fahrt« zum Stehen kommen: in Singen. Die Stadt Singen frequentieren hochgestimmte Touristengruppen in keinem Fall. Die Stadt entbehrte selbst eines Minimums an Tradition und Geschichtlichkeit, wenn sie nicht seit Ende des 10. Jahrhunderts zentraler Ort der Herzogherrschaft in Schwaben gewesen wäre, »Herzogspfalz« hieß das dann. Feuer und Wasser haben den Hegau, dieses erstaunliche Stück Land, geschaffen, Buckel und Kuppen wie ein Mondgebirge. Nichts reizt mehr, als dieses uralte Kulturland wieder verständlich zu machen, wozu auch der Hotzenwald gehört. Die Hotzenwälder waren und blieben zu allen Zeiten freiheitsliebende Leute. Noch heute wird ein zugezogener Beamter bis hin zum Landrat jedes Gefecht mit Einheimischen tunlichst vermeiden.

Den Hochrhein (nicht Oberrhein) entlang – Fjord-Reminiszenzen werden da wach – geht es zum alemannischen Markgräflerland, dem Gebiet der altbadischen Ämter Lörrach, Müllheim und Schopfheim. Auch hier, sieht man einmal von den Fürstenbergischen und Schönbornschen Schlössern ab, sucht man vergebens nach einem festen und geschlossenen Mittelpunkt. Die Fülle kleiner Motive macht den Wert dieser Landschaft aus. Partienweise einem Stück Land am mittleren Neckar zum Verwechseln ähnlich, fühlen sich wenigstens die Ämter bis heute als geschichtlicher Verbund. Der administrativen Einheit folgte eine konfessionelle durch die Reformation 1556, eine geistig-literarische seit Johann Peter Hebel.

Anders die Baar. Die Eingezogenheit und die frühere Ärmlichkeit fehlen hier ganz. Die Baaremer sind wohl situierte Leute, mit alter und selbstverständlicher Tradition. Ihre Trachten – kostbare, vererbte Stücke waren dabei – haben sie immer getragen, auch während der Nazizeit. Für uns bleibt es bei dieser Region nicht bei einer knappen Vorstellung. Wer die Baar kennen lernen will, muss sie erwandern, vom Wartenberg aus, die immer noch farbenfrohen Wiesenmatten unter sich, die aufgebrochene Erde der Äcker, die kräftigen Schatten der Waldbestände. Dass die Baar namentlich unter den Zähringern, den Fürstenbergern und den Herren von Wartenberg zur ansehnlichen Region wurde, ist ohne Zweifel.

Westlich von Baar und Schwarzwald erstreckt sich der Breisgau. Unser Weg dorthin führt über Donaueschingen, das mit den bis vor kurzem dort aufbewahrten Handschriften – Nibelungenlied, Parzival, Schwabenspiegel – als ein Glanzpunkt europäischer Bildungstradition gelten durfte. Tempi passati – einige wenige Entscheidungen der letzten Jahre haben genügt, die durch kenntnisreiche und engagierte Sammeltätigkeit sowohl von Generationen des Hauses Fürstenberg als auch des Freiherrn von Laßberg gewachsene Schatzkammer von Gemälden, Handschriften, Inkunabeln und seltenen Drucken, Münzen, Kupferstichen sowie von Artefakten der Zoologie und Geologie von einzigartigem Rang zu zerstören. Alle der nach 1989 neu entstandenen oder wieder frei gewordenen Staaten entlang der Donau, der alten europäischen Verkehrsader, haben sich mit Grußtafeln an den Mauern rings um die Donauquelle im Donaueschinger Schloßgarten verewigt. Der europäische Rang Donaueschingens selbst, der Quellstadt eines der europäischsten Flüsse, wurde schnödem ökonomischen Denken geopfert.

Umkreisen wir zunächst noch den Breisgau, die zentrale Region des Oberrheins. Auf seiner westlichen Seite liegt, mit ihm menschlich, politisch, wirtschaftlich und kulturell in einzigartiger Weise verbunden, das Elsass. Heute bildet der Rhein, von dem badischen Ingenieur Tulla reguliert und durch den im Versailler Vertrag erzwungenen Rheinseitenkanal domestiziert, die Scheidelinie zwischen Breisgau und Elsass. Zuvor wechselte der mäandrierende Fluss mit jedem Hochwasser sein Bett; eine Grenze zwischen Elsass und Breisgau, ja den Oberrheinlanden überhaupt, war kaum auszumachen. Der Mittelpunkt und das Herz des Elsass, ja neben Basel der Mittelpunkt des Oberrheingebiets schlechthin ist Straßburg. Dort schworen sich im Jahre 842 die ost- und westfränkischen Heere die Straßburger Eide, Straßburg ist die fiktive Heimat des Gottfried von Straßburg. Erwin von Steinbach, Baumeister der Westfassade des Straßburger Münsters, war der von Goethe hoch verehrte Gestalter gotischer Architektur. Die Wirtschaftsmetropole des Spätmittelalters war eines der Zentren des oberrheinischen Humanismus; das auf Ausgleich bedachte Straßburg beherbergte die wichtigsten Köpfe der oberdeutschen Reformation. Als König Ludwig XIV. im Jahre 1681 Straßburg besetzte, wurden erstmals auf deutscher Seite in dem bis dahin rein dynastischen Konflikt zwischen den Häusern Habsburg und Bourbon nationalistische Töne laut. 1870 wurde Straßburg von deutschen Truppen schwer beschädigt und als Hauptstadt des Reichslandes Elsaß-Lothringen musterhaft und eindrucksvoll vergrößert. Wie keine andere Stadt hatte sie unter den Folgen der deutsch-französischen Konflikte seit 1870 zu leiden. Straßburg hat dies überwunden und den Weg in eine neue Zeit gefunden, die mustergültig für das zwischen Deutschland, Frankreich und der Schweiz aufgeteilte Oberrheingebiet ist. Die Stadt ist heute einer der Sitze des europäischen Parlaments, ist Sitz des Europarates und des Europäischen Gerichtshofes. Nationale und regionale Grenzen sind – wie es de Gaulle schon in seiner Ansprache in Straßburg unmittelbar nach Kriegsende in Straßburg perspektivisch formulierte – in dem Europagedanken überwunden. Wiewohl bis zum Bersten frequentiert, bietet Straßburg immer noch erstaunliche Schönheiten, die Winkel im Gerberviertel, die Gedeckten Brücken über die Illarme, das Fachwerkwunder des Kammerzell'schen Hauses als deutsche Beisteuer, der Place Kleber oder die Aubette als französische: Straßburg, die Stadt wachsten Geistes, bietet deutsch-französisches Schicksal in ganz besonderer Weise.

Kehren wir zum östlichen Rand der Rheinebene zurück. Von der Hohen Moos aus, nahe dem Schwarzwaldrand, ließ Christoph von Grimmelshausen, der Schulheiß des straßburgischen Renchen, einst seine Blicke in die oberrheinischen Lande schweifen: »Gegen Niedergang hin konnte ich das obere und untere Elsass übersehen und gegen Mitternacht hin der niedern Markgrafschaft Baden zu und den Rheinstrom hinunterschauen, in welcher Gegend die Stadt Straßburg mit ihrem hohen Münsterturme gleichsam wie das Herz mitten im Leibe beschlossen hervorprangt.« Tatsächlich bietet das Elsass, etwa von Ste.-Odile aus, dem geschichtsträchtigen Kloster und heutigen zentralen Wallfahrtsort des nördlichen Elsass, ein Tableau, das mühelos mit bloßem Auge und »ganz« gesehen werden kann. Von da oben aus meint man die friedlichste Idylle zu Füßen zu haben, derweil hat das Elsass mit Nachbargebieten eine betrübliche Liste von Scharmützeln und Gefechten und Überfällen vorzuweisen, eine der ersten Stellen in Europa, an denen »ideologischer« Krieg geführt wurde. Der oben erwähnte Überfall auf Straßburg 1681 und die Reunionspolitik Ludwigs XIV. haben den Menschen im deutschen Südwesten ein Gefühl des Ausgeliefertseins und der Platzangst beschert bis weit ins 20. Jahrhundert hinein, dem auf elsässischer Seite die Angst vor den Preußen und den aggressiven »Schwobe« entspricht.

Die Geschichte von Kehl, der kleinen, aber umwehrten Nachbarin, ist die Geschichte des Verkehrs, des Handels, der Straßen, aber vor allem der Kriegsgeschichte. Keine Stadt am ganzen deutschen Rhein hat Ähnliches bei einem so jungen Bestand von zweihundertfünfzig Jahren zu erdulden gehabt wie die Festung Kehl. Sie wechselte unaufhörlich von französischer in deutsche Hand und wieder zurück und musste dabei den Preis jeweils mit ihrer Vernichtung bezahlen. Innerhalb von hundert Jahren ist Kehl nicht weniger als achtmal belagert und dem Erdboden gleichgemacht worden.

Kehl sei »weiter nichts als eine militärische Position«, hatte der Regierungsrat von Wechmar Anfang des 19. Jahrhunderts mit großer Trefflichkeit gesagt. Doch die Stadt hat den Abschied vom kriegslüsternen Alt-Europa geschafft; heute hat es sogar einen eigenen Unterbezirk, das Hanauerland. Mit ihm ist Kehl im Besonderen verbunden. Das Hanauerland ist ein Stück Oberrheinland dort, wo die Ebene ohne scharfe Ränder von der Niederung des Stroms abgesetzt ist. »Ordnung« in die Geschichte hat der geniale badische Ingenieur-Oberst Johann Gottfried Tulla gebracht. Seine »Rhein-Korrektion« bleibt die größte solcher Erdbewegungen in Baden-Württemberg. Sie hat, wie wir mittlerweile am eigenen Leib erfahren haben, ihre zwei Seiten. Das Stichwort Entwässerung genügt, um bei den Einheimischen im Überschwemmungsgebiet von Rhein, Kinzig und Schutter bedrohliche Wochen in Erinnerung zu bringen und schiere Angst.

Denn es ist nicht alles Gold, was glänzt. Riede, die auf beiden Seiten des Rheins weite Flächen einnehmen, große Seeflächen, die hauptsächlich von Schwarzwaldgewässern gespeist werden, Inseln trockenen Landes, Baumgruppen am Horizont mit ein paar Strichen angedeutet, Dörfer und Kirchen, die man münstergesättigt zur Kenntnis nimmt: und immer wieder Riede und Sand, selbst ein Ort dort heißt Sand. Im Winter bilden sich weite Eisflächen, häufiger aber liegen Nebel über dem feuchten Land, das Trinkwasser war erklärtermaßen nicht immer das beste, Fiebererkrankungen, darunter die Malaria, waren weit verbreitet.

Es gibt da noch einen Sonderbezirk, den Ufgau, dem man zweifellos ein hohes Alter bescheinigen kann. Er umschließt nur das enge Gebiet zwischen Oos und Alb. Die Rheindörfer Söllingen, Wintersdorf, Plittersdorf dagegen gehörten zur Ortenau. Die Landschaft des Oostales mit Baden-Baden, des Murgtals von der Quelle bis zur Mündung, des Rheintals zwischen Stromufer und Schwarzwald ist, wenn auch keine scharf umgrenzte eigenwüchsige Landschaft wie der Hotzenwald oder der Hegau, so doch voller Besonderheiten und Schönheit. 1937 hat der Freiburger Hermann Eris Busse die gängige heldische Stimmung bei den Leuten zum Fundament einer »heldischen« Landschaft um Baden-Baden machen wollen, ein wenig mokiert darüber, dass die kostbare Badestadt, jährlich mit vielen Prominenten von weit draußen in der Welt, so gar nichts vom Hauch des Heroischen an sich habe. Das Schönste: dass das Weltbad sich auch in der Nazizeit – im Gegensatz zu anderen, willfährigen Bädern – nicht für dessen Ziele hat vermarkten lassen. Kurz und knapp: »Baden-Baden pries, wer es sah, seit je«.

Vom wachen und wieder pfleglich herausgeputzten Offenburg einmal abgesehen, war im Alt-Badischen zunächst nicht viel zu holen an Lebensqualität und zeitgemäßer Verfassung. Für Letzteres stand vielmehr das lange Zeit vom Freiburger Professor Karl von Rotteck angeführte Ständehaus in Karlsruhe. Dort hatte der Abgeordnete und Freiburger Geschichtsprofessor Carl Theodor Welcker im Oktober 1831 in einer Motion (Antrag) namens des deutschen Volkes und des deutschen Liberalismus die Einrichtung einer parlamentarischen Vertretung der Nation, ein »Volkshaus«, gefordert.

Es hat noch lange gedauert, bis Welckers hoch gefeierte und viel zitierte Motion gegenstandslos wurde. Erst am 12. September 1847 – gleich thematisierte Zusammenkünfte in badischen Wirtshäusern mögen vorausgegangen sein – tagte im Offenburger »Salmen« die »Versammlung der Entschiedenen Verfassungsfreunde«. Offenburg als Gehäuse von Entwicklungen europäischen Ausmaßes: man hätte der munteren Mittelstadt solches Niveau nicht zugetraut.

Zu Offenburg gehört die Ortenau, eine Kleinlandschaft, aber doch auch ein »Fall für sich«. Sollen oder wollen Regionen entstehen, stehen quantitative Maßstäbe zunächst an zweiter Stelle. Die Ortenau, früher auch Mortenau, ist das Ergebnis von vier Teilungen. Die territorialen sowie die geistes- und kulturgeschichtlichen Veränderungen haben da allemal ganz wesentlich für eine »neue« Ortenau gesorgt. Auf vier Zäsuren wird man stoßen. Da ist zunächst die Unterwerfung der Alemannen durch Pipin 746. Der Schwerpunkt des auch die Ortenau betreffenden Geschehens verlagert sich an die Höfe der fränkischen Könige. Der Untergang des staufischen Kaisertums markiert den zweiten Schnitt. Wenn je, dann muss jetzt die Ortenau von selbständigen Führungsfunktionen lassen. Die dritte Veränderung bringt der schon erwähnte Fall Straßburgs 1681. Obwohl linksrheinisch, war die Ortenau doch tatsächlich der Mittelpunkt dieser Landschaft um Straßburg, im geistigen wie im sozialpsychologischen Sinne. Die vierte Zäsur: die Eingliederung der einzelnen rechtsrheinischen Gebietsteile der alten Ortenau in das Land Baden zu Beginn des 19. Jahrhunderts.

Im Süden Alt-Badens, in den vorderösterreichischen Gebieten, erscheint auch bei knappstem Zusehen Freiburg als der Mittelpunkt des Breisgaus. Die Stadt nennt sich mit berechtigtem Stolz auch »Schwarzwaldhauptstadt«. Wenn man von Urbanität in der frühen Neuzeit reden will, dann wird man nicht zögern, für die deutsche Südwestecke Freiburg zu reklamieren. Die Stadt an der Dreisam ist die Anführerin unter den Städten am Oberrhein und zwischen den Hängen des Schwarzwalds. Der mächtigen Regio basiliensis von heute ist sie Konkurrentin in mancherlei Hinsicht. Man wird nach den Erfahrungen unserer bundesdeutschen Regionalreformen der fünfziger Jahre sagen, dass derlei Gebietsveränderungen nicht nur das Ergebnis von Unterschriften – des Bürgermeisters, des Ministerialbeamten, des Ministers – sind, sondern vielmehr der Ertrag generationenlanger Arbeit. Diskontinuitäten härtesten Maßes hatte Freiburg hinzunehmen. Um nur ein Beispiel aus den »landstörzenden« Jahren des Dreißigjährigen Kriegs zu nennen: 1633 eroberten die Schweden die Stadt, 1634 kehrten die Kaiserlichen wieder zurück, 1642 hatte Freiburg, mit einem der ältesten deutschen Stadtrechte begabt, Sr. Majestät dem König von Frankreich zu huldigen. Das blieb so, auch nachdem die Bayern und die Kaiserlichen unter General Franz Freiherr von Mercy Freiburg erstürmten und in der blutigen Schlacht bei Freiburg vom 3. bis 5. August 1644 dem zerstörerischen Vorstoß des Generals Turenne ein Ende bereiteten.

Freiburg war und ist keine Fabrikstadt und – heute – auch nur bedingt eine Einkaufsstadt. Natürlich hat der Silberbergbau im angrenzenden Schwarzwald das alte Freiburg rasch reich gemacht. Die Edelsteinschleiferei brachte zusätzliche Gewinne. Sie gaben der Breisgaumetropole eine Staatlichkeit, die man sonst nur in einer der größeren südwestdeutschen Reichsstädte finden konnte. Dazu kann während der Franzosenzeit der Blick auf die »feine französische Art«. Und als Freiburg nach dem Frieden von Ryswyck 1697 wieder an Österreich zurückgegeben wurde, war die Freude doppelt groß: der österreichischen Zeit, als Freiburg in Innsbruck seine nächsthöhere Instanz hatte, trauert die Stadt wohl heute noch nach.

Wien als allerhöchste Instanz, Wien musste für das – notorisch als solches bekannte – sorglos-heitere Freiburger Völklein die leibhaftige Insel der Seligkeit gewesen sein. Fabriken und Zubehör brauchte man nicht, zumal die Dreisamstadt 1457 durch Erzherzog Albrecht VI. eine Universität erhielt. Sie gelangte rasch zu höchstem Ruhm, Reuchlin kam 1470 an die Alma mater Friburgensis, der Jurist Ulrich Zasius und viele andere große Namen folgten, bis hin zu Heideggers großem gläubigem Irrtum und bis zum intellektuellen Mut des »Freiburger Kreises« in den letzten Jahren der Nazi-Diktatur.

Ist Freiburg mehr als die Hauptstadt des Breisgaus, ist es womöglich die Metropole all derer, die in der innersten Kammer ihres Herzens Bewahrer der österreichischen Tradition geblieben sind? Jedenfalls sehen die alten Freiburger mit gelinder Verachtung auf die »Schwobe« und auf deren Lebensdevise »Schaffe, schaffe«. In Freiburg gilt »Leben und leben lassen«. Der Industrie näherte man sich nur zögerlich, der Skatspieler würde sagen, »man mauerte«. In einem topographischen »Beschrieb über die vorderösterreichische Provinz Breysgau« von 1780 steht zu lesen, »Fabriken und Manufakturen« seien, »nachdem die bisherigen Versuche, sie einzuführen, mißglückt sind, und da der comercial geist der genie des Volks nocht nicht eingenatürt ist, keine im Land, außer dass das leinen und wollen spinnen, auch weben, ziemlich stark betrieben wird, worauf sonderlich die an dem zuchthaus zu Altbreysach etablirte Fabrick-Compagnie mit guter bestehung nun sich vorzüglich verleget.«

In Karlsruhe, Freiburgs Schwester, um nicht zu sagen Rivalin in Sachen Zentralfunktion: in Karlsruhe hörte man derlei Rede nie. Mittelalterlich gestimmt noch heute, steht Freiburg für eine unverwechselbare Form von Wachheit, Karlsruhe für Gestalt gewordene Aufklärung. Da ist alles abgemessen, alles auf das Schloss zentriert, alles vom Schloss aus abgezirkelt und auf die Reihe gebracht. Merkwürdig, dass diese Stadt aus der Retorte so früh leidenschaftliche »Karlsruhe-Fans« hervorgebracht hat. Sie empfanden Karlsruhe als die adrette Morgengabe einer Zeit, die nur mit Fleiß, Vernunft und Planung glaubte leben zu können. Als Wahrzeichen diente lange die Pyramide auf dem Marktplatz, von 1823 bis 1825 nach Plänen Weinbrenners geschaffen. Karlsruhe, das ehrgeizige Karlsruhe, hat als Markenzeichen nicht irgendein Standbild, keinen großmäuligen Brunnen, sondern ein Kleinstkunstwerk ägyptischer Provenienz.

Weltläufigkeit in Karlsruhe, das ist ein altes Lied. Die Stadtpfarrkirche St. Stephan am Friedrichsplatz wurde von 1808 bis 1814 »in Erinnerung an das römische Pantheon« erbaut.

Nicht dass die Großherzogliche Residenzstadt, als solche geplant und gebaut, sich allweil, von Generation zu Generation, im Glück gesonnt hätte. Markgraf Karl Wilhelm von Baden-Durlach machte den Anfang: Er legte am 17. Juni 1715 den Grundstein für eine Schlossanlage, die schon am 5. Juli 1717 zur Residenzstadt erhoben wurde. Flugs wurden die Acta und alle die »ohnmaßgeblichen« Relationen und »unterthänigst« vorgebrachten Memoranda von Durlach nach Karlsruhe verlegt, die Karren rollten und rollten, die Ochsen schlurften, in Staubwolken gehüllt, die wenigen Kilometer nach dem neuen Karlsruhe. Und die Schreiber spitzten ihre Federn. 1771, als Baden-Durlach und Baden-Baden vereinigt wurden, wurde Karlsruhe Haupt- und Residenzstadt der Vereinigten Markgrafschaften, ab 1803 Hauptstadt des Kurfürstentums, ab 1806 des Großherzogtums.

Die markgräfliche Linie Baden-Durlach hatte seit der Mitte des 16. Jahrhunderts die Karlsburg als Residenzschloss in Durlach erbaut; 1689/91 kam ein Schloss an Stelle der Kirche des alten Benediktinerklosters Gottesaue hinzu. Zur gleichen Zeit vollendete Markgraf Ernst-Friedrich den Umbau der Wasserburg Mühlberg zu einem Schloss. Tillys Truppen im Dreißigjährigen Krieg und die Franzosen unter General Mélac verbrannten 1689 nahezu alle Siedlungen im Karlsruher Raum, auch die markgräflichen Schlösser in Durlach, Mühlberg und Gottesaue. Durch den Spanischen Erbfolgekrieg (1700–1714) wurden auch die Versuche eines Neuaufbaus mit Hilfe hugenottischer Exilanten zunichte gemacht. Der Neubau einer Residenz auf einer Lichtung des Hardtwaldes durch Markgraf Karl

Wilhelm konnte ganz unbeschwert von historischen Überresten und alten Rechten vor sich gehen. Im Mittelpunkt der ganzen Anlage stand der Turm des Schlosses. Radial vom Schloss ausgehende Straßen konzentrierten alles städtische Leben auf den Landesherrn. Ständisch gegliedert lagen die Häuser um das Schloss herum, das ein die Radialstraßen kreuzender und den Schlossgarten umschließender Zirkel als Einheit zusammenschloss. Keine andere Stadtanlage verkörpert so sehr die Idee des Absolutismus wie Karlsruhe. Bei der Gewinnung einer neuen Einwohnerschaft musste der absolutistische Landesherr wieder Kompromisse machen. Siedler aus ganz Deutschland und aller Bekenntnisse sollten der neuen Stadt Leben verleihen. Schon bei der Gründung 1715, dann 1722 und 1728 mussten die Markgrafen weitreichende Privilegien verleihen, um Neubürger anzuziehen. Im 19. Jahrhundert ging der Ausbau der Karlsruher Residenz weiter; in Friedrich Weinbrenner, Jeremias Müller und Friedrich Arnold fand die Stadt Architekten, die die ursprüngliche Bauidee erfolgreich weiterführten. Trotz aller Kriegszerstörungen hat Karlsruhe seinen noblen Residenzcharakter bis heute bewahrt und als »Hauptstadt des Rechts«, als Sitz von Bundesverfassungsgericht und Bundesgerichtshof eine noble Fortführung seiner herausgehobenen Stellung gefunden.

Dass es auch anders hätte gehen können, zeigte Ludwigsburg, das württembergische Pendant. Auch hier lockte man mit Privilegien. Aber die mit pompösem Schwung Eingeladenen, die Bauern von der Alb und die Metzger und die Schreinermeister von Schorndorf, trauten dem Braten nicht. Während die Karlsruher auf ihr Stadtwappen »Fidelitas« schrieben, so hieß der vom Markgrafen Karl Wilhelm gestiftete »Hausorden der Treue«, galten die Ludwigsburger als »Lompaburger«, bis weit in unser Jahrhundert hinein. Wer am mittleren Neckar wohnt, braucht ja nicht gerade aus Ludwigsburg zu kommen, das ein rechtes »Sündenbabel« ist.

Auch Ludwigsburg ist eine »geometrische« Stadt und sein monumentales Schloss eine Sehenswürdigkeit ohnegleichen. Aber zu einer ungebrochenen Ausstrahlungskraft in ihre nähere und weitere Umgebung hat es die Stadt nie gebracht. Dafür waren das Landeshaupt Stuttgart – und das spätere Breuningerland – zu sehr im Weg.

Neben Karlsruhe und Ludwigsburg gibt es noch eine dritte Retortenstadt, Mannheim, die zweitgrößte Stadt Baden-Württembergs. 766 wird sie erstmals als »Mannenheim«, Heim des Manno, in der Lorscher Überlieferung erwähnt. Von 1075 bis ins 15. Jahrhundert ist Ortsadel bezeugt, für das Jahr 1250, dass die Pfalzgrafen alle Herrschaftsrechte an sich zogen. Dann muss das Fischerdorf Mannheim ein vergnügliches, behagliches Leben hinterm Ofen geführt haben. Erst Kurfürst Friedrich IV., das Haupt der Protestantischen Union, verteilte Aufgaben für eine neue Festung und für eine neue Bürgerstadt. Unser geruhsames Dorf verschwand. Beides gedieh. Die durch Wall und Graben abgetrennte Zitadelle schützte sieben Bastionen. Die Bürgerstadt, durch acht Bastionen umwehrt, zeigte rechtwinklig sich kreuzende Straßen und rechteckige Häuser, beides versorgt durch die Original Mannheimer »Quadrat«-Einteilung: das ist die Eigenwelt des Fischernests von damals.

Mannheim, heute nichts anderes als eine große, mächtige Industriestadt, Klein-Chicago? Wenn man um Mitternacht die großen Ausfallstraßen, Marktplatz und Hafen entlangfährt, wollen einen die mächtigen, hoch und tief gelegten Straßenläufe schier erdrücken.

Wie anders ist die Welt, wenn man in Heidelberg auf der Brücke steht. Der Württemberger Friedrich Hölderlin hat das getan, von der »Brücke« (über den Neckar) ist in seiner Ode »Heidelberg« die Rede, vom »Strom«, von der Burg – wir sprechen richtiger vom »Schloss« –, ein »Riesenbild«, das keine der altwürttembergischen Städte, mit Ausnahme von Stuttgart vielleicht, sein eigen nennen kann.

Die Ode »Heidelberg« ist das vollkommenste Beispiel dafür, dass bewusst erlebte Landschaft, vielleicht dürfen wir sogar anfügen »und Natur«, den Boden hergeben kann für eine völlige Gleichsetzung von Beobachtetem und Beobachter. Alle die Heidelbergjünger und -jüngerinnen nicht nur der Saison identifizieren sich mit diesem Lied und es scheint, dass es unsterblich ist. Dass Heidelberg, die Stadt, in vor- und frühgeschichtlicher Zeit pragmatisch und nüchtern, sich offenbar in massiver Weise aus dem kleinmaßstäblichen Profil alsbald löste, hat man wahrscheinlich längst vergessen. Nach einem »Beruf« und nach einer Sinngebung der Siedlung zu suchen, war überflüssig: am Austritt des Neckars aus dem Odenwald gelegen, bestand die Hauptaufgabe des Platzes in der Sicherung der Hauptstraße, der Bergstraße. Man findet solcherlei Sicherungsburgen im bergreichen deutschen Süden häufig, aber auch vor bald jedem österreichischen Talausgang. Die fortifikatorischen Voraussetzungen waren gegeben: Heidelberg hätte Festungsstadt werden können wie die Veste Hohensalzburg oder die Würzburger Festung auch.

Heidelberg aber wechselte die pfälzischen Musketiere gegen Studenten aus: 1386 gründete Ruprecht I. just in dieser gerne feuchten Ecke über dem Fluss eine Universität. Jetzt machten das Stadtbild nicht mehr die Pickelhauben aus, sondern die Schlappmützen der Studenten. Keine der gewichtigeren Epochen deutschen Geistes, die nicht auch in Heidelberg ansässig gewesen wäre. Während der Minnesang die Stadt nur streifte, wurde sie zu einer Hochburg des deutschen Humanismus, Reuchlin, sozusagen Baden-Württemberger auf ganz selbstverständliche Art – in Pforzheim geboren, späterhin wechselnd zwischen Tübingen, Stuttgart und Heidelberg – mag unter den Neuerern und Philologen zeitweise der wichtigste gewesen sein.

Als der Pomp des Barock Einzug hielt, war Heidelberg wieder Umschlagplatz von Ideen, von Texten, von satirischen Liedern. In diese Sparte gehört eines der zahllosen Satiren auf den »Winterkrieg-könig« – Kurfürst Friedrich V. von der Pfalz hatte Böhmischer König werden wollen (oder mehr sollen?) und *wurde* es. Aber nur einen Winter lang:

> In Heidelberg in der churfürstlichen Stadt
> Mein Sitz und Residenz auch hatt'
> gleich anderen Voreltern mein,
> die damit z'frieden g'wesen sein …

Und schließlich die Romantik, wie geschaffen für populäre und wissenschaftliche Aktionen, eine Kulisse für das Freilichttheater in schönster, eindrucksvollster Weise. In Ricarda Huchs schönem, glänzendem Romantikbuch heißt es: »Aber die eigentliche Stadt der Romantik, wo sie ihr wildestes Fest feierte, war Heidelberg, das altehrwürdige, malerische, von Hügeln und Wäldern umringte, mit der herrlichen Schlossruine, von der man auf den reizenden Schlangenlauf des Neckar herabsieht.«

Auch Clemens Brentano und Achim von Arnim waren da – nicht etwa zu einer Stipvisite, sondern zu einer Art Archiv- und Museumsbesuch, der sich schließlich über die Jahre 1806 bis 1808 hinauszog. Unter den Stätten der deutschen Romantik – Landshut, Jena, München, Dresden, Wien und so weiter – machte Heidelberg deshalb eine Ausnahme, weil hier nicht die neue Welt- und Religionskonzeption wie in Jena zur Debatte stand, sondern Elementararbeit, Kärrnerarbeit geleistet wurde. Die beiden Romantiker zogen hinaus auf Schusters Rappen, in die Dörfer im Tal und auf der Höh', dem Volk aufs Maul zu schauen und altes Liedgut festzuhalten. Dass dieses Unterfangen mit allerlei Raffinement und zugleich Naivität belastet war, kurz: dass es vor der wissenschaftlichen Kritik nicht bestand, soll uns nicht wundern: die Maßstäbe der Wissenschaft hatten mit der tief im Wald steckenden Mühle oder Wallfahrtskapelle oder ruinösen Burg nichts zu tun. Die erste größere umfänglichere Volksliedersammlung deutscher Zunge hat ihre Aufgabe, altes deutsches Liedgut wieder zugänglich zu machen, zweifellos erfüllt. Damit ist, hätten wir heute gesagt, auch eine bildungspolitische Dimension erreicht.

Schließlich verdankt Heidelberg seine Bedeutung in der Romantik aber einem wichtigen romantischen Attribut: einer Ruine. Die »Ruine« erheischt unser Mitleid, sie ist noch unfertig, sie erregt unsere Phantasie. Das feste und pedantisch vollkommene Haus blasst dagegen ab, die Ruine ist unverwechselbare und völlig extra ordinem. Die mächtige Heidelberger Schlossruine ist nämlich auch ein Politikum, verstanden und stehen gelassen als schändlich niedergebranntes Wahrzeichen. In späteren Jahren, meint der Freiherr vom Stein, habe sich in Heidelberg ein gut Teil des deutschen Feuers entzündet, welches später die Franzosen verzehrt hat.

Die Heidelberger Romantik hatte eine nachhallende Resonanz, hatte Kinder und Enkel gehabt. Johann Heinrich Voß, seit 1810 in Heidelberg und 1819 hier gestorben, wurde freilich mehr und mehr zum Erzfeind der Romantiker; ihm galt das Metrum, über dem Metrum galt ihm nichts, auch wenn sprachliche Gewaltsamkeiten damit verknüpft waren. Aber auch die Gebrüder Boisseré und ihre Gemäldesammlung waren viele Jahre da, bis das Unersetzbare mit tatkräftiger Unterstützung des württembergischen Königs Wilhelm I., 1819 für Stuttgart erworben und dort in dem von Thouret gebauten Offizierspavillon ausgestellt wurde. 1827 jedoch erwarb der bayerische König Ludwig I. die Sammlung für den heute lächerlich geringen Preis von 240 000 Gulden und schenkte sie dem bayerischen Staat. In München wurden die zweihundertdreizehn Gemälde Teil des Grundstocks für die weltberühmte Alte Pinakothek, in Stuttgart bildete der Kaufpreis den Grundstock für die neuzugründende Gewerbeschule. Eine späte Rache altwürttembergischer Sittenstrenge gegen »das Mystisch-Religiöse«, wie Johann August Freiherr von Wächter sagte, gegen die »gefährlich aufkommende Sentimentalität«?

Dafür bleiben den Heidelbergern die einheimischen Maler Karl Rottmann, Carl Philipp Phor und die Brüder Fries. Ernst Fries gehörte zu den eifrigsten und innigsten Schilderern der Neckarlandschaft. Das freie geistige Klima Heidelbergs gab nach dem Verfall der Romantik die Kraft des Durchbruchs zum neuen, eigenen Weltgefühl, zum Realismus. Dies gilt in gleicher Weise für Gottfried Keller wie für Viktor von Scheffel.

Württembergs landschaftliche Gestalt präsentiert sich als alles andere als eine Einheit. Zu einer »geschichtlichen Landschaft« ist Württemberg, wenn wir das anspruchsvolle Wort hier überhaupt gelten lassen wollen, erst sehr spät geworden. Die geologische Struktur scheint der jahrhundertealten historischen Ungereimtheit zu entsprechen: Moränen der Würm-, Riß- und Mindeleiszeit im oberschwäbischen Molassebecken, Juraformationen auf der Alb, Gipskeuper, Lettenkeuper, Stubensandstein im Neckarbecken, Muschelkalk auf der Hohenloher Ebene, Buntsandstein im Schwarzwald: jede dieser württembergischen Hauptlandschaften hat einen anderen geologischen Nenner. Es wäre nicht schwer, die jeweils andere Akzentuierung und Atmosphäre herauszustellen.

Und Oberschwaben? Der wellige Boden bewahrt noch die Kiesel und Sande der Eiszeit, verrät noch die Rinnen und Straßen der Gletscher. Wenn die Sommersonne hoch am Himmel steht, gibt es kein schöneres Land als dort, wo die schweren Riede sich breiten: Moorgräser und Rohrkolben, Weiden und schlanke Birken wiegen sich im Winde, die Finken und Meisen musizieren, die Bienen fliegen, in wunderbar weichen Farben blüht das Land, die weißen Seerosen vor dem dunklen Wasser der Seen. Das Land ist voller barocker Kirchen, und barock ist die hier gewachsene Geistigkeit. Die Phantasie erscheint gegenständlicher, der Humor erdgebundener, vielleicht auch ironischer, leichter, kecker, hingeworfener als im Unterland, oft sind es hier nur Tupfer, wo man im Unterland um das Wesen ringt und Wortgebäude erstellt. Auf alle Fälle geht es farbiger zu im Oberland, kräftiger, lebensprall, allemal kommt ein Stück saftigen, ungenierten Lebens zum Vorschein: es ist, als ob das alles zusammen mit den Wolken und den Möwen, mit der Sonne, dem Mond, den Sternen zu dem einen großen himmlischen Kirchspiel gehöre.

Die Alb ist, wie ihre viel größere Schwester, die Alpen, in ihrer Schönheit erst spät entdeckt worden; auch sie war, wie Livius einmal von der bizarren Alpenschönheit sagt, »horribile visu«, schrecklich anzusehen. Die Wogen des Jurameers sind hier erstarrt. Noch stehen die Korallenriffe als Felstürme an den Ufern. Wie eine Mauer baut sich die Alb über dem Neckartal auf. Und droben, auf den Höhen, auf den Flächen, auf dem Ebenen- und Hügelland, wo Buchenwälder mit Weidbuchen und wilde Rosen mit Silberdisteln wechseln, wo weiße Straßen die Landschaft durchziehen: droben sind die Winter lange und zäh, der Spätherbst eine einzige verhangene Wand, der Vorfrühling bis in den April, bis in den Mai, Spötter sagen, bis in den Sommer hinein ein immer noch winterliches Nachhutgefecht, das Schmelzwasser tropft von den Dächern, die braun gewordenen Schneereste wollen hinter den Linden draußen nicht vergehen. Aber dann entdeckt man doch das Schöne in dieser Schwerlebigkeit, das lichte Braun der Frühlingstage, das sich einprägt wie eine rauchschwarze Zeichnung, das saftige Wechselmuster der Wiesen im Sommer, wenn der lange, in dutzenderlei Grün getauchte Schwung der Linien herauf- und herabzieht und sich in den Tiefen der Talgründe verliert. Und dann der Herbst, wenn die Nebelvorhänge lichter Klarheit und seltsamer Nähe Platz gemacht haben: herrliche Weite erstrahlt noch einmal in einem vielfältigen, in einem unnennbar reichen Rotbraun, das hinüberläuft in das Flaschengrün der

Föhrenwälder und sich trennt von den weißen, angebrochenen Steinwänden, von bizarren, fast wie Kunstbauten anmutenden Felsbastionen, von umständlichen, verweilenden Kurven.

Anders das Neckarbecken, die Herzkammer des Landes. Es ist zu einem geschlossenen und entschlossenen geistigen und wirtschaftlichen Kern geworden, zusammengeballt in Häuserfelder und Werksanlagen, in Kleeblattkreuze mit dem pausenlosen Mahlen der Autokolonnen, den Tag, die Nacht hindurch, Rot, Grün, jetzt darfst du gehen, aber schnell – Betonblöcke, ganze Betonhalden, ohne Pause, Häuser und wieder Häuser, Stadtteile, deren Namen du gestern noch gar nicht kanntest, eine einzige, auf »Freiflächen« und »Industriezonen« und »Naherholungsbereiche« aufgeteilte Großstadt, mit »Verbundsystem« und – hoffentlich – genau bemessenen Zentral- und Zubringerfunktionen. Industrielandschaft, die das Absichts- und Zwecklose und die Würde des Landes mit den schwarzen Seen und der seltsamen Einsamkeit und dem großartigen Spiel der Endmoränen ebenso abgelegt hat wie die kantige, die herbe Schönheit der Albdörfer mit Kirche und dem charakteristischen kleinen Weiher, der »Hüle«.

Natürlich sieht man das »Land« noch in diesem zweitgrößten Industriebecken der Bundesrepublik. Auf dem Kappelberg oder auf der Solitude, auf dem Rotenberg oder der Katharinenlinde sieht man am Horizont, zum Greifen nahe, die großen Linien entlangziehen, die Entschädigung für das alles, das Kleine und Kleinliche, das Technische und die »Nutzungselemente«, die sich in die Mulden und Ecken eingefressen haben; alles ist überzogen von den Bahnen und Drähten eines volltechnisierten, eines vollautomatisierten Zeitalters. Aber sie schauen noch drunter hervor, die Lössebenen des Strohgäus, des Ludwigsburger Feldes, des Waiblinger Hochlands, der Filder: wenn man um Jakobi einen der Schurwaldhänge hinaufsteigt oder den Asperg, schaut das Auge immer noch in ein weites Getreideland, und man braucht nur zwanzig oder dreißig Kilometer hinausfahren, und steht vor mannshohem Weizen, vor mächtigen Höfen und Scheunen, oder auch, im Remstal hinter Kernen oder Weinstadt, vor der Sauberkeit »umgelegter«, breitester Weinbergflächen, die gerade dabei sind, ein tieferes, geschlosseneres Grün anzusetzen.

Oder ein paar Wochen früher, wenn man vom Plochinger Stumfenhof heruntersieht, vom Korber Kopf, und diese entzückenden Tupfer blühender Obstbäume unter sich hat, eine Palette von Dutzenden von Rosé-Tönen, wie sie die Expressionisten nicht fleißiger hätten in Szene setzen können: Die Apfelblüte an den Rändern des Stuttgarter Beckens ist, wenn auch eingekeilt in die Fertigungsstraßen eines Ballungsgebiets, ein Stück ungetrübter Schönheit.

Das Tempo der Industrie hat im Neckarbecken die schwäbische Gemütlichkeit, die sprichwörtliche, an die Wand gedrückt. So, wie die Ursprünglichkeit dieser »Landschaft« zwischen Sindelfingen und Göppingen, zwischen Kirchheim und Leonberg verloren ging, so haben die sozialen und soziologischen Auswirkungen des »Industriebesatzes« auch die Leute verändert und unverkennbare Verlagerungen gebracht. Der poetisch gestimmte Erzähler, das, was man »Schwäbische Schule« nannte, der spekulative Philosoph, der religiöse Sinnierer habe einem neuen Typus Platz gemacht, einem, der das Gesicht des Schwäbischen mitzuprägen begann. Der Erfinder, der Techniker ist das jetzt: die wagende geistige Phantasie wendete sich den konkreten Aufgaben zu, verband sich mit Geduld und Rechenschaftigkeit, mit Bastlertum und suchendem Willen. War das Forschertum der Paracelsus, Kepler und Robert Mayer noch in die großen Bahnen einer welterklärenden Naturerkenntnis und in die Resonanzen einer Spekulation über Grundfragen des Daseins eingebettet, so erwächst jetzt aus der geistig-moralischen Substanz das technische Ingenium: Daimler, Bosch, Maybach, die Männer des Motors und seines Urproblems, der Zündung; Zeppelin, Hirth, Klemm, Klein, Heinkel, die Männer des Flugwesens. Das Land, rohstoffarm und verkehrstechnisch wenig begabt, hat entgegen aller bloß rationalen Standort-Theorie eine hoch entwickelte Fertigungsindustrie geschaffen, die in wenigen Jahrzehnten dem inneren Rhythmus des Landes, und damit auch dem des Volkes und gewiss auch seiner Gestalt, ein neues Element hinzufügte.

Wenig industrialisiert war der fränkische Anteil an Württemberg. Ferdinand Steinbeis (1739–1790), der ein bisschen legendäre Industrieförderer Württembergs, sei »nicht nach Oberschwaben« gekommen, so lautet der Kommentar verletzter, aber geschichtsbeflissener

Ravensburger: das Wort ließe sich ohne Mühe auch auf das Hohenlohische münzen. Man hat neuerdings mit allerlei »Entwicklungshilfe« dem Defizit an Industrie dort abhelfen wollen, ohne rechten Erfolg bis jetzt. Fabriken müssen, hartherzig und im Planerjargon gesagt, ein Reservoir von Menschen hinter sich haben. Die fehlen im Land um Kocher und Jagst. Gäuland, Tauberland und die Haller Ebene gehören wie der Ebenenbereich zwischen Jagst und Kocher zu diesem Komplex. Im Neckarbecken – das Maler wie Steinkopf oder Emminger noch als einen blühenden Garten zeigten, den Neckar als ein liebenswürdig-verwunschenes Band zwischen Baumgruppen und artigen, kleinen, kirchturmüberragten Dörfern, nicht als einen egalen Kanal wie heute, eine Schnur, aufgezogen an einer nicht enden wollenden Reihe von Schleusen – bekam auch das »fernste, tiefste Tal«, das Uhland noch entgegenblühte, eine Werkstatt, eine Fabrik.

Einen eigenen Charakter hatte das Land zwischen Hall und Mergentheim. Das hügelreiche, aber auch, Schmalfelden, Blaufelden, Crailsheim, Rothenburg zu als einzig-große Ebene sich breitende Land hat seine verschwiegenen Winkel, seine Idyllen, seine Abseitigkeiten behalten, es ist, wie der württembergische Schwarzwaldanteil und das Hauptgesicht Oberschwabens, nicht »Industrielandschaft« geworden. Das Gleichgewicht der Siedlung und Berufsverteilung scheint, wie in Groß-Stuttgart, noch nicht gestört.

Das einzige Wasser Württembergs, welches dem Main zufließt, ist die Tauber. Der Taubergrund, nicht eben reizvoll in den Details und in herbstlich-winterlichen Zeiten von merkwürdiger Farblosigkeit, ist für den, der aus dem Schwäbischen kommt, die Ouvertüre zu Franken. Nicht, dass es eine großartigpompöse Symphonie wäre. Zwei Violinen, eine Bratsche, ein Violoncello, biedermeierliche Hausmusik, lieblich und dem Kleinen zugetan. Aber Musik. Im Neckarland, im heutigen Neckar Land, kommt die Melodie nicht mehr recht zum Klingen. In den Weinberghängen bei Markelsheim und Igersheim meint man das Spiel noch zu hören, es klingt aus den Holunderbüschen und lugt hinter den alten Fenstern hervor, und es lächelt mit Charme und entwaffnender Heiterkeit selbst über den Waldwipfeln des Vorbachtals.

Das Hohenlohische ist wirklich, wie es in Goethes »Götz« in scheinbarer Überhöhung heißt, »ein gesegnetes Land«. Es hat keine Großartigkeiten, keine Sensationen. Aber es ist heimelig: der Blick von Schloss Langenburg nach Unterregenbach hinunter, in die sanften Schnitte eines Tals, dessen Buchenbestände sich ein wenig über die Ränder oben wagen, aber die Flächen selbst freigeben, für die liebevoll-handwerklichen »Steinriegel«, die den Talauen, den Wiesen- und Kornwänden über Jagst und Kocher, Bühler oder Brettach ihre Akzente geben, irgendwo hinter Baumgruppen meldet sich ein Kirchturm zu Wort, und wenn es einer ist wie in Unterregenbach, ein einfach-treulicher Fachwerkaufsatz mit Satteldach, dann möchte man das als altfränkisch und jedenfalls »deutsch« bezeichnen. Hans Thoma müsste hier gemalt haben: Felder mit Klatschmohn und Kornblumen, reiche Felder, die das Land von der Jagst bis zur Frankenhöhe hin kennzeichnen, ganze Halden von Farnen in den Wäldern zwischen Langenburg und Weikersheim. Nichts, was in anderen Wiesengründen nicht auch zu finden wäre. Aber hier blüht alles voller, kräftiger, üppiger, von den ersten Schlüsselblumen im Frühjahr bis hinein in den blütestrotzenden Sommer, in einem Meer von Farben und Schattierungen, von Gras und Bach und Busch.

Einen eigenen Charakter hat das Hohenlohische. Hohenlohische Landschaft muss man in der Dämmerung erleben. Es mag Gegenden geben, die erst dann ihr Ich zeitigen, wenn die Sonne im Zenit steht, Meeresküste, Sand, Weite: Das Hohenlohesche, die weiten Bögen der Flusstäler, über denen die Bussarde kreisen, die Winkel, aus denen plötzlich die barocke Schauwand eines Schlosses oder die ziselierte Brüstung eines Bergfrieds hervorschaut – das Hohenlohesche muss man am Abend sehen, vielleicht an einer Ecke des Kochertals – nein: von Waldenburg aus, dem dreitürmigen, zu Stauferzeiten angelegten Bergstädtchen, das einen meilenweiten Ausblick gönnt, bis hinüber zum odenwäldischen Katzenbuckel, bis zum Steigerwald und zur Windsheimer Bucht. Das Land ist auf Frieden eingestellt. Was am hellen Mittag noch zu weit gewesen sein mag, amorphe, kilometerweite Ferne, bekommt am Abend Gestalt. Da sitzt man im Sommerabend und schaut und schaut: Waldpartikel wechseln mit Feldern, Buschgruppen mit Ackerwegen, Baumreihen mit kleinen Häuserkomplexen. Dürersches Land ist das: kein Schornstein, keine Fabrikreihen. Als wären Jahrhunderte nicht gewesen.

Mit dem Schwarzwald schließt Württemberg an Baden an. Der Anteil Württembergs geht nicht, beileibe nicht, bis zu den Granit- und Gneiskuppen des Feldbergs, bis zu den majestätischen Punkten über der Rheinebene. Der württembergische Teil beschränkt sich auf den Norden und Osten, wo minder bedeutende Höhen erreicht werden und das Grundgebirge von der Buntsandsteindecke verhüllt ist. Erst die Täler geben so etwas wie Gebirgscharakter und verschaffen dem »württembergischen Schwarzwald« seine natürliche Gliederung, der Platte des östlichen Schwarzwalds bis zur Enz und Murg und zum Forbach, der Hohlohgruppe im Norden, dem Kniebisstock westlich der Murg und dem Kinziggebiet im Süden.

Mancher mag enttäuscht sein: die östliche Schwarzwaldplatte, vom Nagoldtal in zwei sehr ungleiche Teile gespalten, gibt sich fast eintönig. Wenige, eigentümlich geradlinige Täler, mit schmaler Sohle zwischen gleichmäßig ansteigenden, von Blockmeeren übersäten Wänden, lang gestreckte, flache Mulden, Gewässer, die sich in kleinen Fällen über die harten Geröllbänke herabstürzen, ausgewitterte Sandsteinblöcke, schwer zugängliche Schluchten: ein einziger zusammenhängender Nadelwald, im Osten mit Fichten, im Westen mit Weißtannen, im moosigen Grund Heidelbeergesträuch, an den Waldrändern Fingerhut, an sonnigen Abhängen Platten von goldblumigem Besenginster.

Die drei westlichen Abschnitte des württembergischen Schwarzwalds sind landschaftlich reicher ausgestattet. Das Kinziggebiet zeigt im tief eingeschnittenen Kinzigtal Granitgestein wie sonst nirgends, kräftige, abenteuerlich geformte Terrassen, von denen stattliche, mächtige Häuser herabgrüßen: alles unter einem Schindel- und Strohdach. Der Kniebisstock, mit bedeutenden Höhen und lang gezogenen Rücken, Grenzland für Württemberg in schicksalhaftem, geschichtlich immer wieder neu belegtem Sinne, zeigt wieder anderes, Bergseen, tief drunten in dunkel bewaldeten Bergnischen, die durch ihre dunkle Farbe eine unergründliche Tiefe vortäuschen. Und die Hohlohgruppe mit dem Enztal, breite, niedrige Hochflächen im Norden, besiedelt und stark entwaldet. In der Umgebung des Hohloh, im Süden, breiten sich heute noch riesenhafte, immer noch unbewohnte Waldflächen aus, die nur im Kniebisstock ihresgleichen haben, mit eigenartig düsteren Hochseen. Im unteren Enztal zieht schließlich wieder ein Stück Wärme ein, alles mildert sich, wird freundlicher, und irgendwo stellt sich sogar der Weinbau ein, für den württembergischen Schwarzwald eine unerhörte Sache, und bei Loffenau reift die Edelkastanie und erinnert schon an das nahe warme Rheintal.

So viel Landschaftsteile in Baden-Württemberg, so viel Verschiedenheiten. Wer wird innerhalb dieser Gruppen Einheitliches, Geschlossenes erwarten ? Wie sehr setzten sich allein unter dem Signum »Alb« die Baaralb und das Obere Donautal vom Albuch und Härtsfeld ab, wie anders sind die Akzente auf der Hohen Schwabenalb als auf der Riesalb. Und, selbstverständlich, wie wenig kann man Eindrücke aus den schwäbisch-fränkischen Waldbergen mit dem Bodenseebecken verwechseln. Der in sich vielfältig gegliederte Schwarzwald, die Rheinlande, der vermittelnde Kraichgau, der karge Odenwald und die liebliche Mainlandschaft, alle setzen eigene Akzente. Vielleicht ist gerade deshalb, weil hier – tatsächliche und wohl auch ungeniert gepflegte – Sonderformen unvergleichbar nebeneinander stehen, so früh die Rede vom Exemplum des Südwestens aufgekommen: als müsste man die heterogene Form kompensieren durch das möglichst homogene Bild eines Organons. Die Kooperation der Einzelteile war für das Überleben aller existentiell notwendig. Die Lande des Schwäbischen Kreises in Südwestdeutschland galten als das »Reich« schlechthin; auch die nicht zugehörigen Territorien wie die des österreichischen Kreises und der Reichsritterschaft in Schwaben mussten durch Gesandte mit dem Kreis korrespondieren und sich abstimmen, um das Ganze am Leben zu erhalten. Unter Bewahrung der Eigenart des kleinen Raumes und der individuellen historischen Herkunft das Gemeinsame leben, das ist die Maxime baden-württembergischer Existenz. Man sagte, das Land sei wie China alles in einem, und es habe, um in Genüge für sich leben zu können, von jedem etwas, eine leidlich große Flussader, Bergfronten, die nicht ins Gebirgig-Voluminöse ausarten, Wälder, deren Ende man absehen könne, Städte und Dörfer, die sich einander die Waage hielten. Dabei mag das Offene und die Weite des Blicks eher für die Rheinlande und Oberschwaben, das in sich gekehrte und abgeschlossene eher für die württembergischen Teile des Landes gelten.

Wird in Reisebeschreibungen Württembergs des 18. Jahrhunderts – verständlich bei einem, der Südwestdeutschland mit seinem innerschwäbischen Kern aus der Perspektive des von draußen Kommenden erlebt – der exemplarische Landescharakter mit dem Eindruck des Abgeschlossenen verknüpft (Württemberg wie China mit einer fiktiven Mauer umgeben), so wird später und ohne alle Nebentöne auf das »Modell Südwestdeutschland« abgehoben. Der Herrgott gestaltete, »was er brauchte: Höhenzüge und Gebirge mit schönen Berggipfeln, Felsentürme und tiefe Schluchten, freundliche Wiesentäler mit Quellen und Brunnen, breite Ebenen mit Kornfeldern, einen schönen Fluss, grüne Seen und ein kleines Meer«. Die verwirrende, manchmal störende, oft aber als Bereicherung empfundene Vielfalt der naturräumlichen Landesgestalt wird im Landesbewusstsein zum Positivum: als der Herrgott und Schöpfer sich umsieht, entdeckt er dabei »das kleine Modell«. Und es dünkt dem Meister zu schade, das kleine Kunstwerk zu zerstören, er suchte einen heimlichen leeren Platz auf der Erde und baute es da hinein. Und das ist nun zum »Ländle«, dem Staat im Südwesten der Bundesrepublik, geworden, das den Bindestrichnamen von 1952 behalten, seine Identität und sein Selbstbewusstsein aber gefunden hat.

Zwei Wörter – ein Stamm

Der deutsche Südwesten scheint heute von Baden und Württemberg politisch, historisch und mental geprägt zu sein. Dem weiter zurückblickenden Historiker ist jedoch offensichtlich, dass als geschichtlich korrekte und inhaltlich zutreffende Bezeichnung diesem Raum nur »Schwaben« zukommen kann. Geistig und »ideologisch« ist »Baden-Württemberg« eigentlich unmittelbar nach der Novemberrevolution 1918 gegründet worden. Dass die geistigen Väter von damals, Theodor Heuss und Josef Hofmiller, Hermann Hefele und Max Wingentroth, Theodor Haering und Jakob Schaffner, sich ihrer Sache gerade in historischem Betrachte so sicher waren, ließe an eine geistig verwegene, ja revolutionäre Tat denken.

Man erinnere sich, dass damals im November 1918 die geschlagenen Regimenter in Stuttgart und Karlsruhe einzogen, dass sie sich, als sie lauthals im August 1914 ausrückten, als »Badener« und »Württemberger« fühlten. Erst im dynastischen Patriarchat des Bismarckreiches konnten sich süddeutsche, nationale »Reservate« so recht entwickeln, in der badischen – großen – Garnison zu Rastatt, bei den württembergischen Olgagrenadieren zu Stuttgart. Was die Bewohner anging, scheint sich deren dynastisches Nationalgefühl mit der Abdankung des badischen Großherzogs – »Gott schütze mein liebes Badener Land!« – und des württembergischen Königs erst recht festgesetzt zu haben. Meinte doch 1928 August Lemmle, einer der es wissen musste, noch nie vorher habe man sich so sehr und so voneinander getrennt als »Badener« und »Württemberger« gefühlt wie heutzutage.

»Schwaben« als Bezeichnung eines Gebiets, das vom Lechfeld bis an den Oberrhein reichte, war viel länger im Schwang, als man gemeinhin anzunehmen geneigt ist. »Ich kum vom Swabenlant«, so konnte es in einem der Lieder der Minnesängerzeit heißen. Damit war nicht nur jene Abkunft gemeint, die in der frühen Neuzeit dem Reisenden aus Brandenburg oder aus den Niederlanden über die Tumpheit im Siebenschwabenland genügend Anlass zum Lachen gab, sondern das war ganz im Gegenteil ein Hinweis auf das führende und zentrale Land des Heiligen Römischen Reiches. Damals war Schwaben nicht nur größer – von »Zürich in Schwaben« sprach man –, sondern gewissermaßen aktuell und tonangebend. Die Landesbezeichnung »vom Schwabenland« genügte, um stolzen und souveränen Anspruch deutlich zu machen.

Dass das mit jenem Tag anders wurde – dem 29. Oktober 1268 –, an dem Konradin, der einzige noch lebende legitime Staufererbe, in Neapel nach einem Scheinprozess enthauptet wurde – übrigens zusammen mit dem Markgrafen Friedrich von Baden –, ist leicht zu vermuten. Aber der Name »Schwaben« – auch für das badische Schwarzwald- und Oberrheinland – blieb. Noch heute ist für den Schaffhausener oder Thurgauer einer, der mit deutschem Pass über die Grenze kommt, ein »Schwob«. Erst langsam, und erst in den harten – und kleinräumigen – nationalstaatlichen Begrenzungen des 19. Jahrhunderts wurde aus dem »Schwaben« ein »Württemberger«, wobei in diesem Prozess kompliziertenweise die Reduktion des einst flächendeckenden und bis ins Elsass und die deutsche Schweiz reichenden Schwaben-Begriffs auf das Innerschwäbische oder Neckarschwäbische einherging. Heute denkt man, wenn man draußen, irgendwo in der Heide oder im Rheinland, »das Schwäbische« apostrophiert, in erster Linie an das angebliche Kernschwäbische, an das Geviert zwischen Tübingen und Hohenstaufen, zwischen Schorndorf und Bietigheim, allenfalls in zweiter Linie an das oberschwäbische Bauernland oder ans bayerische Schwaben.

Da sind also erstaunliche Verschiebungen im Gange gewesen. Noch zu Herzog Carl Eugens Zeiten in der zweiten Hälfte des 18. Jahrhunderts sprach man bei einem Landsmann seines Herzogtums kaum von einem »Württemberger«. Wenn er die Vertreter der benachbarten oder in sein Hausterritorium eingesprengten Reichsstädte empfing, begrüßte er sie als die Sprecher der »Republiken

Absender:

Name

Straße

PLZ Ort

Telefon

e-mail

Erleben Sie mit **ARCHÄOLOGIE IN DEUTSCHLAND faszinierende Entdeckungen**, Grabungen, Funde und Forschungen von der **Urzeit bis heute**, bedeutende archäologische **Museen**, gefährdete und gerettete **Denkmäler**, aktuelle **Ausstellungen**, die Welt der **internationalen Archäologie** und vieles mehr…

Fordern Sie ein **Probeheft** an, kostenlos und unverbindlich.

Bitte frei- machen

Antwort/
Postkarte

Konrad Theiss Verlag GmbH
Postfach 10 48 27

70042 Stuttgart

Schwabens«. Noch die Generation Hölderlins, erzogen und groß geworden in klassizistisch-humanistischen Traditionen, richtete ihre Gesänge und Grußadressen an die Täler und Berge »Sueviens«. Eine Gesellschaft der Naturforscher und Ärzte Schwabens, die kaum über ein halbes Jahrhundert hinaus existierte, fühlte sich damals als Repräsentantin eines Gebiets, das vom Schwarzwald bis zur Ostalb und weiter griff; ihr Sitz war Donaueschingen. Als die – mit Zustimmung, ja mit Begeisterung aufgenommenen – Wellen der Französischen Revolution auch auf das rechtsrheinische Gebiet und auf den deutschen Südwesten überschwappten und auch hier die Wende zu einer republikanischen Staatsform nahe legten, hieß das Wunschprodukt, von jungen Studenten, aber auch von modernen Verwaltungsleuten hüben wie drüben gefordert, selbstverständlich »Republik Schwaben«.

Das war in den späteren neunziger Jahren des 18. Jahrhunderts. Als dann, ein reichliches Jahrhundert später, der Weg wirklich frei war zu einer demokratisch-republikanischen Regierungsform, hieß man die zwei Gebilde – ungeachtet des genannten Mahnrufs der Verfassungsgebenden Landesversammlungen, die Länder zusammenzubinden – »Freie Volksrepublik Baden« und »Freier Volksstaat Württemberg«. Mehr und mehr war die ursprüngliche Geschlossenheit des Südwestgebiets ins Wanken geraten, bewusst aufgegeben oder überhaupt vergessen worden. In der Zeit Johann Peter Hebels – der »Nationalschriftsteller für ein Volk«, wie er sich selbst bezeichnete, hat da natürlich viel beigetragen – entstand ein »alemannisches« Bewusstsein. Hebel selbst redete von den Nachbarn drüben als von den »Württembergern«. Als ihn 1815 Johann Friedrich Cotta und Justinus Kerner für einen »württembergischen Volkskalender« zu gewinnen suchten, lehnte er ab. Er kenne »die württembergische Geschichte wenig«, meinte er Kerner gegenüber, »und die Verfassung auch nur historisch und als eine fremde.« Gerade weil er einen Volkskalender bringen und dafür, wie er sagt, die Vorurteile, Gewohnheiten und Lokalitäten des »württembergischen Volkes« kennen sollte, konnte er nur sein Unvermögen registrieren. Die Leute im Wiesental kannte er, die im Remstal nicht. Wer genauer zusieht, stößt auf Unterschiedlichkeiten in Sprache, Sitte und Mentalität. Die

Rottweiler oder Pfullendorfer legen heute Wert darauf, nicht »Schwaben«, sondern »Alemannen« zu sein. Und die Freiburger, sofern sie noch umfangen sind von dieser jahrhundertalten vorderösterreichischen Katholizität, sind ohnehin etwas anderes als die Göppinger oder Kornwestheimer in dieser eigentümlichen, von Pietismus und Industrialismus gleichermaßen geprägten Individualität.

Dass derlei regionale Besonderheiten innerhalb dieses Bundeslandes Baden-Württemberg ihre historischen Gründe haben müssen, liegt auf der Hand. Wir greifen da am besten nicht bis in die Urzeiten und Frühzeiten zurück. Dass das heutige Baden-Württemberg in allen Perioden der Vorzeit teilhat an der Entwicklung der Menschheitsgeschichte, bleibt hier unerheblich. Auch der Unterkiefer des Homo Heidelbergensis, den man 1907 in Mauer gefunden und als den ältesten Menschenfund Europas gefeiert hat, sagt uns da nichts. Wir hätten von ihm und einer Zeit vor 600 000 Jahren und von dem 1933 ausgegrabenen Schädel von Steinheim an der Murr – aus einer Zeit vor 200 000 Jahren – eine Linie zu ziehen zur Vogelherdhöhle bei Stetten ob Lontal mit ihrem berühmt gewordenen Fundplatz frühester Kunstwerke Deutschlands und überhaupt zu den zahllosen Funden der Steinzeit und Bronzezeit aus dem Neckarland, aus dem westlichen Bodensee, aus dem Ries oder aus dem Breisgau.

Festere Gruppierungen erkennt man erst mit den ungemein reichen und vielseitigen Zeugen der Hallstattkultur (800–430 v. Chr.) und dann natürlich mit den Kelten, deren große Zeit die jüngere Eisenzeit ist (die Latènekultur, 450 v. Chr. bis um die Zeitenwende). Mit den Kelten kann ein »Volk« erstmals detaillierter erfasst werden: Leben und Tod, wovon das jüngst in Hochdorf bei Ludwigsburg freigelegte Grab eines keltischen »Fürsten« großartiges Zeugnis ablegt, sowie die Gestalt seiner Oppida, befestigte stadtähnliche Siedlungen und Adelssitze. Mit dem Auftreten von Römern und Germanen, in der Zeit, in der die schriftliche Überlieferung beginnt, verschwanden die Kelten dann weitgehend an Rhein und Donau. Ab der Mitte des ersten nachchristlichen Jahrhunderts besetzten die Römer in mehreren Vorstößen den Westen und Süden unseres Landes. Die Grenzbefestigungen, die sie errichteten – der Donaulimes und der Neckarlimes – ergaben, um das Wort »Limes« unmittelbar zu übersetzen,

Grenzwege von tief greifender militärischer, politischer und kultureller Resonanz. Die Alemannen haben dieses Verteidigungssystem des Römischen Weltreiches im Rheinknie gegen das Germanenland hin durchstoßen, nach mehreren Einbrüchen in den vorausgegangenen Jahrzehnten unwiederbringlich um das Jahr 260 n. Chr. Darin liegt ihre geschichtliche Bedeutung: für Europa, aber eben auch für das Land zwischen Rhein und dem Limes, zwischen Main und Bodensee, für das heutige Baden-Württemberg. Von entscheidender geschichtlicher Bedeutung dabei war, dass mit den »Alamanni«, die da ankamen, kein geschlossener Volksstamm angerückt war, wie wir das auch von anderen Altstämmen wie den Baiern, den Thüringern oder Sachsen kennen. Verdächtig ist ja schon der Name. Alemannen kann man nicht anders – es klingt fast trivial – als mit »alle Männer«, »alle Menschen« übersetzen. Es muss sich da also von Anfang an um einen Verbund von Einzelstämmen gehandelt haben. Sie müssen ihrerseits so gewichtig und mit so deutlichen Abstufungen gekennzeichnet gewesen sein, dass man mit einem Oberbegriff auf die – gesuchte? – Einheit verwies. Der Historiker Agathias, der sich auf seinen im 3. Jahrhundert schreibenden Kollegen Asinius Quadratus berief, nannte sie ein »zusammengelaufenes und gemischtes Volk« (»Alamanni homines sunt forte congressi et inter se conmixti«). Gregor von Tours konstatierte in seiner bis 591 reichenden Frankengeschichte lapidar: »Suebi, id est Alamanni« (Sueben, das heißt Alemannen). Das Problem wird durch die knappe Auskunft nicht leichter. Sueben und Alemannen meint in stammlicher Hinsicht einen gemeinsamen Bereich; seit Ludwig Uhlands Essay über »Sueven und Alamannen« (1850) und Franz Ludwig Baumanns Abhandlung über »Schwaben und Alemannen, ihre Herkunft und Identität« (1876) ist daran nie mehr gezweifelt worden.

Indessen hat gerade diese Gewissheit immer wieder neuem Rätselraten und neuem Vergessen Platz gemacht. Was heißt das, was in der Zeitschrift »Württemberg« von 1934 einmal zu lesen war: »Alemannen heißen, Schwaben sind wir«? Ist es nicht verdächtig genug, dass die Identität gewissermaßen in akademischer Feierlichkeit immer wieder betont werden muss, während andererseits auch der oberflächlichste Beobachter rasch erkennt, dass sich bei den Alteingesessenen der Stuttgarter Region eine andere Wesensart präsentiert als in Radolfzell am westlichen Bodensee oder gar bei den Markgräflern drüben im Windschatten des Freiburger Münsters? Man spricht im Lande, wenn man *alle* meint, fast amtlich vom »schwäbisch-alemannischen« Volk, vom »schwäbisch-alemannischen« Geist und so fort. Stoßen wir in dieser Formel auf die differierenden und ursprünglichen Stammesteile?

Die Loslösung der Alemannen aus der Gruppe der Elbgermanen wird kaum mehr bestritten. Ihr Zug nach Süden hat verschiedene Stoßrichtungen gehabt und mehrere Möglichkeiten geprüft. Der Kampf um die Donaulinie misslang ihnen. Als sich zur gleichen Zeit die Goten in Bewegung setzten und die Burgunder ihren Druck verstärkten, kam der Ausweg, es wieder im Südwesten zu versuchen. Zwischen 180 und 213 n. Chr. müssen sich viele swebische Gruppen am Main versammelt und dort zu einem neuen Stammesbund der »Alemannen« zusammengefunden haben. »Die künstliche Form der Namensbildung Alemannen ist in ihrer vagen Aussage bezeichnend dafür, dass die Zugehörigkeit zu dem neuen Verband für manche Teilstämme durchaus nicht immer verbindlich gewesen war. So scheinen beispielsweise die Juthungen, für die Römer ein Volk im östlichen Alemannengebiet, noch lange ein Eigenleben und -namen geführt zu haben, ehe sie im 5. Jahrhundert endgültig in den Alemannen aufgingen. In ganz ähnlicher, zwiespältiger Situation finden wir im Norden die Bucintobantes, welche den Alemannen zugehört haben sollen, obwohl ihr Stammesname in eine ganz andere Richtung als nach Süden oder Osten weist. Den Kern des neuen Stammesverbandes bilden jedoch ohne Zweifel Sweben, und mit diesem Namen (Schwaben) bezeichnen sich heute noch die Nachkommen jener ersten Alemannen, während der Name Alemannen, obwohl ebenfalls germanisch, von Römern und Romanen als Bezeichnung der Sweben bevorzugt wurde und immer noch wird.

Wie immer auch: Die stammliche, wenn man so will, die phänotypische Einheitlichkeit fehlt von Anfang an. Das hat sich natürlich in den politischen und staatlichen Formen niedergeschlagen. Es sind Splittergruppen, die hier in schweren Kämpfen die Römer Schritt für Schritt zurückdrängen, ein »schreckliches Volk«, wie Ammianus

Marcellinus, der römische Historiker aus Antiochia in Syrien, einmal sagte. Ist das eine erste, aus römischer Sicht gegebene Charakteristik? Im ersten Anlauf besetzen sie den deutschen Südwesten im eigentlichen Sinne, das bleibt ihr Kernland. In einer zweiten Phase vereinnahmen sie auch das Elsass bis zum Vogesenkamm, die Schweiz bis zu den Alpen, Vorarlberg und das Land östlich der Iller bis über den Lech hinüber.

Aber ihr Verbund unterscheidet sich auch da von den meisten übrigen Stammesherzogtümern: Das altalemannische Herzogtum ist eher eine Sippen-Mehrherrschaft als eine Monokratie. Die staatenbildende Kraft der Alemannen wird sich von Anfang an nie als sehr groß erweisen.

Dass immer Teile des alemannischen Siedlungsgebietes von anderen Stammeszentren her beeinflusst worden sind, im Norden und Westen von den Franken, im Südwesten von Burgund und Savoyen, im Osten vom bairischen Stamm, scheint ebenso bezeichnend dafür wie die einmalige und sprichwörtliche territoriale Aufgliederung des alemannischen Südwestens im Alten Reich oder die heutige Grenze zwischen Baden-Württemberg und der Schweiz: Der Autofahrer kennt ein mittelalterlich anmutendes Zickzackband von Grenz- und Zollstationen, und der Fachmann eine ebenso »mittelalterliche« Reihe von Exklaven und Enklaven.

Das Alemannenland ist und bleibt ein Probierfeld für territorialpolitische Torheiten und Eigensinnigkeiten. Die Schaffung eines alemannischen Großstaats in der Gestalt eines monumentalen, monolithischen Blocks scheint nie der Ehrgeiz der Alemannen gewesen zu sein. Man distanziert sich zu allen Zeiten – modern gesagt – von ideologischem Totalitarismus und von der nationalistischen Maxime, Staaten seien nur dann gesund, wenn sie fortwährend wüchsen. Aus dem Alemannischen – von einer Reise in die Schweiz – kam der Brief Goethes an Schiller vom Oktober 1797, in dem der Altreichsstädter Goethe mit Behagen bemerkt, er fahre durch eine Staatenwelt, die glücklicherweise »bloß auf Sein und Erhalten gegründet« sei, mitten in einer beginnenden ideologisch-nationalistischen Zeit, »wo alles zum Werden und Verändern strebt«. Noch Hermann Hesses »Alemannisches Bekenntnis« von 1919 gründet sich auf eine supranationale Verbundenheit: »Für mich war Heimat zu beiden Seiten des Oberrheins, ob das Land nun Schweiz, Baden oder Württemberg hieß«. In den Grenzen zwischen Deutschland und der Schweiz sah er »brüderliche Gebiete« getrennt. »Und schon früh erwuchs mir aus diesem Erlebnis ein Misstrauen gegen Landesgrenzen und eine innige, oft leidenschaftliche Liebe zu allen menschlichen Gütern, welche ihrem Wesen nach die Grenzen überfliegen und andere Zusammengehörigkeiten schaffen als politische.«

Von Tragik umweht:
Das Herzogtum Schwaben

Das Land ist frei. Aus dem Neckarland, jahrhundertelang Schlachtfeld, scheint eine friedvolle Ecke geworden, geräumt von der voralemannischen Bevölkerung, ob römisch oder keltisch. Was die Alemannen mitbringen, ist nicht Lesen und Schreiben, sind nicht abgezirkelte Truppenlager, in immer gleicher Quadratur, egal, ob im Flachland, ob auf planem Boden, in vorher sumpfigen Gebieten oder auf Berghängen errichtet, sind nicht wohl abgewogene Diplomaten, nicht überlegene strategische Konzepte. Ackerbau ist's und Handwerk. In der Hochschätzung des Sippenzusammenhangs ruht die Gewähr eines geordneten Rechtsbestands und die Sicherheit des Rechtsgefühls. Vor den Autoritäten in der Sippe beugt man sich; die Frau, zumal die ältere, gilt als Hüterin der Sitte. Noch im Bruchstück des ersten alemannischen Volksgesetzes aus dem Ende des 6. Jahrhunderts wird bei Schädigung einer Frau das doppelte Wergeld verlangt; bei den Franken stehen Mann und Frau darin gleich.

Die Religion umspannt die ganze Wirklichkeit. Agathias berichtet, dass die Alemannen Bäume, fließendes Wasser und Schluchten heilig halten und diesen Pferde, Rinder und andere Tiere opfern. Die Angst vor den Geistern Verstorbener hat es mit sich gebracht, dass man die Leichen verbrennt; bis in die Mitte des 5. Jahrhunderts wird so verfahren. Wahrscheinlich haben erst die Goten bei den Alemannen besondere Formen des Begräbnisses eingeführt; nun begräbt man die Leichen in Reihengräbern, von Westen nach Osten der aufgehenden Sonne zugekehrt. Die Toten haben das Eigentumsrecht an ihrer nachgelassenen Fahrnis. Die toten Männer bekommen ihre Waffen mit, die Frauen Gewand und Schmuck.

In die Totenverehrung ist der Götterkult hineinverwoben. Ziu ist der mächtige Licht- und Himmelsgott, bei den Alemannen besonders geheiligt, seine Gemahlin, die Erdgöttin Frija, der Gott des Gewitters Donar, der Wind- und Totengott Wodan: Muotes Heer, die Totenschaft mit ihrem Führer, die im Sturmwind erscheint, ist eine bei den Schwaben allgemein verbreitete Erscheinung. Eine spürbare, hörbare, erlebbare Kultwelt. Man hat Lieder gesungen und Geschichten erzählt. Aber wir können sie kaum rekonstruieren, und wenn auch: das Greifbare bietet den Boden für dieses Leben, das Werken und Bearbeiten – nicht das Schreiben, das Kritisieren, das feinnervige Kommentieren. Alemannische Reihengräber haben so hoch stehende Zeugnisse handwerklichen Könnens freigegeben, des Spinnens und Webens, der Holz- und Beinbearbeitung, des Waffenschmiedewerks, dass wir nicht anstehen, im sauberen und artigen Duktus dieser Haus- und Heimkultur einen Gegenzug gegen die luxusbelastete Römerzivilisation zu erkennen. Es war ein Neuanfang, aus ganz anderen Quellen gespeist und ganz anderen Wurzeln genährt als der komplizierte, ungemein anfällig gewordene Wohlstand des Römischen Weltreichs.

Die allgemeine, wenn wir so sagen dürfen, die strategische Lage des Landes war anders geworden. Die Querverbindungen der Römer hatten nicht mehr die entscheidende Funktion; dafür waren die Längsverbindungen in den Vordergrund getreten, allen voran die Neckarlinie. Gewiss hatte der Herzog sich bei der Landesbesetzung die wichtigsten Punkte vorbehalten. Früher herzoglicher Besitz lässt sich auf der Baar, im Eutachtal und bei Cannstatt nachweisen. Cannstatt war zudem, das darf als gesichert gelten, Mal- und Dingstätte einer alemannischen Hundertschaft. Aber es gab keine herzogliche Zentralgewalt. Die Gaufürsten besaßen weitgehende, politische Autonomie, wenn auch keine volle Selbständigkeit; dafür war der Gedanke der Stammeszugehörigkeit noch zu lebendig und zu mächtig. Um die Mitte des 6. Jahrhunderts unternahmen zwei alemannische Herzöge ihren großen Zug nach Italien, den Ostgoten gegen die Heerführer aus Byzanz Hilfe zu bringen. In der Folge hören wir bis zum Anfang des 8. Jahrhunderts nur von *einem* Herzog, dann legen die Eingliederungsaktionen Alemanniens in das fränkische Reich die

Vermutung nahe, dass wieder mehrere Herzöge in mehreren Teillandschaften und unabhängig voneinander regierten.

In der Lex Alamannorum, sicherlich dem farbigsten aller Stammesrechte im Karolingerreich, war der Herzog nicht das, was man späterhin mit Landesherr bezeichnete: Er war Haupt der freien Männer, Anführer der Alemannen, dux Alamannorum. Wer die Dinge am monarchischen Gedanken des 19. Jahrhunderts und überhaupt am konstitutionellen Vorbild misst, sucht nach einer festen Herzogsgewalt und entdeckt dafür ein verhältnismäßig weit entwickeltes Sühnesystem, in dem schon die Keime zum heutigen Strafsystem liegen, liest von einer Menge von Bestimmungen in Sachen Ehe- und Familienrecht, Eigentum, Erbrecht, Fehderecht, Asylrecht. Gewiss war die Sphäre des Regenten mit besonderem Friedens- und Eigentumsschutz ausgestattet; Hoch- und Landesverrat war ebenso ein Kapitalverbrechen wie Friedensbruch im Heeresaufgebot. Auch auf Plünderung von herzoglichen Gütern standen hohe Strafen: Der Täter hatte alles dreifach zu erstatten und obendrein sein Leben mit seinem Wergeld loszukaufen.

Aber die Sippe ist in diesen beiden alemannischen Reichstexten, im Lex Alamannorum und im älteren Pactus Alamannorum, von souveräner Bedeutung. Von obrigkeitlichen Anführern, wie in der Lex Baiuvariorum, liest man gar nichts. »Man darf vermuten, dass der Staatsmann oder Herrscher, der das baierische Volksheer organisierte, in Alamannien die ursprünglichere sippenstaatliche Heeresordnung achten musste«, liest man bei Franz Beyerle. Das spräche, nähme man die vielen anderen, Ordnung und Sicherheit in Haus und Hof sichernden Bestimmungen noch dazu, für ein Bild friedfertigen oder zumindest Friede suchenden Zusammenlebens, aber auch für einen merklichen Mangel an zentralen Staatsorganismen; für eine solche waren zu viele Partikel älterer, überkommener Einzelgewalten noch gültig. Schwelt unter der Decke immer noch Wander- und Eroberungslust? Wusste man in den Reihen der Alemannen überhaupt, welche stammespolitischen Zukunftskonstruktionen für unabdingbar zu halten sind? War in den eigenen Reihen überhaupt so viel Macht vorhanden, um vor Zugriffen von Nachbarn sicher zu sein?

»Als Karlmann die Untreue der Alemannen sah, brach er mit dem Heer in ihr Gebiet ein und setzte einen Landtag fest an dem Orte, der Condistat [Cannstatt] heißt. Dort standen sich das Heer der Franken und das der Alemannen gegenüber. Und es war ein großes Wunder, dass das eine Heer das andere ergriff und band ohne jede Gefahr. Diejenigen aber, die mit Theobald die Führer gewesen waren in der Erhebung Odilos gegen die unbesiegten Fürsten Pippin und Karlmann, ergriff er und richtete sie unbarmherzig nach ihrem Verdienst.« So die Metzer Annalen. Und knapper, fast lapidar die Reichsannalen: »Als im folgenden Jahr [746] die Alemannen gegen Karlmann ihre Treue brachen, rückte er mit einem Heere in großem Zorn in ihr Land und richtete mit dem Schwert die meisten derer hin, die gegen ihn aufrührerisch gewesen waren.«

Was war geschehen? Die Vorgeschichte des so genannten »Blutbads von Cannstatt« ist verwickelt und dunkel. Zu Beginn des 7. Jahrhunderts residierte ein Herzog Cunzo in Überlingen, der vom fränkischen Reich Befehle erhielt und entgegennahm, die sich auf St. Gallen bezogen. Als in Konstanz ein neuer Bischof zu bestellen war, rief Cunzo die edlen Herren aus ganz Alemannien zusammen. Aber eine gewisse Abhängigkeit vom Frankenreich war nicht zu übersehen; die alemannischen Herzöge standen unter der straff organisierten und scharf zupackenden fränkischen Reichsgewalt. Das alemannische Gesamtherzogtum dürfte aus einem fränkischen Amtsherzogtum hervorgegangen sein. An eine volle Eingliederung des Herzogtums und an die Aufhebung der Autonomie gingen aber erst die Arnulfinger-Karolinger. Unter Pippin und Karl Martell geschah dies in drei Etappen: Pippin erfasste das Gebiet südlich des Bodensees, das schon unter König Dagobert I. enger ins Frankenreich einbezogen wurde, Karl Martell unterwarf 722/23 den Hegau, gründete 724 das Kloster Reichenau als bedeutsamen kirchlich-politischen Vorposten und hob 730 nach dem Tode Herzog Lantfrids das alemannische Herzogtum auf. Die letzte Etappe markieren die Feldzüge Karlmanns und Pippins des Kleinen. Sie endigten 746 mit der Cannstatter Katastrophe: Jetzt war auch der Baar-Neckar-Raum unter fränkischer Oberhoheit und zur Aufteilung frei. Die alemannische Selbständigkeit war fortan Geschichte. Nun verwob sich die Historie

Alemanniens mit der des Frankenreichs. Die Liquidation des Herzogtums im Jahre 746, richtungsweisend für das weitere Schicksal des alemannischen Raums, gebar ein neues, ein gleichsam fränkisches, ein vergebenes Herzogtum der Alemannen. Das, wozu der Gesamtstamm nicht fähig war oder was er sich hatte aus den Händen gleiten lassen, der feste Zusammenschluss unter einem Führer, brachte die fränkische Herrschaft. Die innere Geschlossenheit wurde von außen dekretiert.

Der Cannstatter Zäsur folgte eine Neuordnung der Verhältnisse. Der weitgehend geschlossene Besitz wurde nach 746 aufgeteilt und an Adlige meist fränkischer Herkunft vergeben. Die Herzogsgewalt litt am meisten darunter, denn damit waren die materiellen Grundlagen eines eigenen, alemannischen Herzogtums für alle späteren Zeiten vernichtet. Die Eingliederung in den fränkischen Staat brachte, das bewirkten Aufteilung und Landvergabe, nicht mehr Adels-, sondern Grundherrschaft: Die neuen Besitzer hatten zwar weitgehende Hoheitsrechte, waren dem König aber völlig untergeben.

Von der alemannischen Verwaltungsorganisation der vorkarolingischen Zeit fehlt uns eine klare Vorstellung. Das Land war in Gaue eingeteilt, die hauptsächlich als Siedlungsräume aufgefasst wurden, aber auch als Bezirke, in denen Adelsherren ihre Hoheitsrechte ausübten. Für den Neckargau wissen wir heute, dass dort zwischen 650 und 750 ein Geschlecht die Funktion der Gaugrafen innehatte, das die Namen Pleonungen oder Hatten führte. Es förderte die Missionierung und die Besiedlung derjenigen Randgebiete, die herrschaftseigen waren. Nach dem Gericht von 746 verschwand dieses Geschlecht; wir nehmen an, dass es am Aufstand gegen die Fuchtel der Franken führend beteiligt war. Auch die wahrscheinliche Verwandtschaft dieser Pleonungen mit dem elsässischen Herzogshaus konnte an diesem Auslöschen nichts ändern; der Schnitt, den Karlmann zog, hätte nicht tiefer sein können.

Ob Gau und Grafschaft identisch waren, ist heute immer noch strittig. Zumindest dürfte da und dort das eine in das andere übergegangen sein. Die Grafschaftsverfassung, dem fränkischen Reich seit alters eigen, wurde in Alemannien mit dem Aufhören des Herzogtums überall eingeführt. Ein Graf wird im alemannischen Raum erstmals in der Reichenauer Gründungsurkunde von 724 aufgeführt, ein Bertoald. Späterhin wurden in Schwaben reichbegüterte Edle mit der Grafschaft belehnt, Vorgänger der Herren von Calw, von Veringen, von Nellenburg und so fort. Der Graf war, wie bisher der Herzog, der Stellvertreter des Königs, in der Sammlung des Heeresaufgebots vor allem und in wesentlichen gerichtlichen Dingen seines Sprengels. Die Hundertschaftsleiter unterstanden wie früher dem Herzog, so nun dem Grafen. Die Grafschaftsverfassung blieb bis ins 13. Jahrhundert bestehen; damals gingen große Grafschaftsteile in der Landeshoheit weniger Geschlechter unter. Aber es besteht kein Zweifel, dass mancherlei Institutionen auch nachher noch bestehen blieben, »welche für die Grenzbestimmung der niederschwäbischen Gaugrafschaften von hohem Belange sind, z. B. die Waibelhube im ehemaligen Drachgau, und Cent- oder Markgerichte wie das Mähringer Kirspel- und zulaufende Gericht im Sülichgau, das Bulacher Kirchspielgericht im Nagoldgaue«.

Es geht uns um die konstituierenden Kräfte dieses Landes, nicht um die Momente, um »das Moment« seiner Geschichte. Sicherlich sind staatlich-politische Faktoren in diesem Zusammenhang von größtem Gewicht. Aber auch dort, wo man, einfach zu sagen, Hand an die Erde gelegt und das Land ausgebaut hat, sind die Dinge ganz wesentlich beeinflusst worden, zumal sich hinter dieser selbstverständlichen Vokabel »Landausbau« eine ungemein komplexe geschichtliche Leistung verbirgt. Überprüft man die Besiedlung Schwabens am Ausgang der Merowingerzeit, so erkennt man, dass während dieser länger währenden Friedenszeit das ganze Land, von den Keuperbergen an der Nordgrenze, dem Schwarzwald, den Voralpen und Alpengebirge, dem Schweizer Jura und den Vogesen, mit Siedlungen überzogen wurde. Die Urdörfer waren ausgebaut, die dürftig oder gar nicht besetzten Landstriche wie das obere Remstal, die Ostalb, das Heckengäu mit Ortschaften gewonnen. Nach der Jahrtausendmitte nehmen diese Tendenzen in verblüffendem Maße zu. Hailfingen bei Tübingen hatte zu Anfang des 6. Jahrhunderts zwei bis drei Höfe mit etwa zwanzig Bewohnern, ein Jahrhundert später neun Höfe und am Ausgang des 7. Jahrhunderts rund 16 Höfe mit etwa 250 Einwohnern.

Der König, die Fürsten und die Kirche waren die Initiatoren dieses Prozesses. Benedikt von Nursia hatte den Mönchen die »opera manuum cottidiana« (tägliche Handarbeit) auferlegt. Die Urbarmachung des Landes gehörte dazu, und ihre ersten Klöster, wie später im 11./12. Jahrhundert die der reformierten Benediktiner oder der Zisterzienser, entstanden im unwirtlichen Abseits von Schluchten und Schneisen. Die Erschließung des Schwarzwalds, der Albzugänge, einzelner Bezirke des schwäbisch-fränkischen Walds war das Werk von Klöstern. Die Namen Schöntal, Lichtenstern und Gnadental, Maulbronn und Herrenalb, Hirsau, St. Georgen und Alpirsbach, St. Blasien und Salem, Heiligkreuztal und Zwiefalten stehen hier für viele andere. Die Klöster haben das spätere Baden-Württemberg nicht nur in diesem wortwörtlich zu nehmenden Kultursinne durchdrungen, sondern auch ganz wesentlich zu seiner politisch-administrativen Gestaltung beigetragen, in einer Potenz – man denke nur an die jahrhundertelange Konkurrenz zwischen württembergischem Herzog und Zwiefaltener Abt –, die gar nicht überschätzt werden kann.

Aber wir haben hier, was das Moment des Geschichtlichen, den eigentlich bewegenden Faktor anlangt, nicht nur an die alemannenzeitlichen »ingen«- und »heim«-Dörfer zu denken, an den Wein- und Wiesenbau, an die Urbarmachung im südlichen Oberschwaben und in der fränkischen Ebene, an die fortschreitende Rodung der Waldlandschaften und die Neubrüche im Ebenenland, an die Mühlen und wirtschaftlichen Großbetriebe der Mannsklöster und an die überraschende Zahl der Wüstungen der im 13. und 14. Jahrhundert schon wieder verloren gegangenen, verschwundenen Siedlungen. Wir haben uns auch der Haltung und der Gesinnung zu vergewissern, welche dieses Formen und Gestalten ermöglicht hat. Die Alemannen nahmen im 7. Jahrhundert den christlichen Glauben an. Es ist schwer, in Glaubensdingen mit Belegen und Beweisen aufwarten zu wollen, das heißt in unserem Falle: sagen zu wollen, wie tief sich diese alemannisch-schwäbische Christlichkeit festsetzte. Brakteatenfibeln sind, man hat sie zu Dutzenden und in prächtigster Ausführung gefunden, wenig verlässliche Dokumente. Man kann ein solches Stück auch tragen, ohne sich seiner Symbolik des Näheren bewusst zu sein. Aber wir haben dann doch Beweise dafür, dass das Christentum zunächst in den führenden, hochadligen Alemannenkreisen aufgenommen wurde, dass es nicht nur einen Auffassungswandel hervorgerufen, sondern auch Einrichtungen und Organisationen gefordert hat – Kirchen, Pfarreien mit Tauf-, Bestattungs- und Zehntrecht und schließlich Diözesanorganisationen.

Dass das neu angenommene Christentum auch den Weg in die Welt geöffnet hat, werden wir dabei nicht vergessen. Erst allmählich, erst im 7. Jahrhundert übernahmen die Alemannen ganz den neuen Glauben, »offensichtlich unter der Führung der maßgebenden Großen des Landes, die sich im inneren und östlichen Bereich Alemanniens gerne dem Brauchtum der Langobarden anschlossen, eine Beziehung, die neben dem Einfluss der politisch beherrschenden Franken durchaus in Rechnung gestellt werden muss«. Das wäre – allein die lateinisch-christlichen Inschriften aus alemannischen Gräbern illustrieren das – die extrovertierende, kultur- und bildungsvermittelnde Wirkung des angenommenen Glaubens.

Aber auch die andere Richtung ist spürbar, der Weg nach innen, der offenbar den ganzen Menschen zu formen vermochte und schönste Früchte eines dienenden, helfenden, heilenden Lebens zeitigte: Hermann der Lahme (1013–1054), ein Mönch des Klosters Reichenau, der trotz seiner Lähmung als Gelehrter, Musiker und Chronist wirkte, hat in der Grabinschrift auf seine Mutter von dieser neuen Haltung, die da in die heidnisch-verhärtete Welt gedrungen ist, ein feines Zeugnis abgelegt:

> Hiltrud, die Mutter der Armen, die Hoffnung und Hilfe der Ihren,
> Gibt, was der Erde gehört, hier der Erde zurück.
> Ihren Eltern, die hoch durch Abstammung ragten,
> Gab sie vermehrten Ruhm durch ihres Eifers Glanz.
> Keusch bewahrte sie immer das Band ihrer einzigen Ehe,
> Lebte zum göttlichen Dienst stets von Herzen bereit.
> Fand ihr Genügen darin, sich mit Marthas Teil zu bescheiden,
> Mühte sich, durch die Tat, das, was sie lehrte zu sein.

Alemanniens Geschichte wurde also von Anfang an wesentlich von der fränkischen Reichspolitik bestimmt. Der Zusammenschluss der vielen Gau- und Adelsherrschaften zum allgemeinen »Stammesherzogtum« dürfte ihr zu danken sein. Äußerst wahrscheinlich ist, dass die alemannischen Herzöge regelmäßig von der fränkischen Reichsregierung eingesetzt und abgesetzt wurden. Wir wissen jedenfalls von mehreren Vorgängen dieser Art. Die Neubildung des alemannischen Herzogtums ist nicht vom – später und heute so verstandenen – Mittelpunkt, nicht vom neckarschwäbischen Kernraum ausgegangen, sondern von einem Geschlecht bewirkt worden, das im Süden zu Hause war und über die rätischen Machtstellungen und Einkünfte verfügte. Die Hunfridinger-Burkardinger kamen aus Rätien und schufen sich ein Herzogtum, in dem der Hegau und der Hohentwiel der Mittelpunkt waren.

Aber auch diese Basis zerfiel. Die im 10. Jahrhundert neu errichtete herzogliche Gewalt blieb nicht bei einem Hause. Die Familien, denen die Herzöge entnommen wurden, wechselten ständig, und die Beziehungen des schwäbischen Herzogstuhls zum Königtum wurden immer unmittelbarer. Als im Frühjahr 919 der Sachsenherzog Heinrich zum deutschen König gewählt wurde, auf fränkischem Boden, wurde damit auch die Oberherrschaft der Franken über das Reich aufgegeben; das regnum teutonicum begann seinen eigenen Weg zu gehen. Heinrich hat Burchard aus dem Geschlecht der Markgrafen von Chur-Rätien, der sich 917 zum Herzog von Schwaben aufwarf, in dieser Funktion anerkannt und sich mit einer lockeren Abhängigkeit begnügt. Als Burchard bei seinem Tod keinen erwachsenen, der Nachfolge fähigen Erben hinterließ, war Gelegenheit für die Krone da, einzugreifen. Die alemannische Geistlichkeit, von Burchard einst drangsaliert, schloss sich eng an den König an. Auf einem Hoftag Anfang November 926 in Worms, wo die Geistlichen fast vollzählig erschienen, wagte es Heinrich, das Herzogtum Schwaben einem Stammfremden, dem fränkischen Grafen Hermann zu übertragen.

Damit war das Geschick Schwabens aufs Engste mit dem deutschen Königtum verflochten. Bis zum Beginn des 11. Jahrhunderts blieb das Herzogamt in den Händen von Verwandten oder treuen Freunden des Königshauses. 1012 fiel es an eine Linie der Babenberger. Der zweite Inhaber des Amts, Herzog Ernst II. – Uhlands

Trauerspiel aus dem Jahr 1817 hat aus dem trotzigen Alleingang dieses Querkopfs Volksgut gemacht –, war seinem Stiefvater, dem deutschen König Konrad II., in mehrfachem Anlauf als erbitterter Gegner, ja als heller Empörer entgegengetreten. Als er sich, in königliche Gnade wieder aufgenommen, nicht entschließen konnte, an seinem einstigen Genossen Werner von Kiburg die befohlene Reichsacht zu vollstrecken, wurde er selbst geächtet: Die beiden fanden 1030 auf dem Falkenstein, mitten im unzugänglichen Schwarzwald, den Tod.

Mit dem Bruder Ernst starben 1038 die schwäbischen Babenberger aus. Das nächste Anrecht hatte Konrads II. Sohn Heinrich, der bereits Herzog von Bayern war und später auch Herzog von Kärnten wurde. Als Kaiser Heinrich III. vergab er die drei Herzogtümer wieder. Die Regierung seines Nachfolgers Heinrichs IV. markierte die Wende: Vor dem Hintergrund der in Cluny entfachten kirchlichen Reformbewegung machte Papst Gregor VII. dem deutschen König die Einsetzung der Bischöfe und Reichsäbte streitig und suchte ihn, unterstützt von den deutschen Fürsten, die Möglichkeiten zu erster Selbständigkeit witterten, unter seine Obergewalt zu beugen. Schwaben, in den Parteiungen dieses Investiturstreits mitteninne, wurde Doppelherzogtum: Neben dem kaiserlich gesinnten Staufer Friedrich war auch noch der Zähringer Berthold Herzog geworden. Erst gegen Ende des 11. Jahrhunderts gelang es, einen Ausgleich herbeizuführen. Friedrich I. von Staufen, am Osterfest des Jahres 1079 von Kaiser Heinrich IV. als »tüchtigster der Männer« zum Herzog von Schwaben erhoben, wurde 1098, mit allerdings geschmälertem Besitz, als alleiniger Herzog anerkannt. Der Gegenherzog Berthold II., der Sohn des einstigen kärntischen Herzogs, wurde mit dem wichtigen Reichslehen Zürich und dem Herzogstitel abgefunden.

Wenn es auch scheint, dass man künftighin nicht mehr von den »Duces Sueborum«, von den »Herzögen der Schwaben« – wie zu Zeiten des Investiturstreits – sprechen wird: Schwaben zerfällt seitdem in »drei Herzogtümer«, in drei flächenmäßig beherrschte Räume, von denen nur das schwäbische Welfengebiet wenigstens vorübergehend in staufische Hand fiel. Sehen wir vom – späterhin immer deutlicher sichtbaren – Sonderbereich des Oberschwäbischen einmal ab: In das Gefüge des Herzogtums Schwaben ist ein Keil getrieben, der sich nie mehr wird verleugnen lassen: hie Neckarschwaben, hie Oberrhein.

Der Schwäbische Bund hat ohne die zwischen Säckingen, Basel und Straßburg beheimateten Territorialkräfte zu agieren begonnen. Die Kreiseinteilung, in ihrer geschichtlichen Prägekraft sehr viel nachhaltiger wirksam als wir das heute wohl noch zu beurteilen vermögen, hat nicht wieder einen geschlossenen Komplex geschaffen, sondern, auf dem Boden des einst geschlossenen Herzogtums, einen schwäbischen und einen oberrheinischen Kreis. Das Doppelgesicht des deutschen Südwestens, zunächst von historisch-politischer Natur, dann mit deutlichen Rückwirkungen bis in den ethnographischen Habitus hinein, hat hier in den Auftrennungen des späten 11. Jahrhunderts seinen Ursprung. Die geopolitische Verbindung zwischen Neckarlandschaft und Oberrhein, welche die Zähringer hergestellt hatten, ist durch sie, nicht allein durch ihren Abzug, sondern durch ihre andersartigen politischen Engagements und Orientierungen, in ihr Gegenteil verkehrt worden.

Indessen verrät just diese kopernikanische Wendung, wie viel gestalterische Kraft dem Geschlecht innewohnte. Die Zähringer-Politik ist allemal gekennzeichnet durch ein, mit heutigen Worten gesprochen, internationales Niveau und einen staatsmännischen Blick souveränsten Ranges. Sie ist modern und zukunftsträchtig in jeder Faser, ob wir an die Rodungen denken, von elementarer Bedeutung für die Okkupation ihres Landes, an die Gewinnung von Neuland und dessen politische Organisation oder an die Gründung von Städten als Machtzentren, von Gebilden übrigens, die in dieser strukturierten Praktikabilität wohl im ganzen südwestdeutschen Mittelalter – es sei denn als Imitationen – nicht mehr zu finden waren. »Es gibt kaum einen zweiten deutschen Staat, in dem so früh und mit solcher Folgerichtigkeit der Aufbau eines Staates in modernem Sinne durchgeführt worden wäre wie hier von den Zähringern.« Was sich in diesem Staatsorganismus erstmals vollzogen hat, ist die Übertragung von Herrschaft über Personen auf Herrschaft über das Land. Der Personenverband verliert an Gewicht. An seine Stelle tritt das »Land«, die Fläche.

Haben die Staufer dieses Vorbild nur nachgeahmt? Man würde den geistigen Rang der Großen aus diesem Hause – die teilweise zugleich Herzöge von Schwaben waren – bei weitem unterschätzen, wollte man ihnen so etwas wie Verschlossenheit gegenüber Einflüssen von außen unterstellen. Sicher haben mancherlei Organisationsformen des Zähringerlands auch auf die staufische Regierungspraktik abgefärbt. Aber das Eigene dominiert hier jedenfalls. Dazu war der Akt des Jahres 1079 viel zu persönlich, zu original, zu unverwechselbar profiliert: der Staufer hatte als Herzog seine eigene Aufgabe. Dass ihn der Kaiser nicht nur seiner Statur oder Tapferkeit wegen dazu erkor, dürfen wir annehmen: Schwaben lag immer noch auf dem Weg nach Süden, hatte neben der Remstalstraße die Neckartalstraße, eine der Reichsstraßen von mitteleuropäischem Rang vorzuweisen und konnte so etwas wie ein Sperrriegel gegen den in Sachsen operierenden Gegenkönig sein.

Für den Staufer selbst war das neue Amt ein Weg zur Macht, freilich eines, das nicht der Name machte, sondern erst die Persönlichkeit schuf. Gewiss, der Herzog hatte die militärische Führung des Stammesaufgebots, die Einberufung der adligen Großen zum Landtag, die Wahrung des Landfriedens, allerlei Gerichtsbefugnisse über Freie und Verfügungsrechte. Aber wo war der konkrete realpolitische Vorteil? War nicht die Grundtendenz mit Händen zu greifen, dass der alte Stammesverband sich auflösen wollte in einzelne, konkurrierende Territorialgebilde?

Was blieb, war nur der systematische Landausbau, Burgen- und Städtegründung, der Erwerb von Kirchenlehen, der Erwerb von Grund- und Hoheitsrechten durch Kauf oder Tausch, der Aufbau einer abhängigen Dienstmannschaft. Herzog Friedrich der Einäugige (1105–1147) ist diesem Auftrag mit fast unheimlicher, mit hektischer Konsequenz gefolgt. Als die beiden innerschwäbischen Burgen Hildrizhausen und Kräheneck zu bezahlen waren, hat er keine Bedenken gehabt, ein kostbares byzantinisches Reliquienkreuz, Heiratsgut seiner Gemahlin Judith, blankes Gold, dafür herzugeben. Herzog Friedrich III. (1147–1152), der spätere König und Kaiser Friedrich I. Barbarossa, fand bereits ein Herzogtum vor, das im deutschen Südwesten wieder zu einem politischen Faktor geworden war. Friedrich ging den Weg, das Herrschaftspotential von Kirchen und Klöstern für die eigenen Ziele nutzbar zu machen, mit der ihm eigenen Festigkeit weiter; Klostergründungen und Klostervogteien waren vorab Aufbauelemente weltlicher Herrschaft für ihn. Von Lorch, der eigenen, im Hirsauer Geist errichteten Reformabtei, zieht sich hier ein Faden über Öhningen am Bodensee, Herbrechtingen, der alten karolingischen Fulradszelle, über Schäftersheim im Taubertal bis zu Waldsassen und Ebrach: Überall taten sich Möglichkeiten zur Befestigung der eigenen Herrschaft und ihrer Arrondierung auf. Die Städte halfen auf ihre Weise mit.

Aber weil vieles davon, nicht von Reichs wegen, nicht von Amts wegen, in die eigene Tasche floss, will heißen zwischen Reichsbesitz und Eigenbesitz sich die Grenzen zu verwischen begannen, bahnte sich auch eine Entwicklung an, die nur zur totalen – mittelalterlich undenkbaren – Alleinherrschaft oder zur Katastrophe führen musste. Es ist nicht zu leugnen, dass gerade Friedrich als schwäbischer Herzog dem Herzogtum selbst in allerlei Weise auf die Füße half, durch schärfere rechtliche Konturen, durch höhere politische Eigenständigkeit, die er ihm gab. Aber auch unter Barbarossa drohte das Herzogtum Schwaben – trotz mannigfacher Strukturverbesserungen und Stabilisierungsversuche – zu einem Instrument staufischer Königsland-Politik herabzusinken. In Wirklichkeit brachte der Aufstieg des Hauses zugleich die Rechtsdestruktion des Herzogtums Schwabens. Mit dem jungen staufischen Herzog Friedrich V. (1167–1191) fielen die schwäbischen Stammlande der Welfen den Staufern zu: ein nicht mehr einzuholender schwäbischer Machtvorsprung in Schwaben. Heinrich VI., der Sohn Barbarossas, hatte keine Bedenken, herzogliche Befugnisse zugleich als Bestandteile seiner Königsherrschaft zu beanspruchen. Und sein Nachfolger König Philipp, seit 1196 Herzog von Schwaben, half auf seine Weise mit, das schwäbische Herzogtum im staufischen Königtum aufgehen zu lassen.

Sicher war es schon unter Philipp üblich, das schwäbische Herzogtum als ein dem Reich inkorporiertes Herrschaftsgebilde aufzufassen. Als Friedrich II. 1220 über die Alpen zog, bestellte er im oberschwäbischen Land den Truchsessen Eberhard von Waldburg und dessen Neffen, den Schenk Konrad von Winterstetten, zu procuratores et gubernatores terrae: Sie hatten staufisches Hausgut und Reichsgut gleichzeitig zu verwalten. Der unglückliche und ungezügelte Sohn Heinrich (VII.), Empörer gegen den kalten, und wo es sein soll, grausamen Vater, hat die Entwicklung zum königlichen Herzogsterritorium nur beschleunigt. Sein Nachfolger im schwäbischen Herzogsamt, sein Halbbruder Konrad, war zu jung, als dass er hätte Neues aufbauen können. 1239 amtierte Konrad von Winterstetten als praefectus Sueviae, als »Präfekt von Schwaben«. Das Schicksal des Königs war jetzt auch das Schicksal des schwäbischen Herzogtums. 1246 wurde dem Hohenstaufen Konrad nicht nur seine Königswürde, sondern auch sein Herzogsamt genommen. Als Konradin 1261 das schwäbische Herzogtum in Besitz nahm, erklärte König Richard, das Herzogtum Schwaben sei längst dem Reich inkorporiert. Konradin hatte, namentlich mit Hilfe der Augsburger Stadtvogtei, nicht ohne Glück versucht, die schwäbische Herzogsgewalt wieder in seine Hand zu bekommen. Aber dann trieb es ihn im Herbst 1267 nach Italien, das Erbe seiner Väter anzutreten. Ein Jahr später, am 29. Oktober 1268, wurde er auf dem Marktplatz von Neapel unter den Augen einer gaffenden, erschreckten, gelähmten Menge enthauptet. Damals entschied sich auch das Schicksal des Herzogtums Schwaben. Es ist nie mehr aufgebaut worden.

Der Ausgriff der Grafen

An den lebenden Leichnam des schwäbischen Herzogtums haben sich mancherlei Kräfte gemacht, solche, denen es um Kontinuität und zeitgerechte Fortentwicklung ging, solche, die aus der politisch-territorialen Zersplitterung, »wie sie sonst kaum in einem Stammesgebiet ärger war«, Münze zu machen suchten. Einer von denen war Graf Ulrich von Württemberg. Wir sagen das, ohne ihn fürs Erste zur einen oder anderen Gruppe zu schlagen. Freilich werden wir im Verfolg seiner und seiner Nachkommen Taten die Frage nicht umgehen können, was letzten Endes das Motiv der Unternehmungen war. Bloße Raffgier? Kraftmeierische Lust an Fehde und Überfall, »in weitem Feld / Zu streiten mit dem Feind«? Oder war ein Plan mit im Spiel, jener etwa, einen Staat als unumgängliche Grundlage für ein Zusammenleben vorzubereiten? Ging es nur um den Genuss der Macht? Oder ging es, um des Kollektivs willen, um eine Konstruktion, die auf Etablierung von Macht angewiesen war?

Zunächst fällt auf, dass Ulrich I. sich im Geschäft der territorialpolitischen Aktionen und Transaktionen mit einer Konsequenz der kühlsten Art, wie Zeitgenossen meinten, mit dem Einsatz der höchsten Perfidie bewegt hat. Es war am 5. August 1246, als dem noch nicht achtzehnjährigen König Konrad, dem Sohn Friedrichs II., vom vierundvierzigjährigen Gegenkönig Heinrich Raspe, dem Landgrafen von Thüringen, eine Schlacht geliefert wurde. Durch den Verrat des Grafen Ulrich I. von Württemberg, seines Vetters Hartmann von Grüningen und anderer schwäbischer Edelleute verlor sie der junge Stauferkönig – »kein Ereignis, von dem wir in Württemberg gern hören mögen«, wie einer der führenden württembergischen Historiker in den frühen zwanziger Jahren des 20. Jahrhunderts gesagt hat.

Was wirklich passiert ist, in dieser offenbaren Schandstunde württembergischer Geschichte, wissen wir in der erwünschten modern-präzisen Klarheit bis heute noch nicht. Die zwei Grafen, der Württemberger und sein Vetter, haben, das steht fest, lange vor der Schlacht mit dem Papst beziehungsweise mit seinem von dem Legaten Bischof Philipp von Ferrara bestellten Bevollmächtigten in Deutschland, dem Erzbischof Siegfried von Mainz, über den Abfall von Konrad und den Anschluss an Heinrich Raspe verhandelt. Dabei wurde man sich einig, dass jeder von beiden 7000 Silberlinge zum Lohn und eine Hälfte des Herzogtums Schwaben erhalten solle. Sie versprachen dafür, dass sie, war der König erst einmal aufs Schlachtfeld gelockt, ihn im entscheidenden Augenblick im Stich lassen und sich vom Heer entfernen wollten. So geschah's denn auch. Gleich beim ersten Zusammenstoß nahmen die beiden ohne Kampf ihre Fahnen herab, durchwateten an einer Untiefe den Fluss, wahrscheinlich die Nidda, mit zweitausend Reitern und Schützen, und ließen das staufische Heer allein. Der junge König, mit tausend Reitern inmitten seiner Feinde, verlor, wie sehr er sich auch zur Wehr setzte, mehr als zweihundert der Seinen und rettete sich schließlich nach Frankfurt.

Wer Ulrichs Akte beurteilt, wird sich darüber klar werden müssen, was er unter Politik versteht und von Macht hält. Mit den Maßstäben des deutschen »zweiten« Humanismus und überhaupt der deutschen Klassik gemessen, liegt in dieser Kehrtwendung Ulrichs und seiner Leute ein Maß an Kalkül, das jeder Vorstellung von Humanität ins Gesicht schlägt. Aber eben doch: Kalkül. Der Schritt war, als ein Politikum, lange vorbereitet. Es ging gar nicht darum, dass man das »Weiße im Auge des Gegners« gesehen und ihn in heiligem Zorn verlassen hätte, aus Trotz, aus Hass. Es ging, in den Jahren des Absolutismus hätte man gesagt, um die Staatsräson. Den Auftakt zu einer spezifisch württembergischen Geschichte gab ein freilich verblüffend rüde und hartherzig durchgeführter Schachzug, wie er schon in der Generation Heinrichs des Löwen keinesfalls zu den sensationellen und abgrundtiefen Ausnahmen gehörte.

Frankfurt steht einerseits für eine Wende und andererseits auch wieder nicht. Der Mittelrhein und das Gebiet um Frankfurt gingen den Staufern verloren, die Mailänder fassten neuen Mut. Die Konrad anhängenden deutschen Prälaten wurden suspendiert und exkommuniziert, Konrad das Herzogtum Schwaben aberkannt und seiner Güter in Deutschland verlustig erklärt.

Aber Theaterbühne und historische Wirklichkeit sind zweierlei. Das Drama und die Tragik blieben aus. Drei Wochen nach seiner Flucht nach Frankfurt erschien Konrad im Gefolge des Friedrich von Zollern und anderer Edelleute in Augsburg und feierte wenig später seine Hochzeit mit Elisabeth von Wittelsbach, der Tochter Herzog Ottos II. in Vohburg. Heinrich Raspe versuchte Ulm zu erobern; durch Kälte und Mangel an Futter genötigt, musste er die Belagerung aber schließlich aufgeben. Am 16. Februar 1247 starb er. »Also verderb' ein jeder, mag Konrad auf diese Nachricht gedacht haben, wer solcherlei Ding gewagt hat!« Vielleicht war die nachhaltigste Wirkung des Unterfangens, dass sich ein Mann wie Ulrich mit diesem Schritt ein für allemal politisch exponiert hatte. Fortan gehörte er zu denen, die erledigt waren, wenn sie in ihrer Politik aufs falsche Pferd setzten, die sich aber auch herausnahmen, eigene Partei zu sein – wir werden ab dato mit den Württembergern, den Dynasten, als den ersten schwäbischen »Selbstdenkern« zu rechnen haben.

Ob das ein überzogenes, hochstaplerisches Spiel war? Wäre Ulrich ein kleiner Ministeriale gewesen, hätte man ihn verschwiegen und vergessen. Indessen legitimiert die Württemberger ihre Herkunft zur Eigenpolitik. Die Grafen von Calw, ab 1113 Pfalzgrafen, konnten bis 1050 ihren Interessenbereich vom mittleren Schwarzwald über Cannstatt bis ins untere Remstal ausdehnen. Der Raum um Beutelsbach kam bald an eine jüngere Linie des Hauses Calw. Diese nannten sich Herren von Beutelsbach. Ein gleichfalls im westlichsten Schurwald und in dessen Vorraum begüterter Conrad von Wirtinberc baute um 1070/80 seine Burg, von der Kapellen-Weihe der Burgkapelle 1083 haben wir noch den Weihestein, lange mit dem erst jüngst zerstörten Ruhm bedacht, älteste kirchliche Inschrift des Landes zu sein. Sicher war der Bau der Feste Württemberg dadurch veranlasst, dass der bisherige Wohnplatz Konrads in den (späten) siebziger Jahren zerstört wurde. Die unsicheren Zeiten unter Heinrichs IV. veranlassten den Hochadel, sich Bergschlösser aufzurichten, in denen man sicher war.

Um 1100, die Vermutungen schwanken zwischen 1080 und 1120, kamen die Württemberger auf dem Erbweg in den Besitz der Herrschaft Beutelsbach. Ungefähr ab 1136 trugen sie den Grafentitel, vielleicht im Zusammenhang mit dem Erwerb des Grafenamts über den Remstalgau: Es ist nicht auszuschließen, dass die Burg auf dem Kappelberg, wo die Vorgänger, die Herren von Calw-Beutelsbach saßen, eine uralte Burg für die Grafen des Remstalgaus war.

Das Ausgangsgebiet der Württemberger war nicht groß. Schon wenig östlich von Württemberg breitete sich staufischer Interessenbereich aus, mit Esslingen als Amt. Verständlich, dass sie zunächst einmal treue und tätige Anhänger der salischen und staufischen Könige und Kaiser waren, auf deren Hoftagen und Heerfahrten sie oft erwähnt wurden: Zunächst kann man nur gewinnen im Windschatten der ganz Großen. Als der gefährliche Zwist zwischen Philipp von Schwaben und Otto dem Welfen einsetzte, zwang die Not den jungen staufischen König, Kron- und Hausgut unter seinen Anhängern zu vergeben, um sie bei Laune zu halten. Auch der württembergische Besitz dürfte damals stark vermehrt worden sein: Das mittlere und untere Remstal war, soweit es nicht Reichs- oder staufischer Hausbesitz war, in den Händen der staufischen Grafen, ebenso Schorndorf, die Burg Waldhausen, die alten Reichshöfe Winterbach und Waiblingen, das Reichsgut in Cannstatt, vielleicht auch schon Marbach.

Erstaunlich die Konsequenz, mit der sich die Württemberger so ganz auf »ihre« territorialpolitische Haus-Aufgabe konzentriert haben. Als sich 1187 vom zähringischen Hauptstamm eine jüngere Seitenlinie als Herzöge von Teck absonderte, kam es zwar nicht zu einem Herzogtum, aber wenigstens zu einer »Herrschaft Teck«. Aber sie fiel, kaum ganz aufgerichtet, wieder zusammen. Ihre Geschichte ist die Geschichte eines Ausverkaufs, eines ständigen, 1381 beendeten Abbröckelns vom ererbten Grundgefüge. Die mit den Württembergern versippten Herren von Hohenlohe gehörten, um ein einziges Beispiel herauszugreifen, zu den vertrautesten Gefolgsleuten der Staufer – Gottfried von Hohenlohe war für Friedrich II. nicht nur im schwäbisch-fränkischen, sondern auch im oberitalienischen Raum eine der wichtigsten Stützen. Sie waren nach dem Ende der Staufer recht reserviert gegenüber neuen Engagements und ließen sich erst spät wieder für Reichsdienste gewinnen, freilich dann in einem Maße, das weit über das Durchschnittliche zufälliger Reichsbediensteter hinausging und viele Angehörige des Hauses Hohenlohe draußen zu großen Männern gemacht, ihre Fürstentümer ganz im Duodezformat gehalten hat.

Anders die Württemberger. Sie verloren sich nicht in der Mitarbeit an den übergreifenden Aufgaben, sondern dachten an sich. Sie empfanden das, was anderen die Chance zur Mitgestaltung gab, als eine Last. Die unter den Staufern nicht ganz ohne Absicht geschehene Fusion des Herzogtums mit der Krone, das straff geordnete Territorium mit Ämtern, Beamtenverwaltung und zahlreichen jungen, aufstrebenden Städten ließ der Selbständigkeit der württembergischen Grafen in Friedenszeiten wenig Raum. Sie liefen Gefahr, der staufischen Landeshoheit ganz zu unterliegen. Deshalb die kopernikanische Wendung bei Frankfurt. Wer selber ein Territorium haben möchte, selber den Weg vom adligen Grundbesitzer zum Besitzer eines Herrschaftsbereiches geht, kurz: Wer sich mit eigenen Intentionen an der Territorialpolitik beteiligen will, muss irgendwann einmal aus den hergebrachten Rangordnungen der principes und magnati ausscheren und Farbe bekennen.

Die Württemberger hatten da keine Skrupel. Als Friedrich II., doch überraschend, am 13. Dezember 1250 in Fiorentino starb, ging Ulrich von Württemberg als Abgesandter der schwäbischen Hohenstaufengegner nach Lyon: Er wollte nicht die – befürchtete – Aussöhnung des Papstes mit Konrad IV., sondern den Kampf in Schwaben. Ehe König Wilhelm mit Papst Innozenz IV. in Lyon verhandelte, war Ulrich schon bei ihm. Und der Papst sicherte dem württembergischen Grafen zu, dass kein Nachfahre Friedrichs II. je mit Einwilligung des päpstlichen Stuhls Römischer König oder Herzog von Schwaben werden würde.

Anfang Juli 1252 wurde auf einem Hoftag der gegenstaufischen Partei bei Frankfurt König Konrad IV. wieder entsetzt und dieses Urteil wenig später von Innozenz IV. bestätigt. Ulrich bekam von

König Wilhelm als Entschädigung und Gegengabe die Vogtei über das Kloster Denkendorf.

Vorgang und Verhalten sind typisch. Parteinahme nur, um die richtige Position zu haben. Wesentlich ist nicht, auf welcher Seite man steht, sondern was dabei herauskommt. Bei einer Klostervogtei, einer Rechtsvertretung und einem »Schirm« für ein schutzbedürftiges Kloster lohnt sich das allemal, weil neben der Machterweiterung auch eine beträchtliche Einnahmequelle dabei herausspringt.

Beim Setzen ihrer Steine waren die Württemberger nicht zimperlich. Dass Ulrich bei den Päpstlichen und Staufergegnern zu suchen war, wusste man im Südwesten und darüber hinaus. Das hinderte den Württemberger nicht, sich 1259 von Konradin, oder vielmehr seinen Vormündern, mit dem Marschallamt des schwäbischen Herzogtums und mit der Schutzvogtei über Ulm und dem damit verknüpften »Pirschgericht« belohnen zu lassen. Ulrich hatte zuvor mit dem englischen Grafen Richard von Cornwall mit viel Erfolg für die deutsche Sache verhandelt. Graf Eberhard I. von Württemberg (1276–1325), der Sohn Ulrichs I., war in diesem schon ererbten Kampf gegen die Hohenberger mit dem Pfalzgrafen von Tübingen verbündet. Das hinderte ihn jedoch nicht, im Herbst 1291 die Tübinger Bundesfreunde preiszugeben: Das war noch günstiger so. Noch im Mai war Eberhard unter den Gefolgsleuten des Königs Adolf von Nassau. Aber schon im April bereitete er den Übertritt zu Albrecht, dem Sohn Rudolfs von Habsburg, vor, nicht ohne sich vorher für die Kehrtwendung die Burg Neckarrems und das Städtchen Neuwaiblingen versprechen zu lassen. Als im Juli tatsächlich das Kriegsglück zugunsten Albrechts entschied – der Württemberger hat mitgekämpft in der Ritterschlacht bei Göllheim –, wurde Eberhard Landvogt in Niederschwaben und erhielt die Burg Rems und Neuwaiblingen obendrein.

Manchmal tut's auch Geld. Als Heinrich von Kärnten, der große Konkurrent König Albrechts, sich gegen des Königs Angriff zu wappnen hatte, gelobte ihm Eberhard Gefolgstreue und erhielt dafür in Taus am 6. September 1299 10 000 Mark zugesichert. Am 28. August 1307 folgten in Prag in gleicher Sache 4000 Prager Groschen und am 11. Februar 1308 noch einmal 10 000 Prager Groschen. Von 1317 bis 1320 war die habsburgische Sache in Schwaben von Lupolt, dem willenskräftigen Bruder König Friedrichs, und dem Grafen Eberhard aufrecht erhalten worden. Noch 1322 hatte der Habsburger, um der Gefahr des Abfalls vorzubeugen, dem Grafen Eberhard 4000 Mark Silber auszahlen lassen. Das hinderte den aber nicht, im Juni 1323 auf den Bund mit dem gefangenen Friedrich zu verzichten und sich den Bayern anzuschließen. Eberhard erhielt für diesen Abfall, über den Lupolt »aufs tiefste erbittert« war, die Reichslandvogteien Niederschwaben und Wimpfen.

Neue Fronten, Überläufer, hitzige Ritterschlachten, ein paar tausend Silberlinge, die wir heute als Bestechung deklarieren würden, und wieder neue Fronten: Es wundert uns nur, mit welcher Unverbrauchtheit und welcher Vitalität die württembergischen Grafen dieses Spiel durchgehalten haben. Es gab Augenblicke, in denen der Zusammenbruch und der Anfang vom Ende unvermeidlich schienen.

Etwa, als König Rudolf von Habsburg nach langen und gründlichen Vorbereitungen – die württembergischen Grenzpunkte hatte er schon genommen und zerstört – am 23. September 1286 zum letzten Akt vor Stuttgart zog. Eberhard und seine Leute hielten sich in der Stadt am Nesenbach. Nach sieben Wochen entschloss sich Rudolf, die Belagerung abzubrechen. Es kam zu einem glimpflichen Abkommen für Eberhard, unter anderem mit der Bedingung, Stuttgart zur Schleifung der Mauern auszuliefern (ein Teil der Befestigung scheint sofort gefallen zu sein). Oder, als Rudolf 1287, von Esslingen aus die große Rückeroberung des Herzogtums Schwaben leitend, Eberhard schon von allen Seiten eingekreist hatte. Die Überlegenheit des kriegserfahrenen Königs war offenkundig. Eberhard sah die sichere Niederlage voraus und erschien zum Friedensschluss am 23. Oktober 1287 in Esslingen. Der Friedensvertrag wurde diesmal wirklich ausgeführt.

Oder noch später, als König Heinrich VII., der Luxemburger, im Spätsommer 1310 den Feldzug gegen Eberhard den Erlauchten von Württemberg, den Bundesgenossen des Kärntner Grafen, Führer der Königsopposition im Südwesten, beschloss. Das Unternehmen – im Auftrag des Königs von Konrad von Weinsberg, dem Reichslandvogt von Wimpfen, durchgeführt – verlief nicht in offenen Treffen, sondern griff an die Burgen und die Städte. Eine nach der anderen fiel, Stuttgart und Neuffen am 31. Juli 1312, dann Waiblingen, Leonberg, Schorndorf, Backnang. Zu Ausgang des Jahres hatte Eberhard nur noch Urach und ein paar Burgen auf der mittleren Alb, Hohenneuffen, Hohenurach, Seeburg und Wittlingen.

Der plötzliche Malariatod Heinrichs VII., die Wahl der Gegenkönige, Friedrichs des Schönen und Ludwigs des Bayern, deren Folgen den Württembergern das untere Remstal verschafften, änderten die Szene mit einem Schlag. Am Ende hatte Eberhard sein gesamtes einstiges Gebiet, von Markgröningen und der kleinen, dem Helfensteiner abgetretenen Herrschaft abgesehen, wieder in Händen. Ja, 1318 bereitete er die Erwerbung des Hohenstaufen und Göppingens vor. Im Dezember 1319 wurde die Feste von ihm bedrängt, 1320 gelangte diese und Göppingen in seinen Pfandbesitz. Stauferland in Württemberger Hand: Das ist wie ein Symbol.

Außer der Burg Teck und der Stadt Kirchheim erwarben die Grafen von Württemberg zwischen 1265 und 1504 etwa vierzig Städte, Städtchen und Grundherrschaften, fünf davon in einem Eroberungskrieg gegen die Kurpfalz im Jahre 1504. Und nicht nur Stadterwerb fügte sich zum »Land«. Eine weitere und entscheidende, fast das Doppelte an Herrschaftsbereich bringende Ausdehnung bedeutete die Übernahme der Schutz- und Schirmvogteien von insgesamt 13 Abteien und Stiften, die überwiegend am Rand des Territoriums lagen. Im 14. Jahrhundert brachte Württemberg allein zehn dieser Schirmvogteien an sich. In der zweiten Hälfte dieses Jahrhunderts gab es in Schwaben nur noch drei Hauptmächte: Habsburg, Württemberg und die Reichsstädte.

Noch einmal die Frage: War das eine generationen- und jahrhunderteübergreifende Unternehmung nach Plan? Geschah das, wie wir uns ausdrückten, um der Notwendigkeiten eines Kollektivs willen? Oder war es nur das Ergebnis einer kleinkalibrigen, an großen Erbschaften sich bereichernden Hauspolitik? Staat und Nation sind keine uralten, metahistorischen Gebilde, nicht »Gedanken Gottes«, wie der Großmeister der deutschen Historiographie Leopold von Ranke das nannte. Sie sind ebenso jung, wie sie, nach allen Erfahrungen, unausweichlich sind. Auch wenn die Geschichtsdemonstrationen unserer Gegenwart eher wieder der Geschichtsromantik der Gründerzeit das Wort reden, und, nostalgisch gestimmt, im Ende der staufischen »Kaiserzeit« auch das Ende der großen Geschichte sehen – was folgt, ist das epigonale Resultat von Verfall und Zersplitterung –, so war doch der mittelalterliche Territorialstaat als politisches Gebilde ein Typus, den es vorher nicht gab. Er ist etwas Neues. Er ist nichts Schlechtes, als »institutioneller Flächenstaat«, sondern birgt eine aufbauende, positive Leistung.

Gewiss präsentiert uns die Frühzeit der württembergischen Grafengeschichte auch eine Dynastengeneration, die elementare Freude am Kampf gehabt haben muss. Da und dort assoziiert man das lapidare Berichts-Latein der Stifts- und Klosterannalen mit den Bildern weniger von »Fürsten« als von Raufbolden. Schließlich hat Kaiser Ludwig den württembergischen Grafen die Reichssturmfahne mit Urkunde von 1336 nicht deshalb übergeben, weil die – gleichzeitig übergebene – Burg und Stadt Markgröningen ein zur Reichssturmfahne gehöriges Lehen war, sondern ganz einfach deshalb, weil Ulrich einer von Ludwigs mächtigsten Bundesgenossen war. Zwei Jahre zuvor nannte sich Ulrich »Landvogt von Schwaben und dem Neckar«, ein Zeichen dafür, wie die spätere Identität von »Schwaben« und »Württemberg« jetzt vorbereitet wurde. Man mag im Signum der Reichssturmfahne, alsbald in das württembergische Wappen aufgenommen, einen Nachhall aus der großen Zeit der schwäbischen Kaiser und also ein Stück früher, historischer Romantik erkennen, und sicher spürten die Württemberger Grafen aus der Dotation auch immer den Glanz einer großen, die Nachfahren legitimierenden Geschichtstradition heraus. In Wirklichkeit hat die Verleihung sehr viel mehr den Respekt vor der ungebrochenen Kraft einer Dynastie gemeint, die nicht zögerte, aus dem legendären, überwucherten Staufererbe einen praktikablen, modernen Staat zu machen. Es gab keinen anderen Grafen im Reich, der auf eine derartige Auszeichnung verweisen konnte.

1695 erhielt der württembergische Herzog Eberhard Ludwig (1676–1733) die Entscheidung des Reichshofrats und Kaiserlichen Geheimrats zu Wien, dass die dem Haus Württemberg seit 1336 zu Lehen gegebene Reichssturmfahne das alleinige, allgemeine Reichspanier sei. Seit dieser Zeit nannten sich die Herzöge von Württemberg des Heiligen Römischen Reiches Erzbannerherrn, ein Titel, der auf Münzen erst im Jahre 1803 erscheint, als Herzog Friedrich II. Kurfürst geworden war.

Die Städter kommen

Hinter dem Stolz auf Verwegenheit und Tapferkeit steckt eine staatsmännische Leistung, die Konzentration von Herrschaftsrechten in nur einer Hand, aus der die Territorialherrschaft herausgewachsen ist. Inzwischen geht es in der Grafschaft Württemberg nicht mehr um Herrschaft über lockere Personenverbände, sondern um Herrschaft über geschlossene Gebiete. In der allmählichen Aufrichtung und Praktizierung von Landeshoheit liegt die große geschichtliche Leistung dieser gräflich-württembergischen Ahnenreihe. Ulrich von Württemberg spricht in der Interregnumszeit von seinem »dominium«; das »Land« ist hier schon vorgebildet. Es erscheint in Ämter abgesondert; die Ämterverfassung hat sich, mit vielen Varianten, versteht sich, bis heute erhalten. Statt, wie bisher, in ihrem Umfang wechselnde Herrschaftsteile an adlige Lehensleute zu vergeben, gaben jetzt die Grafen die Verwaltung an abhängige und absetzbare herrschaftliche Beamte. Das Territorium, zunächst nichts als ein Bündel sehr verschiedenartiger Herrschaften, Güter, Lehen und Hoheitsrechte, wird in feste Amtsbezirke gegliedert. Der Mittelpunkt dieser – in der staufischen Territorialverwaltung teilweise vorgebildeten – Ämter sind landesherrliche Burgen, vor allem dann aber landesherrliche Städte. Die Stadt – und ihr »Amt« – prägt das württembergische Territorium auf eine sehr nachdrückliche Weise. Stichwörter sind »Hof« oder »Stuttgart«, »Schorndorf« und »Leonberg« und so fort. Die »Stadt« gehört zur Geschichte und Wesensart dieses Landes und natürlich auch die Namen aller der Reichsstädte, die mit und nach 1802 staatsrechtlich Teile Württembergs geworden sind.

Wer sich an die früheste Stadtbezeichnung »burgus« erinnert, erkennt, worin die erste Aufgabe der Stadt bestand: eine Großfestung, die nicht mehr nur einer adligen Familie zur Bleibe und Sicherheit diente, sondern einem Kollektiv, der Bürgerschaft. Die Schutzfunktion der Stadt ist auch in Südwestdeutschland bis in die Neuzeit hinein sichtbar geblieben. Noch in den grausamen Jahren des Dreißigjährigen Krieges hat man sich in die Stadtfestung Ulm geflüchtet, in der Hoffnung, dort wenigstens sein Leben zu retten. Daneben tritt die ökonomisch-wirtschaftsorganisatorische Funktion: Die Arbeitsteiligkeit des Wirtschaftslebens befördert die Stadt auf ein bis dahin ungeahntes Niveau, das ihr schließlich eine Monopolstellung sichert und eine Zentralfunktion obendrein. Die Städte werden zu Mittelpunkten, in einer freilich sehr verschiedenen und sehr abgestuften Form. Württemberg selbst, davon sprachen wir, wird in seinem altwürttembergischen Kern kein urbanisiertes Land, kein Gebiet von mittelalterlich-frühneuzeitlichen Großstädten. Eine Eigenart dürfte auch darin liegen, dass die von der materialistisch-marxistischen Geschichtsschau gesehene Monofunktion der Stadt – sie verdanke ihre Existenz und Dominanz ihrer ausschließlichen Gewährung von Arbeitsteiligkeit – für Württemberg eine wesentliche Einschränkung zu verlangen scheint. »Es ist zumindest im Hinblick auf unser Land eine Mär, dass der Bauer früher alles selber hergestellt habe. Das gilt höchstens für seine Versorgung mit Lebensmitteln. Alles andere hat er fertig gekauft oder auf Bestellung machen lassen«, beschreibt H. von Roller die Situation. Aber selbst wenn wir hier in der Wirtschaftsbedeutung Abstriche machen, so bleibt doch die Stadt als Markt und Umschlagplatz und nicht zuletzt als Ort bestimmter rechtlicher Auszeichnung. »Stadtluft macht frei«, dieser Satz steht dem älteren »Landluft macht eigen« diametral gegenüber, und in diesem Vorzug des städtischen Lebens und der städtischen Lebensmöglichkeiten liegt die verborgene Revolution, die von ihnen ausging.

Ob wir, darüber ist unendlich viel geschrieben und noch mehr diskutiert worden, von den stadtartigen Siedlungen vor dem Jahr 1100 im Südwesten als »Städte« sprechen dürfen oder eher noch von Vorstufen, von herrschaftlich organisierten Märkten, lassen wir dahingestellt. Mit dem Beginn des 12. Jahrhunderts setzt auf alle Fälle die gegründete Stadt ein, im Südwesten mit dem Fanal der berühmten Freiburger Stadtrechtsurkunde von angeblich 1120. Ein glücklicher Zufall hat sie uns, wenn auch mit späteren Zusätzen versehen, erhalten. In ihr erklärt Herzog Konrad von Zähringen, auf seinem eigenen Gelände eine Marktgründung – nicht eine Stadtgründung – angeordnet und einer Gruppe begüterter Kaufleute die Aufgabe der Marktgründung übertragen zu haben. Diese mercatores personati, wie sie genannt werden, hätten sich in einer conjuratio untereinander oder mit dem Herzog zusammengetan.

Die Dinge sind nicht ganz so neu und haben ihre Vorgänger. Bedeutsam und von höchster geschichtlicher Reichweite ist indessen, dass man sich hier im Zähringerstaat die zeitgenössischen Erfahrungen zunutze macht und planmäßig an eine »Gründung« geht. Otto Feger sieht das so: »Das Freiburger Stadtrecht ist die erste voll ausgereifte Frucht an dem seit Jahrhunderten grünenden Baum der südwestdeutschen Marktrechtsentwicklung; mit Freiburg beginnt im Jahr 1120 die Reihe der Stadtgründungen und damit gegenüber den gewachsenen Städten, den Bischofsstädten, den Reichsstiftsstädten und Pfalzstädten ein völlig neuer und außerordentlich entwicklungsfähiger Typ«.

Es leuchtet ein, dass wir in der nun aufkommenden »Städtelandschaft« nicht nach der Elle messen und nicht nach dem Schema suchen dürfen. Die mitteleuropäischen Stadttypen haben Generationen von Historikern immer wieder neues – und schließlich unerschöpfliches – Material geliefert. Vielleicht sollte nur festgehalten werdend, dass einmal eine ältere, vielleicht sehr alte Entwicklung vorausging und eine gewachsene Siedlungssubstanz zur Stadt gemacht wird, so dass wir wohl am angemessensten von Stadterhebung sprechen, während man an anderer Stelle ohne nennenswerten Siedlungsvorgang das neue Konstrukt »Stadt« als eine totale Neuheit schafft. Auch die Urkundensprache hat dem bald Rechnung getragen.

Wir übersehen dabei nicht, dass sich hinter dem Rechtstitel »stat« eine schwer aufzählbare Reihe geschichtlich völlig neuer Phänomene verbirgt. Die mittelalterliche Stadt ist eine kleine Welt für sich, ein Sonderbereich mit ungemein komplexer Ausstattung. Städte, wenn wir heute überhaupt noch wissen, wie wir ihre unscharf-verwaschene Erscheinung verstehen und definieren sollen, sind erst mit dem

Abschied vom altständischen Zeitalter und mit dem Aufbruch der industrialistischen Entwicklungen zu Selbstverständlichkeiten geworden. Seit der Deutschen Gemeindeordnung von 1935 gibt es keine rechtlichen Unterschiede mehr zwischen »Stadt« und »Dorf«. Wir kennen heute nur noch die Gemeinde, die dann, wenn sie eine bestimmte Einwohnerzahl aufweist, in die Titulierung »Stadt« hineingerät, ohne dass damit ein Privileg gemeint wäre.

Im Mittelalter bringt die Gründung einer Stadt beziehungsweise die Erhebung einer Siedlung zur Stadt bedeutende rechtliche und soziale Präferenzen mit sich. Die Staufer haben sich dieses neu entdeckten politischen Instruments der civitas mit bravouröser Meisterschaft bedient. Vor ihrer politisch-organisatorischen Städtepraktik dürfte es kaum mehr als zwei Dutzend Städte gegeben haben. Nach ihrem Verlöschen war die Städtekarte des Südwestens selbst für heutige Begriffe zu einer quantitativ anspruchsvollen und territorialpolitisch differenzierten Sache geworden.

Wobei der interne Automatismus des Titels »Stadt« nirgendwo zu erkennen ist. Die Verkehrslage, der ökonomische Rang fällt bei der »Gründung« der einzelnen Stadt allemal mit bestimmten, konkreten staatsmännischen Intentionen zusammen. Gerade im Hinblick auf die frühen Stauferstädte spielen die Macht- und Besitzverhältnisse zur Zeit der Gründung eine ausschlaggebende Rolle: Ausgangspunkt ist die Verteilung und Ausdehnung des staufischen Reichs- und Hausguts. Nur innerhalb dieses Rahmens können Faktoren wie Schutzlage und Marktlage zur Geltung kommen.

Bis zur Mitte des 12. Jahrhunderts ließ sich die staufische Gründungsaktivität im Südwesten noch weit geringer als die der Zähringer an. Immerhin entstand aber die erste Stauferstadt etwa gleichzeitig mit der Zähringerschöpfung Freiburg: Hagenau im Elsass, als dessen Gründer Herzog Friedrich II. von Staufen (1105–1147), der Vater Friedrichs I. Barbarossas gilt. Hagenau blieb für die linksrheinische Region in der Folgezeit die bedeutendste der Stauferstädte. König Konrad III. (1138–1152), der jüngere Bruder Herzog Friedrichs, der erste deutsche Herrscher aus dem Hause der Staufer, hat gewiss nicht zu den aktivsten Stadtgründern gezählt. Aber er hat Plätze wie die zum Reichsgut gehörenden Marktdörfer Nürnberg und Frankfurt sehr gefördert; beide Orte sind während seiner Regierungszeit zu Städten geworden.

Friedrich I. Barbarossa (1152–1190) und sein Enkel Friedrich II. (1212–1250) erweisen sich indessen als die vornehmlichsten Städtegründer in Deutschland. Friedrich I. beeinflusst das südwestdeutsche Städtewesen in historisch entscheidendem Maße. Er und sein Sohn Heinrich VI. (1190–1197) sind es, die den letzten großen Versuch unternehmen, einen königlichen Gesamtstaat auf territorialer Basis zu errichten. Fundament dafür ist das ausgedehnte Reichs- und Hausgut, das sich besonders im Südwesten des Reiches konzentriert, in den staufischen Stammlanden an der Rems und am mittleren Neckar, im Elsass, in der heutigen Pfalz, im Kocher-, Jagst- und Tauberland (dem ehemaligen Herzogtum Rothenburg), um die Reichsburg Nürnberg sowie am unteren Main (Wetterau, Dreieich).

Friedrich I. baut Burgen, aber auch Städte: Beide sind sie wesentliche Punkte inmitten eines weitreichenden dynastisch-territorialen Konzepts. Hier werden alte Privilegien erneuert oder erweitert, dort – das in sehr viel stärkerem Maße – werden neue Städte angelegt oder »gewachsene«, respektable Orte zu Städten erhoben. Mancherlei fließt zusammen: die Funktion der neuen Städte als Verwaltungsmittelpunkt und Großburg zum Schutz des Königslandes, zur Beherrschung wichtiger Reichsstraßen, als Wirtschaftsplatz, als ergiebige Finanzquelle.

Aber es ist überall die auf den Flächenstaat hinzielende Gesamtpolitik, die der Enkel Friedrich II., der »knabe von pulle«, in virtuoser Könnerschaft ausbaut und sich dabei des Instruments »Stadt« immer wieder neu bedient. Die Oberrheinebene und ihre Ränder, die »vis Maxima regni«, wie Otto von Freising dieses Herzstück einmal genannt hat, dürfte so etwas wie eine Nord-Süd-Achse in diesem Gitternetz abgegeben haben. Die Gebiete im Elsass, im Neckarbecken, im Remstal, in Oberschwaben (Ravensburg), Franken (Rothenburg, Würzburg, Nürnberg) und im Eger- und Pleißland (Eger, Altenburg) kreuzen die Linie als Südwest-Nordost-Achse: In diesem Kräftefeld häufen sich die Städte der beiden Friedriche, jede für sich eine andere, langsam mit individuellen Zügen sich füllende Ausprägung staufischer Besitz- und Territorialpolitik.

Die Wege, wie die Staufer zu ihren Städten kamen, waren selten die gleichen. Wo die Zähringer nur vorsichtig aus den Exempeln der Städtelandschaft südlich der Alpen schöpften, brachten die Staufer unmittelbare Erfahrungen aus der – mitunter blutigen – Begegnung mit den Bürgergemeinden und ihrem ausgebildeten Konsulat der mediterranen Großlandschaften mit. Was »Stadt« und Stadtpersönlichkeit sein konnten, hatten Friedrich I. Barbarossa und seine Nachfolger leibhaftig erfahren. Jetzt galt es, die dort demonstrierten Möglichkeiten in den neuen Städten im alten Kernland – jetzt freilich ganz die verlässlichen, eigenen Kreationen – innerhalb einer schöpferischen Politik zu praktizieren. Hier kam einem der Heimfall von Reichslehen entgegen, dort die kirchliche Vogtei. Vor allem Friedrich II. nutzte jede Möglichkeit, die Kirchenlehen zurückzuerhalten, die der Krone nach der unglückseligen Doppelwahl 1198 entzogen worden waren. Schon Friedrich I. und Konrad von Staufen haben Städte auf Kirchenlehen angelegt (Eppingen, Heidelberg, Neustadt, Weißenburg). Friedrich II. hat sich mit Vorliebe dieses Wegs bedient.

In erster Linie sind diese Städte Großburgen und Verwaltungszentren, sichernde Stützpunkte inmitten des noch verstreuten Haus- und Reichsgutes, erst in zweiter Linie Wirtschaftsplätze und einträgliche Geldquellen. Das Burgen- und Städtenetz, die planmäßige Neuordnung des Reichs- und Hausguts ist mit der planvollen Neugestaltung der Königsrechte, der Regalien, aufs Engste verknüpft. Wo die Gegnerschaft der lombardischen Städte eine Reorganisation verwehrt, ist sie diesseits der Alpen ohne Hindernisse. Wo staufische Amtsstädte erstehen, werden Wildbanngebiete abgeteilt, entstehen Münzstätten, werden die Rechte ausgebaut, die mit der Hoheit und Aufsicht über die Straßen zusammenhängen, wird den Amtleuten ein engmaschiges Geflecht von Reichsstraßen zur Aufsicht und das Zollgeleit zur Handhabung übergeben. Natürlich geht es dabei nicht nur – vielleicht am allerwenigsten – um den Marktfrieden innerhalb der Stadtmauer, um den Marktzoll, um die Budengelder. Die überwiegende Mehrzahl dieser Stauferstädte lässt militärisch-strategische Rücksichten als die primären Motive erkennen. Die 1188 als burgi, als Städte, erwähnten Orte Donauwörth, Giengen, Weißenburg, Bopfingen, Aufkirchen und Dinkelsbühl sind mit den um 1180 einsetzenden Kämpfen der Staufer mit Heinrich dem Löwen in einen Kontext zu bringen: Städte als Stützen für eine handgreifliche Territorialpolitik, die auch den Schöngeistern unter den Stauferherrschern sehr wohl geläufig war.

Gewiss hat diese Stadtentstehung und Stadtfunktion immer wieder ihre Abwandlungen, ihre Ausnahmen, ihre urkundlichen Fehlanzeigen, manchmal so gravierend, dass man unlängst eine stark differenzierte Stellung der Staufer zu den Städten registriert und eine spezifische »Städtepolitik« Friedrichs II. überhaupt in Frage gestellt hat. Aber selbst wer ein System benötigt, um ganzen Herzens ein Kapitel mit der Überschrift »Staufische Städte« akzeptieren zu können, wird nicht übersehen, dass Normen und Typen sich auch innerhalb der von den Staufern errichteten Städtekette präsentieren. Aus dem staufischen Hagenau hat man eine bereits planmäßige Anlage herausgelesen, ein rippenförmiges Straßennetz, einen lang gestreckten, dreieckigen Straßenmarkt als Achse: vielleicht das Vorbild für eine ganze Reihe der späteren staufischen Gründungsstädte.

Und wenn man nur ein wenig länger und genauer auf die Karten der zwischen 1200 und 1250 nur so aus dem Boden schießenden staufischen »Reichslandstädte« sieht, schälen sich langsam bestimmte Gruppen heraus. Da sind Städte als regional-politische Kontrollstationen (Dinkelsbühl, Esslingen, Ettlingen, Frankfurt, Heidelberg, Pforzheim), da sind Gründungen, die sich an einen älteren Siedlungskern anschließen, an eine Pfalz (Hagenau, Rosheim, Wimpfen, Frankfurt, Eger), an einen älteren Marktort (Dinkelsbühl, Esslingen, Ettlingen, Gmünd, Pforzheim) oder an ein Dorf (Bopfingen, Eppingen). Es ließe sich im Grundriss ein bestimmter Typus erkennen, die axiale Marktstraße mit den abziehenden Quergassen (Hagenau, Weißenburg, Neustadt, Rothenburg, Dinkelsbühl), da und dort auch mit einer parallel verlaufenden Straße, der »Leiterform« (Frankfurt, Heidelberg, Pforzheim, Bopfingen).

Und es lässt sich vor allem in der Funktion, in der Sinngebung der Stauferstädte ein gemeinsamer Nenner erkennen: »die funktionale Verbindung von Stadt und Umland, in der Wehrordnung wie im Steuersystem, in der Rechtsprechung wie im Nahmarktbereich«, so Heinz Stoob. Der Reichscharakter hat sich mit dem Untergang der

Staufer grundlegend geändert. Aber Rudolf von Habsburg hat manches, ja gewichtiges aus der staufischen Städtepraxis übernommen und konsequent weitergeführt, auch wenn gerade das Interregnum vielen der staufischen Reichslandstädte die Möglichkeit gab, sich aus dem Machtvakuum als Reichsstädte herauszuwinden.

Noch die stark herrschaftlich geprägte Organisation der württembergischen Städte seit Ausgang des 13. Jahrhunderts, die nur das zwölfköpfige Gericht kennt und nicht die Ratsverfassung, könnte, wie vermutet worden ist, ein Rückgriff auf die staufische Tradition sein. Vielleicht sind diese stadtrechtlichen Resonanzen, die selbstverständlich ihre zeitlichen Gebundenheiten haben, nur die äußeren Profile des Bestands, der nachgewirkt hat.

Vielleicht ist sehr viel entscheidender, dass die Stadt, die von einem staufischen Herrscher gegründet worden ist, auch die kleinste unter ihnen, nicht in einer Ecke und nicht in einer hoffnungslosackerbürgerlichen Isolation belassen, sondern von Anfang an mit einem Bündel überregionaler Aufgaben versehen worden ist. Möglich, dass das Ziel gar nicht in dieser Richtung lag. Aber der weite Atem, der durch das staufische Reich zog, hat auch den Städten einen Hauch der Größe eingegeben; das Kleine und Kleinliche der verkrusteten Spätzeit findet man hier nirgendwo. Es ist ein Anfang, der nicht schöner und nicht großzügiger hätte sein können. Die soziale Mobilität, die diese Gründungen dann besonders forcierte, die bürgerliche Emanzipation, die hier dann besonders zu wirken begann, hat aus den ehemaligen Stauferstädten auch Zeugnisse einer spürbaren und originalen Urbanität gemacht.

Wir verstehen nun, dass Rudolf von Habsburg sich dieses neuen Instruments Stadt mit besonderem Nachdruck bediente. Das Vierteljahrhundert, das zwischen ihm und dem letzten gekrönten Staufer lag, hatte wesentlich andere Methoden und Möglichkeiten freigegeben, gerade auch für die königliche Städtepolitik. Nach 1272 ist es allgemeiner geworden, von civitates imperii, von Reichsstädten zu reden. Schon Rudolf war es nicht mehr gelungen, die Städte des Kronguts auf den alten Status königlicher Städte zu beschränken. Er war gerne bereit – und im Grunde auch darauf angewiesen –, sich der Finanzreserven dieser »städte des riches« zu bedienen, auch wenn er auf der anderen Seite seine Bündnispartner durch Privilegienbestätigungen und durch neue Rechte und Freiheiten in teilweise unerwarteten Maßen honorieren musste. Aber Einflussmöglichkeiten waren damit gegeben, das ist unbestreitbar. Rudolfs Anstrengungen, das alte Herzogtum Schwaben wiederzugewinnen, seine verbissenen Gefechte mit den Grafen von Württemberg und anderen, mit ihnen verbündeten schwäbischen Dynasten, fanden Rückhalt bei den schwäbischen Reichsstädten. Denen floss mit der Partizipation an diesen Aktionen Welt in ihre Gassen und Kanzleistuben, und manchmal wusste man schon nicht mehr, ob man nur des Habsburgers Partner war, oder bereits auf dem Weg zu einer eigenen städtisch-genossenschaftlichen Territorialpolitik, zur Aufrichtung eines eigenen Bürgerstaats.

Esslingen, Ulm, Reutlingen oder Heilbronn, Wimpfen oder Rottweil sind damals zu politischen Potenzen herangewachsen, die für die nächsten zwei, drei Generationen in der politisch-territorialen Gestaltung Innerschwabens mitreden konnten. Indessen bleibt es das Verdienst des klugen Habsburgers, durch seine Revindikationen, die Rückführungen der im Interregnum entfremdeten staufischen Städte unter die Herrschaft des Reiches, nicht nur halb Verlorenes zurückgebracht, sondern darüber hinaus die Stabilität des Künftigen untermauert zu haben. Die emporkommende oder bereits emporgekommene Bürgerschicht ist unter ihm mit Energie und Erfolg in die Reichspolitik einbezogen worden; der Weg der Reichsstädte im späteren Württemberg begann unter ihm.

Und natürlich nimmt damals auch die Land- und Territorialstadt ihren Anfang. Im zweiten Viertel des 13. Jahrhunderts ändert sich das Bild: die nichtköniglichen Gründungen nehmen zu. Neben die Staufer, welche von 25 erscheinenden Städten nur noch sechs gründeten, traten Fürsten und Herren, die ihnen nacheiferten, weil sie die Vorteile, die eine Stadt ihrem Gebiet brachte, erkannt hatten. Vielleicht haben die Markgrafen von Baden, eine ältere Seitenlinie der Herzöge von Zähringen, Städte zur Sicherung und Erschließung ihres Gebietes zunächst am nachdrücklichsten benutzt. Es ging ihnen darum, von ihren Gebieten in der Oberrheinebene und an deren Ostrand eine Verbindung zu ihrem alten Besitz am mittleren Neckar herzustellen. Das um 1122 gegründete Stift Backnang und der 1153 erworbene Hof Besigheim waren die Basis dafür. Ein wichtiger Schritt war schließlich die Heirat des Markgrafen Hermann V. (1190–1242) mit der Tochter des welfischen Pfalzgrafen Heinrich des Jüngeren, eines Enkels Konrads von Staufen (vor 1218).

Damit kam Pforzheim in den Besitz der Badener. Eine Schlüsselstellung hat wohl auch Stuttgart, die spätere württembergische Haupt- und Residenzstadt. Höchstwahrscheinlich von Hermann V. gegründet, hat die abseits und versteckt gelegene Gründung militärische Aufgaben gleichsam im Vexierspiegel, nicht wegen ihrer zentralen Situation und großen Fortifikation, sondern wegen ihrer Unzugänglichkeit. Die – historisch unbezweifelten – badischen Städte begannen vor Stuttgarts Toren mit Hoheneck, Backnang, Besigheim, Lauffen, Eppingen, Sinsheim, Pforzheim. Sie standen nicht als beziehungslose Punkte im Land, sondern lebten sehr wesentlich aus ihrer Kollektivaufgabe, in personaler, in wirtschaftlicher, in administrativer Hinsicht. Von Selz im Elsass ging hier *eine* politisch-territoriale Achse bis Backnang, die Grundlinie der Markgrafenschaft. Sie wurde, endgültig im 16. Jahrhundert, bis auf das Stück Beinheim-Pforzheim verkürzt. Das neue politische Kraftfeld war schon ein Jahrhundert zuvor aus der Ost-West-Linie in die Nord-Süd-Linie gereiht worden. In dieser ursprünglichen Achse Selz-Backnang also hatte Stuttgart seine Funktion.

Haben nun die Württemberger auch auf dem Instrument »Stadt« gespielt? Württemberg ist, eigentümlicherweise, weil der altwürttembergische Staat Urbanität im geistig-kulturellen Sinne weitgehend vermissen lässt, zu einem wahren Stelldichein von Städten und Städtchen geworden, einem Tummelplatz für Stadthistoriker, die den ungemein vielfältigen, immer wieder abgebrochenen und immer wieder neu variierten Entwicklungslinien nachgegangen sind: aus geographischer Perspektive, die der jeweiligen Stadtlage ihren kulturräumlichen Kontext gab, aus verkehrs- und wirtschaftsgeschichtlicher Sicht, aus rechtsgeschichtlicher, aus territorialgeschichtlicher. Graf Ulrich I. von Württemberg der Stifter, den wir kennen gelernt haben, greift nicht in Laune oder Übermaß in die Saiten. Aber er gehört zu denen, die von der neuen Entwicklung das Ihre ziehen und betreibt zur Sicherung seines Landes eine planmäßige Städtegründung. Die Liste ist überschaubar; nicht die Quantität, die Qualität gibt den Ausschlag. Vor 1250 sind es Leonberg, Schorndorf und Marbach und wohl auch Waiblingen, die in der Hand der Württemberger und von ihnen auch selbst gegründet worden sind; Stuttgart kommt, auch noch vor der Jahrhundertmitte, aus badischem Besitz. »Diese 5 Städte liegen zunächst am Rande des württembergischen Herrschaftsgebiets, und ihnen scheint der Schutz des Territoriums als primäre Funktion zugedacht gewesen zu sein«, urteilt Rudolf Seigel.

Im 14. Jahrhundert, Württembergs größter Expansionszeit bis zum Ausgang des 18. Jahrhunderts, ändern sich die Dinge. Noch im Jahrhundert zuvor, um 1265, war aus der Erbschaft der Zähringer der Erwerb Urachs gelungen: der erste württembergische Ausgriff in den Süden. Dieses nun bestehende halbe Dutzend wird im 14. Jahrhundert um fünf weitere Eigengründungen und 47 Erwerbungen – Bestandteilen von gekauften Herrschaften – erweitert. Im 15. Jahrhundert kommen zehn Städte dazu, teilweise mit ansehnlichen Herrschaftsgebieten als Zubehör; gegründet hat Württemberg selbst im 15. Jahrhundert keine eigenen Städte. Hatte man die Lehren gezogen aus den ehrgeizigen Fehlgründungen namentlich der Ritterschaft, die irgendwann sang- und klanglos in Bedeutungslosigkeit verschwanden? Hatte man genug am Ankauf aus den Häusern von Montfort, von Veringen, von Zollern, die schon im 13. Jahrhundert in ihrem Städtebesitz den Württembergern gleichkamen, der Pfalzgrafen von Tübingen, der Grafen von Hohenberg, der Herzöge von Teck, die zehn und mehr Städte besaßen und sie in der Mehrzahl auch gegründet hatten?

Württemberg ist in Sachen Stadtgründung und Stadterwerbung nicht der aktivste Teil. Aber es hat um 1495, als das Land zum Herzogtum avanciert, 52 Städte in seinem Besitz, wobei die verpfändeten, als Lehen ausgegebenen oder damals schon wieder ihres Stadtrechts beraubten Gründungen gar nicht mitgezählt sind. Und es weiß sehr wohl aus diesem Angebot etwas zu machen. Die großen Neckarstädte, aber auch Gründungen wie Blaubeuren haben eindeutig wirtschaftlichen Vorrang: an Verkehrspunkten oder im Zentrum eines bäuerlichen Hinterlandes platziert man Kaufleute- oder gewerbliche Siedlungen, an den Außenstationen des werdenden »Landes« stellt man Städte wie Waiblingen, Schorndorf, Leonberg oder Marbach als Festungen und Bastionen auf.

Letzten Endes sind es nicht verkehrs- und wirtschaftsgeographische Faktoren, die den Ausschlag zu Gründung und Erwerb geben, sondern solche des Machtgefüges und überhaupt der Handhabung der Landesherrschaft. Irgendeinem Freiherrn mochte es mit »seiner« Neustadt darum gehen, dem Nachbarn das Wasser abzugraben: der Graf von Württemberg hatte, wollte er ein »Land« aufbauen, über derlei kleinliche Freuden hinauszusehen und in seinem Gebiet feste Ordnungsakzente zu setzen. Was bislang »Gebiet« war, war nichts anderes als ein zufälliges Konglomerat höchst heterogener Bestandteile. Die Lokal- und Regionalverwaltung wollte, wir haben darauf hingewiesen, durch die Schaffung von Amtsbezirken organisiert sein.

Die Grafen von Württemberg sind diesen Weg derart konsequent gegangen, dass sie es nicht bei der Verwaltung des bäuerlichen Umlands durch einen Vogt und nicht bei der Stadt als dem Bezirk eigenen Rechts und eigener Verwaltung, also bei zwei eigenständigen Verwaltungseinheiten belassen, sondern beides in eine Verwaltungskorporation »Stadt und Amt« zusammengelegt haben. Die Integration der Städte in die Ämter ist eine spezifisch württembergische Sache, die man sonst in den süddeutschen Territorien nicht findet. Was diese Eigenheit bewirkt hat, darauf ist mit dem Hinweis auf die mangelnde urbane Kultur im späteren Altwürttemberg vielleicht schon eine Antwort gegeben. »Liegen mehrere Städte in einem Amtsbezirk, wird eine Stadt Amtsstadt. Die kleineren und wirtschaftlich schwächeren Städte behalten ihren Schultheißen, aber sie verlieren das Hochgericht zugunsten der Amtsstadt. So entstehen in Württemberg Übergangsformen von der Stadt zum Dorf, Städte minderen Rechts, deren Bürger sich von den Dorfbewohnern nur noch dadurch unterscheiden, dass sie keinen Leibfall bezahlen. Einige dieser verkümmerten Städte verloren schon im Mittelalter ihre Stadtrechte und wurden zu Dörfern«, beschreibt Seigel die Entwicklung.

Das führt schließlich zu einem Städtelegen und Städtesterben in Württemberg am Ausgang des Mittelalters. In der Urkunde, in der die Grafen Ludwig I. und Ulrich V. von Württemberg 1442 »land und leute« unter sich teilen, erscheinen Städte und Dörfer, Herrschaften und Grafschaften gar nicht. Es ist einfach von 38 Ämtern die Rede. Jedes Amt figuriert mit dem Namen derjenigen Stadt, mit der das Amt verknüpft ist. Württemberg ist seit der Mitte des 15. Jahrhunderts kein städtisches, kein genossenschaftliches, sondern ein »stark von der Herrschaft geprägtes Territorium«. Es gibt keine lehensrechtlichen und gerichtlichen Zwischengewalten, es gibt nur die über einen Kamm gescherte Untertanenschaft.

Der Start in die Frühneuzeit und in die Epoche des zentralisierten und institutionalisierten Flächenstaats wäre hier denn auch ungemein günstig gewesen, hätten sich nicht doch originär städtische Gegenwirkungen gemeldet. Einen Rat in ihren Städten zu unterdrücken, gelang den württembergischen Grafen allemal. Sie beließen es bei dem – schon in staufischen Städten praktizierten – Stadtgericht, dessen Vorsitzender ein aus dem niederen Adel kommender Vogt oder Schultheiß war. Als die Reichsstadt Esslingen nach ihrem Sieg über die württembergischen Städte 1312 in den eroberten Kommunen als erstes den Rat einführte, das eigentliche Widerstandsorgan gegen alle landesherrliche Dominanz, wurde dieses Organ nach Rückeroberung durch die Württemberger sofort wieder beseitigt: Derlei Residuen bürgerlicher Selbständigkeit und Aufmüpfigkeit mochte man nicht.

Indessen war gerade das städtische Bürgertum Württembergs das Reservoir, aus dem sich hernach – und sehr bald – die eigentliche Opposition gegen den Landesherrn rekrutierte: die bürgerliche Oberschicht, die »Ehrbarkeit«, wie sie in Württemberg hieß. Sie hatte sich in Württemberg seit dem 13. Jahrhundert in aller Ruhe und Staete entwickeln können, weil sich das Richterkollegium einer Stadt allemal durch Kooptation ergänzte. Man hat, wer wird es diesem erfahrenen Klüngel verargen wollen, immer dieselben, sich selbst gewählt, so dass schließlich das Stadtgericht bei einer Handvoll Familien blieb: bei der »Ehrbarkeit«.

Was Grundbesitz anging oder Beteiligung an größeren Handelsunternehmen, konnte die Ehrbarkeit mit dem Patriziat einer schwäbischen Reichsstadt sehr wohl konkurrieren, zumal die Spitzengruppe der württembergischen Ehrbarkeit selbst aus dem niederen Adel kam oder mit ihm aufs Engste verschwägert war. Natürlich gab es Abstufungen in dieser bürgerlichen, Platz haltenden Landeselite: in Tübingen, Schorndorf oder Leonberg saßen reiche Leute in dieser Gruppe, in Güglingen oder Großbottwar rekrutierte sie sich aus Klein- und Ackerbürgern, die freilich von den gleichen Vorzügen wie die »Großen« profitierten – aus dem wirtschaftlichen Abstand von den ganz Kleinen, aus politischen Vorrechten, aus Befreiungen von städtischen Lasten und Diensten.

Es leuchtet ein, dass die Vielzahl dieser Stadterscheinungen auf dem Boden des späteren Württemberg – schon im Jahr 1300 darf mit 97 Städten gerechnet werden – mit diesen groben territorialgeschichtlichen Linien kaum erfasst, geschweige denn erschöpfend interpretiert ist. Gerade für diese allmählich vom großen Strom der mitteleuropäischen Geschichte abgerückte Landschaft muss es von größter ökonomischer und sozial-psychologischer Bedeutung gewesen sein, dass mit den Städten, wie immer auch sie rechtlich und staatlich gefasst waren, ein stupender Gesichtskreis in die unmittelbare Nähe der »Berglen« oder der Filderhöhe rückte: man handelte und kaufte und verkaufte in einem Raum »von der Ostgrenze Ungarns und Polens bis nach Spanien und England, von Süditalien bis zur Nord- und Ostsee«. Wie hätte sonst »Welt« und damit Auseinandersetzungs- und Kritikfähigkeit in die Täler und auf die Waldrücken kommen können als durch die Städte? Wie sonst hätte man Kenntnis erlangen können von dem, was über dem Berg ist? Hektor Ammann beantwortet die Frage so: »Diese Kenntnisse waren sicherlich am umfassendsten in den Fernhandelsstädten Oberschwabens, weniger eingehend in den wichtigeren Städten Innerschwabens und weniger allgemein in den Kleinstädten; sie waren aber auch hier nicht unbedeutend. Das war nicht die Folge eigener großer Fernfahrten, denn der Fernhandel der Kleinstadt reichte gewöhnlich nicht über die großen Messen und die wichtigsten Wirtschaftsplätze der benachbarten Landschaften hinaus; es war vielmehr die Folge der außerordentlich engen Verbindung in Wirtschafts- und Bevölkerungsaustausch über ganz Schwaben hinweg, zwischen Groß-, Mittel- und Kleinstädten«.

Neben die Rolle als Umschlagplatz von kommerziellen und von geistigen Gütern tritt natürlich auch die der sozialen Aufgabe: Wo anders hätte man sich des allmählich bedrohlich werdenden Proletariats, der Bettelnden und Gestrauchelten, der Aussätzigen und von der »frou welte« Geschundenen annehmen sollen als in den Klöstern und den Stadtspitälern? Aber auch hier im Kapitel Spitalgründungen war Württemberg nicht gerade führend. Bis zum Ende des 14. Jahrhunderts gab es in Württemberg erst vier Spitäler. Aber nur eines davon, das in Stuttgart, war von der Herrschaft gegründet worden. Die übrigen – Markgröningen, Tübingen und Kirchheim unter Teck – waren bereits installiert, als Württemberg diese Kommunen übernahm. Wieder Seigel: »Die erste Gründungsperiode der württembergischen Spitäler erfolgte dann am Ende des 14. und zu Beginn des 15. Jahrhunderts, als sieben Spitäler entstanden. Nach einer Pause von 50 Jahren setzt erst die eigentliche Gründungszeit ein: Von 1470 bis zur Reformation erhielt Württemberg 15 weitere Spitäler, so dass dann von etwa 53 Städten 26 ein Spital hatten«.

Auch hier waren die nichtwürttembergischen Reichsstädte mit großen und reichen Spitalstiftungen vorangegangen, mit Unternehmungen, die bald genug kommunalisiert und also als Uraufgabe des Stadtstaates empfunden worden waren, mit Institutionen, die in ihrer Wärme und Farbenfülle – auch im organisatorischen, auch im therapeutischen Sinne – der aseptischen und spezialisierten Abstraktheit des modernen »Krankenhauses« weit überlegen waren. Mehr und mehr haben sich des »riches stette« zu Repräsentantinnen der spezifisch kommunalen Welt entwickelt. Es ist kein Zweifel, dass in der Vielzahl der Städte Württembergs die um die Wende vom 13. zum 14. Jahrhundert deutlich auftretenden Reichsstädte das städtische Schicksal zwischen Aufgang und Ende des Alten Reiches am bewusstesten erlebt, am tiefsten ausgekostet und den Sinn, die Aufgabe der »Stadt« in einzigartigem Maße verkörpert haben. Allein aus summarischen Erwägungen heraus wäre das zu konstatieren. Von den 51 Kommunen – auf diese Anzahl waren die Reichsstädte am Ausgang des Alten Reiches zusammengeschrumpft – befanden sich 31 im Gebiet des Schwäbischen Kreises. Schwaben ist das Land der Reichsstädte schlechthin. Das Gebiet zwischen Offenburg und Pfullendorf, Aalen und Rottweil hat man noch im 18. Jahrhundert gemeinhin als »das Reich« angesprochen. Dann und wann mag damals bei diesem

Begriff noch eine politische Zielsetzung dabei gewesen sein. Zwar haben die Königsstädte, die aus den harten Kämpfen des Interregnums als reichsfreie Städte hervorgegangen waren, die Zertrümmerung des Herzogtums Schwaben zum Ausbau ihrer ganz persönlichen Macht, das heißt: zum Erwerb eines Landbesitzes benutzt. Neben diese herrschaftlichen, mit den Praktiken der Fürstenstaaten konkurrierenden Unternehmungen trat aber im 14. Jahrhundert, teilweise bedingt durch die genossenschaftliche Struktur der Städteverfassung, der zunehmende Wille zur Einigung.

Wer die Frühentwicklung der reichsstädtischen Verfassung verfolgt, wird die Tendenz, die obrigkeitlich-herrschaftlichen Befugnisse des Rats gegenüber der Bürgerschaft auszubauen, nicht übersehen. Auch hier in diesen »freien« Städten wurde nicht Demokratie geübt, wie sie dann im Sommer 1789 verstanden worden ist, als eine rechtlich-soziale, als eine totale und in naturwissenschaftlicher Akribie gefasste Gleichheit. Die innerstädtischen Auseinandersetzungen, früher als »Zunftkämpfe« deklariert, zeigten denn auch – weil sich einzelne Gruppen nach oben arbeiteten, die bisherigen Platzhalter verdrängten, sie schließlich verrieten –, dass die eine Führungsschicht durch eine heraufkommende ausgewechselt werden konnte. Aber gerade in der Möglichkeit dieses Wechsels und dieses Aufstiegs lag die Chance der Bürgergemeinde und das Gegenbild zu den festgezimmerten und erblich abgesicherten Vorrechten der feudalen Welt.

Die Bürgerstadt, allen voran die Reichsstadt, huldigte, wie sehr auch das genossenschaftliche Prinzip umgangen oder durchbrochen worden sein mag, dem Grundsatz der Mehrheitsentscheidung. Darin lag ihre grundsätzliche und – zur Adelswelt – konträre Bedeutung. Sie verließ sich, als eigenverantwortliche Kommune, auf die Entscheidung »des merren teils«, wie es in den Ratsentscheidungen und Bundesbriefen und Zunftnachrichten allemal hieß. Alles, was im Stadtstaat an Gewichtigem entschieden und dekretiert wird, ist irgendwann einmal durch das Probatum »des merren teils« sanktioniert worden. Jeden Zug, den man unter der Städteflagge gegen die »Herren« führte, ging auf einen Entscheid »des merren teils« zurück. Nichts, was nicht von der Mehrheit letztlich gebilligt werden müsste. Darin lag die Größe, aber, verglichen mit dem immer glatter laufenden Flächenstaat, auch die Grenze der genossenschaftlich gebundenen Stadt.

Als besonders lebendiges Zeichen reichsstädtischer Staatlichkeit erschien der alljährliche, in der überwiegenden Mehrzahl schwäbischer Reichsstädte bis zur Endzeit durchgeführte Schwörtag. Der aus der zünftlerischen Zeit vor 1500 stammende Wortlaut der Schwöreide ist bis zur Beseitigung der Reichsfreiheit in den Kommunen erhalten geblieben und vorgelesen worden, gleichsam als das unverrückbare und im genauen Sinne des Wortes wesentliche Grundgesetz dieser Gemeinwesen. Der »Staat« erschien hier in ganz konkretem Sinne, in der ursprünglichen Wortbedeutung als das »Gesetzte«, als eine handschriftliche oder gedruckte Sammlung von Verordnungen und Gesetzen, die auch sonst von städtischen Beamten und Gremien immer wieder beschworen werden mussten.

Man ist geneigt, diesem Schwörtag insofern kaum mehr als äußerliche, repräsentative Bedeutung zuzusprechen, als ja etwa in Ulm für die Spätzeit nicht der alte Schwörbrief vom 26. März 1397 Geltung hatte, sondern die nach der Verfassungsänderung Karls V. vorgenommene Neuredaktion des Jahres 1558. Aber gerade in Ulm ist es dann »die in dem Grundgesetz, dem Schwörbrief von 1558 vorgesehene Mitwirkung der ganzen Bürgerschaft« in »hochwichtigen« Dingen gewesen, die der seit »1548 fast mundtot gemachten Masse der Ulmer Bürgerschaft« jetzt in den neunziger Jahren des 18. Jahrhunderts eine juristische Grundlage für ihr Oppositionswerk zu geben versprach. Tatsächlich bot eine im Schwörbrief enthaltene Rechtsform die einzige Möglichkeit, die erste Forderung der Ulmer bürgerlichen Deputierten, nämlich diejenige nach Mitwirkung in der Finanzverwaltung, durchzusetzen. Dieser den Stadtbürgern jährlich vorgelesene, aus dem ulmischen Stadtgrundvertrag von 1397 übernommene und in wissenschaftlichen Publikationen um 1790 mit nahe liegenden Absichten wieder publizierte Passus war also kein Geheimnis. Es müsste überprüft werden, ob überhaupt Handwerkervertretungen während der Jahrzehnte der so genannten Zunftherrschaft vor 1500 persönlich am Stadtregiment – obwohl ihnen Tür und Tor häufig geöffnet waren – beteiligt gewesen sind. Bei einer Vielzahl der Städte scheint das nicht der Fall gewesen zu sein. Die viel genannte, angeblich »aristokratische« Verfassungsänderung Karls V. im zweiten Viertel des 16. Jahrhunderts hat die Situation im Wesentlichen also gar nicht verändert. Vielleicht bestand deshalb für die Handwerker auch nachher kein eigentlicher Anlass, persönlich im Magistrat zu sitzen, ganz abgesehen davon, dass ihnen in der Mehrzahl die notwendige finanzielle Unabhängigkeit und die juristische Schulung der patrizischen Ratsmitglieder gerade für die Spätzeit fehlten.

Der Freiheitsbegriff des Reichsstädters war von vornherein keine absolute Größe und hat nichts Schrankenloses gemeint. Die vernunftgemäße Einsicht, dem corpus des eigenen Stadtstaates als Bürger zu- und eingeordnet zu sein, gehört wesensmäßig zu dieser Vorstellung von Freiheit. »Es kommt mir hier der Wohlgeruch der Freyheit«, schreibt Goethe 1790 in Augsburg, »das heißt der größten constitutionellen Eingeschräncktheit entgegen«.

Täglich steht dem Bürger, dem »Reichsbürger«, wie er bezeichnenderweise genannt wird, vor Augen, dass seine »freie« Reichsstadt nur in der beständigen, wenn auch nicht immer gerne vollzogenen Einordnung in das größere Ganze zu bestehen vermag. Ja es wird klar, dass sie gerade dieser Einordnung in die größere Gemeinschaft, nämlich in das Reich, ihre Existenz verdankt. Die Wünsche auf eine zügellose Freiheit ohne Vernunft zu richten, verbieten dem Bürger schon seine geschichtlichen Erbschaften und Erfahrungen. Weil diese civitas eine auf Gegenseitigkeit beruhende Kundgebung, eine Gemeinschaftsordnung ist, sieht der Bürger seine Aufgabe in der Regulierung eines aus dem Gleichgewicht geratenen Verhältnisses dann, wenn das Zusammenklingen der Freiheiten aller zuungunsten Einzelner oder einzelner Gruppen gestört ist. Der Bürger benötigt die Möglichkeit zur Mitsprache, die Anerkennung als Mitobrigkeit, die Ausgangsposition zur Kontrolle: nicht mehr, aber auch nicht weniger. In der Wahrnehmung und Bestätigung dieser bürgerlichen Gegenkontrolle, in der Anerkennung des einen Hauptorgans als der notwendigen Ergänzung zum Magistrat als dem anderen Hauptorgan, spielt der Schwörtag auch in der Spätzeit der Reichsstädte noch eine im genauen Sinne des Wortes grundlegende Rolle. Verständlicherweise konnte die zeitgenössische Literatur noch der achtziger Jahre des 18. Jahrhunderts von Magistrat und Bürgerschaft als den »zwei Hauptelementen des Frankfurtischen Staates« sprechen. »Beide Teile zusammen und keiner von ihnen allein« heißt es, machen den Reichsstand aus. Auch die Reichsstadt nach 1550 hat ihre formalrechtliche Begründung noch in der Form der Schwureinung, in der jährlich erneuerten Selbstbindung der bürgerlichen Eidgenossen an das von ihnen gesetzte Recht.

Wie ein erratischer Block mag jetzt in den Epochen des Barock und der Aufklärung die Schwurgemeinde angemutet haben, unverstanden da und dort und manchmal zur bloßen Fiktion geworden, aber als hartnäckig überlieferte Gegebenheiten nicht wegzunehmen in einem »Staat«, von dem mancherorts in Reichsstädten geglaubt wurde, dass man sich in der einseitigen Ausbildung nur des einen Partners, der Ratsmacht, über diese geschichtlich-rechtliche Grundform hinwegsetzen und behaupten könne. Die Bürgerversammlung war das Willensorgan der Genossenschaft, und zwar in erster Linie. Auch der Schwörtag erfüllte keine neuzeitlich-parlamentarischen Funktionen. Aber er gab der Bürgerschaft die Anerkennung als Mitobrigkeit dadurch, dass der Rat nurmehr als Vollzugsorgan der beeidigten Rechte erschien, unter ausdrücklicher Aufnahme des Mehrheitsgrundsatzes. Zusammen mit dem Wortlaut der alten, spätmittelalterlichen Eidesformeln ist diese Manifestation des Mehrheitsgrundsatzes und des Gesamteides bis zur Auflösung der Reichsstädte in Übung geblieben. Nach der Rechtslehre der Zeit galt sie als eine von alters her geübte, grundsätzlich in dieser Form beizubehaltende Institution. Wesentlich an diesem beiderseitigen Versprechen von Treue und Gehorsam war, dass Bürgereid und Bürgermeistereid, beziehungsweise Ratseid, nicht nur korrespondierten, sondern die Genossenschaft als Anfang und Ende anerkannt blieb. »Und welh burgermaister und welh zunftmaister welh ratgebe von den burgern oder von der gemainde also erniuret und an grossen oder klainen rat gesetzt werden, die alle und ir ieglicher besunder sullen swern gelert aide zu den hailigen mit aufgebotten vingern alle vorgeschribniu gesetzt in unsern buch och niht ablassen und och getriulich halten nach bekantnusse dez merrentails des rats ane alle geverde. Doch möcht sich ain burgermaister, zunftmaister oder ratgebe von den burgern oder von der gemainde als widerwärtiglich stellen oder alz unreht tun, daz man kuntlichen gebresten an im spürti oder erfünde, den oder die mag man allweg, wenne man wil, wol verkeren und dmit andern ersetzen in dem vorgeschribnen rechten. Wir haben och mit usgenomen worten versetzt, daz man dehainen burger hie ze Ulme weder von den burgern noch von den zünften weder ze burgermaister, ze zunftmaister noch ze ratgeben an klainen noch grossen rat niht nemen noch erwellen sol, denne der zu dem minsten fünf jare hus und häblich ingesessener burger hie gewesen ist«. Mehrheitsentscheid, Absetzbarkeit, Wahl und Wiederwahl – alles Element einer Staatlichkeit, die man später, freilich unter Zutat wesentlich anderen und ideologisch fixierten Rechtsguts, als demokratisch bezeichnet hat. In Ulm ist nicht die Gleichheit, sondern die Gemeinde die Grundidee. »So sol ain burgermaister uf dieselben zite herwiderumbe och sweren ainen gelerten aide zu hailigen mit uffgebotten vingern ain gemain man ze sind richen und armen uf alliu gelichiu gemainiu und redlichiu ding ane alle geverde.«

Wir haben Verständnis dafür, wenn dieses »Bündnis« zu Hause auch zu einem Bündnis zwischen den gleichgearteten Städten werden will. In den schwäbischen Städtebünden besonders der Jahre 1312, 1331, 1376 und 1379 hat der Drang zur Einung, zum »pundt« immer festere Konturen angenommen. Im großen Bündnis der schwäbischen und rheinischen Städte von 1381 wird ihm seine hohe Verwirklichung beschert. Man wird in diesen gemeinsamen Aktionen, die in den Bündnissen oberrheinisch-elsässischer Städte um 1250 ihren Ausgang nehmen, nicht nur den Entscheidungskampf zwischen Fürsten und Städten, zwischen herrschaftlicher und genossenschaftlicher Staatsform sehen wollen; er ist hier mit der Niederlage der Städter bei Döffingen am 23. August 1388 zugunsten der Fürstenmacht entschieden worden. Neben und hinter dieser erbitterten Machtprobe steht der Versuch zur Aufrichtung eines auf eidgenössischen Verbindungen ruhenden unabhängigen Reichsterritoriums: nicht nur nackte, durch den Zusammenschluss wirkungsvoller gewordene Verteidigung der Selbständigkeit, sondern, jenseits aller kleinlichen Selbsterhaltung, das Bekenntnis zu höheren und übergreifenden Konstruktionen, die nun, wären sie gelungen, im alten

Herzogtum Schwaben neue territorialpolitische Verhältnisse geschaffen und der südwestdeutschen Geschichte, zunächst der des Hauses Württemberg, einen anderen Verlauf gegeben hätten. Noch im 15. Jahrhundert versucht die »Esslinger Einung«, ein zwischen 1418 und 1443 wirksames Städtebündnis zwischen Esslingen, Heilbronn, Weil der Stadt, Wimpfen, Reutlingen und vorübergehend auch Rottweil, unter der Führung Esslingens und abseits des gleichzeitigen Großen Schwäbischen Städtebundes, den Boden für dieses Ziel zu bereiten. Die Verwirklichung ist jetzt indes in noch größere Ferne gerückt. Schließlich bleibt als äußeres Ergebnis nur, dass in Schwaben zum Stillstand verurteilte reichsunmittelbare Städte und beständig wachsende landesherrliche Territorien nebeneinander lebten, während den Eidgenossen – unter nahezu gleichen Absichten wie die der mit ihnen seit 1377 bzw. 1385 verbündeten schwäbischen Städte – durch ihre Siege bei Sempach (1386) und Näfels (1388) der Weg zur eidgenössischen Staatlichkeit lange frei geworden war. Die städtische Tendenz, fürstliche Sonderinteressen nunmehr mit reichischer Gesinnung zu durchsetzen und Lösungen politischer Fragen auf überörtlichem Boden zu forcieren, ist freilich geblieben: das ganze Ende des Alten Reiches ist durchzogen von solchen Bemühungen reichsfreier schwäbischer Städte.

Der Schwäbische Bund, einzig nachhaltiger Reichsreformversuch in spätmittelalterlicher Zeit, ist zu einem guten Teil von den Städten inspiriert und getragen worden. 1401 beginnen Angehörige der schwäbischen Rittergesellschaft »mit St. Jörgen Schild« sich zusammenzuscharen, allerdings weniger, um auch Machtfaktor zu sein inmitten der allmählich entscheidenden Auseinandersetzungen. Ein Bündnis zu gemeinsamer Verteidigung soll zustande kommen, aber auch eine Gemeinschaft, die das Reich, das Sacrum Imperium, wieder ernsthaft in ihr politisches Denken aufzunehmen gewillt ist. Dass sich hier auch der Schwache vor den schlimmsten Übergriffen zu schützen sucht, braucht uns diesen Bund ja nicht verdächtig zu machen. Reichsstädte schließen sich dieser Vereinigung an. Sie ist, wie alles, Zeitlichem, dem Auf und Ab der Entwicklung ausgesetzt. Dennoch gelingt ihr 1463 eine Erneuerung: Längst ist sie über ihr begrenztes Anfangsdasein hinausgewachsen. Die Bayern, insbesondere Herzog Ludwig der Reiche von Bayern-Landshut, nehmen sich ihrer an, ebenso aber die Habsburger, der kluge, hier erstaunlich aktive Kaiser Friedrich III. Allein, als gar keine andere Lösung mehr übrig bleibt, als mit diesem bewährten Fundament einen größeren, fast hätte man gesagt, nun alles umfassenden Bund zu gründen, da sind es noch einmal die alten Kräfte, die hier mit doch recht guten und reinen Zielen den Bau leiten und zu Ende führen: der Führer der St. Georgsritter, Graf Haug von Werdenberg, und, vor dem Reutlinger Bürgermeister Wilhelm Walcker, der Diplomat der Reichsstadt Ulm, Bernhard Besserer. Die »Esslinger Tage«, wie sie ein neuerer deutscher Geschichtsschreiber genannt hat, fördern im Herbst und Winter des Jahres 1487 viel von der schweren Problematik zu Tage, die auf dem alternden Reichskörper lastet. Gewiss, es geht zunächst um nichts anderes, als im eigenen Hause den 1486 auf zehn Jahre festgesetzten Frankfurter Landfrieden durchzuführen, um ein Gegengewicht gegen die angriffslustigen Bayern und Eidgenossen. Aber es geht schließlich auch um die Ordnung eben in diesem Hause, um die Formen des Zusammenlebens, um Gulden und Landsknechte: um höchst irdische Dinge, die neben den großen Fragen der Reichspolitik auch die internen Ansprüche der südwestdeutschen Machthaber in die Gassen und Ratsstuben der Reichsstadt Esslingen getragen haben. Am St. Valentinstag (14. Februar) 1488 ist es endlich soweit, die Abgesandten aller Prälaten, Grafen, Herren und Städte, die »Träger staatlichen Willens also in ihrer Gesamtheit«, sind an einen Tisch gebracht und siegeln nacheinander unter diesem Datum und Tagungsort den Bundesbrief. Ist dieser feierliche Akt vollzogen, »so wollen wir alsdann jedem teile die brife die ihm zustehen werden geben und nehmen wie sich gebühren wird«. Selbst die Ratsschreiber hatten da eine schwere Arbeit: die Urkunde über die ebenfalls in Esslingen vollzogene Erneuerung bzw. Erweiterung des Bundes im Jahre 1500 musste in all ihrer minutiösen Vorbildlichkeit und pergamentenen Gewichtigkeit dutzende Male geschrieben und gesiegelt werden.

Der Esslinger Gründungstag ist ein Datum unserer gesamtdeutschen Geschichte. Mühsamer Beweise für diese scheinbar arg großsprecherische Feststellung bedarf es nicht. Seit Leopold von Rankes

»Deutscher Geschichte im Zeitalter der Reformation« hat eine Reihe deutscher Historiker bis in unsere Gegenwart herauf den Schwäbischen Bund als *die* Reichsreform des Alten Reiches gewürdigt. Weil er ein gut funktionierendes Defensivbündnis war mit eigenen Finanzen und Truppen, eine fürstliche, städtische und ritterliche Gegensätze weitgehend überwindende feste Organisation mit eigenem Bundesrat, sorgfältig geregeltem Rechtsverfahren und klaren Bestimmungen über die Pflichten der Mitglieder, hat man ihn einen »Mikrokosmos« und den »Kern der Wiedergeburt« genannt, ein erstes und zugleich letztes Beispiel, »das verheißungsvolle Vorbild für eine in ähnlicher Weise durchzuführende bundesstaatliche Einigung des Reiches überhaupt«. Als Herzog Ulrich am 28. Januar 1519 kurzerhand Reutlingen überrannte und zur württembergischen Landstadt machte, die Reutlinger aber wenige Wochen später, am 10. April, durch den von ihnen selbst mitgeschaffenen Bund befreit und der Herzog vertrieben wurde, aber vor allem als »der pundt« sich der erstaunlichen und schließlich schrecklichen Aktionen im Bauernkrieg annahm, erwies er sich als ein gewichtiges und schlagkräftiges Instrument. Dass es nicht eine Geburt, modern gesprochen, aus herrschaftlichem Dirigismus war, sondern föderativer, genossenschaftlicher Absprache entsprang, bleibt sein Ruhm.

Der Sinn der schwäbischen Städtegeschichte zu Ausgang des Mittelalters tritt hier ins hellste Licht. Es ist die – wahrgenommene – historische Stunde der größeren und großen Kommunen vom Schlage Ulms und Esslingens, die das Grundproblem dieser spätmittelalterlichen Staatlichkeit – Hegemonie oder Gleichgewicht – nicht nur erkannt, sondern auch auf ihre Weise und mit ihren – ungleich schwierigeren, differenzierteren – Möglichkeiten zu lösen versucht haben. Man hat den Städten nach neueren und einlässlicheren Studien Friedensinteresse und Reformfreude ausdrücklich bescheinigt, wobei diesem Urteil insofern doppeltes Gewicht zukommt, als es doch in eine den Städten besonders ungünstige Zeit fällt. Was für diese komplizierten regionalen Friedensbündnisse im Rechtssinn als »commun« gelten sollte und was nicht, war eine schwierige Frage. Ob auch für die Städte gelten sollte, was »unser«, nämlich des ganzen Bundes »gemain sein« konnte, ob die von den

Städten allemal verfolgte zwischenständische Verbindung und damit die automatische Anerkennung eigener Reichsstandschaft sich auf so friedlicher Verhandlungsbasis überhaupt machen ließ: das waren zumindest komplizierte, fragwürdige Sachen.

In Wirklichkeit ging es nicht um das Gegenüber von schlitzohrigen, kleinkarierten Pfeffersäcken und reichstreuer Fürstenschaft. In solcher Wertung steckt zu viel vom nationalistischen Erbgut des 19. Jahrhunderts. Wenn Justus Möser einmal die ganze Geschichte des späteren Deutschen Reiches mit dem Jahre 1495 und seinem auf dem Wormser Reichstag verabschiedeten großen Reformwerk beginnen lassen wollte, so sehen wir in dieser Reverenz vor »dem ewigen Landfrieden« als dem »Grundgesetz des neuen Reiches« weniger einen »etwas überschwenglichen Plan« als ein – weiter nicht artikuliertes – Gespür für tief greifende Zäsuren. Die Reichsreform ist keine oktroyierte Operation von außen und nicht der Einfall irgendwelcher organisationslustiger Köpfe, sondern letztlich die Antwort der Geschichte auf ein Machtvakuum, das durch den Verfall des Königtums und »das mähliche Zurücktreten seiner rechtlich-herrschaftlichen Hoheit« bedingt war. Im Zuge der Reichsreform hat sich auch eine neue Staatsauffassung durchgesetzt, die ebenso von der Rationalisierung bestimmt war wie von der Säkularisation. Was man haben wollte – und wohl auch haben musste –, war ein Justizstaat, in einer Geschlossenheit, wie ihn das Mittelalter nirgends gekannt hat oder kennen konnte. Unter Reichsreform war schließlich nichts anderes zu verstehen als der jahrhundertelange Prozess einer Verfassungsausbildung, die gegründet war auf die Lehnsstruktur des Reiches und einerseits durch die Zerrüttung der königlichen Macht und die Aufrechterhaltung der öffentlichen Ordnung geboten war, andererseits durch die Bewahrung der Reichsidee und aller daraus resultierenden Funktionen. Der Schwäbische Kreis war teilweise, soweit wir von diesen Dingen heute schon Grundsätzliches sagen können, Nachahmung und Fortbildung dieses Bundes, ein bei genauerem Zusehen erstaunlich gut funktionierender Selbstverwaltungskörper, dem die reichsfreien Städte doch alles in allem ein hohes Maß an Mitarbeit und Mitverantwortung gewidmet, ja zeitweilig allein seine oft unscheinbaren Aufgaben erfüllt haben.

Gewiss wird eine Landesgeschichte dieser sozusagen externen Entwicklungsstränge auch gedenken müssen. Eine für Generationen hin soli gloria des Herrscherhauses ausgerichtete Geschichtsinterpretation hat die Wege – und Irrwege – der schwäbischen Städtebünde nicht gerade zum Allgemeingut der Leute werden lassen. Vieles kennt man nur aus Anekdoten oder – politisch nicht ganz nebensächlichen – Witzeleien. Indessen, »Döffingen« ist uns in Erinnerung. Uhlands liebenswürdig-lyrische Hand hat aus dem unerschrockenen Kampf der Städter, die ja im Jahre 1388 aus dem Döffinger Kirchhof von den Fürsten – allen voran der greise, aber bewundernswert wache Graf Eberhard II., der Greiner (1344–1392) – Schritt für Schritt zurückgetrieben wurden, trauten, nachträglich altwürttembergischen Volksbesitz gemacht. Ein wenig Ironie ist allerdings dabei: Die politischen Leitbilder der Städter dürften dem, was Uhland und seine Zeitgenossen im Vormärz bewegte, näher gewesen sein als die handfeste, in Dörfern und Geleitstrecken und Privilegien rechnende Territorialpolitik der Württemberger und Badener und Pfälzer und so fort.

Denn dies ist das Leitmotiv: Das territoriale Prinzip will seinen Sieg, das Fürstentum die Unterordnung von Adel und Städten unter seine Hoheit. Dieser rote Faden zieht sich durch alle jene Jahre, durch die hundert Verknüpfungen von Fürsten gegen Städte, von Fürsten mit Städten, von Ritterschaften untereinander, von Städten untereinander, durch die hundert erschreckenden (oder erfundenen) Berichte über Straßenüberfälle, niedergebrannte Dörfer, eingerissene Burgen. Das Wechselspiel scheint fast ermüdend. Der eigentlichen Höhepunkte, der Glanzlichter im Stile moderner Kriege sind es nicht viele. Döffingen war ein Schlag. Aber er ist weit überschätzt worden. Die Steuerlisten in den Städten verraten unmittelbar für die Jahre nach 1388 sagenhaften Vermögenszuwachs. Und 1410 war der neue Schwäbische Städtebund wieder ein gewichtiger Machtfaktor.

Warum ist er aber, wie seine Vorgänger, wie seine Nachfolger, ohne dauernden Sieg geblieben? Warum hat sich das dritte Deutschland der vereinigten schwächeren Reichsstände, von dem Hermann Heimpel einmal gesprochen hat, am Ende als Illusion erwiesen? Hat es den Städtern an Männern, an Persönlichkeiten gefehlt? Walter Ehinger von Ulm, Ratsherr und mehrere Male amtierender Bürgermeister, für alle wichtigen Gesandtschaften des Städtebundes beauftragt und stets als oberster Bundeshauptmann fungierend, stand weit über dem Durchschnitt. Er fiel 1449 zusammen mit dem Nördlinger Bürgermeister Jeronimus von Bopfingen, der seinerseits mit den Herren und mit dem Kaiser in guter Manier zu verhandeln wusste. Natürlich war es schlitzohrige Städterart, wenn die Städterboten einmal auf dem Reichstag dem König, der sie zunächst zugunsten der anwesenden Fürsten einfach geschnitten hatte, auf seine Frage, was zu tun sei, antworteten, er möge sich doch an die Kurfürsten und deren Räte wenden: die könnten besser dazu raten, »dan eynfaltigen«. Aber dahinter lag auch das, was wir heute Personalfragen nennen. Wie und wann sich in den Kommunen, die doch ganz auf genossenschaftliche Absprache und die Kontrolle sich gegenseitig überschneidender Instanzen abgestimmt waren, Einzelpersönlichkeiten aufbauen konnten, die den Gesten der Landesherren gewachsen waren, das war eine Sache des Zufalls und der Großzügigkeit.

Gewiss, die Erfolge blieben auch für die Städter nicht aus. 1441 begann man die Burg Maienfels zu belagern, einen üblen Schutzwinkel, von dem aus die Städtefeinde die Gegend um Schwäbisch Hall unsicher machten. Die Haller waren dabei, aber auch die Leute aus Rothenburg, Dinkelsbühl, Gmünd, Nördlingen und Ulm. Die Verteidiger wehrten sich standhaft. Die Mauern hielten jeder Verstärkung, jedem schweren Geschütz stand. Maienfels wurde zu einer Prestigesache. Allmählich sammelte sich der ganze Städtebund vor dem Schloss. Die Bodenseestädte schickten ihre Männer. Schließlich, am 5. September, gelang es Ehinger, mit einem von Hall herangeholten »Werk« die Mauern zu untergraben und Schloss Maienfels zu brechen. Der Tag gab Anlass zu einer am 9. Oktober vollzogenen weitergreifenden Einigung von sieben Bodenseestädten und fünfzehn schwäbischen Städten, zu einem gemeinsamen Feldzug in den Hegau, auf dem man die Schrotzburg dem Erdboden gleichmachte, das Dorf Hilzingen in Flammen aufgehen ließ und die Burg Staufen am Hohentwiel bis zur Unkenntlichkeit zerstörte.

Aber das alles sind Episoden. Den Endsieg hatten die Fürsten. Sie arbeiteten rascher. Sie verfügten über einen sich konsolidierenden, wirkungskräftigen, flächenstaatlichen Apparat. Die Städte hatten und wollten kein geschlossenes Gebiet. Jetzt, wo alles an die Erhaltung seiner Rechte und Berechtigungen dachte, wo überall Sonderinteressen und Sondertendenzen wucherten, wurden die Städte altmodisch, je mehr sich das 15. Jahrhundert zu Ende neigte. Bundesversammlungen, Mehrheitsentscheidungen, Mahnungen, Abrechnungen, Umlagen – ein unpraktisches Instrumentarium für eine ans Faustrecht sich gewöhnende Zeit. Die Fürsten beschlossen. Die Räte der Stadt beteuerten nach der harmonischen, tagelangen, mit Dutzenden von Beratungsgegenständen geschmückten Sitzung, sie müssten das alles erst »hinder sich an ir ratzfreunde« bringen. Ob wir hier die Ausübung uralter deutschrechtlicher Tradition vor uns haben oder nicht – dass die germanische, frühdeutsche Zeit den Mehrheitsbeschluss gekannt hat, ist ohne Zweifel –, mit diesen Waffen konnte man jetzt nicht siegen. Hier schlagkräftige Herrschaft, dort mühsame Genossenschaft. Ein ungleiches Paar. Aber auch eine Polarität, die, wäre sie nicht auf diese gänzlich einseitige Weise mit dem Fürstensieg gelöst worden, der deutschen Geschichte hätte eine Entwicklung geben können, wie sie die Geschichte der Schweiz mit dem Sieg der Eidgenossen und die Englands mit der frühen und gleichmäßigen Aufrichtung einer Selbstverwaltung tatsächlich gehabt hat. Hier liegt die eigentliche, kaum gesehene Bedeutung der Städtekriegszeiten. Dass die »Pfeffersäcke«, die »eingemauerten Bauern« kein rechtes Verhältnis zum Krieg und Militärwesen hatten, nach ihren Siegen aber in munterer Kaufmannsart einen zum »Beuteverteiler« bestimmten, dass sie nicht einmal untereinander Frieden hatten und den (von Ulm immer wieder geforderten) großen deutschen Städtebund überhaupt nie zustande brachten: das sind Details.

Entscheidender ist, dass sie politisch, vermeintlich oder zu Recht, ohne Heimat waren. »Unde so ist«, heißt es in einem Brief Donauwörths an Nördlingen vom August 1442, »doch die welte also geschaffen, daz wir nicht wissen, wem man trawen oder wes wir uns halten sollen«. Sie waren zwischen die Zeiten geraten. Ihre genossenschaftliche Praktik war ein Stück mittelalterlicher Rechtsordnung, die im Schwinden war. Ihr Versuch, überörtliche Zusammenhänge wieder herzustellen und das verfallende Reich als ein Föderativgemeinwesen neu zu konstruieren, war ein Vorausgriff.

Ihn zu verwirklichen, nein: ihn zu verstehen, bedurfte es des Zwischenspiels von Jahrhunderten, in denen nicht glanzlose, allzu nüchterne und allzu irdische Bürgerart den Ton angab, sondern gottgewollte Monarchie. Nicht die ausgehandelte Meinung der Mehrzahl, sondern das Wort eines Einzigen.

Die permanente Reformation

Dass »Recht und Gerechtigkeit ihren Fortgang nehmen«, so forderten die schwäbischen Bauern. Sie wollten »einen Herrn« wie »einen Gott«. Und sie wollten vor allem das »rechte Wort Gottes«, das lange verborgen gewesen sei: die Reformation im Lande.

Die starke, hier bis ins Mark treffende, dort begütigend ordnende Sprache der Reformation kommt nicht von ungefähr. Sie ist nicht das Ergebnis eines urplötzlichen Aufbruchs theologischer und politischer Horizonte. Die Anlässe dazu greifen zwei, drei Generationen zurück. Die Gründe zeigen sich schon Jahrhunderte zuvor. Institutionelle Veränderungen – die städtischen Magistrate beginnen sich seit dem 13. Jahrhundert die Präsentationsrechte für die Pfarrstellenbesetzung zu sichern – spielen hier ebenso eine Rolle wie die bibeltheologischen Traktate der Reformtheologen des 14. und 15. Jahrhunderts. Und natürlich ist es die Fackel des Humanismus, die in Erasmus' Generation das Ideal einer christlichen Laientheologie erhellt und damit der Reformation ihre letzte und eigentliche Aktionsgrundlage gibt. Es ist eine rührende und noch ganz in den Kinderschuhen steckende Bemühung um das Wort. Aber der sprachliche Sinn und die Berufung auf das Recht des Individuums sind einmal genannt und werden praktiziert.

Die Gewissens- und Glaubensbedrängnis in ihrer tiefsten Schärfe wird freilich erst artikuliert, als Bruder Martinus des Erfurter Eremitenklosters sich nicht ausschließlich seiner persönlichen Seligkeit wegen gegen die von einem Jahrtausend geheiligte Autorität des Papstes und überhaupt gegen die römische Kirchenpraxis auflehnt. Was sich an den Einzelnen richtet, enthält ebenso den Zuruf an die

Herrscher und Fürsten. »Ich beschwöre dich«, so in einem Brief Luthers, »wenn du recht vom Evangelium denkst, glaube nur nicht, seine Sache könne ohne Lärm, ohne Ärgernis und Aufruhr betrieben werden. Du wirst aus dem Schwert keine Feder, aus dem Krieg keinen Frieden machen. Das Wort Gottes ist Schwert, ist Krieg, ist Zerstörung, ist Ärgernis, ist Verderben«. Die deutschen Flugschriften, die Luther ab 1520 in die Lande schleudert, sind Brandfackeln des Aufstands, gellende Mahnungen, die Eigenrechte zu entdecken und mit Klauen und Zähnen festzuhalten. Gott und ich – diese Konfrontation ist nun entdeckt, weil von ihr alles abgezogen ist, womit man sie in Jahrhunderten umhängt hatte. Luther hat das persönliche Gewissen als etwas Absolutes entdeckt. Dies bildet das protestantische Dynamit. Er verwirft die Lehrautorität der Kirche. Er setzt an ihre Stelle den persönlichen Einblick – deine, meine Entscheidung.

Diese Befreiung, unsagbare Beschwerung zugleich, ist Luthers weltgeschichtliche Tat. Sie hat mehr ausgelöst als die Französische Revolution und deren Ringen um Menschenrechte. Luther erklärt den Menschen schlechthin und weit grundsätzlicher für mündig, als es jemals ein Sozialist nach ihm, Marx eingeschlossen, getan hat. Sein Kampf für die Fähigkeit eines jeden Einzelnen, die Schrift in seiner Sprache und in eigener Verantwortung zu verstehen, ist für die persönliche Bewusstwerdung von solchem Gewicht, dass dafür mit der inneren Verhärtung des politischen Raumes vielleicht nicht zu teuer, aber sicher teuer genug bezahlt wird. Später hat man irrtümlicherweise geglaubt, dass nicht Glaube, sondern Bildung frei mache – eines der zahllosen Missverständnisse in der Nachgeschichte der Reformation. Luther verkündet Wesentlicheres: Bildung macht nicht frei, aber Bildung macht den Kopf frei, öffnet die Augen, erschließt die Welt, die jenseitige so gut wie die irdisch-politische. Dass Luther damit nicht die Exklusiv-Bildung eines in wohliger Latinitas sich ergehenden Patriziertums meint, sondern Volks- und Menschenbildung, dass diese Erkenntnis einem Theologen und keinem Staatsmann vom Range eines Karl V. zuteil wurde, gehört zu den Unergründlichkeiten der Geschichte, mit denen es fertig zu werden, nicht aber zu hadern gilt. Womit freilich auch die Frage gestellt ist, wie das alles in Württemberg begonnen hat.

Als über Luther, den, wie es im Edikt des Kaisers hieß, »verstockten Zertrenner und offenbaren Ketzer«, die Reichsacht verhängt wurde, und mancherlei Eingeweihte, nicht zuletzt sein Landesherr selber, den Boden unter den Füßen zu verlieren begannen, meinte Luther mit säkularer Gelassenheit: »Ist die Sache aus dem Menschen, so wird sie untergehen, ist sie aber aus Gott, so werdet ihr sie nicht dämpfen können«. Der allein in dieser sprachlich-schweren Holzschnittkunst grandiose Satz erweckte den Anschein, das, was man seit dem frühen 18. Jahrhundert oder vielleicht überhaupt erst seit Rankes Reformationsgeschichte »Reformation« genannt hat, sei das Ergebnis eines gleichsam überirdischen Prozesses, personal, chronologisch kaum zu fassen.

Für Württemberg hat man aufs Erste mit dem Gegenteil zu rechnen. Statt auf den Arm Gottes, der durch die Wolken die Dinge der Erde bewegt, statt auf die wirksame, geschichtsverändernde Transparenz des Göttlichen stoßen wir hier auf sehr weltliche, sehr handfeste Territorialpolitik. Der Beginn der württembergischen Reformation könnte mit der Uhr in der Hand registriert werden. Bis zum Himmelfahrtsfest des Jahres 1534, bis zum 14. Mai dieses Jahres, war das Fürstentum Württemberg ein katholisches Land. Zwei Tage später, am 16. Mai 1534, findet in der Stuttgarter Stiftskirche der erste evangelische Predigtgottesdienst statt. Die frühbürgerliche Revolution, unter welcher Vokabel man neuerdings die Dinge zu begreifen sucht, scheint in Württemberg ausgefallen zu sein. Statt »Revolution« gibt es einen Erlass mit der hastigen, fahrigen Unterschrift des Herzogs. Denn der, Herzog Ulrich, sah, wie wir wissen, im Leben ein Konstrukt, mit dem man agieren kann, wie die Einfälle das erlauben. Ulrich ist das gewesen, was man einen schlechten Menschenkenner nennt, in seinen politisch-administrativen Aktionen wie in seiner Lebensführung nicht frei von pathologischen Zügen. Sie haben ihn, nach mancherlei Gewaltakten und Landfriedensbrüchen, wie wir hörten, 1519 dazu geführt, die Reichsstadt Reutlingen zu überfallen und seinem Herzogtum zuzuschanzen – womit das Negativkonto des Mannes voll war, weil er einmal mehr die politische Konstellation falsch kalkuliert und sich, von heute auf morgen, in völlige Isolierung hineinmanövriert hatte. Der Schwäbische Bund, wir haben ihn kennen gelernt, stand wie ein Mann zusammen, marschierte ins Herzogtum, hatte es in ein paar Wochen besetzt und den Herzog Ulrich in die Flucht getrieben.

Seltsamerweise hat man sich den herzoglichen Herrn zwischen Rems und Neckar immer wieder zurückgewünscht in diesen fünfzehn Exiljahren, als statt der Württemberger die Österreicher in Stuttgart saßen – der »vertriebene Landesherr«, das blieb ein Verlust, wie man es auch drehen wollte, und ein unerschöpflicher Winkel für Legendenbildung, bis hin zu Hauffs »Lichtenstein«, »Er wird wiederkommen« – so dachten die Leute damals, und die Buben haben, schon sechs Jahre bevor man in Stuttgart den siegreichen Heimkehrer endgültig empfing, gesungen:

Bide, bide pomp!
der herzog ulrich kompt!
er ligt nicht weit im feld,
bringt ein großen seekel mit gelt!«

Wobei sich da irgendeiner einen politischen Scherz geleistet haben muss: Ulrich hatte alles, Einfälle, Launen, rührende Freude, glühende Hasser, wir wissen's, nur kein Geld. Seine Schulden sind um einiges größer gewesen als die Kaiser Maximilians I., der todkrank an den Toren von Innsbruck anklopft, um Aufenthalt bittet, und zur Antwort erhält, er möge zunächst einmal die alten Rechnungen zahlen – in Wels ist er ein paar Tage später gestorben. Die Stuttgarter haben ihren Ulrich, ihren verlorenen Sohn, wie in einem Volksfest empfangen. Tatsächlich ist uns verlässliche Kunde davon, dass es in der Residenzstadt nie zuvor derart brüllenden Jubel gegeben hat.

Wir nehmen diese Nachrichten ernst und versuchen zu ergründen, warum die öffentliche Meinung, warum »der kleine Mann auf der Straße« so reagiert hat, warum die Kehrtwendung vom katholisch-österreichischen Württemberg zum evangelischen Württemberg nur eines Wortes aus dem Munde des angestammten Landesherrn bedurfte. Die Antwort darf vorweggenommen werden: weil man in der Mehrzahl, in der weit überwiegenden Mehrzahl in Württemberg längst evangelisch gesonnen war. Indessen kommt die

Reformation hier mit dem Frühsommer 1534 merkwürdig spät, genau genommen mit einer Verspätung von 15 Jahren. Luther hat seine Thesen im Oktober 1517 angeschlagen; ein Jahr darauf hat die Reichsstadt Reutlingen an ihrer Marienkirche eine zweite Pfarrstelle für den Prediger Matthäus Alber eingerichtet und 1523 die deutsche Messe lesen lassen – ein Jahr, nachdem man in Crailsheim, das damals zu Brandenburg-Ansbach gehörte, mit der evangelischen Predigt begonnen hatte und 1525, im Bauernkriegsjahr, dann eine evangelische Kirchenordnung herausgab. Württemberg gehört keinesfalls zu den Ur- und Anfangsgebieten der Reformation. Im gleichen Jahr, in dem Johannes Brenz in Schwäbisch Hall die Reformation einführt, 1522, zieht Erzherzog Ferdinand, der Bruder des katholisch-universalen Kaisers Karl V., in »seiner« Stadt Stuttgart ein, unter großartig-ausladendem Protokoll, sozusagen mit spanischem Hofzeremoniell: Jetzt beginnt Stuttgart erst einmal katholisch zu werden, verknüpft mit einer historischen Zerreißprobe, mit der Frage, ob Stuttgart zum Vorort habsburgischen Kaisertums assimiliert werden kann, zum exemplarischen, zum authentischen Spiegelbild des Heiligen Römischen Reiches unter Karl V., zum Widerschein eines Glanzes, in dem die Kapellen und Mariensäulen und Bildstöcke am Neckar und im Schönbuch und auf der Alb nur umso heller leuchten.

Dass die Geschichte einen anderen Weg genommen hat, dass sich in diesem neckarschwäbischen, altwürttembergischen Geviert nicht österreichisch-musikantische Lust und nicht die Freude am Mimisch-Theatralischen, am Leben und Lebenlassen festgesetzt hat, ist freilich nicht nur das Ergebnis eines Verwaltungsaktes von oben, nicht nur dynastische Intention. Man hat das angebliche, in Wirklichkeit reichsrechtlich nie so formulierte oder verabschiedete Prinzip »cuius regio, eius religio« hundertmal wiederholt und unausgesprochen damit dokumentieren wollen, dass es Zufall blieb, wo späterhin katholische Dörfer zu finden waren und wo evangelische. Wer nur auf die Punkte, nur auf die Dörfer sieht, mag recht damit haben. In größeren Zusammenhängen scheinen aber doch Gesetze sichtbar zu werden. Sie kulminieren in der Faustregel vom protestantischen Norden und vom katholischen Süden, die natürlich das Wechselspiel zwischen Angebot und Nachfrage, zwischen Ursache und Wirkung erst eigentlich zum Gegenstand genauerer Untersuchungen machen. Die aber auch dartun, dass Württemberg, damals durch seine Größe und Wirtschaftskraft von natürlicher Hegemonie in Südwestdeutschland, allein von dieser Perspektive her zwischen den Fronten liegt. Die Neigungen und die Mentalität dieser 250 000 Bewohner, die das Herzogtum damals gehabt hat, mögen in die eine und in die andere Richtung gegangen sein. Es gibt solche, die lieber katholisch geblieben wären, wahrscheinlich in der bürgerlichen Oberschicht, in der Ehrbarkeit am meisten vertreten. Wer will schon, nur um seiner Konfession willen, das sichere Alte mit ungefährem Neuem vertauschen, wer will schon seine Häuser und Weinberge verlieren? Es gab Landeskinder, denen der Abschied schwer gefallen ist. Die letzte Messe ist in Stuttgart am 2. Februar 1535 gelesen worden, »wobei«, wie ein verlässlicher Chronist berichtet, »viel Volks in der Kirche und viele Lichter und Kerzen gebrannt und das Volk sehr geweint«.

Aber das ist nur die eine Seite, freilich diejenige, die klar macht, wie sehr die Reformation in die Herzen der Einzelnen gegriffen und wie wenig sie etwas von einem Theaterstück mit Zuschauern und Statisten an sich hatte. Die andere Seite öffnet den Zugang zu dieser – zahlenmäßig weit größeren – Gruppe, die im Herzogtum Württemberg die »newe lere« gewollt hat. Die Bauern vom Remstal und vom Gäu wollen 1525 – ein paar Monate später ist in Esslingen ein evangelischer Prediger angestellt worden – das »lautere Evangelium« statt des »Dimperlin, Damperlin«. Das ist unmissverständlich. Kritische, reformatorische Ansätze zeigen sich in der Landeshauptstadt schon 1519, als Doktor Johannes Mantel auf die Kanzel von Sankt Leonhard zurückberufen wird. Mantel ist Ordensbruder jenes Esslinger Augustinermönchs Michael Stifel – auch Luther war Augustinereremit –, der es sich, als Reichsstädter, leisten kann, Ferdinand gegenüber eine unbeugsame Haltung einzunehmen und dann an der Seite Luthers für die neue Sache zu kämpfen. Die Stuttgarter und die Württemberger sind Untertanen, zudem jetzt habsburgische, die freilich das Warten gelernt haben. Als Ulrich kommt, der Leidgeprüfte, der im Exil Protestant Gewordene, jubeln sie ihm zu.

Was jetzt folgt, folgen muss, ist der Aufbau und Ausbau des neuen Kirchenwesens. Württembergs Verspätung in Dingen der Reformation – die Wirrungen der zwanziger Jahre sind bereits überstanden – führt dazu, dass die »newe lere« ohne Komplikationen inthronisiert werden kann; es drängt sich keine politische Theologie auf die Kanzeln, zumal dieser Staat als unangefochtene Obrigkeit fungiert und mit der Leitung des Reformationsgeschehens unmittelbar in eine Führungsrolle hineinwächst. Es ist hier wie in den benachbarten kleineren Territorien: das Kirchenregiment wird »von der Herrschaft durch die Kanzlei« ausgeübt. Dort, wo die Obrigkeit erst noch um ihre Legitimation und ihre – letztlich nie gewährte – volle Anerkennung zu kämpfen hat, wie bei den Magistraten der Reichsstädte, präsentiert sich das Reformationsgeschehen als ein wesentlich komplizierterer, freilich was die »Einführung« der Reformation angeht, Epoche machender, der Entwicklung in den Territorien vorangehender Prozess. In der Reichsstadt verflechten sich soziale Unterströmungen mit dem Trend des Rats nach obrigkeitlicher Omnipotenz: Der mittelalterlich geprägte Stadtkörper verlangt als solcher nach einer gemeindlich-staatlichen Ordnung, das differenzierter gewordene Leben nach feineren, zugleich wirksameren Regierungspraktiken, die Wucherkäufe nach einer Polizeikontrolle, das benachteiligte Kleinhandwerk nach schützender Gesetzgebung, das Gesundheitswesen nach Aufsicht, die beruflich überbeanspruchten Zunftmeister nach Befreiung vom zeitraubenden Ehrendienst in der Stadtverwaltung. Die Reformation in den Reichsstädten ist ein Teil der res publica. Sie steht und fällt mit dem Gemeinwesen, macht sich von Abstimmungen und gewissensentscheidender Mehrheit abhängig und wird schließlich zum reichsrechtlichen Kuriosum, als man einigen Reichsstädten, Biberach etwa, nach Abschluss des Augsburger Religionsfriedens eine »Parität« zumutet: Katholiken und Protestanten müssen täglich eine Koexistenz praktizieren, auch in Dingen der Verwaltung.

Derlei Irritationen bleiben der Reformation des Herzogtums Württemberg erspart. Es bleibt ein Unternehmen, das »von oben« gelenkt wird. Das Vorspiel wird erledigt durch Ambrosius Blarer, den Konstanzer Patriziersohn, der bis 1522 Mönch in Alpirsbach war und den südlichen Teil des Herzogtums reformierte, und durch den Heilbronner Erhard Schnepf, bisher Theologieprofessor an der neu gegründeten Universität Marburg, der für den nördlichen Teil zuständig wurde. Der eine kommt von Zwingli, der andere, der Marburger, ist Lutheraner. Das Unternehmen gelingt leidlich. Aufkeimende Differenzen zwischen den beiden Reformatoren ließen sich je länger, desto weniger verbergen: die Reformation, auch die württembergische, ist keine Heldengeschichte, eher der mühsame, der schmerzliche, aber immer auch verantwortete Versuch, dem Wort Gottes eine neue Heimstatt zugeben – es spricht für dieses Wort, dass es sich trotz der allzumenschlichen Einschüsse nicht hat hindern lassen, dass man es nicht verhunzen konnte, in Stuttgart und anderswo nicht. Schnepf hat sich übrigens Rat bei Johannes Brenz (1499–1570) geholt, Pfarrer zu Schwäbisch Hall und, wie der ehemalige Prediger Ulrichs im Exil 1534 seinem Herzog schreibt, »von got im evangelio hochlich begabt«. Neueste Forschung hat klargemacht, dass Brenz bereits in diesem Gutachter-Stadium wesentliche Arbeit für die erste württembergische Kirchenordnung und entscheidenden Einfluss auf den Gang der Dinge gehabt hat. Der Kirchenordnung von 1536 ist der Katechismus von Brenz angefügt worden, eigens für dieses Grundgesetz geschaffen und damit zur Lehrgrundlage der württembergischen Kirche geworden, im Konfirmandenunterricht gelehrt und gelernt bis in unsere Jahre hinein. Auch die Ordnung selbst verrät deutlich die Brenz'sche Handschrift, etwa in der Schaffung jährlicher Besuche der Pfarreien durch Theologen und Regierungsbeamte, der Visitationen, oder in den Anzeichen dafür, dass es nicht Aufgabe der Kirche selber, sondern der staatlichen Behörden, der »Obrigkeit« sei, die äußeren Formen der Kirche festzulegen und zu überwachen.

Aber natürlich hat auch in diesen neuen Organisationen Herzog Ulrichs unausgeglichenes, unglückliches Wesen durchgeschlagen. Der Mann, der sein Herzogtum wieder zurückbekommen hatte, wenn auch nur noch als österreichisches Lehen, will in ein paar Wochen bewerkstelligen, wofür man andernorts Jahre angesetzt hat. Und er geht, unbekümmert genug, staatspolitischen Zielen nach, wo der status confessionis das allein Ausschlaggebende hätte sein dürfen. Die Nervosität der Anfangsphase tritt am unverblümtesten in der Behandlung der landsässigen Klöster hervor, deren Gebiete immerhin ein Drittel des Landes umfassten. Innerhalb von ein paar Wochen wurden sie, altrenommierte Zentren einer weitausgreifenden geistlichen Kultur, unter staatliche Aufsicht gestellt, die wirtschaftlich-territoriale Verwaltung herzoglichen Beamten übertragen, die Messe verboten, den Mönchen eine evangelische Belehrung durch Lesemeister aufgedrängt. Ulrich brauchte Geld und Gut, das ist unbestritten. Aber die Auflösung der alten kirchlichen Ordnung und im Speziellen der Klosterherrschaften, diese »Säkularisation« hat für uns heute ihre sehr fragwürdigen, ihre dunklen Seiten. Kaplaneien, Altarpfründe, Messeämter, Heiligenfonds: die verheißungsvolle Litanei muss Ulrich in einen – gar nicht »schwäbischen« – furor hineingerissen haben, in unwahrscheinlich rigorose Maßnahmen. Sie bekommen einen vielsagenden psychologischen Hintergrund, wenn wir erfahren, dass Ulrichs Aktionen in Nonnenklöstern besonders wegwerfend sein konnten, dass die Prämonstratenserinnen von Lauffen, als die »Reformatoren« eintrafen, in panischem Schrecken sich in ihre Kirche einschlossen. Dass das nicht – nicht nur – Kapitel einer Heldengeschichte waren, dürfte den Krautbauern auf den Fildern oder den Wengertern im Remstal spätestens dann aufgegangen sein, als man die örtlichen Kirchenkleinodien hastig und roh auf den Karren warf und sie zur herzoglichen Rentkasse fuhr. Was für Generationen Kleinodien der Kunst waren, die man kaum recht anzusehen wagte, wurde jetzt nach Silberwert taxiert und eingeschmolzen. Derart ist Eberhards Goldene Rose, für Württemberg ein einzigartiges Kulturdokument, vernichtet worden.

Das Problem des kirchlichen Vermögens haben erst Herzog Christoph (1515–1568), Ulrichs Sohn, und sein Berater Brenz gelöst, in ebenso behutsamer wie praktischer Weise. In diesem zweiten, mit Christophs Regierungsantritt im Jahre 1550 beginnenden Akt schlägt das »typisch Schwäbische« an allen Ecken und Enden durch. Man distanziert sich von aller rigoroser, absoluter, »ideologischer« Ausschließlichkeit, man stellt sich nicht hinter die eine oder andere Fahne: Man relativiert das Angebot und geht schließlich den Weg zwischen den Fronten. Die neckarschwäbische Mentalität, von der wir sprechen, kommt zum ersten Mal in den theologischen und kirchenorganisatorischen Aufgaben der Reformation zum Vorschein.

Ulrich war bei seiner Rückkehr von Reichs wegen, was die Reformation seines Territoriums betraf, auf das Augsburger Bekenntnis lutherischer Lehre verpflichtet worden.

Aber die schweizerisch-reformierte Lehre hatte im Lande – und übrigens auch beim Herzog persönlich – einen mindestens gleichstarken Zugang, ganz abgesehen davon, dass der freundschaftliche Beschützer des Herzogs, der Landgraf Philipp, gleichfalls, modern gesagt, für eine pluralistische Ausrichtung der württembergischen Reformation eintrat. Die schließliche württembergische Lösung war geradezu ein unionistisches Experiment, Versuchsmodell einer reformatorischen Einigung: Vermittlung zwischen Luther und Zwingli.

Dass diese Vermittlung tatsächlich gelang, passt und gehört in diese Landschaft. Heikelster Punkt der reformatorischen Theologie war die Abendmahlsfrage. Die Grundlage für die Zusammenarbeit ist nach mühsamen Verhandlungen, unter Anwesenheit Herzog Ulrichs, in der Stuttgarter Konkordie gefunden worden: Christi Leib und Blut sind essentialiter und substantive im Nachtmahl gegenwärtig. Dass man an diese Einigung in der Wittenberger Konkordie von 1536 wieder angeknüpft hat, ist bezeichnend und wirft schon ein klares Licht auf die deutsche Resonanz der württembergischen Vorgänge.

Der zweite Akt, die Brenz'sche Reformation, macht die schwäbische Provenienz noch deutlicher. Die einzigen Theologen des evangelischen Deutschland, die das Trienter Konzil besuchten, kamen aus Stuttgart und Straßburg, unter Führung von Brenz. Er hatte eigens zu diesem – übrigens wiederum vermittelnden – Zweck eine Bekenntnisschrift verfasst, die »ankam«, wenn auch in Trient selbst eine öffentliche Vorlesung und Diskussion verhindert wurde. Die Confessio Virtembergica gehört zu den wichtigsten Bekenntnisschriften der Reformationszeit; sie ist für Württemberg verbindlich geblieben und hat weit über Württemberg hinaus gewirkt. In ihren 32 Artikeln wird der Beweis geführt, dass der evangelische Glaube keine neue Erfindung und kein salto mortale und kein jäher Bruch ist, dass sie nichts anderes als die »rechte, wahre, apostolische, katholische und orthodoxe (= rechtgläubige) Lehre« ist. Was für unseren Zusammenhang wichtig erscheint: Brenz verzichtet auf jede Polemik, betont zu

Beginn jeden Artikels Gemeinsames und bedient sich sogar manchmal mit Bedacht der Terminologie der Gegenseite. »In der Form der Württembergischen Konfession zeigt sich der Wille zu echter Verhandlungsbereitschaft, das Bemühen um Anknüpfungspunkte, wenn auch nicht zu übersehen war, dass das Fehlen inhaltlicher Konzessionen ein Gespräch nicht gerade aussichtsreich machte. Die Confessio Virtembergica ist durch ihre konziliante, unpolemische Form immerhin eine wohltuende Stimme im lauten, dissonierenden Chor des Konfessionsstreits jener Zeit«.

Brenz, in Weil der Stadt geboren und in seinen kirchenorganisatorischen Konzepten die reichsstädtische Abkunft nicht verleugnend, hat die württembergische Reformation auf ihre Höhe geführt und vollendet. Er war, damit wir uns recht verstehen, keiner von den neunmalklugen Taktikern und keiner von den Halben. Er hat seltsam wenig von einer genossenschaftlichen, von einer demokratischen Kirche gehalten, und Württemberg gegenüber Katholizismus, Calvinismus und Sektierertum so konsequent abgeschirmt, dass das dem Lande später den fraglichen Ruhm einbrachte, »lutherisches Spanien« zu sein. Aber er war, und das ist wieder typisch, alles andere als radikal oder rechthaberisch oder unansprechbar. Er war sicher einer der am meisten vermittelnden Theologen seiner Zeit. Als zu Beginn der fünfziger Jahre dieses Reformationsjahrhunderts ein erbitterter und alle Gemüter aufwühlender Streit entstand, ob der sündige Mensch die göttliche Gerechtigkeit durch die Vermittlung Christi nur »zugerechnet« erhalte (wie Luther lehrte) oder ob er, wie Andreas Osiander in Königsberg meinte, mit Christus als dem absolut Gerechten eins und damit wesenhaft gerecht werde – ein mystischer Gedanke, der Vorstellungen des späteren Pietismus vorwegnahm –, da wird Brenz angerufen. Er habe, meint neuere Kirchenbeschreibung, als einziger Osiander damals richtig verstanden, einfühlend und kritisch zugleich. Sein Schiedsspruch sei das weiseste Wort gewesen, das von einem Gleichzeitigen gesagt worden sei.

Brenzens »über den Parteien stehende Haltung«, seine »aufrichtige Vermittlungstätigkeit« ist es denn auch gewesen, die Jakob Andreä, seinem sicher hervorragendsten Mitarbeiter, den Boden bereitete zur Findung der Konkordienformel. Nicht nur die katholischen

Gegen- und Erneuerungskräfte machten sich jetzt bemerkbar, ein paar Jahre nach dem Tod von Brenz, sondern auch die Fronten im eigenen Lager: hie Lutheraner, hie Calvinist. Baden-Durlach, Kurpfalz, Württemberg: wer gehörte zum einen, wer zum anderen Lager? In Maulbronn kam 1576 die Konkordie zwischen Württemberg und Baden-Durlach zustande, ein Jahr darauf schloss sich in Torgau Kursachsen an, und bald folgten fast alle lutherischen Territorien Nord- und Süddeutschlands, worunter auch manche ehedem zwinglisch beeinflusste Reichsstadt war. Die Konkordie war »ein Geschenk der württembergischen Kirche an den gesamten Protestantismus des deutschen Luthertums«. Jüngst ist eindrucksvoll nachgewiesen worden, dass sich Württembergs Einfluss noch sehr viel nachhaltiger als auf dem Gebiet der Lehre in den Bereichen der kirchlichen Ordnung und Organisation durchgesetzt hat. Man spricht – schon hier – vom »Württemberger Modell«: Das württembergische System, die ausgewogene Kirchenorganisation hat in West- und Osteuropa verblüffend viele Nachahmer gefunden, ganz abgesehen von der literarischen Wirkung, die Johannes Brenz in erstaunlichstem Maß bis hin nach Antwerpen und Königsberg, den äußersten Druckorten seiner Katechismen, gehabt hat.

Die Konkordie von 1577 war in Württemberg keine literarische Sache, sondern Landesrecht im persönlichsten Sinne. Für mehr als zwei Jahrhunderte blieb sie im Lande verbindlich und war die Voraussetzung für die Einstellung sämtlicher kirchlicher und staatlicher Beamter. Wer die Konkordie nicht unterschrieb, musste außer Landes. Johannes Kepler, das »letzköpflin«, hat nicht unterschrieben. Wir haben da gleich das Wort vom Zwang und von der Zensur auf der Zunge. Tatsächlich ist in den schlimmen und verwahrlosten Jahren des Dreißigjährigen Krieges in Württemberg ein Institut besonderer geistlicher Aufsicht eingeführt worden, der Kirchenkonvent, paradoxerweise gerade von den Reformierten entlehnt, aber auch, wie ein altwürttembergischer Kirchenhistoriker meint, ein »den in unsrem Land über Predigtamt und weltliche Obrigkeit herrschenden Grundsätzen anbequemtes Presbyterium«. Johann Valentin Andreä, der Calwer Spezial, war der Initiator des Unternehmens. Durch ein Synodalreskript vom 29. Juli 1642 ist der Kirchenkonvent amtlich angeordnet und 1644 noch einmal redigiert worden. Das Tanzen an Sonntagen ist ab dato verboten, die Wirtshäuser werden am Sonntag eine Stunde früher geschlossen. Die Privathäuser sind von der Beaufsichtigung nicht ausgenommen. Dringt auffallender Lärm oder Unfug aus einem Haus, so wird das bestraft. Auch ein Ausflug am Himmelfahrtsfest kostet Strafe. Und was die Kleidung angeht, so verabscheut man allen Luxus. Jedem Stand ist vorgeschrieben, was er anzuziehen und was er für seine Kittel und Wämser und Tuchröcke auszugeben hat: der Bauer für seinen Sonntagsstaat nicht mehr als 12 Batzen, die Wirte und Dorfschultheißen konnten sich da mehr erlauben, 16 Batzen, die Handwerker und Stadtbürger durften noch weiter gehen. Und was die Hochzeiten anlangt, so waren dem Bauersmann 8 Tischgäste konzediert, den Schultheißen und Wirten immerhin zwölf. Auch die Form und Pracht der Perücken war vorgeschrieben. Und natürlich ging es um die Sittenzucht im wörtlichen Sinn, um die häuslichsten, um die intimsten Dinge. Mädchen, die sich vor der Ehe vergangen hatten, durften nicht das Ehrenkränzchen bei Hochzeiten tragen und sich nur mittwochs trauen lassen – weshalb ehrbare Mädchen auf alle Fälle sich nie mittwochs trauen ließen. »Hans Georg Widtmann, Teutscher Schulmeister wurde darauf examiniert, der sagt, dass dieser Würthen Wtb. Mann seel. sein Widmanns Schwester gehabt, welche er als eine Befreundte u. eine Wittwe besuecht«. Die kirchlich-obrigkeitliche Seelsorge wird dann, nach der peinlich-detaillierten Inquisition, freundlich: »Dieser Agnesa wurde hierüber getrewlich zuegesprochen, sich widerumb zue bekeren, u. dass haylige Abendtmahl wie andere Christen inskünftig zue gebrauchen, welche aber sich erklärt, bey diesem ihrem angefangenen Wesen zue verbleiben, darauf concludiert worden, solches zue Fürstlicher Cantzley underthänigst zue berichten«. Concludiert, ausgeschlossen worden ist sie, die Agnesa: isoliert, verfemt, vogelfrei im eigenen Nest.

Der Kirchenkonvent, erst im frühen 19. Jahrhundert mehr und mehr abgebaut und schließlich mit einigen wenigen Normsätzen 1859 dem Pfarrgemeinderat, 1886 dem Kirchengemeinderat übertragen, hat in seiner strengen Form die ganze Herzogszeit über Gültigkeit gehabt. Er hat dem Pfarrstand des Landes eine Macht gegeben, die nicht eindringlicher hätte sein können: eine geistliche, eine seelische Macht, die nicht Gut und Geld berührte, sondern viel mehr das Gewissen. Der württembergische Pfarrerstand hat zu Zeiten des Herzogtums gewiss nicht aus dem Vollen geschöpft, was die Besoldung angeht. Er war sicher nicht arm, aber er hat die materielle Situation der norddeutschen Kollegenschaft nie erreichen können. Indessen ist er Honoratiorenstand, und er hat mit dem Instrument des Kirchenkonvents einen Trumpf in der Hand: Er kann jeden Beamten belangen, auch wenn der ihm in Dingen der Besoldung das heimzahlen kann. Aber Gewissen ist stärker als Geld.

Wir hätten für die Eigenart der württembergischen Kirche noch mancherlei vorzuweisen, nicht zuletzt die Kirchenordnung selbst, die sich in ihrer Kernfrage – wie steht es mit der Autorität des Staates in der Kirche und umgekehrt – wiederum von einem Überhang, von einem Entweder-oder distanziert. Ihr Schöpfer Brenz will ein System kirchlich-staatlicher Verflechtung, eine partnerschaftliche Situation: der Staat hat eine Verantwortung für die Kirche, andererseits hat die Kirche eine Oppositionsfunktion, in einem Bezugsrahmen wie dem des württembergischen Herzogtums – damals monarchistische Bürokratie ohne parlamentarische oder journalistische Kontrolle – auf doppelte Weise.

Aber wir sehen von weiteren Belegen ab und fragen uns nur noch, ob und wie diese Reformation auf das Land und die Leute wirkte. Zunächst: Man hat die neue Kirchenschöpfung geliebt. Man hat sich, aus vielerlei Gründen, mit ihr rasch identifiziert. Herzog Christoph ist schon zu seinen Lebzeiten als Württembergs eigentlicher Patriarch geehrt worden, und als der württembergische Landtag zu Beginn des 19. Jahrhunderts einen urschwäbischen, urwürttembergischen Heroen haben musste, hat er den »seeligen Christoph« gefeiert: Der fasste die schwäbischen Tugenden und Freiheiten wie keiner sonst zusammen. Brenz ist ein großartiger Prediger, aber auch ein Meister seelsorgerischer Gutachten und der Klärung rechtlicher Kirchenfragen, etwa des Eherechts, sowie der Autor bedeutsamer Stellungnahmen, etwa zum Problem des Täufertums. Aber er ist vorab ein Mann nach dem Herzen des Volkes.

Kein Wunder, dass man ihn bald wie einen Pater patriae verehrte und sich von ihm die rührendsten Dinge erzählte. Als Brenz im Juli 1549 unter kaiserlicher Kontrolle in Stuttgart wohnte, bildete sich die liebe Legende, Spanier hätten eine vierzehntägige Hausdurchsuchung nach ihm inszeniert, er aber habe sich unterm Dach eines fremden Hauses verborgen gehalten, wo der Hungernde durch ein Huhn, das täglich ein Ei legte, versorgt und gerettet worden sei.

Man wird überhaupt der größten Anstrengungen bedürfen, um diesen unmittelbaren Konnex noch rekonstruieren zu können, in den damals Land und Landeskirche getreten sind. Für uns steht die Kirche heute neben dem Staat – damals *ist* sie der Staat, im württembergischen Verständnis auf alle Fälle. Die evangelische Kirchenordnung Württembergs von 1553, abschließend erweitert in der Großen Kirchenordnung von 1559, ist unter Billigung des Landtags zum württembergischen Staatsgrundgesetz erhoben, und das ist durch das politische Testament Herzog Christophs noch einmal verbindlich gemacht worden. Wenn man bedenkt, dass durch dieses gesetzliche Werk so wesentlich mitbestimmende Institutionen wie die theologischen Seminare und das Tübinger Stift, schlechthin *die* Ausbildungsstätten Altwürttembergs, festgelegt wurden, dann spürt man, wie wenig man es hier mit einer x-beliebigen Verordnung zu tun hat. Die Reformation hat dieses Land – im tieferen Sinn des Wortes – eigentlich erst geschaffen, wie selten in einem deutschen Territorium geschehen, und sie hat seine Entwicklung wesentlich bestimmt, wie sonst nirgendwo in Süddeutschland. Als die reformatorischen Einflüsse sich bemerkbar machten, war Württemberg gerade Herzogtum geworden, noch ohne Münsinger oder Tübinger Vertrag, die das Land im politischen Sinne erst determiniert haben – Bayern hatte damals schon eine generationenalte, selbstverständlich anmutende Organisation. Man darf nicht vergessen, dass der erste und noch einmal der zweite Akt der württembergischen Reformation im Pfarrstand und in der Universität eine nahezu totale personelle Ablösung und landsmannschaftliche Umschichtung gebracht hat. Was hier, von Grund auf, soziologisch ausgewechselt und ersetzt wurde, und zwar in einem äußerlich-organisatorischen Betracht, hat dann der dritte Akt, das pietistische Nachspiel, in einem inneren, in einem mentalen

Sinne gebracht. Denn die reformatorische Amtskirche hat auch im Württembergischen die sozialen und moralischen Probleme in den Städten und auf dem Lande nur selten oder gar nicht lösen können. Die Sorge um die Eckensteher und um die lichtscheuen Gestalten, um die Dirnen und diesen abenteuerlich-erbärmlichen Zug von Bettlern, die man noch am Ausgang des Reformationsjahrhunderts, wenn die Dunkelheit hereinbrach, mit Stöcken und Dreschflegeln aus dem Stadttor hinaustreiben konnte. Die Sorge schließlich um ein, sagen wir vereinfacht, noch mittelalterlich gestimmtes Leben, in dem der neue Gottesdienst sicherlich zu Hause war, in dem die gesuchte, von Gottes Wort geformte und geläuterte Lebensführung aber noch keine Heimat hatte.

Indessen haben vor allem die Kirchenkonvente – und alles, was an Sondergeist und Mentalität mit den Rückwirkungen dieses Instruments zusammenhing – dem geistig-institutionellen Aufbruch der württembergischen Reformation eine erstaunliche Fortdauer gegeben. Lenin und seine Anhänger haben einmal von der permanenten Revolution gesprochen: Das Wort könnte als »permanente Reformation« variiert, für Württemberg seine Geltung haben. Ergebnis der württembergischen Territorial-Reformation ist nicht nur, dass das Herzogtum Württemberg sich dadurch seiner »andersgläubigen Umgebung« entfremdet, »ein in sich selbst geschlossener, selbstbewusster, intelligenter, trotziger Splitter protestantischen Wesens inmitten des großen Stroms der barocken Kultur, der zwischen Wien und dem Rhein flutete«. Tatsächlich ist es schwer, sich Sebastian Sailer oder auch Christoph Martin Wieland als Teilhaber, als Produktor dieser mit der Reformation geprägten Geistigkeit vorzustellen. Aber sehr viel entscheidender ist, dass die Reformation bis zum Ausgang des 18. Jahrhunderts das große geistige Abenteuer für dieses Land geblieben ist, so ausschließlich, so total, so bestimmend, dass sich ein »eigentümlich altwürttembergischer Charakter« bildet. Die permanente Reformation wird, mit ihren Impulsen von Generation zu Generation tradiert, zum Mutterboden des geistigen Lebens überhaupt, Kulturinhalt und gesellschaftlicher Wert. Stift, Pfarrer, Prälaten – Theologie und Kirche dominieren im Lande, das profane Schrifttum blüht daneben nur dürftig, und alles, was an aufklärerisch-rationalistischer Haltung sich in Württemberg am Ausgang des Alten Reiches etablieren will, kann sich nicht halten gegenüber der im Tübinger Stift konzentrierten Geisteswelt.

Prälaten, Schreiber, Grandseigneurs

Der württembergische Staat nach 1500 ist ein anderer als vorher. In der Reformationszeit wird der unausweichliche Prozess vom spätmittelalterlichen Territorium zum neuzeitlichen Territorialstaat rasch vorangetrieben. Zu Anfang des 14. Jahrhunderts erledigt der Graf die Regierungsgeschäfte allein mit den Inhabern der Hofämter und mit einem Schreiber, der aus den Reihen der Geistlichkeit kommt. Nach dem Belieben des Herrschers wird noch der eine oder andere Ministeriale hinzugezogen.

Ausgang des 16. Jahrhunderts sieht das anders aus. Hat das Großterritorium des Spätmittelalters die kommunalen Kräfte in den Städten noch recht benötigt, so ist der neuzeitliche Beamtenstaat so sehr nicht mehr darauf angewiesen. Zwar erfasst jetzt eine gut entwickelte Lokalverwaltung den ganzen Flächenstaat, aber über ihr baut sich die Zentralverwaltung auf, die immer mehr in ihre unangefochtene Omnipotenz hineinwächst. Drei besondere Behörden haben sich herausgebildet. Für die allgemeine Verwaltung ist der Rat zuständig, für die kirchlichen Angelegenheiten der Kirchenrat. Wo sich einzelne Ressorts bemerkbar machen, kommt weitere Aufspaltung. Aber die Kompetenzen der drei Behörden sind genau abgegrenzt und festgelegt. Jede Behörde hat ihren »Beamten«, der nicht, wie noch unter Eberhard im Bart üblich, als gelegentliche Hilfskraft herangezogen wird, sondern seine festen Dienststunden hat, seinen bestimmten Verwaltungsbereich, seine Vorbildung, seine feste Besoldung. Er gehört nicht mehr dem Adel an, sondern kommt vorwiegend aus dem Bürgertum: eine moderne Figur, wie wir sehen.

Es ließe sich an die württembergischen Regenten zwischen 1550 und 1750 der Maßstab staatlich-organisatorischer Ordnung und Effektivität anlegen: Die Administrative war ihres Amtes, und wir Heutigen fragen, inwieweit sie ihm nachgekommen sind und aus ihm etwas gemacht haben. Herzog Christoph hat in den achtzehn Jahren seiner Regierung (1550–1568) Wichtiges und Bleibendes geleistet, er ist so recht der Fundator Altwürttembergs, und ihm gebührte, um in der Bildersprache Eberhards im Bart zu bleiben, gewiss die Palme unter allen den acht Herzögen, die Württemberg in dieser Zeitspanne bis zum Tode Karl Alexanders 1737 gesehen hat. Die Fürstenerhebung gegen Karl V. unter Moritz von Sachsen macht es ihm möglich, das fast schon in Vergessenheit geratene Interim am 30. Juni 1552 für aufgehoben zu erklären und die Neuordnung des Kirchenwesens in der genannten Großen Kirchenordnung vom Mai 1559 festzulegen, Grundgesetz dieses Staates bis zum Ausgang des 18. Jahrhunderts. Außerdem die Klosterschulen zu etablieren, die Lateinschulen neu zu organisieren, die Volksschulen aufzubauen, dem Tübinger Stift seine eigentliche Aufgabe zu geben. Christoph, breit und mit einem – schon typischen? – Schwabenschädel, wie ihn die Künstler als reiferen Mann dargestellt haben, hat »gegründet« in einem besonnenen, vernünftigen Maß: Im Kleineren, wenn er 1553 im Kirchenrat eine oberste Kirchenbehörde schafft, die nun freilich Württemberg zu einer der bestorganisierten, fürstenabhängigsten Landeskirchen macht; im Großen, wenn er den Tübinger Vertrag bestätigt, »in aller maßen, wie er an im selbe ist, on ainich anheng«, wie der Landtag meinte. Ganz bezeichnend ist für Christoph, wenn er vor der entscheidenden Landtagssitzung und der Unterschrift unter die Bestätigungsurkunde vom 13. April 1551 die Prälaten und Landschaft wissen lässt, eigentlich sei er zur Gegenzeichnung »kaineswegs schuldig«, Prälaten und Landschaft hätten nach Vertreibung Ulrichs den Tübinger Vertrag selbst gebrochen. Aber aus »gnedigem, miltem und ja vätterlichen willen« wolle er den Vertrag in allen Punkten, Wort für Wort konfirmieren.

Christoph war der Pater patriae, der Landesvater, und weil er, nicht ohne staatsmännische Klugheit, friedlich-freundlich den »demokratischen« Part des Landes in das Gesamtgebäude miteinbezog, hat man ihn zur Zeit der Verfassungskämpfe nach 1810 als den väterlich-guten Geist Altwürttembergs feiern können. Aber auch im Württembergischen wandelt sich das Landesherrenbild. Die reformatorische Zeit präsentiert in Christoph das Urbild des frommen Landesvaters, der zugleich ein enormer Arbeiter, ein guter Haushalter und ein Verwalter ist. Christoph war einer der gebildetsten, am tiefsten »erzogenen« deutschen Fürsten seiner Zeit. Er hat mehr gebaut als die Herzöge Eberhard Ludwig (1677–1733) und Carl Eugen (1737–1793), die in der Kunstgeschichte ja als große barocke Bauherren figurieren. Indessen stehen Christophs Bauten alle in einem gewissen Nutzzusammenhang mit dem Herzogtum, die Befestigungsbauten in Hohenneuffen, Hohenurach, Hohentwiel, Hohentübingen und sofort, das Alte Schloss, die Alte Kanzlei, die Landesschlösser von Göppingen bis Neuenstadt, von Nürtingen bis Brackenheim.

Sein Sohn Ludwig (1568–1593), anfänglich unter der Vormundschaft seiner Mutter und ersetzt durch den trefflichen Grafen Heinrich von Castell, ist noch nicht weit entfernt von diesem »frommen« Landesherrentypus. Die Beobachtung der kirchlich-weltlichen Ordnungen ist ihm Herzensanliegen, und den Reden seiner Räte und Prälaten leiht er sein Ohr. Aber er hat ein lebendigeres, weil zweckfreieres Verhältnis zu den Künsten als sein Vater: Unter Ludwig wird 1583 das Stuttgarter Lusthaus begonnen, eines der deutschen Bauwunder jener Zeit, vor dem Louis Hector, Herzog von Villars, Marschall und Pair von Frankreich, ein Mann, der den Atem des Großen und geschichtlich Bewegenden gewohnt war, 1707 in irreführender Bewunderung stehen blieb: »Voici un beau temple« (denn als Tempel, als Kirche hatte Ludwig den Bau nun gar nicht gedacht). Ludwig führt schon »das behäbige Wohlleben einer üppiger gewordenen Generation«. Er tafelt lieber, als dass er sich die Ärmelschoner der reformatorischen Räte anlegt und sich in die Kanzlei setzt. Die Kammerzwerge und Leibmohren und Hofnarren kommen auf und ein Raritätenkabinett mit elfenbeinernen Elefanten und »indianischen Raben«, wie man die Papageien nannte, auch.

Dass der Herzogshof gerade unter Ludwig »ein provinzielles Gesicht bekommen« hat, passt in dieses Bild. Im hochmittelalterlichen Minnesang ist da und dort vom »verliegen« die Rede: die ritterliche Kultur gerät aufs Lotterbett. Man hat kein Ziel mehr.

Man sammelt in den Fürstenhöfen. Man sammelt Taschenuhren und wechselt die Wochen in einem öden Einerlei von Festen und Reiten und Jagen. Die Herzöge Johann Friedrich (1608–1628) und Eberhard III. (1628–1674) repräsentieren diesen Fürstentyp ganz, beleibte, jagdgewohnte, trinkfeste, Männerrunden und derbe Witze gewohnte »Regenten«, die ihre Residenz wie ihr Land offenbar als eine »arge köstliche« Unterhaltung empfinden. Zu Stuttgart sitzt eine Hofkapelle, übrigens eine tüchtige, das gehört dazu. Aber das ist nur Folie, eine zudem selbstverständliche wie die Tapisserien und die qualmenden, krachenden »Feuerwercker« und die großartige »Machina«, die Theaterbühne auch. Es ist nicht der Kern der Sache und schon gar nicht der Anfang einer geistig verpflichtenden Kultur. Georg Rudolf Weckherlin war bei Herzog Johann Friedrich, seinem einstigen Studiengenossen, vorübergehend als Privatsekretär und Dolmetsch tätig. Aber wir haben keine Beweise dafür, dass der Herzog von Weckherlins reformerisch-schematisierenden Fertigkeiten, die für den deutschen Frühbarock nicht ohne Folgen waren, nähere Kenntnis genommen hätte; in London fand Weckherlin ein sehr viel weiteres Feld.

Eine Ausnahme in dieser sozusagen hemdsärmelig-barocken Herzogsgalerie machte Herzog Friedrich I. (1593–1608). Mit ihm ändert sich das Gesicht von Hof und Land. Der Hof hat den Ehrgeiz, sich mit der künstlerischen Kultur europäischen Niveaus zu überziehen, und das Land muss sich gefallen lassen, dass der Landtag nahezu zum Erliegen kommt und der Große Ausschuss vom Herzog kurzerhand aufgelöst wird, weil die Entlassenen »dolle köpf und eigensinnig« seien. Friedrich, der Sohn des Grafen Georg von Württemberg, des Halbbruders von Herzog Ulrich, war von Georg Mömpelgard geprägt worden; dort hatte er französischen Lebensstil in sich aufgesogen und sich durch weite Reisen von England bis Böhmen und Ungarn mit dem Lebensstil der großen Höfe vertraut gemacht. Um das Schicksal seines landesvertriebenen Oheims Ulrich nicht noch einmal erleben zu müssen, löst er durch den Prager Vertrag von 1599 das Lehensverhältnis zu Österreich mit vierhunderttausend Gulden ab, reduziert die Klosterschulen, bereits unter Ludwig auf zehn vermindert, auf vier Anstalten, wandelt 1596 das Tübinger

Collegium illustre, gleichsam eine weltliche Gegengründung zum Stift, in eine Fürsten- und Adelsschule um. Ein Jahr später hat Friedrich einmal wissen lassen, dass er den Kleinen Ausschuss nach Stuttgart einberufe, wenn ihm auch klar sei, dass im Landtag »der merer teil idiotten« seien. Dafür schien ihm wichtig und wesentlich, dass der Handkuss bei Strafe am Hof eingeführt wird: der »honnête homme« sollte nun auch am Nesenbach dahertänzeln. Was Wunder, wenn man sich mit Wehmut an das »altteutsche, württembergische gemüt« zur Christophs- und Ludwigszeit erinnerte und der bienenfleißige Tübinger Professor Martin Crusius erregt notierte, »Gott kan der Waelschen Pracht nit leiden«.

Blieb die Friedrichszeit »nichts mehr als ein frühabsolutistisches Intermezzo«, so haben Eberhard Ludwig (1677[1693]–1733) und Karl Alexander (1733–1737) dafür gesorgt, dass die in Fürstenwillkür umgeschlagene barocke Jagd- und Sauflust nun auch in Württemberg heimisch wurde. Johann Friedrich (1608–1628) musste sich von der Landesgeschichte das Urteil gefallen lassen, »sich weder als Landesherr noch als Persönlichkeit über enge Grenzen und ephemere Belange« erhoben zu haben. Eberhard III. (1628[1633]–1674), die drei Regierungsjahre von Wilhelm Ludwig (1674–1677) nicht eingerechnet, Vorgänger Eberhard Ludwigs, wirkte wie die Ruhe vor dem Sturm, ein seltsam lethargischer Mann, der die Zeitläufe an sich vorüberziehen ließ wie ein barockes Theatrum und auch nicht eine der – fast zahllosen – Gelegenheiten wahrnahm, wenigstens äußerlich seine – man staune – sechsundvierzig Jahre Regierung irgendwo im Herzen der Leute festzumachen. Man hat ihn vergessen. In unruhige Zeiten falle »die lange Regierung Eberhards III., der während des Kriegs in Straßburg lebte, seine Familie daselbst allmählich auf die stattliche Zahl von 25 Prinzen und Prinzessinnen brachte, und Land und Leute ihrem Schicksal überließ«.

Mit dem Krieg ist der dreißigjährige gemeint, der in Württemberg 1634 dem Land übel mitgespielt hat. Damals, am 4. September 1634, schlug die kaiserliche Armee unter Gallas und Erzherzog Ferdinand bei Nördlingen die Schweden und ihre deutschen Verbündeten vernichtend. Der Heilbronner Bund, dem Württemberg 1633 beigetreten war – im gleichen Jahr, in dem Eberhard de facto die

Regierung übernahm – zerfiel. Aber nicht nur eine politisch-diplomatische Ausweglosigkeit hatte Württemberg überfallen. Abenteuerliche Züge einer geschlagenen oder siegreichen Soldateska ergossen sich ins Württembergische, aus den Schnapphähnen wurden reißende Wölfe, floss der Wein nicht, setzte man das Haus in Brand, wollte die Dirne nicht, schlug man dem Großvater das nächste Holzscheit ins Hirn, Menschen, die zu Tieren geworden, Tiere, die mit aufgerissenen Augen in die Wälder flohen. »Wir haben uns lange gewehrt«, schreibt der Schuhmacher und Bauer Heberle aus Weidenstetten bei Ulm in sein »Zeitregister«, »aber sie haben das Dorf angezündet und fünf Häuser und fünf Scheunen abgebrannt. Als das geschah, war unsere Sache verloren. Da lässt ein jeder seine Wehr fallen und läuft zu den Seinigen. Da kommen die Reiter, ehtliche hundert, zu uns herein, plündern, rauben, und nahmen alles hinweg, was sie führen und tragen konnten«. Das Kunstschaffen im Lande ist durch das Jahr 1634 ausgelöscht worden. Städte wie Giengen haben damals ihr ganzes mittelalterliches Gesicht verloren, andere wie Weil oder Wimpfen haben die Folgen des Dreißigjährigen Krieges erst wieder im Verlauf des 19. Jahrhunderts zu beheben vermocht.

Der Absolutismus Eberhard Ludwigs und Karl Alexanders führt, natürlich, in eine Epoche mit festeren Konturen, die Kriege sind gewissermaßen geordnete Kabinettskriegen geworden, an denen sich Württemberg nur mit gestellten »Kontingentern«, aber nicht auf eigenem Boden beteiligt. Die Reputation des Landes verlangt auch eine gewisse durchgreifende Modernisierung, die mit Schloss und Residenzstadt Ludwigsburg unter Eberhard Ludwig für das Land – und darüber hinaus – zum Symbol wird. Man verknüpft in Württemberg heute noch, wenn von Eberhard Ludwig die Rede ist, mit seinem Namen den seiner Mätresse Christine Wilhelmine von Grävenitz. Eigenartigerweise haben wir nicht einmal ein verlässliches Bild von ihr. Aber wir wissen, dass der Herzog ihretwegen den – auch der Landschaft verpflichteten – Geheimen Rat 1717 durch ein Konferenzministerium hat ergänzen lassen, in dem die Landhofmeisterin tatsächlich den Vorsitz führte: das System Grävenitz hat vollkommen funktioniert und die Landschaftsausschüsse waren kaum mehr als ein Schatten ihrer selbst. Man hat immer wieder und gerade neuerdings versucht, Eberhard Ludwig auch unter den Profilen eines Staatsmannes zu erkennen, als den Schöpfer der großen »Generalverordnung über das Landrechnungs- und Ökonomiewesen« von 1702, durch welche alle Dörfer durch Landesgesetz einen Sitz in der Amtsversammlung erhielten, ein Schritt zur »Kommunalisierung« der Verwaltung draußen, als den Wegbereiter des Wandels vom Kirchenstaat zur Staatskirche in Württemberg, als den Kunstförderer, der, obwohl »kein Bauherr von Format«, mit seinen Kunst- und Bauunternehmungen doch dem Lande den »Anschluss an die künstlerischen Leistungen der Nachbarländer gebracht« hat.

Sicherlich können derlei Rehabilitationen noch andere hinzugefügt werden. Am Gesamturteil, aus dem hellhörig-kritischen 19. Jahrhundert stammend, werden auch künftige Funde wohl kaum etwas ändern: »begabt und energisch, aber frivol und gewissenlos als Staatsoberhaupt, wenn auch in unmittelbarer Berührung human und liebenswürdig«. Carl Alexander, Sohn des Friedrich Karl von Württemberg-Winnental, der seinerzeit für Eberhard Ludwig bis 1693 die Vormundschaft geführt hatte, wäre solche »Liebenswürdigkeit« schon deshalb schwerer gefallen, weil er als katholischer Regent einem stockprotestantischen – und von den Schweden im Westfälischen Frieden deshalb besonders begünstigten – Territorium gegenüberstand. Er zeigt denn auch Tendenzen zu einem gewalttätigen, undurchsichtigen Absolutismus, zum völligen Alleingang, der seine Politik, zumindest aus der Sicht der beiseite geschobenen Landschaft, zur gefährlichen und irgendwann zum Scheitern verurteilten Gratwanderung macht. Württemberg als protestantische Vormacht – anstelle dieses Postens glaubte Karl Alexander einen besseren buchen zu dürfen, nämlich den einer aktiveren Politik an der Seite Habsburgs. Eine Bastei Habsburgs, das ist für die Protestanten-Prälaten von Adelberg oder Bebenhausen zu viel. Man billigt ihm die Gelder nicht, deren seine auf ein starkes Heereskontingent gegründete Politik bedurfte. Und treibt ihn so in die Arme Remchingens und des Juden Süß.

Als Karl Alexander am Abend des 12. März 1737 ganz unerwartet einem Schlagfluss erliegt, stürzt sich der ganze Hass des Landes auf den Juden. Ende Mai 1737 wird er, nach einem Fluchtversuch aus seinem

Palais in der Seestraße, vom Hohenneuffen auf den Asperg transportiert. Obwohl nach dem Urteil des Professors Harpprecht Süß weder nach den Reichs- noch nach den Landesgesetzen zum Tod verurteilt werden konnte, höchstens wegen Aneignung unrechten Gewinns – 1736 hatte Karl Alexander die »hebräische Exzellenz« zu seinem Kabinettsfiskal ernannt – des Landes verwiesen werden konnte, fällt die Untersuchungskommission am 13. Dezember 1737 doch das Todesurteil. Seine letzten Tage sind ein wahres Martyrium. Am Dienstag, dem 4. Februar 1738, ziehen Tausende mit dem gefesselten Delinquenten zum Galgenberg. Man begnügt sich nicht einfach damit, den Süß zu hängen. Man sperrt den Unglücklichen in einen für diesen Zweck geschmiedeten Vogelkäfig, nachdem man ihn zuvor mit einem hanfenen Strick erwürgt hat. In diesem Gehäuse blieben die Überreste des Süß volle sechs Jahre. Dann wurden sie, am 19. Mai 1744, unter dem Galgen verscharrt.

Eine Kompensationsaktion für Landschaft und Leute, die vor dem lebenden Herzog pariert und einen Sündenbock gebraucht haben? Der Hass des Volkes schlägt jedenfalls nicht auf den toten Herzog zurück, der wäre schon recht gewesen – die Herzogsliebe der Württemberger ist von tatsächlicher, sagenhafter Konstanz, komme, was da wolle, vom Grafen Eberhard im Bart bis zum letzten württembergischen König Wilhelm II. zieht sich eine Reihe von rührenden Beispielen. Trotz der rauschenden Feste bei Hofe, bei denen noch die weltläufigsten, parkettgewandtesten Kavaliere die Augen aufgerissen haben, trotz der herzoglichen Jagden, in denen der württembergische Hof nach einhelligem Zeugnis »fast die erste Stellung in ganz Deutschland« einnahm: seinen Herzog, den hat man geliebt. Weil das der – glücklicherweise einzige, ohne große Kamarilla auftretende – Grundherr war für ein seiner Substanz nach vorwiegend bäuerliches Volk? Man stößt auf eine ebenso unverständliche wie geheimnisvolle Liaison zwischen Grundherrn und Landmann, die sich der vernünftigen Beurteilung ebenso entzieht wie sie nahe legt, warum die Herzöge ihr Geschäft als mehr oder minder patriarchalische Großmagnaten aufgefasst haben: immer dann, wenn sie die Anpassung des reichlich fragwürdig gewordenen »alten, guten Rechts« vollziehen wollten, stand die Landschaft da. Nur die beiden, Friedrich I. und

Karl Alexander, haben »an den Eisenstäben ihres Käfigs« gerüttelt. Und für beide hat ja auch die Forschung eine bestimmte staatspolitische, mit den größeren westeuropäischen Vorstellungen vergleichbare Typik entdeckt, vor allem »zukunftsreiche Ansätze zu einer kräftigeren Entfaltung Württembergs«. »Die anderen sind zwar unter sich verschieden. Die anderen sind und bleiben die großen Barone nach ihrem Privatcharakter, Talenten, nach ihren Liebhabereien, aber sie sind nur große Barone ohne staatsmännische Ziele. Sie ließen die Staatsmaschine im hergebrachten Geleise fortlaufen, besetzten die Ämter nach Gunst und Ungunst und vergnügten sich mit großen Jagden und Festlichkeiten«. Für unsere heutigen Vorstellungen keine eigentlich erfreuliche Bilanz.

Hie Fürst – hie Landschaft

Fast gleichzeitig mit dem ersten Großausbau des ehemaligen Tübinger Augustinerklosters zum »Stift« wurden die Pläne für das – freilich erst 1582 bezogene – Stuttgarter Landschaftshaus fertig. Stift und Landtag sind nicht weit entfernt voneinander. Einer der ersten und zugleich bedeutendsten hauptberuflichen Landschaftsadvokaten, Caspar Wild, war einer der ersten Stiftler. Die bestimmenden Kräfte des Landes ließen sich in drei Gebäudebereichen lokalisieren: Altes Schloss/Alte Kanzlei für die weltliche Regierung, Tübinger Stift/Stuttgarter Stiftskirche für die geistliche Regierung und das Landtagshaus für die geist-weltliche Gegenregierung. Dass der Landtag, wenn wir die Intensität und Dauer der historischen Prägekraft meinen, hinter dem ganzen Bündel bestimmender kirchlicher Kräfte rangiert, ist ohne Zweifel. Indessen waren »Landschaft«, »Stände« und »Engerer Ausschuss« Marken für latente, manchmal auch offen-dramatische Auseinandersetzungen, die das Land sehr bewegten und im 16. und 17. Jahrhundert in Württemberg auch ihre hohe Zeit hatten. Hie Fürst, hie Landschaft war das Thema des Kalten Krieges. Fürstliche und ständische Sphäre waren zwei konträre Dinge, darüber konnte nach dem Zusammenbruch der Ulrich'schen Politik und der Wiederaufrichtung der altständischen Verfassung durch Christoph kein Zweifel bestehen. Wenn der Gegensatz auch in der Praxis ein gar nicht so verschiedenes Ergebnis zeitigte, in »Verwalten« nämlich und in »Regieren«: die alte, religiös fundierte Vorstellung von dem über Herrscher und Volk stehenden Recht musste durch diesen Dualismus erschüttert werden. Nicht dass man diese Vorstellung im Prinzip bestritt. Das Recht erschien auch weiterhin willkürlicher Setzung entzogen, als eine dauernd gültige, verpflichtende Ordnung. Fraglich geworden war nur, wer letzten Endes entschied, was rechtens war: der Herzog *mit* dem Volk oder der Herzog als »Herrscher« für sich und das »Volk« für sich. »Fürstensouveränität« und Volkssouveränität erschienen als Begriffe, und meinten je verschiedene, sich schließlich gegenseitig ausschließende Bereiche. Beide Wörter haben weit zurückreichende Wurzeln; die Fürstensouveränität wird als Erste klar definiert. Als »summa legibusque soluta potestas« hat sie Jean Bodin 1575 bezeichnet, als eine von den Gesetzen gelöste höchste Gewalt. Der Herrscher ist nicht an die Rechtssatzungen, an die einzelnen »Leges« gebunden, wiewohl an das Recht, an das »Jus«, überhaupt. Die daran anschließende Theorie des Absolutismus hat immer betont, dass sie kein »despotisches und willkürliches« Regiment wie bei den Türken im Auge habe. Was im Zweifelsfall Recht sei, was von den überkommenen Rechten noch »gut« sei, diese Entscheidung fiel allerdings auch noch im aufgeklärten Absolutismus dem Herrscher zu. Wollte man in dieser Lage die Fürstensouveränität bestreiten, blieb kein anderer Weg, als ihr die Souveränität des Volkes entgegenzusetzen.

Diesen letzten, prinzipiellen Schritt ist die württembergische Landschaft nicht gegangen. Weil sie ihn nicht gehen konnte. Die Traditionsbedürfnisse unserer Demokratie und die zur Routine gewordenen Festvortragsgewohnheiten haben hier die Funktion und Bedeutung der Landstände, gerade der württembergischen, mehr mythologisiert als erhellt. Zunächst ist festzuhalten, dass die Vertreter im württembergischen Landtag, Prälaten und Landschaft, nicht die Vertreter des Volkes waren. »Volk« im demokratischen Wortverständnis ist ein von naturrechtlich-menschenrechtlichen wie von naturwissenschaftlich-aufklärerischen Vorstellungen gleichermaßen gespeister Begriff. Menschen wie Völkern, darin das Revolutionäre, wohnt von Natur aus die Befugnis über ihre politische Existenz inne, Menschen wie Völker sind nichts als die Summe von Gleichen. Das naturwissenschaftlich-mathematische Denken des 18. Jahrhunderts ist, wie das unsrige, nicht von der Qualität, sondern von der Quantität angezogen: »wir« sind die Summe, in der jeder von uns eine gleichgewichtige Größe ist. Das ist Gleichheit. Gerade diesem Schluss steht ein Vertreter der württembergischen Landschaft verständnislos gegenüber. Er kennt, wie jeder

Patrizier im reichsstädtischen – wiewohl genossenschaftlich fundierten – Stadtstaat auch, nur die altständische Maxime, »dass Stand, Kondition und Qualität der Menschen different und ungleich sind«. Als nach 1789 die neuen Volksbeglücker aus Frankreich auch den Männern aus der württembergischen Landschaft die Freiheit bringen wollten, haben die reagiert wie die »republikanischen« Reichsstädter auch: sie haben abgewinkt und, wo sie sich irgend verständlich machen konnten, darauf hingewiesen, dass ihr Freiheitsbegriff ein anderer sei als derjenige, der am 26. August 1789 in Paris zur Grundlage einer ersten demokratischen Verfassung genommen wurde.

Vor diesem Augusttag gab es in Europa keine Demokratie im modernen, heutigen Wortsinne. Es beginnt damit eine offenbar unausrottbare Legende, die von einem »rein demokratischen Gepräge« des altwürttembergischen Landtags spricht. Sicherlich hat, heute wie damals, der Stolz auf das Erreichte, auf den Tübinger Vertrag, auf eine Serie von gewichtigen Landtagsabschieden, auf die Erbvergleiche solcherlei Kommentare inspiriert. Kurz vor Ausbruch der Französischen Revolution stößt Nicolai, der Sprecher der Berliner Aufklärung, auf ein stolzes Selbstgefühl der Württemberger, auf ihre »Verfassung«. »Sie dünken sich vermöge derselben eine Art von freien Bürgern zu sein, welche vor den Unterthanen anderer deutschen Fürsten einen großen Vorzug hätten«.

Wir verwehren diesen – mit bemerkenswert konstanter Fürstenliebe gepaarten – Lokalstolz den Württembergern nicht. Wir haben nur, um der Vollständigkeit willen, anzumerken, dass die altwürttembergische »Landschaft« beziehungsweise der württembergische »Landtag« de iure nicht die württembergische Bevölkerung vertreten hat. Er war eine Landesvertretung, keine Volksvertretung. Die Stände »vertreten« nicht das Land, wie Otto Brunner als bester Kenner dieser Materie einmal gesagt hat, sondern »sind« es. Der württembergische Landtag wird 1629 durch den Ausschluss der Amtleute von den Landtagen »zur reinen und ausschließlichen Vertretung des ‚Landes' gegenüber der Herrschaft«.

Neben den 14 Prälaten saßen darin 64 Deputierte der Städte und Ämter. Außer Stuttgart und Tübingen waren das allerdings nur Kleinstädte. Lediglich die kleinere Zahl der Delegierten zählte zum

Honoratiorenstand. Das Kleinbürgertum hätte also de iure politisch zur Geltung kommen können. De facto lag die Führung aber immer in den Händen der Ehrbarkeit.

Tatsächlich gab es denn auch Zeiten, in denen eine Antipathie des »Volkes«, das heißt der vielen kleinen und armen Leute draußen, hörbar wurde, aber nicht gegen den Fürsten, den Herzog, sondern gegen die Landstände im Allgemeinen und den für Generationen hin unverrückbaren Familienklüngel des »Ständischen Ausschusses« im Besonderen. Einer der besonderen Kenner der altwürttembergischen Verhältnisse, hoher württembergischer Staatsbeamter selbst, hat schon im vorvergangenen Jahrhundert unmissverständlich darauf hingewiesen, dass man in Württemberg vor 1800 in den Ständen durchaus nicht das »Organ der öffentlichen Interessen und Meinungen gemäß den modernen Anschauungen gesehen hätte«. »Der Württemberger betrachtete diese und namentlich den ständischen Ausschuss doch wieder mehr als ein für sich stehendes Institut von corporativer Stellung, als eine Coterie von Familien und Persönlichkeiten, die ihre eigenen, mit dem Volkswohl keineswegs immer zusammenfallenden Interessen verfolgten«.

Es ist keine Frage, dass man sich im Landtag immer wieder zusammenfand, wenn man sich gegen die Zugriffe und Übergriffe des Herzogs zu wehren hatte. Das Motiv dafür kann aber nicht die Freiheit des Volkes und schon gar nicht die Souveränität des Volkes gewesen sein. Die Männer der württembergischen Ehrbarkeit, die der Landschaft angehörten, waren reiche Leute im Verständnis der Zeit, die namentlich großen Grundbesitz im Rücken hatten. Sie waren de iure gewählte Vertreter, Mandatare, standen de facto aber der Feudalgewalt des Herzogs auf gar nicht so unähnliche Weise gegenüber: Auch sie hatten Grundbesitz zu verteidigen und – wenn auch illegale – »Erbansprüche« und einen, zumindest der »ideologischen« Anlage nach, vom Besten her bestimmten feudaloiden Lebensstil. Sie alle zusammen machten einen großen Baron aus – der andere, bei den Kritikern der württembergischen Zustände späterhin auch so benannt, war der Herzog. Gegen ihn hatte man seine eigenen Privilegien und Chancen durchzusetzen. Aber für die eigene Tasche. Nicht für das Volk.

Stand das Volk und seine Aufmüpfigkeit ernsthaft zur Debatte, entschied sich die württembergische Landschaft für die »Herrschaft«, vom Armen Konrad geht da eine Linie bis zum Ausgang des achtzehnten, von menschenrechtlichen und emanzipatorischen Forderungen erfüllten Jahrhunderts. Man hat, und dies mit allem Nachdruck und mit zweifelloser organisatorisch-politischer Durchsetzungskraft, dem Staat des Herzogs einen Anti-Staat gegenübergestellt, mit eigenen Ausschüssen, ihnen voran der legendäre »Engere Ausschuss«, mit eigenem Haushalt und einer – im Gegensatz zur Herzogskasse – unerschöpflich scheinenden Landschaftskasse, mit eigenen Konsulenten und Schreibern und Aufwärtern: eine Fleißarchitektur von »Staat«. Aber das war kein gleichberechtigter und schon gar kein souveräner Staat, vielmehr einer, der sich immer wieder neue Türen suchen musste, der immer wieder andere Wege ausprobieren und neue »Beziehungen« auswerten musste – »ambire« hat das der römische Historiker Sallust einmal genannt, das Hinter-den-Kulissen-Agieren und das Antichambrieren, das der selbstverständlichen und gottbegnadeten Machtapparatur des württembergischen Herzogtums so zuwiderläuft. Letztlich war man immer auf die Laune des Fürsten und die Laune der Geschichte angewiesen, und vielleicht hat man gerade deshalb so sehr die Verträge gefeiert, weil man sich insgeheim im Klaren darüber war, dass Unterschriften und Papier nicht die ganze Wirklichkeit waren. »Nirgends in Deutschland ist das Ständetum zu einem wahrhaft gleichberechtigten, den Staat mittragenden Faktor geworden, nicht einmal in Württemberg«. Von einem der Altmeister der deutschen Verfassungsgeschichte, von Francis L. Carsten, stammt dieser Satz. Er sollte endlich auch einmal berücksichtigt werden von denen, welche die Geschichte und Bedeutung der württembergischen Landstände verfolgen, ohne je die außerwürttembergischen Entwicklungen in dieser Spezies registriert zu haben. Geschieht das, werden die Leistungen des altwürttembergischen Landtags, sofern ihre Darstellung sich auf Aktenmaterialien stützt, keinesfalls gemindert. Aber sie werden relativiert durch einen größeren Zusammenhang, der doch sehr beachtenswerte Beispiele ständischer Gegenkontrolle auch in anderen deutschen Territorien präsentiert. Schon aus dieser Sicht muss fraglich sein, ob das hundertmal zitierte Wort von Charles James Fox, außer England habe in Europa nur noch Württemberg eine »richtige« Verfassung, auch belegt ist?

Vielleicht war es in erster Linie diese von Konkurrenz diktierte Gegenpolitik der Stände, die auf weite Strecken hin zu nichts anderem als einem »Nein« geführt hat, zu einem – möglicherweise gegen besseres Wissen und Gewissen – praktizierten Versagen und gegen unabdingbare Neuerungen. Wenn man dem Württemberg vor 1800 Rückständigkeit und Verwaltung nachgesagt hat, dann mag das in erster Linie dem hemmenden Einspruch der Stände, der Landschaft zuzuschreiben sein. Die Regierungsgeschäfte seien in Württemberg »schleppend«, sagt einer der Landesbesucher des 18. Jahrhunderts, der ein Fachmann war. Solange es sich um einen Widerstand nur gegen ökonomische Neuerungen handelt, mag diese Opposition noch hingehen, zumal der landesherrliche Alleingang auf dem Feld der Manufakturen und »Etablissements« dann trotz Ständischem Ausschuss mancherlei zuwege gebracht hat. Wo wir tiefer graben, hat das obstinate Neinsagen freilich historisch weitreichende Wirkungen gehabt, solche, die dem Land für Jahrhunderte hin ein Stück seines Charakters gegeben haben. Scheint doch diese permanente Verweigerung nichts anderes zu sein als »ein Festhalten an der mittelalterlichen Staatsform«, das nicht nur zu einer »gegenseitigen Lahmlegung der beiden Kräfte« Herzog und Stände führt – jeder zieht an einem anderen Ende –, sondern schließlich zu einer Windstille überhaupt: niemand vertritt die »Idee des Staates«. Die Landschaft ist mehr »ein Organ für die Abwehr der Staatsgewalt« als ein Forum für Positives: zum Zusammenwirken fehlt das Mandat.

Württemberg hätte zweifellos in der Barock- und Aufklärungszeit eine größere Rolle spielen können, als es durch das stereotype Nein der Landschaft tatsächlich der Fall war. Die »Stagnation und Verkümmerung des geistigen Lebens« im Herzogtum dieser Generationen ist wesentlich durch diese eigentümliche »Verfassungs«-Situation bedingt. Sollte für immer und ewig die Konkordienformel Grundgesetz sein? Sollte das Land für immer und ewig »nach den Normen des Tübinger Vertrags« regiert werden? Spürte man nicht und hatte man nicht augenscheinliche Beweise, dass nach dem Erbvergleich des Jahres 1770, dem historischen Augenblick, in dem aus dem Saulus Carl Eugen ein Paulus werden und formal die altwürttembergische Verfassung wiederhergestellt sein sollte – in einer nunmehr mit Menschenrechten und Manufakturen und Dampfmaschinen rechnenden Zeit –, spürte man nicht, dass dem Fürstenabsolutismus, wie der beste Kenner der altwürttembergischen Verfassungswelt sagte, ein Landschaftsabsolutismus folgte?

Alle, auch die ernstesten, eine tiefe geistig-politische Welt ausschöpfenden Reformversuche sind damals stecken geblieben. Wir sagen das nicht deshalb, weil wir diesen Bruch bedauern – auch Stagnation und Ohnmacht gehören zum Thema der Geschichte –, sondern weil wir gerade in dieser zwischen altwürttembergischem Staat und Antistaat sich herausgebildeten Atmosphäre eine der nachhaltigsten Prägekräfte dieses Landes erkennen. Die ständische Situation und Politik zwischen 1500 und 1800 hat entscheidend dazu beigetragen, dass Württemberg so sehr in ein politisch-kulturelles Abseits geriet, dass man hierzulande noch im 19. Jahrhundert den badischen aufgeklärten Reformismus vermisst und festgestellt hat, dass in Württemberg die »demokratischen Strukturen« einen »Drall ins Konservative« gezeigt hätten. Seine höchste Regierungskunst, berichtet Johann Jakob Moser vom Landständischen Ausschuss, gipfle in dem Satz: »Durchlaucht, no nex Nuis!« Diese Art offenbarte sich im Verfassungsstreit von 1819, der König Wilhelm I. zu dem Ausspruch veranlasste, seine Württemberger lernten als erste Sprachlaute die zwei Worte »Noi etta!«. Von dieser Art berichtet Hegel, der schonungslose Kritiker dieser den Modernisierungsversuchen Friedrichs halsstarrig sich widersetzenden Landstände, das kluge Wort von Frau Paulus über ihre Landsleute: »Dumm sind sie nicht, aber Esel sind sie«.

Nichts ist verloren in der Geschichte, und nirgendwo auf ihren weiten Feldern zeigt sich nur das Negative. Wenn wir, nach zugegebenermaßen sehr modernem Maßstab – die Nachfahren sind immer klüger – in der Geschichte der württembergischen Landstände die seit August 1789 praktizierte Demokratie vermissten, so war darum diese altständische Regierungs- und Verfassungswelt nicht wertlos. Zunächst einmal erwies sich der Landtag als eine unschätzbar wertvolle Vorschule für das, was wir heute Demokratie nennen: man war gehalten, mitzudenken und vielleicht sogar mitzubestimmen, man hat nicht bloß pariert, sondern hat die Dinge ausgehandelt, mit dem Herzog, mit den Geheimen Räten, man hat schließlich ein Stück Verantwortung mitgetragen – das sind Momente, die in ihrer volkserzieherischen Resonanz nicht hoch genug veranschlagt werden können. Wir vergessen nicht, dass das umfassende Institut der ständischen Gravamina und Petitionen ja auch einer Information des Herzogs über das Land gleichkam, als Kritik von Zuständen am Hof und im Land und als Vorschläge zu besserer Gestaltung. Immerhin haben die Stände und ihre Versammlungen eine gewisse Einhaltung landesrechtlicher Spielregeln, Gewohnheiten und Ordnungen bewirkt, ohne ihren Gegenpart definitiv festlegen zu können, und immerhin hat man durch die Mitwirkung im Haushaltsbereich eine Erfahrung gesammelt, die dem Konstitutionalismus des 19. Jahrhunderts in Württemberg nur zugute kommen konnte.

Insofern kann den württembergischen Landständen auch eine kräftige Beisteuer zur Staatsbildung in diesem Lande nicht abgesprochen werden, ganz abgesehen davon, dass durch das frühe Ausscheiden des ritterschaftlichen Adels aus dieser Kontrollfunktion auch die Einhelligkeit der soziologischen Schichtung im Lande nur befördert wurde. Nur auf die hypertrophen Auswüchse zu sehen, würde uns das Bild allzu sehr verdunkeln; die Neigung etwa, Sitzungen zu verlängern, um größere Diäten zu erhalten, wird wohl allen Parlamenten zu allen Zeiten eigen sein. Dass die Stände ein bewundernswert zäh festgehaltenes Ferment politischer Bildung und Erziehung in Württemberg hergegeben haben, ist ohne Zweifel. Johann Jakob Moser, einer ihrer Konsulenten, den sie haben fallen und dem Herzog in die Hände spielen lassen, als er die Landschaft reformieren wollte, sagt: »Landstände seyn und heißet das Corpus derjenigen Unterthanen, welche Kraft der Landesfreiheiten und Herkommens von dem Landesherrn in gewissen Landesangelegenheiten um ihren Rath oder auch Bewilligung angesprochen werden müssen, auch sonst mancherley des Landes Wohlfarth betreffende Sache zu dirigiren, zu veranstalten oder doch dabey etwas zu sagen haben«. Mehr Spielraum für die Stände war nicht da. Aber auch nicht weniger.

»Was in Praxi nützlich sein kann ...«

Mancherlei zeigt an, dass in der zweiten Hälfte des 18. Jahrhunderts das Eiland Altwürttemberg von anderen, neuen Prämissen bestimmt worden ist. Sie ließen sich, wie wir demonstriert haben, im Bereich der Wirtschaftsgestaltung suchen, der auswärtigen Politik, der damit zusammenhängenden administrativen und militärischen Ausstattung des Landes. Aber es war nicht das – im Wesentlichen vom »Alten«, von den Maximen der Stände festgehaltene – verwaltungstechnische Instrumentarium, welches das Neue ankündigte, sondern das Denken. In den letzten Jahrzehnten des 18. Jahrhunderts beginnt man die Dinge anders anzusehen und zu beurteilen, als in allen drei oder fünf Generationen zuvor.

Da ist zunächst einmal jener aus der naturwissenschaftlichen Schulung herausgewachsene Pragmatismus, der sich bemerkbar macht. Hinter der Rokoko-Gestik guckt eine sehr nüchterne und kalkulierende Perspektive hervor, mit der man bereit ist, von der barocken Planung und Pathetik à la more geometrico Abschied zu nehmen und die Dinge, die Umgebung anzusehen, wie sie realiter sind. Plötzlich steht man in einem der Rokoko-Kabinette vor einer Büste, die, in den siebziger oder achtziger Jahren entstanden, das Menschengesicht so darstellt, wie es wirklich ist, mit allen Unebenheiten, mit allen Hässlichkeiten, sehe jeder, wie es ihm gefalle. Wilhelm Gottfried Moser, der Sohn des wackeren Landschaftskonsulenten Johann Jacob Moser, hofft in der Vorrede zu seinen 1757 erschienenen »Grundsätzen der Forst-Oeconomie«, »dass man nichts darin antreffen wird, als was in Praxi nützlich sein kann, wie ich denn alles, was bloß zur Belustigung eines müßigen Gelehrten dienen könnte, in der Oeconomie selber aber keinen Nutzen schafft, mit vielem Fleiß übergangen habe«. Moser ist der erste, der im Forstwesen das Ökonomische, das Volks- und Betriebswirtschaftliche erfasst. »Oeconomie«, heißt es in einem der einleitenden Paragraphen seiner »Grundsätze«, »Oeconomie nennet man die innere Wirtschaft einer Anstalt, die auf Gewinnung, Nutzung und Erhaltung einer gewissen Art von Gütern abzielet, und die zu dem Ende allerlei wirtschaftliche Einrichtungen und Maßregeln erfordert«. Dies als Kostprobe für eine, das Herzogtum und seine Führung jetzt immer mehr beschäftigende Maxime: Um das Nützliche geht es, um das Richtige – in Staat, Erziehung, beim Obstbau, beim Feuerlöschwesen. Der Herzog kümmert sich um alles, oder er will vielmehr alles gemäß den Aufklärungsmaximen gestalten.

Das andere verrät sich auf der Kehrseite der Medaille. Hier geht es nicht um Reformen, nicht um den Kampf gegen das maßlose Hochzeiten oder die dummen Zitronen als Beigabe für aufgebahrte Tote und nicht um die rechte Fütterung und Kalkdüngung, mithin nicht um das Detail und das, was in den eigenen vier Wänden wartet, sondern um die Erfassung der Welt. »Seid umschlungen Millionen« – wir denken an Schiller als den Stimmführer dieses Chors. Aber der Kosmopolitismus sitzt auch im eigenen Lande, in Württemberg und am Neckar, und die altwürttembergische Enge wird plötzlich aufgerissen in Horizonte, an die man vor ein, zwei Generationen nicht zu denken gewagt hätte. »So, wie in der physischen Natur aus der menschenwürgenden Pest, aus den Giften der Erde, den verheerenden Flammen und verschlingenden Fluthen sich tief versteckte, segenreiche Folgen für den ganzen Schöpfungsplan entwickeln; so auch in der moralischen Welt. Aus diesen schwarzen Verbrechen der Freiheitsschänder, diesen heißen Mordschlachten, diesen fanatischen Verfolgungen, diesen Einkerkerungen und Hinrichtungen werden einst reines Menschenglück, geläuterte Wahrheit und Freiheit hervorgehn! ... Erst dann, wenn die jetzt so heftig grollenden Parteien längst im Grabe modern, werden hellersehende Erdenbewohner an einem großen Ziel der Wahrheit zusammentreffen, und – einander als Brüder umarmen!«

Das ist nicht Schiller, wie wir vermuten könnten, sondern Johann Georg Kerner (1770–1812), einer der beiden Brüder von Justinus

Kerner, der nun freilich Carlsschüler wie Schiller war und, nur später als Schiller, ein Medizinstudium absolvierte.

Sogleich kommt die Carlsschule ins Gespräch und ihr Schöpfer, Herzog Carl Eugen (1737–1793): Ist der Weg in die Welt, den das alte Württemberg in diesen letzten Jahrzehnten des 18. Jahrhunderts ging, sein Werk? Von 1741 an am Hofe Friedrichs des Großen erzogen, 1744 dann mit der Regierung in Württemberg betraut, von Temperament und starkem Selbstgefühl, würden wir ihm eine Dominanz inmitten dieses geistigen Aufbruchs schon zutrauen. Er hatte das Kaliber dazu.

Dass er Geld gebraucht hat, unsagbar viel und dies immer und stets, verbindet ihn mit seinen Vorgängern; das wäre nichts Besonderes. Eigentlich wollte er mit Preußen einen Subsidienvertrag abschließen. Aber Friedrich II. hatte ihn an seinen Bündnispartner Frankreich verwiesen, das sei auch topographisch gesehen das Richtigere. Da flossen denn die Mittel für den üppigen Hof. Aber 1755 muckt die Landschaft auf, und 1756, mit dem Ausbruch des Siebenjährigen Krieges, heißt es Farbe bekennen: Jetzt muss man die Bauernbuben von der Alb und vom Filstal holen, die französischen Subsidienregimenter auszustaffieren. Dann kommt ein unwürdiger Diensthandel, der in der Einkerkerung des Obersten Rieger – seines einstigen Günstlings – und in der fünfjährigen Gefangenschaft Johann Jacob Mosers auf dem Hohentwiel seine Höhepunkte hat. Neben der Sonne der Humanität, die um diesen Thron drapiert ist, schielt, mit einem fleckichten Mäntelchen umhangen, Schurkerei und Gewalt hervor. Das irritiert uns.

Wer einmal den Spuren eines solchermaßen gekrönten Gubernators nachgeht, in irgendeiner der württembergischen Amtsstädte, stößt auf alles, nur nicht auf »Amtshilfe« oder weisen Ratschluss – im Wesentlichen, berichtet einer der Lokalhistoriker, habe man Carl Eugen Übergriffe und Rücksichtslosigkeiten, im besten Falle Stagnation in der Stadt zu verdanken – wir wundern uns nicht, wenn unser Gewährsmann anfügt: »Seine Übeltaten sind bekannt; seine ›Leistungen‹ waren doch nur möglich, weil er die Bewohner seines Landes ein Menschenalter lang ungestraft misshandeln und unterdrücken durfte. Dass während einer fünfzigjährigen Regierung so wenig

Gutes geschah, dürfte kaum ein Grund zur Bewunderung sein. Wäre er nicht ein Fürst gewesen, hätte er spätestens mit 25 Jahren als unverbesserlicher Aushauser, Mädchenschänder, Erpresser und, wenn man ihn erst später festgesetzt hätte, auch noch als Sklavenhändler in seinem eigenen Zucht- und Arbeitshaus in Ludwigsburg und nicht im Schloss gesessen. Dass dies unterblieb, beweist nicht, dass er es nicht verdient hätte, sondern nur, dass Macht vor Recht geht«.

Ein Missverständnis, dieses Urteil, aus der kleinbürgerlichen Ecke? Erklärter Hass, entgegengeschleudert aus den Bänken einer Demokratie, die mit den Sklaven fühlt? Ein später Racheakt derer, die damals hätten gehorchen müssen? Das Problem wird darum nicht geringer, wenn wir Carl Eugen eine Portion überdurchschnittlicher Begabung und einen Hang zum Höheren bescheinigen. Politisch war er zweifellos von gänzlicher Unfähigkeit. Der Geheime Rat, der in Sachen der Religion und der Landeskirche erweiterte Befugnisse bekam, wurde mehr und mehr zu einem Instrument des Landesherren, zur Schutzwehr gegen die Pedanterie der Landschaft und gegen ihre Interessen. Aber die »Verfassung« war doch allmählich, das ließ sich gar nicht mehr verleugnen, zu einem Kuriosum geworden; sie erschöpfte sich in bloßen Schikanen gegen den Herzog, der schließlich nur allein der politische Exponent des Landes sein konnte. Die Querelen mit dem ständischen Ausschuss haben zum Eintreten Friedrichs des Großen für die württembergische Landschaft geführt und den Reichshofrat schließlich bewogen, Vergleichsverhandlungen zwischen Herzog und Ständen einzuleiten, ein großer Bürgerprozess sozusagen, wie ihn fast jede Reichsstadt dieses Säkulums kannte. Das Ereignis der Sitzungen war der Erbvergleich vom 27. Februar 1770, in dessen Präambel mit spätbarockem Paukenschlag verkündet wurde, »dass über sämtliche im Stritt befangene Puncten, mit beeder Theile gutem Wissen und Willen, in der Güte, eine glückliche Übereinkunft getroffen, mithin die Sache zu einer gemeinersprießlichen Endschafft durch Gottes Segen gebracht worden«.

Acht Jahre später, zu seinem Fünfzigsten, ließ Carl Eugen ein Reskript hinausgehen, »mittelst Ablesung von den Canzeln in einem anhaltenden Gottesdienst bekannt zu machen«. In der Kanzel-Erklärung versichert der Herzog seinen Untertanen, dass alle Jahre, die Gott ihm noch zu leben friste, »zu ihrem Wohl angewendet werden sollen«, und ermuntert sie zu »gemeinschaftlichen Gesinnungen«. Er wisse, dass die Sprache nicht alles sei, Beweise müssten folgen. »Württembergs Glückseligkeit soll also von nun an und auf immer auf der Beobachtung der ächtesten Pflichten des getreuen Landes-Vatters gegen seine Unterthanen, und auf dem zärtlichen Vertrauen und Gehorsam der Diener und Unterthanen gegen ihren Gesalbten beruhen, Carl Eugen«.

Natürlich hat man im frommen Württemberg alsbald die Rede vom Saulus zur Hand gehabt, aus dem ein Paulus geworden sei. Ganz so kopernikanisch dürfte die Wendung nicht gewesen sein, weder in der Gesamtverwaltung des Landes, die ja nach dem Erbvergleich wieder auf dem Boden des Tübinger Vertrags zu stehen hatte, noch in seinem persönlichen Leben. Ludwig Timotheus Spittler meint, auch lange nachher sei Carl noch in Weiberhänden geblieben, die seinen immer noch schlimmen Launen einen engeren Spielraum zu ziehen verstanden. Sehen wir von seinen bildungsbeflissenen, pädagogischen, Bücher sammelnden Leidenschaften einmal ab, so macht den Rest doch eine sehr genießerisch-barocke Persönlichkeit aus, die in Willensschwäche verschwamm und in einer offenbar gar nie registrierten Doppelmoral. Ein bisschen hat sich Carl – wenn wir seine Spätzeit recht verstehen, seine Hohenheimer Gutsherrenzeit, wo er, von der sanften Gewalt seiner »Fränzel« geleitet, in die hausbackene Wärme des Landedelmannes sich zurückzieht – noch von der aufgeklärten Version des Absolutismus anziehen lassen. Aber man wagt doch nicht den Vergleich zwischen dem Alten von Sanssouci und dem fromm gewordenen Hohenheimer Gutspächter in Anführungsstrichen.

Indessen, Württemberg verdankt Carl Eugen die Carlsschule. In der kritischsten Rückschau auf das alte Württemberg geht ein Aufatmen durch die Reihen: »der erste Strahl des neuen in Europa aufgegangenen Lichtes«. Bis jetzt war die Konkordienformel »das Grundgesetz allen geistigen Lebens in Württemberg«. Nun tummeln sich im Hof der Akademie die Philosophiestudenten und die Mediziner und Chemiker, die Akademisten der ökonomischen Fakultät, der Kupferstecherschule und der Fakultät der freien Künste, alles Dinge, die für einen gestandenen Prälaten von Denkendorf oder Adelberg mehr als fragwürdige Dinge sein mussten. Eine Académie des Arts, eine École des Demoiselles, ein rechter Württemberger kann da nur mit verbundenen Augen vorübergehen.

Die Akademie hat, wie man weiß, ganz von unten angefangen. Als, nach vielerlei Projekten und Denkschriften, am 5. Februar 1770 vierzehn Soldatenkinder auf die Solitude gebracht wurden, war der Anfang gemacht. Ein Reglement vom gleichen Tag sah auch schon die Aufnahme von Stuckateurknaben vor, es sollte nicht bloß eine Kadettenanstalt werden. »Müde, meine Aufmerksamkeit allzu viel auf Dinge gewendet zu haben, die dem Endzweck meines erhabenen Berufs nicht gemäß waren, entstunde der Gedanke ... Jünglinge für die Zukunft zu bilden«. Zu Anfang, am 11. Februar 1771, wurde ihr der Name »Militärische Pflanzschule« gegeben. Es kam eine medizinische Abteilung dazu, die freilich der Tübinger Medizinischen Fakultät nicht ganz gleichkam, weswegen es der Eleve Schiller nicht weiter als zum Regimentsmedikus bringen konnte, es kam eine Kupferstecherabteilung dazu und eine Abteilung für Handlungswissenschaften.

Aber das militärische Gesetz, das blieb. Aufklärung in unweigerlich abgesteckten Proportionen, junge Herren in aufklärerischer Wachheit, aber gerade so aufgereiht, wie droben auf der Solitude das Spalierobst (das nebenbei bemerkt Schillers Vater immer wieder auf Vordermann brachte), uniformierte Leute, die ein vom gnädigen Herrn, vom Vater höchstselbst ausgeklügelter Plan zu wahren Menschen und vor allem zu treulichen Staatsdienern machen sollte. Ein Kraftkerl wie Friedrich Daniel Schubart hat diesem pedantischen Erziehungsmuster Hohn gelacht und die Herzogliche Militärakademie kurzerhand als »Sklavenplantage« bezeichnet. Das Wort, die »Plantage« war die Übersetzung der Pflanzschule, des Seminars. Der Herzog sorgte dafür, dass aus dem unbändigen und unflätigen Kraft-Genie ein ordentlicher Mann wurde.

War's eine »Sklavenplantage«? Sämtliche Zöglinge hatten Uniform zu tragen, die dem Stil und Geschmack der Zeit entsprechend recht artig gestaltet war: langer, vorn offener Rock und Weste aus stahlblauem Tuch mit versilberten Knöpfen und schwarzen Vorstößen, weiße Beinkleider, im Sommer weißbaumwollene Strümpfe und Schnallenschuhe, im Winter Stulpstiefel, vorn und hinten aufgekrempelter Hut mit silbernen Borten, und Degen, das Haar frisiert mit einer gepuderten Papillote auf jeder Seite, die bei festlichen Anlässen verdoppelt wurde, und mit einem Zopf; die Kavalierssöhne trugen eine silberne Achselschnur. Hut und Degen wurden nur bei Feierlichkeiten und beim Ausgehen getragen. Auch die Professoren hatten eine Uniform. Aber die brauchten sie nur bei festlichen Anlässen zu zeigen: einen schwarzen Samt- oder Seidenrock mit weißem Futter, weiße, goldgestickte Weste, schwarzseidene Beinkleider, weißseidene Strümpfe und, man war in einer militärisch verstandenen Akademie, einen Degen.

Die Hausordnung war eine Kasernenordnung. Sommers 5, winters 6 Uhr Aufstehen (früheres Aufstehen zur Arbeit war gestattet, wurde aber selten wahrgenommen), dann Frühstück, 7–11 Uhr Unterricht und Arbeit, 11–12 Uhr Anzug und Reinigung – »Propreté« führte der Anstaltsleiter Oberst Seeger ständig im Munde – 12 Uhr Mittagessen und Erholung, 2–6 Uhr Unterricht und Arbeit, 6–7 Uhr Erholung, 7 oder halb acht Uhr Abendessen, dann Erholung, spätestens 9 Uhr Zu-Bett-Gehen. Ferien gab es bis 1783, also bis ins letzte Jahrzehnt der Schule, keine, von da ab zu Ostern und im Herbst je eine Woche, also beispielsweise nicht zu Weihnachten.

Urlaub wurde nur in äußerst seltenen Fällen, seit 1783 etwas milder erteilt. Ausgänge in die Stadt (nämlich Stuttgart) waren bis 1783 überhaupt nicht gestattet; von da ab am Sonntag nach dem Mittagessen bis 3 Uhr, mit der Einschränkung, dass das Haus, in das der Zögling gehen wollte, vorher angezeigt und genehmigt werden und der betreffende Verwandte oder Lehrer den Zögling in der Akademie abholen und wieder dorthin bringen musste, eine Regelung, die übrigens im Kern auch in den Seminaren bis in die fünfziger Jahre des 20. Jahrhunderts hinein so gehandhabt wurde.

Gemeinsame Ausgänge, Spaziergänge besonders am Sonntagnachmittag, aber auch Lerngänge geschahen immer unter Befehl und Aufsicht eines Offiziers. Noch die Rekruten der Wehrmacht durften die ersten Wochen nur unter Anführung eines Obergefreiten oder Unteroffiziers und nur in Gruppen ausgehen. Die aus- und eingehende Korrespondenz der Zöglinge unterlag der Kenntnisnahme durch das Aufsichtspersonal, das etwaige Anstöße dem Schulleiter (dem »Intendanten«) zu melden hatte.

Es kam nicht selten vor, dass Zöglinge wegen missliebigen Inhalts von Briefen, die ihnen zugegangen waren, scharf zur Rede gestellt wurden. Besuche von Angehörigen unter ausdrücklichem Ausschluss des »erwachsenen ledigen Frauenzimmers« wurden nur ganz ausnahmsweise und nur in Gegenwart von Aufsehern zugelassen. War etwas aus der Stadt zu holen, so wurde das durch das Dienstpersonal besorgt; Esswaren für eigenes Geld waren nur in allerbeschränktestem Umfang zugelassen. Nicht nur die Arbeitszeit war für den einzelnen Eleven festgelegt, auch diejenige Zeit, die der Einzelne für ein bestimmtes Fach zu investieren hatte: pädagogische Planwirtschaft bis ins letzte. Die Pulte und Spinde der Eleven wurden in regelmäßigen Abständen immer wieder untersucht, besonders auf Rauch- oder Schnupftabak, deren Genuss verboten war, aber auch ungeeignete Bücher, etwa Romane. Bei jedem Wechsel in der Beschäftigung wurde in der betreffenden Gruppe im Rangiersaal angetreten und auf Kommando im Tritt an den betreffenden Platz im Lesesaal, Speisesaal und so weiter marschiert.

Während des ganzen Arbeitstags, aber auch in den Schlafsälen, waren die Zöglinge durch ein eigens dafür bestelltes Aufsichtspersonal ununterbrochen beaufsichtigt. In jedem der großen Schlafsäle hatten ein Offizier und zwei Aufseher ihr Nachtlager. Auch die kleineren Schlafräume wurden entsprechend von Offizieren und Aufsehern beaufsichtigt. Die Aufseher trugen die gleiche Kleidung wie die Zöglinge. Die Tüchtigsten unter ihnen hatten gewissermaßen eine Parallelkarriere vor sich. Während die meisten Eleven, hatten sie die selige »Akademie« überstanden, in den höheren und hohen Staatsdienst übernommen wurden – wir haben klingende Namen dafür und die interessantesten Beispiele nicht nur für die Führungsschicht Altwürttembergs um 1800 – hatte der Aufseher Franz Nies *seine* Karriere. Ihm ist nie einer als Deserteur entwischt, was häufig vorkam. Er wurde, von Beruf Schneider, Unteroffizier, erhielt dann die Stelle eines Oberaufsehers, 1773 eines Leutnants, 1782 die eines

Adjutanten. Wegen seines Fleißes in Sachen Bestrafung hat ihn der Herzog einmal lobend im Jahresbericht erwähnt.

Was solche Bestrafungen anging, so behielt sie sich der Herzog, der ja mit seinen eigenen Worten jedem Eleven der neue und eigentliche »Vater« war, selber vor. Als 1783 die Offiziere und Professoren den Antrag stellten, auch selber strafen zu dürfen, lehnte Carl Eugen entrüstet ab. Körperliche Bestrafung war nur im Allgemeinen ausgeschlossen. Bei ganz jugendlichen Zöglingen – im Allgemeinen vom neunten Lebensjahr an – wurde nach wiederholten anderen Strafen zuweilen von der Rute Gebrauch gemacht, was dann manchmal auch bei solchen Zöglingen vorgekommen sein soll, die schon älter waren, aber wegen ihrer Kleinheit für jünger angesehen wurden.

Am 18. November 1775 zogen die Carlsschüler feierlich von der Solitude nach Stuttgart um, 330 Zöglinge mit dem Lehr- und Aufsichtspersonal, am Hasenberg hatte sich der Herzog Carl Eugen an die Spitze des feierlichen Zugs gesetzt, die École des Demoiselles mit ihren 25 Persönchen hüpfte hinterdrein. Der herzogliche Ehrgeiz stand schließlich darnach, eine Hohe Schule zu bekommen, ein Anti-Tübingen in Stuttgart. Acht Jahre nach der Gründung, 1778, war bei den Prüfungen offiziell von einer juristischen, militärischen, ökonomischen, medizinischen und philosophischen Fakultät – in dieser Reihenfolge – die Rede. Jetzt bat der Fürst in Wien, Doctores »creieren« zu dürfen. Joseph II. hat lange gezögert, auch nachdem er am 7. April 1777 die Schule selbst kennen gelernt hatte. Erst als sich auch noch eine Nichte Carl Eugens, die Großfürstin aller Reußen, bei Joseph verwandte, ließ der sich herab, am 22. Dezember 1781 das Diplom auszustellen. Endlich waren der Stuttgarter Akademie alle Rechte einer Hohen Schule, einer Universität, verliehen worden.

Auch nach der würdigen Feier zur Universitätserhebung am 11. Februar 1782 war von akademischer Freiheit nicht viel zu spüren. Eine kleine Revolte gegen die Aufseher folgte, Carl hat die Dinge persönlich untersucht und abgeurteilt. Im folgenden Jahr 1783 wurde den Herren Studenten die freie, uneingeschränkte Korrespondenz mit den Eltern gewährt und ein sonntäglicher Stadturlaub. Wir spüren die Kluft zwischen der »Pflanzschule« und einer der alten, immer noch sich selbst verwaltenden und als eigenes Corpus fungierenden Universitäten. Vielleicht hat deshalb neuere Kritik gemeint, die Carlsschule habe »dem Geist des Jesuitenordens näher« gestanden »als dem des Tübinger Stifts«. Sicherlich, aus der Perspektive der Landschaft, der sich ein kulturwilliger Herzog nur entwinden konnte, wenn er den Alleingang wagte und eine »private« Idee verwirklichte, blieb die Carlsschule ein Fremdkörper. Danebengegriffen scheint indessen der Hinweis, das Institut habe nach seiner Auflösung – kaum ein halbes Jahr nach dem Tod des fünfundsechzigjährigen Herzogs am 16. April 1794 – »im geistigen Bewusstsein Altwürttembergs keine Lücke« hinterlassen. Wie das mit dem Bewusstsein steht, müsste erst einmal nachgeprüft werden. Tatsache ist, dass sich die Carlsschüler, so weit sie im Lande blieben, hernach als eine unverkennbare sodalitas, als eine Elite, wiederfanden, in den obersten Gremien der Landesverwaltung, in den Schulen, in den Werkstätten der Künstler, in den Studierstuben der Wissenschaftler. Württemberg um die Wende vom 18. zum 19. Jahrhundert ohne Dannecker, Thouret, Zumsteeg und so fort?

Die Carlsschule war ein Geschenk für Europa und vor allem für Württemberg, die hauptsächlichste Beförderung des württembergischen Durchbruchs zu einem Partikel größerer geistiger Bewegungen. »Streben nach einer gewissen Größe« hat Goethe in einem Brief an Schiller dem Herzog bescheinigt. Und Schiller selbst, vor der Fürstengruft stehend, nachdenklich, ruhig geworden: »Da ruht er also, dieser thätig gewesene Mann! Er hatte große Fehler als Regent, größere als Mensch; aber die Ersten wurden von seinen großen Eigenschaften weit überwogen, und das Andenken an die Letzteren muss mit dem Todten begraben werden«.

Wir haben Abschied zu nehmen von den zwei, drei Jahrhunderten altwürttembergischer Eigenluft. »Des Lebens Leben ist der Geist«; in der geistigen Haltung liegt allemal die Präponderanz für das wirtschaftliche, politische, soziale Geschehen. Der Geist hatte aus der altwürttembergischen Enge einen Weg in die Welt gefunden. In den achtziger Jahren entsteht eine Stuttgarter Lesegesellschaft in den Räumen des Oberen Museums, erstes Anzeichen dafür, dass der geistig-kulturelle Import, so Carl Eugens 1784 erworbene berühmte Büchersammlung des Schleswiger Pfarrers Josias Lorck, auch in den bürgerlichen Schichten der Stadt sein Heimatrecht bekommen hat. Noch wichtiger aber war, dass sich in Stuttgart jetzt erstmals auch Häuser fanden, in denen Kunst und Literatur zum täglichen Brot gehörten und Kultur in einer so persönlichen Weise umgesetzt wurde, dass die Unterschiede zur ästhetischen Sprödigkeit des Stuttgarter Bürgerhauses vor dieser Zeit ins Auge springen. Man hätte da das Haus Eberhard Friedrich Georgiis zu nennen, des »letzten Württembergers«, in dessen Gartensaal Schelling 1810 private Vorlesungen hielt, wo Rapp und Dannecker und Friedrich Haug, übrigens auch der junge Eduard Mörike, Aufnahme oder Anregung fanden. Und natürlich ist von Gottlob Heinrich Rapp die Rede, in dessen Haus – kein »Salon«, sondern vielmehr ein Kulturmittelpunkt – Goethe abstieg und Schiller gastlich aufgenommen wurde. Rapp ist, vom Organisatorisch-Notwendigen her gesehen, der Erste, der Stuttgart zur Kunststadt gemacht hat. Und schließlich gehört Johann Friedrich Cotta, der »große Cotta«, in die Reihe. Er hat, 1764 in Stuttgart geboren, am 1. Dezember 1787 den heruntergekommenen Verlag seines Vaters gekauft, ihm die Werke der deutschen Klassik gewonnen und Weltruhm damit erworben. Im März 1794 schloss Cotta in Stuttgart persönliche Bekanntschaft mit Schiller. Damals wurden die ersten gemeinsamen Verlagspläne besprochen, die im Mai in Jena zum Abschluss der Verträge über die »Allgemeine Europäische Staatenzeitung« und die »Horen« führte, der glanzvollsten Zeitschrift, die Deutschland je besessen hat. »Für einen Mann von strebender Denkungsart und unternehmender Handelsweise«, schreibt Goethe aus Tübingen über ihn, »hat er so viel Mäßiges, Sanftes, Gefasstes, so viel Klarheit und Beharrlichkeit, dass er mir eine seltene Erscheinung ist«. Dies in Altwürttemberg.

Terra magistrorum

Hermann Hesse, als er noch ein junger Mann war, erklärte einmal seiner Mutter Marie in einem Brief aus Cannstatt, dass die Schule etwas gänzlich Nutzloses sei. »Da schwatzt man Tag für Tag an mich hin, von Sprachen, Verfassungen, Kriegen, Völkern, Zahlen, Vermutungen, Forschungen, Kaisern, Kräften, Elektroskopen und wie der Schund heißt – und ich höre zu; nur das eine behalte ich, das Andre nicht und alles, alles ist mir einerlei.« In seinem 1906 erschienenen Roman »Unterm Rad« figuriert die Schule als Ort der Verdummung, in dem schöpferische Individualität unterdrückt wird und nur autoritätshörige Untertanen gezüchtet werden.

Neu war derlei Kritik an der »Schule« natürlich nicht. Kein Geringerer als Martin Luther war es, der die Schule von schlimmen Hemmschuhen befreite und ihr (wieder) einen Sinn gab. 1524 erschien ein Sendbrief aus seiner Feder »An die Ratsherrn aller Städte deutschen Landes, dass sie christliche Schulen aufrichten und halten sollen.« Der Brief, einer der leidenschaftlichsten und sprachkräftigsten, die Luther je geschrieben hat, bleibt nicht stehen beim »Stoff«. Man lasse gegenwärtig die Schulen »zergehen«, man sei nicht bereit, »dem jungen Volk zu helfen und zu rathen«. Zurzeit lasse man die Jungen aufwachsen »wie das Holz im Walde wächset«. Die Sprachen, Deutsch und Latein, seien der Schrein, darin man das Kleinod der frohen Botschaft trägt. Schulen sollen Christen heranbilden. Karl Friedrich Schnitzer, sein Leben lang Schullehrer, Rektor, Gymnasiallehrer, Herausgeber einer pädagogischen Zeitschrift, in Aarau, in Münsingen, in Stuttgart, verrät ungeniert, noch 1865, dass er die »sittlich religiöse Erziehung der Jugend in der Volksschule für eine Hauptaufgabe derselben« halte.

Schule und Leben gehören zusammen. Unter den Prägekräften, die ein Territorialgebilde wie das herzoglich-württembergische zu einer auch geistigen Einheit zusammenfügen, ist die Schule die nachhaltigste Bewegerin. Vor dem Ersten Weltkrieg hatten die württembergischen Schulkinder das »Preisend mit viel schönen Reden« (Justinus Kerner 1818) auswendig zu lernen. Sie sind wohl nicht leiser geworden, als sie da singen mussten: »Mein Land hat kleine Städte, trägt nicht Berge silberschwer«.

Große Bodenschätze hatte Altwürttemberg nicht, echte Ressourcen waren die Ausnahme. Um der Armut zu begegnen, konnte nur ein voller Schulsack helfen. Staat und Kirche und Städten wurde im alten Württemberg ein besonderer Stellenwert zugewiesen. Aus den Schulen, »lateinischen« wie »teutschen«, aus den theologischen Seminaren (in Klöstern) und aus dem Tübinger Stift wehte die Luft, die ein modern werdender Staat benötigte. Noch vor der Tübinger Landesuniversität war es die Hohe Carlsschule, die nicht einmal eine Generation lang das unausweichliche Geschäft der Modernisierung in strikt aufklärerischem Sinne besorgte.

Carl Eugen indessen war nicht der Erste, der die Schule zum Maßstab des Lebens machte. »Dieweil zu dem heiligen Predigtamt«, konstatiert die württembergische Kirchenordnung von 1599, »weltlicher Obrigkeit, zeitlichen Ämtern, Regimenten und Haushaltungen rechtgeschaffene, weise gelehrte, geschickte und gottesfürchtige Männer gehören, sind die Schulen die rechten, von Gott verordneten und befohlenen Mittel«.

Eine beneidenswert unkomplizierte Auskunft. Die Schule bleibt Bekenntnisschule bis ins 19. Jahrhundert hinein. Die Landschule, die er um 1850 besucht habe, erinnert sich der Berliner Professor und Philosoph Friedrich Paulsen, habe »im ganzen noch durchaus den Typus der Volksschule« dargestellt, »wie ihn das 16. Jahrhundert geschaffen, das 18. ein wenig ausgebaut« habe. Ausgebaut in Richtung der Schulmeisterschule, wobei freilich die hundertmal gezogene Parallele zum Handwerksmeister ihre Angel hat: der Schreinermeister war ein autonomer Mann, der Schulmeister, auch wenn er sich wie der Schreinermeister einen Gesellen hielt, blieb ein Prototyp der Abhängigkeit.

Erst die Emanzipation des Staates von der Kirche und erst die eigentliche Erfassung dessen, was wir heute »Lehrerbildung« nennen, änderte und bereicherte schließlich auch den kargen Boden der Schule. Hier hat Württemberg seine eigenen Traditionen. Anderswo begann es früher, aber ohne die Belastungen Altwürttembergs. Für Preußen war der erste praktische Anstoß durch die von Julius Hecker 1748 in Köpenick gegründete und später nach Berlin verlegte Lehrerbildungsanstalt gegeben. Als 1809 der Pestalozzischüler Karl August Zeller, zuvor Dekan in Heilbronn, zum Direktor des Königsberger Seminars und Waisenhauses berufen wurde, und mittlerweile auch die zu Pestalozzi nach Ifferten geschickten jungen Lehrer wieder zurückgekommen waren, folgte in den zehner und zwanziger Jahren des 19. Jahrhunderts in Preußen ein Seminar nach dem anderen. In Baden gingen die Pläne eines evangelischen Lehrerseminars auf das Jahr 1768 zurück; die Bildung der katholischen Schullehrer hatte Markgraf Carl Friedrich 1789 organisatorisch gefasst. 1809 wurde das Badener Lyceum mit dem »zweckmäßigeren Namen« eines Schullehrerseminars nach Rastatt verlegt. Für Bayern wurde in München am 7. März 1803 das erste staatliche Schullehrerseminar eröffnet, übrigens mit dem bezeichnenden Satz, alle bisherigen »Bemühungen, auf die Kultur einer Nation durch das Schulwesen zu wirken«, seien deshalb vergeblich gewesen, »weil man versäumte, die Lehrer zu bilden«. Vorher hat Kurbayern nichts dergleichen gehabt. Keine »Normalschule« und kein »Seminar«.

Anders Württemberg. Zwar verschwanden hier in den Reformationsjahren die Klosterkonvente, nicht aber ihre Klosterbauten und nicht der Arbeitsgedanke ihrer Schulen. Aus den katholischen Klöstern wurden evangelische Klosterschulen. Seit dem 9. Januar 1556 besetzte Herzog Christoph die Klöster statt mit Konventualen mit jungen Leuten, die zum Kirchendienst herangebildet werden sollten. Langsam setzte sich die Bezeichnung »Seminare« (lateinisch für Pflanzschule) durch. Offiziell freilich wurde die Firmierung »Klosterschule« erst 1806 abgeschafft. »Aber der klösterliche Charakter des Lebens war damit nicht völlig abgestreift«, versichert uns eine kenntnisreiche Darstellung des letzten Jahrhunderts. Das »Claustrum«, das Wort liest man heute noch über dem Eingang zum Tübinger Stift, verrät sich in den gemeinsam getragenen Röcken »bis zu Anfang der Waden«, in der tagaus, tagein traktierten Latinitas, in den breit kredenzten Religionsstunden, der immer wieder durchschlagenden Liebe zur Musica, in der – weltlich prolongierten – Kommunikation mit Professoren und Repetenten, mit Kursen und selbst gefertigten und von oben kontrollierten Schriften.

»Die Verwandlung der württembergischen Klöster in Klosterschulen«, so der Maulbronner Ephorus Wilhelm Bäumlein 1859, sei »keineswegs eine plötzliche reformatorische That« gewesen, vielmehr eine Umgestaltung des Bestehenden nach den Grundsätzen der reinen Lehre. Auch Gottlieb Bernhard Denzels in Esslingen geschaffenes Lehrerseminar begreift sich als ein Instrument der »frommen Unterweisung«, ganz abgesehen von allen schulorganisatorischen Eigenheiten des altwürttembergischen theologischen Seminars, die sich mit der Treulichkeit des Auswechselbaren im Lehrerseminar wiederfinden.

Den pietistisch-pädagogischen Impulsen, die dem Helfer Burk in Liebenzell nicht lange vorher den Gedanken eines Lehrerseminars eingaben und die in Franckes Seminarium praeceptorum von 1696 – zunächst nichts anderes als das Esslinger Alumnat auch, ein Freitisch für arme Studierende – die kräftigsten Vorläufer haben, hat Denzel ebenso Einlass gewährt wie er die ökonomischen Motive in Pestalozzis Lehre für Esslingen ausgeschieden hat. Der Archetypus, Herzog Christophs Seminar, hat sich in dieser »Neugründung nie verwischen lassen. Er blieb als Grundlage, bis zum strikten Verbot, Schauspiele aufführen zu lassen, bis zur Forderung, der bisherige Wandel eines neu eintretenden Seminaristen habe »fleckenlos« zu sein, bis zu den obligaten Lateinstunden – noch Jahre nach der Gründung erklärte ein Konsistorialerlass, dass »man nicht gewillt sei, den Besuch der lateinischen Lehrstunden von der Willkür der Seminaristen abhängig zu machen«.

Wie sehr das alles württembergische Sonderheit ist, zeigt ein Blick auf Baden. Das »Musterländle« ist immer eine Generation voraus, 1834/35 mit zwei erstaunlich modernen Schulgesetzen, 1860 mit der Beseitigung der kirchlichen Schulaufsicht, 1876 mit der Schließung der Konfessionsschule, im März 1926 mit dem Landtagsbeschluss, die Bildung der Volksschullehrer in hochschulmäßiger Form durchzuführen. Die Ostern 1928 eröffnete Lehrerbildungsanstalt in Heidelberg war, in ihrer glücklichen Synthese zwischen Theorie und Praxis, in ihrem austarierten Angebot von Universitäts- bis zum Volksschullehrer, eine großartige Sache. Das Lehrerseminar, in Baden, wie Edmund Rebmann meinte, ohnehin »zu keinem rechten Gedeihen« aufgelegt, geht 1809 wieder ein und erscheint erst 1823 wieder als selbständige Anstalt; die Preisgabe des seminaristischen Prinzips hundert Jahre danach ist weiter kein Problem.

In Württemberg ist das ein vielhundertjähriger Prozess, ein Stück mühsamer Emanzipation, in deren Gang sich das Schullehrerseminar schließlich wie die säkularisierte Form des Geistlichenseminars präsentiert, eine Hassliebe, aus deren Wirrnis sich die großen Geister, Hegel und Schelling, Strauß und Vischer nie ganz zu lösen vermochten, auf alle Fälle aber ein Abschied ohne Ende, in den man verflochten war bis weit ins 20. Jahrhundert hinein. »Das Seminar«, in seiner theologischen Ausgabe, in seiner pädagogischen Ausgabe, in dieser höchst weltlichen Version der Carlsakademie, ist so etwas wie eine Strukturformel der württembergisch-schwäbischen Geistesgeschichte.

Selbstverständlich gibt es im Schwäbisch-Alemannischen Internate, die allein mit ihrem Standort ein jeweils eigenes Programm markieren, Standorte wie »Urspring« oder »Kirchberg an der Jagst«, »Korntal« oder »Salem« und so weiter. Es geht also auch um die Frage nach den regionalen Sonderheiten.

Dafür wären wohl, sucht man nach Internaten hierzulande, die oben erwähnte Carlsschule und die – noch blühenden – württembergischen evangelischen Seminare an erster Stelle zu nennen. Sie sind zweifellos württembergischer Provenienz. Was die Carlsschule anlangt, so kommt ihr Weiter- und Nachleben einer kleinen Sensation gleich. Nicht jede Schule, auch nicht jede Hohe Schule bestand kaum mehr als zwanzig Jahre, und lebte hernach noch nahezu zwei Jahrhunderte weiter. Die »Hohe Carlsschule« ist hierzulande noch heute ein Begriff. Als Robert Uhland im Winter 1959 eine stürmisch besuchte Ausstellung über sie zusammenstellte, feierte der damalige Kultusminister Gerhard Storz dieses Ereignis, als wäre die »herzogliche Carls-Hohe-Schule« oder »Academia Carolina« gestern geschlossen worden.

In den Seminaren gab es wie in der für die Staatsdiener bestimmten Carlsschule auch Strafen und es gab auch die »Azet«, die tägliche und in einzelnen Stunden genau festgelegte Arbeitszeit. Und doch zeigen sich deutliche Unterschiede. Hier wird der künftige Pfarrer großgezogen, dort der künftige Regierungspräsident. Hier sucht man im Kloster das Vorbild, dort ist es das Militär, das dem Internatsleben den Rahmen abgibt. Tatsächlich haben die württembergischen evangelischen Seminare, bis in die Reformationszeit zurückreichend, von Herzog Ulrich einmal ins Leben gerufen und von Herzog Christoph mit Leben erfüllt: tatsächlich haben *diese* Pflanzstätten auch ihre Uniformen gehabt, die Kutten, den schwarzen Habit, den die Seminaristen bis ins 20. Jahrhundert hinein getragen haben.

Wie sehr die kuttentragenden evangelischen Klosterschüler in Altwürttemberg zum Inventar gehörten, verrät eine Passage aus Friedrich Nicolais »Beschreibung einer Reise durch Deutschland und die Schweiz« von 1781. Kutten, meint er dort, sehe man im Herzogtum immer wieder, die fielen einem auf, ob nun in Tübingen oder in Adelberg oder in Denkendorf. Sie gäben in Württemberg den Ton an, denn aus jedem zweiten oder dritten dieser Klosterschüler werde hernach ein Dekan oder ein Prälat. »Aber es wäre besser«, fügt er hinzu, »wenn sie in Württemberg nicht Kutten trügen, sondern machten.« Er spielte damit auf die fehlenden Manufakturen in Württemberg an, auf die ausgebliebene protoindustrielle Epoche. Die Stände liebten ihre Klosterschulen, aber nicht des Herzogs merkantilistischen Vormarsch. An den schlossen sich 1811 die ersten Gründungen der so genannten Arbeits- oder Industrieschulen an. In ihren Räumen wurden keine Fabriken inszeniert, vielmehr Bastel- und Handarbeitsschulen. Sie erinnern an die wörtliche Bedeutung von »industria«: Fleiß. Sie markieren den Anfang eines neuen und mächtig werdenden Entwicklungsstranges, der mit der Realschule begann und über die Gewerbeschule und die »Mustersammlung« bis hin zur Technischen Hochschule Stuttgart führt, jener – wie Eugen Bolz einmal in einer Festrede sagte – »Schule des Schwabenlands«.

Schule und Leben gehören zusammen, sagten wir zu Beginn. Aus dem Wechselspiel beider Bereiche wächst eine Landschaft heraus, die gar nicht zu verwechseln ist. Im Aufziehen nicht (mehr) von Staatsdienern, sondern von Mithelfern an menschengerechter Staatlichkeit kann schönste Identität gestiftet werden.

Hermann Hesse schrieb als alter Mann in seinem 1943 erschienenen Roman »Das Glasperlenspiel«: »Und der Schulmeister, der guten und tapferen Schulmeister, wird unser Land desto mehr bedürfen, je gefährdeter Kastalien [Hesses »Pädagogische Provinz«, d. Vf.] ist und je mehr von seinen Kostbarkeiten überständig werden und abbröckeln. Lehrer brauchen wir nötiger als alles andre, Männer, die der Jugend die Fähigkeit des Messens und Urteilens beibringen und ihr Vorbilder sind in der Ehrfurcht vor der Wahrheit, im Gehorsam gegen den Geist, im Dienst am Wort.« Das ist schwäbisch gedacht.

Im Glanz der Königskrone

Durch das Land zwischen Hohenneuffen und Kniebisschanze wehte zu Ausgang des aufgeklärten Jahrhunderts ein Wind, der nicht nur mit Schalmeienklängen erfüllt war. Als das Wintersemester 1793 zu Ende ging, hielt Carl Eugen zur Preisverteilung eine Rede, in der er »seine« Söhne aufforderte, sich keiner romantischen Hoffnung hinzugeben und nicht falscher Größe nachzujagen – womit er die Revolution zu Paris meinte, von der er selber an Ort und Stelle eine Nase voll mitbekommen hatte. Dem »Vatterland« müsse man sich zur Verfügung stellen, zum Aufbauen, nicht zur Zerstörung.

Es war seine letzte Akademierede. Als er am 21. Oktober 1793 verschied und ihm seine beiden Brüder Ludwig Eugen (1793–1795) und Friedrich Eugen (1795–1797) folgten, beide nur für wenige Jahre, war Württemberg in den schwierigsten außenpolitischen Verhältnissen. 1796 drang Moreau in Württemberg ein. Ein Sonderfrieden mit der französischen Republik war im August unausweichlich geworden, nachdem Mömpelgard und die elsässischen Gebiete gegen Ersatz auf dem rechtsrheinischen Ufer abgetreten werden sollten. Die Kontributionen waren mehr als schwer; namentlich Oberschwaben, offiziell noch nicht herzoglich-württembergisch, hatte unendlich unter Truppendurchzügen und französischer Besatzung zu leiden.

Um die Kriegsentschädigungen aufbringen zu können, musste 1797 wieder ein Landtag einberufen werden. Aber jetzt fühlten sich die Landstände nicht nur zur – gegebenenfalls ablehnenden – obersten Bewilligungsinstanz berufen, sondern auch zur eigenen auswärtigen Politik. Zu Paris und anderswo antichambrierten sie beide, die Herzogsvertreter und die Ständevertreter. Herzog Friedrich II., der nachmalige Kurfürst und König, der 1797 die Regierung übernahm, schloss sich zwei Jahre später Österreich an. Das Herzogtum blieb fürs Erste vom Krieg verschont; Oberschwaben musste weiterhin bluten. Das politische Dilemma, in das man geraten war, hätte nicht einleuchtender und nicht offenbarer sein können: hie Ständeschaft, hie Herzogsstaat, hie Österreich, hie Frankreich. Die Möglichkeiten liefen quer durch die Fronten. Ob Reichstreue oder nicht: Mit dem Frieden von Basel 1795 war das Todesurteil über das Heilige Römische Reich gesprochen; ein Jahrzehnt später gab es das Sacrum Imperium auch de jure nicht mehr.

Nur Staaten gab es, und Friedrich schlug sich zunächst einmal zu dem Staat, der in topographischer, noch mehr in historischer Beziehung am nächsten lag: zum habsburgischen Österreich, das für ihn gleich hinter Münsingen begann. Ob die württembergischen Truppen unter General von Hügel – die nach der Schlacht bei Hohenlinden am 3. Dezember 1800, dem Sieg Moreaus, den Rückzug der geschlagenen österreichischen Armee bis vor die Tore Wiens zu decken hatten – diesen Tort aus Reichstreue ertragen haben, muss wohl bezweifelt werden. Selbstbehauptung wird dahinter gestanden haben, und für Friedrich galt es, aus den Dingen, nachdem einmal alles in Bewegung geraten war, das Beste herauszuschlagen. 1798 legte der General Ferdinand Friedrich von Nicolai, einer der besten Militärs, die Württemberg gehabt hat, in einer offenbar für die Stände gemünzten Denkschrift dar, dass Württemberg in den Händeln der großen Welt nur eine defensive Politik betreiben könne und dies nur im Bündnis mit anderen großen oder mittleren Mächten und auf jeden Fall nur mit einer Armee, die der geographischen und politischen Lage Württembergs adäquat sei.

Friedrich ist nach dieser sibyllinisch-richtigen Auskunft verfahren. Ihm konnte am wenigsten verborgen bleiben, dass die Flügel, unter deren Schatten man seines reichsunmittelbaren Daseins gewiss sein mochte, zu erlahmen und zu sinken begannen. Der Basler Friede von 1795, mit dem Preußen und Frankreich zu einer Sonderregelung kamen und mit dem in die Abtretung des linken Rheinufers an Frankreich eingewilligt wurde, war der Anfang vom Ende. Der Frieden von Campo Formio vom 17. Oktober 1797, der den Ersten

Koalitionskrieg beendete, hat auch Österreichs Einverständnis mit dieser Regelung gebracht. Nur formal war es noch Geheimsache, dass die deutschen Erbfürsten für ihren linksrheinischen Verlust durch Säkularisierung und Mediatisierung rechtsrheinischer Gebiete entschädigt werden sollten. Den Eingeweihten war sehr wohl bekannt, dass der Herzog von Württemberg durch einen Geheimvertrag vom 7. August 1796 für die Grafschaft Mömpelgard, die er abzugeben hatte, das Amt Oberkirch, die Abtei Zwiefalten und die Fürstpropstei Ellwangen bekommen sollte. Philipp Christian Friedrich von Normann, dem ehemaligen Carlsschüler und jetzigen Staatsminister, dem vielleicht wichtigsten Schrittmacher der württembergisch-autoritären Monarchie, gelang es, die Bestimmungen des Friedens von Lunéville vom 9. Februar 1801, der Bestätigung der Abmachungen von Campo Formio, wesentlich zu erweitern. In einem geheimen Zusatzvertrag vom 20. Mai 1802 sicherte er seinem Herrn neben Zwiefalten, Ellwangen, Schöntal, Heiligenkreuztal und anderen Stiften und Klöstern noch neun schwäbische Reichsstädte: Aalen, Esslingen, Giengen, Gmünd, Hall, Heilbronn, Reutlingen, Rottweil und Weil der Stadt. Zwar war das Amt Oberkirch jetzt nicht mehr dabei, so dass auch der – ersehnte – Zugang zum Rhein entfallen war. Aber dafür brachte das Reichsstädte-Konsortium – die gleiche Gruppe, die als Schwäbischer Städtebund einst gegen den württembergischen Grafen ausgezogen war – eine großartige Arrondierung des altwürttembergischen Gebiets. Wenn man allein Rottweil oder Schwäbisch Hall berücksichtigt, Städte, die ein respektables Territorium hinter sich hatten, war das ein großer Landgewinn, das Vierfache von dem, was Württemberg rechts des Rheins verlor.

Am Ziel war Friedrich deshalb nicht, auch wenn man sich zu Regensburg im Februar 1803 im Schoß der Reichsdeputation an die Verteilung der Liquidationsmasse des alten Heiligen Römischen Reiches machte, sprich: Friedrichs Zuwächse vom Mai vergangenen Jahres bestätigte und ihm dazuhin die Kurwürde verlieh.

Jetzt meinte Friedrich, mit einer Neutralität am besten zu fahren: weder Frankreich noch Österreich. Aber mehr und mehr wurde ihm klar, dass er sich zu entscheiden hatte, zumal Bayern und Baden schon für Frankreich optiert hatten. Als Friedrich in Paris um Aufrechterhaltung eines nur freundschaftlichen Verhältnisses bat, ließ ihn Napoleon wissen, dass er eine Neutralität nicht gestatte. Dafür wurde dem Kurfürsten das Versprechen gegeben, im Bündnisfalle würden Stuttgart und Ludwigsburg von Truppen und Einquartierung verschont bleiben. Dass man diese Beteuerung nicht gar so ernst meinte, wurde spätestens bei der Hochzeitsfeier eines Kurfürstensohnes auf Schloss Monrepos am 28. September 1805 klar. Ein Kurier brachte die ganze Gesellschaft in Auflösung: die Franzosen stünden schon vor Ludwigsburg. Zwar blieb Ludwigsburg vom Korps des Marschalls Ney tatsächlich unbehelligt, in Stuttgart waren die Franzosen aber ohne Hemmungen einmarschiert.

Die schwersten Tage kamen mit dem 2. Oktober, als Napoleon sich beim Kurfürsten in Ludwigsburg anmelden ließ. Krieg oder Frieden? Am nächsten Tag saßen die beiden sich im Ludwigsburger Schloss gegenüber, Napoleon mit mehr als hunderttausend Mann im Rücken. Württemberg, gab er zu verstehen, werde bei Bündnisverweigerung als eroberte Provinz behandelt. Über vier Stunden ging das Ringen. Als Friedrich sich auf die Kriegsfeindlichkeit der Stände berufen wollte, fuhr Napoleon auf: »Chassez les bougres!« Es blieb beim »Für mich oder wider mich«.

Als Napoleon am 5. Oktober Ludwigsburg verließ, war der Kurfürst von Württemberg sein Verbündeter. Der Marsch gegen Österreich konnte beginnen. Sieg um Sieg folgte. Als am 17. Oktober 1805 der österreichische General Mack in Ulm eingeschlossen wurde, waren die Preußen nicht mehr mit von der Partie. Und als Napoleon schließlich am 2. Dezember bei Austerlitz über die unter dem Zaren Alexander I. und Kaiser Franz I. aufmarschierten Russen und Österreicher einen glänzenden Sieg errang, hielt Napoleon sein zu Ludwigsburg gegebenes Versprechen und gab Friedrich im Vertrag von Brünn vom 12. Dezember 1805 große Teile bisher vorderösterreichischer Lande, die Donaustädte, die Grafschaft Hohenberg, die Landvogtei Altdorf, Besitzungen des Deutschordens mit Neckarsulm und Gundelsheim, die Hoheit über die Klein-Territorien der Reichsritterschaft und andere Partikel. Am 26. Dezember 1805 bestätigte der Preßburger Friede das alles, schenkte Friedrich die volle Souveränität und die Königswürde.

Der Länderhandel war damit im Wesentlichen abgeschlossen. Als Glied des Rheinbundes vom 12. Juli 1806 durfte sich Württemberg alle übrigen gräflichen und fürstlichen Herrschaftsgebiete – Hohenzollern ausgenommen – einverleiben, die Territorien der Hohenlohe, Ottingen, Limpurg, Fürstenberg und Waldburg vorab. In den Jahren 1809 und 1810, als das Ländergeschäft durch Tauschaktionen zwischen Württemberg und Baden und Bayern noch ein paar Unebenheiten zu beseitigen suchte, bekamen die drei Südstaaten ihre endgültige Größe. Für Württemberg hatten sich Gebiet und Einwohnerzahl in etwa verdoppelt. Das Land, 19 513 km² groß, spannte sich jetzt vom Bodensee bis zum Odenwald und hatte statt bisher 660 000 etwa 1 350 000 Einwohner.

Friedrich, der die Anregung Napoleons wörtlich genommen, die Lumpen, sprich die Landstände tatsächlich verjagt und am 30. Dezember 1805 jenes Antiquissimum altwürttembergischer Verfassung aufgehoben hatte, zimmert das Königreich rasch zusammen. Zunächst hält er die beiden Dinge, Altwürttemberg und das neue Konglomerat, auseinander; »Neuwürttemberg« bekommt eine eigene Regierung in Ellwangen. Erst in diesem für die Geschichte Württembergs so bedeutsamen Jahr 1806 werden beide Körper zusammengeführt, unter Beseitigung aller altständischen Vorrechte und Vorstellungen. Das Land wird in zwölf Landvogteien eingeteilt, wie das die Franzosen machten, benannt nach Fluss und Gebirge. Die Landvögte haben die gleichen Aufgaben, wie sie in Fleurignons »Code administratif« beschrieben sind. Die Selbstverwaltung der Gemeinden hört auf zu bestehen, man ersetzt sie durch einen rationalisierten Behördenapparat. Seit 1806 gibt es in Württemberg Haushaltspläne. Ein Edikt erklärt die Gleichberechtigung aller Glaubensformen. Die Macht des altwürttembergischen Luthertums ist gebrochen. Ellwangen wird zur Keimzelle des 1827 errichteten Bistums Rottenburg: Als im Sommer 1812 der einstige Kurfürst und Erzbischof von Trier Clemens Wenzeslaus, Bischof von Augsburg und Fürstpropst von Ellwangen, stirbt, benützt König Friedrich diesen Anlass, um auf eigene Faust den in Württemberg gelegenen Bistumsanteil von der Augsburger Diözese abzutrennen und einer neu geschaffenen kirchlichen Verwaltungsbehörde, dem Generalvikariat Ellwangen, zu unterstellen. Die katholische Bevölkerung, nahezu eine halbe Million, ist bemerkenswert rasch in diesen Staat Württemberg hineingewachsen.

Die Fusionen des Alten mit dem Neuen scheinen sich überhaupt schmerzlos vollzogen zu haben. Ein Zeichen dafür, dass vieles reif war für diese verwaltungstechnische, wirtschaftsorganisatorische – man denke an die Aufhebung der Adelsvorrechte –, für diese soziale Modernisierung? Im Dezember 1802 teilt der Sigmaringer Hofrat und Leibarzt Mezler an den Herzog nach Stuttgart ergebenst mit, eine Gesellschaft von naturforschenden Freunden und Ärzten treffe sich alsbald in Stuttgart oder Tübingen, »weil diese Orte so beiläufig in der Mitte Schwabens liegen«. Zwei, drei Jahre später hätte es »Mitte Württembergs« geheißen. Die beiden Begriffe beginnen ineinander überzugehen, dergestalt, dass »Württemberg« westlich der Iller mehr und mehr für »Schwaben« zu stehen kommt. Man hört eigentlich nichts von tätlichem Widerstand gegen die Herrschaft der neuen Krone. Die Opposition, wenn überhaupt, ist mehr eine Gesinnungssache und wird auch mehr in der Bücherwelt als in der wirklichen ausgetragen. Zu Mergentheim, in der ehemals stolzen – und am weitesten abgelegenen – Deutschordensresidenz, wagen die Bewohner im Juli 1809 einen »Aufstand«. Aber solcherlei Störmanöver werden aufgefangen, in der Not der napoleonischen Kriegsjahre, im allgemeinen Bewusstsein, dass die Zertrümmerung des Alten neue Formen wohl unausweichlich mache.

Sie werden aufgefangen nicht zuletzt im Glanz der Königskrone. Friedrich habe konsequenterweise auch den monarchischen Staat nach innen geschaffen – Hegel, der den Landständen die Verweigerung von Friedrichs Verfassungsangebot in der Landtagssitzung am Christophstag (15. März) 1815 nie verziehen hat, ist wieder ausgesöhnt mit seinem Geburtsland. Den konsequenten Ausbau im Inneren hat Friedrich auch im äußerlich-repräsentativen Sinne verstanden. Auch die Präsentation gehört dazu, die Schaustellung, der neue Hofstaat, die neue »Königliche Kultur«. In ihren eigenen Karossen, nicht in königlichen wie die Ehrengäste, haben die »unterworfenen« Fürsten und Grafen zur persönlichen Huldigung am 6. Januar in Stuttgart zu erscheinen. Erst in der Mitte der Treppe werden sie von niederen Hofbeamten empfangen. Eine halbe Stunde vor Beginn der Feierlichkeiten haben sie versammelt zu warten. Im großen Thronsaal haben sie sich auf dem Wege vom Portal bis an den Fauteuil des Herrschers dreimal zu verneigen (das dritte Mal am tiefsten). Erst bei dieser dritten Verbeugung, versichert der Chronist, »rückten seine Königliche Majestät etwas den Hut«.

Wer war dieser Friedrich? In Hetschs Krönungsbild – das keines war, nicht nur weil es nach dem Tode des Königs entstand, sondern auch weil es württembergische Krönungen damals und später nie gab – hat man Sinnlichkeit, ja Lüsternheit aus den Gesichtszügen gelesen. Ob man unter solchen Eindrücken, wie es früher geschah, Friedrich als einen barocken Menschen bezeichnen darf? Es scheint, als ob uns hier eine durchaus moderne Gestalt entgegenträte, zwar von den absolutistischen Herrscheridealen Friedrichs des Großen, seines bis zur Selbsterniedrigung geliebten Großonkels, erfüllt, aber doch nirgends rückständig denkend, immer im Kampf gegen den altständischen Staat, nur von Wille und Macht geleitet. So gesehen erscheint dieser Mann – zu dessen nächstliegendem Vokabular »Sünder« und »Schurken« gehörten und für den die Beziehungen zwischen Politik und Moral nicht einmal im Vordergrund existierten – als einer von den vielen kleinen und großen Tyrannen der Weltgeschichte, der 1806 den Fürsten Thurn und Taxis wissen ließ, er habe jetzt »Allerdurchlauchtigster Großmächtigster König, allergnädigster König und Herr« und in Unterschrift »allerunterthänigst treu gehorsamster« zu schreiben.

Für uns ist Lächerliches und Gefährliches nicht mehr so nahe beieinander wie für unsere Großväter. Heinrich von Treitschke, dem man gewiss einiges Verständnis für den Machtstaat nachsagen darf, ist die »dämonische« Anziehungskraft Friedrichs aufgefallen. Der weit blickende, noch heute wirksame Reichsfreiherr vom Stein, der 1829 geschrieben hatte, »die Emanzipation Amerikas ist wichtig als Entstehung großer republikanischer Staaten und Verbreitung demokratischer Grundsätze«, berichtete in einer Atempause seines Lebenskampfes gegen Napoleon: »Der lächerlichste und zugleich der abscheulichste ist der Württemberger Tyrann, ungeheuer an Gestalt und Stolz«. Beiden ist das Dämonische und Ungeheure in diesem Menschen nicht verborgen geblieben, dem großen Zeitgenossen wie dem großen Historiker nicht. Nicht deshalb, weil Friedrich demokratische oder aristokratische Republiken als Angelegenheiten armer Völker belächelte oder sich etwa über feststehende Klauseln der Rheinbundakte hinwegzusetzen pflegte. Vielmehr darum, weil ihm der Staatsapparat wichtiger war als der Mensch.

Ob die Notwendigkeit der damaligen Übergangszeit das verlangt hat? Eine staatliche Neuschöpfung, auch eine innere Erneuerung ganz gewiss, nicht aber das gewaltsame Zerschlagen des Bestehenden. Die organische Einordnung des Alten in das Neue, das wäre die Kunst gewesen. Dass Friedrich, nach einem der Besitzergreifungspatente, dem berühmten Kronleuchter im Münster der »eroberten« Comburg den Schmuck nehmen und zu Tafelgeschirr für den eigenen Bedarf machen ließ, dass er dem Verschleudern kostbarster Kunstschätze insgeheim zusah und die nun ihrer Tätigkeit enthobenen Beamten oft um mehr als die Hälfte ihrer rechtlich zustehenden Pension betrog, dass in den Reichsstädten, Klöstern und Residenzen »mit verletzender Rücksichtslosigkeit« sogleich alle Erinnerungszeichen der alten Zeit, die gemalten, geschnitzten oder in Stein gehauenen Adler und Wappen an öffentlichen Gebäuden »entfernt« wurden, das alles ließe sich vielleicht aus heutiger Sicht verschmerzen. Trauriger ist das öfter belegte, den Offizieren der ausreitenden Okkupationstrupps mitgegebene Wort, derjenige unter den Kommandeurs sei ihm der Liebste, von dem am meisten Klagen einliefen. Und am traurigsten ist, dass damals die fränkischen und oberschwäbischen Klöster, Stätten schönster, jahrhundertealter Kulturarbeit, zu Vermögensobjekten für die Finanzämter herabsanken, dass in den Reichsstädten, zumal in den geistig führenden, vielerlei Institute jahrhundertealter Selbstverwaltung und Selbstverantwortung durch »Kommissäre« ersetzt wurden. Das, was wir unter dem Stichwort »Säkularisation« zusammenfassen, meint ein offenbar unumgängliches Stück »Modernisierung«. Aber der Schnitt hat auch Wunden gebracht, die wir heute noch spüren. Sinnbildlich steht das Faktum dafür, dass man später unter Wiblingen, der großartigen Benediktinerabtei, die »Kaserne« verstand, unter Weingarten die »Garnison«, unter Zwiefalten die »Anstalt«.

Provinz im Aufbruch

Der kürzeste Artikel in der deutschen Bundesakte vom 8. Juni 1815 wiegt historisch am schwersten: »In allen Bundesstaaten wird eine Landständische Verfassung stattfinden«. Dies ist das Ergebnis des Wiener Kongresses speziell für jenes Deutschland, das staatsrechtlich seit 1815 als »Deutscher Bund« zu bezeichnen war. Ob mit diesem »wird« eine Vorschrift gemeint war oder nicht: Verfassungen wollten die deutschen Territorien auf alle Fälle haben, nachdem man ihre Soldaten draußen auf den Schlachtfeldern mit und gegen Napoleon mit »Verfassungen« immer wieder getröstet hatte.

In Württemberg ließ sich das zunächst recht gut an. Der König hat sich nicht, wie sein preußischer oder österreichischer Vetter, um die Aufgabe gedrückt, sondern hat sie zügig angegriffen. Friedrich bot eine Verfassung sozusagen nach dem neuesten Stand. Die Rechte der Charte constitutionelle Ludwigs XVIII. wurde ebenso berücksichtigt wie die Entwürfe des Wiener Kongresses zu einer »Konstitution«. Die Gleichheit vor dem Gesetz war enthalten, der Schutz des Eigentums und der Person, die Abgabengleichheit. Nur zur Pressefreiheit schwieg sich Friedrichs Verfassungsurkunde aus.

Und die wieder aufgeweckten württembergischen Stände? Eine radikale Gleichheit wünschten sie zuallerletzt, auch die Adelsprivilegien sollten nicht angetastet werden. Naturrecht und Menschenrecht – das wollte man auf keinen Fall, und als Jakobiner zu gelten, das wäre Verrat und Schande gewesen. Hegel, der die Verhandlungen von 1815 und 1816 recht aufmerksam verfolgt und hernach unbarmherzig glossiert hat, bemerkte eingangs, das vernünftige Staatsrecht liege in der Verfassung des Königs. Die Landstände kämpften für nichts anderes als für ihre Privilegien und gäben »das verkehrte Schauspiel, dass sie dieses im Namen des Volkes tun, gegen dessen Interesse noch mehr, als gegen das des Fürsten, gegen den jene Privilegien gerichtet sind«. Wir haben Verständnis dafür, dass den württembergischen Ständen das zu erkennen schwer fällt, was die Zeit unerlässlich zu machen scheint: dass sich der neue Geist in einem neuen Staat verwirklichen will. Aber wir verstehen auch ihre distanzierte und schließlich, wie wir konstatiert haben, zur Ablehnung führende Haltung. Zu brutal hatte der selbstherrliche Friedrich jahrhundertealte Privilegien zerschlagen, sich über Vertrag und Herkommen hinweggesetzt, als dass jetzt nicht die Forderung nach dem »alten, guten Recht« hätte laut werden müssen. Anders als in Bayern und Baden hatten in Württemberg die Grundrechte keine Tradition, man hatte nur die der historischen Verträge. Triumphierend begrüßte Friedrich den Untergang der alten Verfassung. »Faulheit, Nachlässigkeit und dummer Eigensinn« sollten fortan nicht mehr »unter dem Schutz einer missdeuteten Verfassung unangetastet bleiben«, »der Staat nicht für die Diener desselben, sondern diese für ihn da sein«. Es war ein Geschenk der Geschichte, dass Friedrich mit seinem plötzlichen Tod das Gespräch und schließlich einen Weg zur Verständigung frei machte. Sein damals fünfunddreißigjähriger Sohn Wilhelm I. (1816–1864), ein gescheiter, nüchterner Mann, wurde stürmisch begrüßt: Man wusste von ihm, dass er manchen persönlichen Kontakt mit Repräsentanten der alten Stände gepflegt hatte, man kannte die – angeblich – liberalen Profile seiner Persönlichkeit. Natürlich ging, einmal in diese Sackgasse geraten, das Verfassungswerk auch jetzt nicht in ein paar Wochen zu Ende. Lange Zeit stockten die Verhandlungen, setzten sogar ganz aus. Erst als Bayern und Baden 1818 ihre Verfassung fertig präsentierten, und als die so genannten Karlsbader Beschlüsse Furcht vor Zugriffen von außen infiltrierten, näherten sich Regierung und Landtag an. Am 25. September 1819 wurde im Schloss zu Ludwigsburg eine neue Verfassung mit zwei Kammern angenommen. Damit war die konstitutionelle Monarchie in Württemberg heimisch gemacht. Und sie blieb es bis zu jenem 9. November 1918, als die Arbeiter das Wilhelmspalais stürmten.

Die Epoche des Vormärz, in die Württemberg nun hineingeführt wurde, sicherlich primär geprägt durch die Gestalt dieses Königs, brachte wichtige, wesensmäßige Veränderungen. Oberflächlich betrachtet ist das eine biedermeierliche oder zumindest »ausgeglichene« Idylle, signiert durch diesen »König der Landwirte«. Aber schon die Kritik eines Mannes wie David Friedrich Strauß an der eigentlich fehlenden Beziehung Wilhelms zu den Räumen der Kultur verrät, was man als fehlend empfand. Natürlich ist vieles vorangetrieben worden. Und vieles ist dem, was die Verfassung wollte – eine Staatsgewalt in der Hand der Fürsten, ein Überprüfungs- und Beschränkungsrecht in der Hand der Landstände – angeglichen worden. Da waren die Organisationsedikte von 1817 und 1818, die eine bis ins 20. Jahrhundert hinein gleitende Kreiseinteilung brachten; da war das Verwaltungsedikt von 1822, das den Gemeinden – wieder – eine gewisse Selbständigkeit gab; da war die Förderung der Landwirtschaft, sinnfällig geworden in der Gründung der Landwirtschaftlichen Schule in Hohenheim, die Wilhelm 1847 zur Akademie erhob; da stößt man auf eine Reihe von Industrialisierungsansätzen, von denen noch die Rede sein wird.

Aber von einer völligen Deckungsgleichheit zwischen dem, was die Menschen gedacht und gewollt haben, und dem, was »von Staats wegen« geschehen ist, kann gerade in dieser Zeitspanne zwischen 1815 und 1848 am allerwenigsten die Rede sein. Es ist eine Epoche der Entzweiung, des Auseinanderdriftens in zwei Richtungen, in die humanistische und sozialistische, wohl auch in die konservative und revolutionäre, wobei wir feststellen, dass das »andere Württemberg«, eben jenes progressive und, vereinfacht gesagt, »sozialistische« bislang noch gar nicht zur Kenntnis genommen worden ist

Wer an die schwäbische, um es genauer zu sagen: an die württembergische Geistesgeschichte des Vormärz, also der ersten Hälfte des 19. Jahrhunderts denkt, sieht Arglosigkeit und Harmonie vor sich. Das gehört sich so. Da ist Uhland, der Männerstolz vor Königsthronen übt, aber in seiner Dichtung, in seinen Liedern vom Herzog Ernst, von Eberhard, dem Rauschebart und so weiter, die ehrfurchtsvolle Verbeugung vor dem württembergischen Königshaus erst recht zeitlos machte. Da ist das Kernerhaus in Weinsberg, durch dessen Türe die halbe literarisch-künstlerische Welt der damaligen Zeit ging, in vollen Zügen genießend, was der massige, aber behagliche Kerner zu bieten hatte, an Dingen, von denen in keinem Schulbuch die Rede war. Da ist Mörike, der die lebenslange Angst vor den Abgründen des Daseins so freundlich und so jovial zu kaschieren wusste, dass man ihn geradezu als Repräsentanten dieser schwäbischen Vormärz-Idylle lieben lernte. Erst viel später hat man hierzulande vom »Romantiker« Mörike Abschied genommen und auch das Bodenlose, die unheilbare Spannung in dieser großartigen Dichtergestalt erkannt. Man hat viel lieber den Satz zitiert, mit dem Mörike einst den Lyriker Emanuel Geibel verblüfft hat. Als der sich bei einer Eisenbahnfahrt angesichts eines wolkenübersäten Himmels gar nicht genug tun konnte, meinte Mörike nur: »Bei uns nennt man das Schäfle.« Man hat da rasch Verbindungslinien gezogen, von der Liebenswürdigkeit Mörikes zu Ottilie Wildermuths freilich köstlichen Kommentaren zur schwäbischen Pfarrhauswelt, zu Tony Schumachers, der höheren Tochter, humorig vergoldeter Jugendwelt, zu den frommen Kirchenliedern von Karl Gerok, zur unschuldigen Historie des »Lichtenstein« oder des »Rulaman«, wie sie Wilhelm Hauff und Friedrich Weinland zu aller Ergötzen notiert haben, zu den »Schwôbagschichte« von Richard Weitbrecht bis August Lämmle und so fort.

Aber die Medaille hat eine Kehrseite. Schwäbisches ist nicht nur Versöhnlichkeit und biedermeierliche Bereitschaft zum Ausgleich, nicht nur die Überwindung des harten Entweder-oder im gemütlich-bedächtigen »So isch no au wieder.«

Die schwäbisch-württembergische Geistes- und Sozialgeschichte des frühen 19. Jahrhunderts muss entrümpelt werden, wenn wir auch dies andere sehen wollen: das unbedingte Eintreten für die soziale Wirklichkeit, die Parteinahme, die Absage an die alten Bildungsmächte, an die Lateinschulen, an die Welt der Präzeptoren. Heinrich Heine hat mit dieser Entrümpelung begonnen, als er im Mai 1838 in Paris seinen »Schwabenspiegel« hinzürnte, ein galliges, in vernichtende Satire getauchtes Pamphlet, das im Schwäbischen noch bis heute schamhaft verschwiegen wird. »Die lieben Kleinen von der schwäbischen Dichterschule«, wie Heine sagt, »die jetzt an meinen Liedern klauben und knuspern und die Thränen zählen«, die darin vorkommen, verschwinden da in ein paar Zeilen vom Feld der deutschen Literatur-Diskussion. Uhland muss sich sagen lassen, dass er »längst verstorben« ist und dass er, so Heine, »vor jenen edlen Leichen nur das größere Verdienst« hat, »dass er seinen Tod wohl begriffen und seit zwanzig Jahren nichts mehr geschrieben hat.« Und Gustav Schwab ist ein »Hering in Vergleichung mit den anderen, die nur Sardellen sind«, »versteht sich«, meinte Heine, »Sardellen ohne Salz«. Und was Justinus Kerner anlangt, ruft Heine aus: »Das fehlt noch, dass man seine Stiefel des Abends festbinden muss, damit sie einem nicht des Nachts, trapp! trapp! vors Bett kommen und mit lederner Gespensterstimme die Gedichte des Herrn Kerner vordeklamieren.«

Wie auch immer: Es scheint schwer, den jungdeutschen und »linken« Trend – wenn wir von Herwegh, dem freilich Exilierten, einmal absehen – in der Dichtung und Lyrik des Neckarschwäbischen für den Vormärz nachweisen zu wollen. Die »Bilder aus dem Proletariat«, die Rudolf Flaigg 1849 in der Schell'schen Buchdruckerei in Heilbronn hat erscheinen lassen, sind bereits ein Kind der Revolution. Vor dem März 1848 gab sich Flaigg als »völkischer« Turner. Das Heilbronner Turnfest vom 1. bis 4. August 1846 hat er wesentlich ausgerichtet und im gleichen Jahr auch, in der Drechsler'schen Buchhandlung in Heilbronn, das »Festalbum« zu Erinnerung an dieses Ereignis herausgegeben. Dass diese Volksversammlung ihre latent politischen Züge hatte, hat niemand übersehen und niemand vergessen. Bezeichnend, dass Flaigg mit seinen »Bildern« – um eine höchst bescheidene Gabe handelt es sich, um »Drei friedliche Gedichte«, wie der Untertitel besagt – auf die heimische Situation am mittleren Neckar gar nicht zu sprechen kommt. Das eine Gedicht betrifft ein »Spinnerkind«, das sich bei seiner Arbeit jetzt mit Maschinen auseinander zu setzen hat, das andere ein »Harfenmädchen« mit starkem Mignon-Anklang, das von der Mutter verstoßen in der Fremde leben muss, und das dritte Gedicht trägt die Überschrift »Die sächsischen Klöppler«. Im Vorwort, Flaigg nennt es eine »Ansprache«, erfahren wir, dass die badischen Ereignisse und vor allem der Fall Rastatts angesprochen sind. »Wo das Elend eine solche Höhe erreicht hat, wie gegenwärtig im Nachbarlande Baden, da schweigt der Partheihass und nur Eine Regung ist gerechtfertigt: die der werkthätigen Liebe. Hunderte liegen an ihren Wunden darnieder,

Tausende werden noch nachfolgen, viele Familien den ernährenden Vater, manche Wittwe den erstarkten Sohn, ihr einzige Stütze, verlieren. Darum gebt, gebt schnell, denn doppelt gibt, wer schnell gibt!« (Das Bändchen war »zu einem wohlthätigen Zwecke bestimmt«.)

Wenn also hierzulande im Vormärz die dezidiert politisch-sozialkritische Dichtung zu fehlen scheint, so haben sich doch eine Reihe frühsozialistischer Publizisten zu Wort gemeldet, welche die Landesgeschichte bisher gar nicht registriert hat.

Die von Wilhelm Weitling, dem »ersten deutschen Theoretiker und Agitator des Communismus« in den frühen vierziger Jahren herausgegebenen Zeitschriften – »Hülferuf der deutschen Jugend«, »Die junge Generation«, »Urwähler« und »Die Republik der Arbeiter« – blieben hierzulande noch Geheimware, wenn sie überhaupt »ankamen«. Die »soziale Frage« scheint es in Württemberg noch nicht gegeben zu haben, weil es in diesen frühen vierziger Jahren die Industrialisierung noch kaum gab. Dementsprechend zog es auch die gesellschafts- und zeitkritischen Publizisten und Politiker nicht an; die Brüder Cotta, Friedrich Christoph und Johann Friedrich, erwarben 1820 die bayerische Staatsangehörigkeit und pflegten ab dato, als Protagonisten einer strikten konstitutionellen Verfassungspolitik und zugleich einer latenten Renaissance der Revolution, weitere Beziehungen als nur die zu Württemberg. Aber in Baden kam am 25. April 1837 in der 16. öffentlichen Sitzung der Zweiten Kammer der Großherzoglichen Badischen Landstände in einer Rede des Abgeordneten Franz Josef (Ritter von) Buß die neue Zeit zu Wort. Buß verkennt »die Vorzüge der fabrikmäßigen Industrie keineswegs«. Sie sind groß. Aber sie bringen auch Gefahren mit sich, »die Gefahr einer relativen Arbeitslosigkeit«, mittelbare und unmittelbare Gefahren und Störungen für die Gesundheit, eine »Verkümmerung der Geistesbildung«, eine Hoffnungslosigkeit und der Verlust der »stillen Häuslichkeit«, eine durchgängig fehlende »rechtliche und politische Sicherstellung« der Arbeiter. Buß appelliert leidenschaftlich an die Verantwortlichkeit der »Fabrikherren«, an den Staat, der sich um »die Auflockerung des Verhältnisses der Stände« ebenso zu kümmern hat wie um »die Oligarchie des Geldreichtums«, die der »übermäßigen Fabrikation« zwangsläufig folgen muss. Die Konsequenzen dieser Veränderungen sind für Buß zwangsläufig und offenbar: Die Fabrikarbeit begünstigt Luxus ebenso wie eine »wahre Massenarmut, den so genannten Pauperismus«. Aber der Landtagsabgeordnete sieht auch Mittel, die aus dieser schon einigermaßen deutlichen Misere herausführen: genaues Abwägen, inwieweit sich der Staat in diese Entwicklung einmischen soll, adäquate Agrikulturgesetze und Erhaltung des »Standes der selbständigen Handwerker«, gute Ausbildung und umsichtige »Handelspflege«. Sparkassen und Hilfskassen tun das Ihrige, ebenso die Hebung der »religiösen Gefühle« und eine rechtliche und politische Eigenstellung des Arbeiters.

Soweit wir sehen, hat man sich im württembergischen Landtag im Vormärz überhaupt nie in einer derart dezidierten Weise zur »sozialen Frage« geäußert. Nicht nur geographisch, sondern auch politisch-ideologisch betrachtet lag Baden damals näher am Schuss; es dürfte zu einer Schrift wie der von Lorenz Stein »Der Socialismus und Communismus des heutigen Frankreichs« von 1842 in beiderlei Hinsicht gewisse Beziehungen gehabt haben, als tatsächlich greifbarer »Beitrag zur Zeitgeschichte« des damals ersten und einzigen Kompilators der Ideen des französischen Frühsozialismus. Immerhin jedoch hat ein paar Jahre nach der Rede von Buß ein junger und aufmüpfiger Studiosus in Tübingen namens Christian Gottlieb Abt – er ist als Journalist daheim und draußen zeitlebens ein streitbarer, um nicht zu sagen streitsüchtiger Journalist geblieben und merkwürdigerweise als Ultramontaner gestorben – zur Feder gegriffen und ganz in die soziale Wirklichkeit hineingeführt. Daheim in Dobel im Schwarzwald, wo der Vater Pfarrer war, las der Tübinger Theologiestudent frühsozialistische Bücher, bis es mit dem unruhigen jungen Mann in Tübingen zu einer Untersuchung durch den Dekan der Fakultät kam: Abt sei »angeweht von deutscher Hegeley« und »voll gefüllt von französischem Socialismus«.

Tatsächlich hat Abt, statt das württembergische Theologenexamen zu machen, lieber den Vorwurf der »Amtsehrenbeleidigung« auf sich genommen und im Übrigen noch als Student 1846 dem Staatslexikon von Rotteck und Welcker eine mehr als kritische Beisteuer, eine Analyse der politischen Situation in Württemberg mitgegeben. »Ich glaube zuversichtlich, dass die Zeit erscheinen wird, wo das württembergische Volk aufwacht und ihm die Abwesenheit seiner Rechte und Freiheiten zum Bewusstsein kommt. Möge es nicht zu spät geschehen! Württemberg ist keine Insel der Seligen. Es wird mit in die großen Bewegungen der Zeit hineingezogen werden.«

In der Tat – das ist die Sprache des in die Wirklichkeit geworfenen »Socialisten«. So jung der Autor ist, so eigenständig und geistvoll weiß er das politische Württemberg zu analysieren. Ihm ist es ein Despotenland, ein Eiland des – modern kaschierten – Absolutismus.

Glänzend und natürlich provozierend die Beobachtungen zur Frage, wie Revolutionen entstehen, was Absolutismus in allen seinen Erscheinungsformen – wir würden heute wohl Diktatur und Dirigismus und Bürokratie dafür setzen – bewirkt. Seine Antwort: Er demoralisiert, weil er a priori unsittlich ist, er macht, »ein Sohn des Egoismus«, aus verantwortlichen Staatsbürgern entmündigte Philister. Absolutismus ist »die Staatsverfassung der Brutalität«, umgeben mit Trabanten aller Art und Funktionen, eine Apparatur, die nur dem »Abstractum« dient.

Fast sensationell ist, dass Abt im Beitrag über »Die soziale Frage« – abgesehen davon, dass er sie überhaupt sieht – sich schon kritisch mit den frühsozialistischen Lehren und Thesen auseinander setzt. Wer Heines »Schwäbische Schule« im Kopf hat, sollte meinen, man habe damals im Schwäbischen nur »Veigelespoesie« à la Kerner oder Karl Mayer gekannt. Abt führt diese Abrechnung, das ist ganz seine Art, in höchst direkter Weise. Der Untertitel: »Ein offenes Sendschreiben an die Herausgeber der ›Rheinischen Jahrbücher zur gesellschaftlichen Reform‹ von einem Anhänger der vernünftig organisierten Gesellschaft.« Er wendet sich hier vor allem gegen Moses Hess' Geld- und Eigentumstheorie; aber auch die Versuche des Friedrich Engels, sich den Konzepten Robert Owens anzuschließen, sind ihm suspekt. Er fragt die Herren ohne Umschweife, ob durch »Verwirklichung Ihrer communistischen Ideale nicht die Freiheit und Persönlichkeit des Einzelnen vollständig vernichtet« würden. Die Theoretiker der Jahrbücher opfern »die individuelle Persönlichkeit« und überhaupt die Wirklichkeit »einem Abstractum auf«. Ihn schaudert's vor der am Horizont heraufziehenden Totalherrschaft der Ideologie. »Sie sind diese anmaßenden Despoten, Sie stellen ohne Weiteres ein communistisches Dogma auf und sagen dem Volke, dass musst du glauben. Sie bauen Quadrate von 1650 Fuß Länge und Breite, Sie errichten Spitäler des Communismus, Sie errichten Suppenanstalten und communistische Kasernen ...« Sein Sozialismus – und Abt lässt keinen Zweifel darüber, dass er sich als Sozialist versteht – hat nur die einzige Aufgabe, diejenigen Hindernisse verschwinden zu lassen, »welche die Gesamtheit von der Teilnahme an der Organisation der Gesellschaft ausschließen«. Wenn man's recht bedenke, ergebe die Verwirklichung dieser vornehmsten Aufgabe »keine communistische Gleichheit«, sondern »eine geistige Aristokratie«.

Dass ein solcher Kopf, brach erst einmal die – von ihm immer deutlicher gesehene – Revolution aus, auf der konsequenten, auf der radikalen Seite stand, wundert uns nicht. Wie sehr Abt zu den Modernisten gehörte und die alten Zöpfe verachtete, verrät allein seine Schreibweise von Wörtern wie »Fisiognomie«, »Sistem«, »Dinastie«, »Filosophie« und so fort, die er sich schon als Student in seinen Eingaben ans Konsistorium erlaubte und die von den Herren der Behörde jedes Mal mit Schrecken angestrichen wurde. Als die Revolution 1848 da war, gehörte er ganz selbstverständlich zu ihren leidenschaftlichsten Verfechtern. Im Staatslexikon ließ er in diesen Wochen einen Artikel mit der Überschrift »Die demokratische Partei als Anwalt der Menschheitsinteressen« erscheinen – unschwer zu erraten, in welche Kerbe er hauen wollte.

Was das Verfechten anlangt, so hat er in diesen Monaten und Wochen mit Worten gefochten. Einmal, als sich im Juni 1848 zu Frankfurt 234 Abgeordnete von 89 deutschen demokratischen und Arbeitsvereinen versammelten, treffen wir ihn dort als Delegierten. Aber seine Hauptwaffe war die Zeitung. In Heidelberg, da wirkten gewiss Beziehungen aus seinen Studentenmonaten nach, gehörte er zu den Mitherausgebern der Tageszeitung »Die Republik«, die vom 1. April 1848 an erschien und wahrscheinlich am 21. Juni 1849 die letzte Nummer herausbrachte. Nominell war ihr Verleger C. Frick, dann G. M. Renner und schließlich war Georg Hiebeler verantwortlich. Die tatsächlichen Schriftsteller waren Elsenhans, der 1849 als erster in Rastatt standrechtlich erschossen wurde, Abt und der schließlich zurückgekehrte Dr. Frick. Abt hat sich zeitlebens gegen jede Form von Pressebeschränkung gewehrt. Aber er hat später auch einmal verlangt, »dass nicht jeder misslungene Student und Taugenichts eine Zeitung dirigieren darf«. Kein Redakteur dürfte sich freilich auch mehr herausnehmen als »jeder Privatmann in anständiger Gesellschaft«.

Wir haben ihm zu bescheinigen, dass er sein Zeitungsschifflein – die »Republik« hatte kaum mehr als ein halbes Tausend Abonnenten – mit Anstand durch die gerade in Heidelberg anno 48 hoch schlagenden Wogen geführt hat. Freilich hat das Blatt, schon der Titel war ein Programm, aus seinem radikalen Standpunkt kein Hehl gemacht. »Die demokratische Republik«, so schon in der Ausgabe vom 18. März 1848, »ist nach unserem Dafürhalten die Regierungsform, welche die Rechte des Einzelnen und der Gesamtheit, die Volksfreiheit am Deutlichsten ausspricht und am Treuesten gegen innere und äußere Feinde schützt.« Zwangsläufig musste diese prinzipielle Überzeugung dazu führen, dass das Blatt in der Auseinandersetzung mit Waffen allmählich eine Notwendigkeit sah, dass es sich gegen das kostspielige monarchische System wandte, gegen einzelne Persönlichkeiten des großherzoglichen Hauses, gegen Staatsinstitutionen und schließlich gar gegen die Nationalversammlung. Erst im Juli 1848 sprach sich eine Gruppe Heidelberger Studenten für die Einrichtung der Republik aus. Damals hatte die Zeitung »Republik« bereits angekündigt: »Allerwärts wollen wir die Regierungen stürzen – wir warten nur auf die günstige Gelegenheit. Wir sind solche Wühler, solche Umstürzer und Feinde der bestehenden Ordnung, dass wir ganz unverholfen euch ins Gesicht sagen: Ihr werdet gestürzt und vertrieben, sobald der rechte Augenblick gekommen.«

Das könnte Abts Sprache gewesen sein. Wie und wann die Revolution von 1848 zusammenfiel, wissen wir. »Wehe dem Geschlechte«, hatte Abt im November 1848 unter »Eingesendet« in einer Esslinger Zeitung prophezeit, »für welches eine Revolution keine Früchte trägt, wo der Blitz aus der Höhe zuckt, aber die Luft nicht reinigt. Leiden ohne Ersatz ist oft das Schicksal der edelsten Menschen, aber wenn ein Volk leidet ohne Ersatz, mag es sich selbst verfluchen.«

Das ist also die Kehrseite der Medaille, von der wir sprachen. Sie beginnt damit, dass man sich nicht in Mörike'schen Träumen ergeht und sich nicht, wie Wilhelm Hauff, in die Historie flüchtet, sondern die Probleme der Zeit registriert. Das tut der 1804 in Tauberbischofsheim, also im Fränkischen, geborene Franz Strohmeyer, einer der Anhänger der oppositionellen Bewegung, die in den dreißiger Jahren in die Emigration gedrängt wurden.

Als am 1. April 1832 das badische Pressegesetz in Kraft trat und Vorzensur und Privilegierungszwang entfielen, begann Strohmeyer in Mannheim den »Wächter am Rhein. Ein deutsches Volksblatt« erscheinen zu lassen. Strohmeyer und seine Freunde, die »Hambacher« Wirth und Siebenpfeiffer, wollten, so die Ausgabe vom 13. April 1832, keinesfalls dem Volk erzählen, »wann irgend eine hohe Wöchnerin das Milchfieber hat«. Das muss Ihnen auch gelungen sein: Nach dem Hambacher Fest wurde das Blatt beschlagnahmt und Strohmeyer wegen Pressevergehens angeklagt. Der Vollzug der zweimonatigen Gefängnisstrafe wurde aufgrund von Strohmeyers Berufung beim Obergericht ausgesetzt. War es die Persönlichkeit dieses Mannes oder die erstmals beim Namen genannte Sache: als Strohmeyer einen Pass bei der Kreisregierung zum Besuch seiner kranken Schwester in Darmstadt beantragte und er unter Hausarrest gestellt wurde, zogen am 30. Juni und am 1. Juli 1832 in Mannheim Hunderte von »jungen Leuten« und Bürgern vor Strohmeyers Wohnung, sangen Lieder, brachten ein Vivat und schließlich Hochrufe auf die Verfassung, auf die Pressefreiheit und den Großherzog aus. Die »Speierer Zeitung«, die von Freunden Strohmeyers herausgegeben wurde, berichtete am 7. Juli unter anderem: »Weil die am untern Ende der Straße stehende Volksmasse Nichts von dem hörte, was am obern Ende verlangt wurde, so konnte die Straße nicht so schnell geräumt werden, als der strenge Befehl der bewaffneten Macht es verlangte, und so wurde eine ziemliche Anzahl Menschen, zum Theil bedeutend, verwundet.«

Ganz so »biedermeierlich« muss es also bei den Demonstrationen nicht zugegangen sein. Strohmeyer selbst, einer der ersten liberaldemokratischen »Volkshelden« im baden-württembergischen Vormärz, ging schließlich straffrei aus, musste seinen »Wächter« aber aufgeben.

1833 wurde er im Anschluss an den Frankfurter Wachenaufstand aus Deutschland ausgewiesen, ging erst nach Frankreich, dann in die Schweiz, wo er in Bern 1834 als »Dr. Franz Strohmeyer« ein Buch über den preußischen Mauthverein und seinen »Einfluss auf die Handelsverhältnisse der Nachbarländer mit besonderer Beziehung auf Frankreich und die Schweiz« erscheinen ließ, flüchtete wieder nach Frankreich, wohnte als Emigrant in London, wo er »in der größten Not«, wie aus einer Agentenmeldung hervorgeht, von »Unterstützung seiner Kompatrioten lebt«, Französischunterricht für Handwerker gab und Artikel für den »Monde« schrieb.

Der französische Frühsozialismus ist für ihn der große Lehrmeister geworden. Charles vor allem folgte er, dem Mann, der ein umfassendes System des utopischen Sozialismus entwarf. Der sah das Heil in der Form einer föderativen, unmittelbar auf Frieden und Glück gerichteten Vereinigung kleiner, sich selbst genügender Gemeinschaften; er nannte sie nicht Kommune, sondern Phalanx. Heine hat in Paris Fourier täglich mitleidvoll bewundert. Engels meinte, Fourier habe »die materielle und moralische Misere der bürgerlichen Welt unbarmherzig« aufgedeckt. Strohmeyer, sein schwäbisch-fränkischer Schüler, hatte gerade die gruppenpsychologischen Überlegungen in einer erstaunlich modernen Weise weitergebildet. Sein 1844 in Konstanz erschienenes Buch »Organisation der Arbeit« müht sich um die Frage, wie der Mensch in der anders gewordenen, industrialistisch bestimmten Arbeitswelt noch heimisch sein könne. Es ist ein sehr fleißiges, sehr besonnenes Buch, innerhalb einer Problematik, die für Marx dann zur zentralen Frage überhaupt wurde. »Wir wagen zu behaupten«, schrieb Strohmeyer, »dass die gegenwärtigen Einrichtungen unserer Gesellschaft in bürgerlichen und gewerblichen Beziehungen eine freie Entwicklung und Ausübung der menschlichen Kräfte nicht gestatten und dass es uns darum erlaubt sein muss, nicht nur an der Vortrefflichkeit dieser Einrichtungen zu zweifeln, sondern auch solche, die unserer Ansicht nach vorzüglicher sind, zum Vorschlag zu bringen.«

Die Verbindung mit seiner Heimat hat der am 16. Dezember 1848 in Konstanz verstorbene Strohmeyer gehalten. Die so genannte Koseritz-Verschwörung von 1833, in der für den königlich-württembergischen Staat plötzlich die Abgründe einer radikal-republikanischen Revolution aufbrachen, hat, wenn sie überhaupt eigenständigen ideologischen Ehrgeiz besaß, manche ihrer Ideen von Strohmeyer bezogen.

Das geschah durch den eigentlichen Kopf der Gruppe, den Stuttgarter Buchhändler Gottlob Franckh, der mit Strohmeyer mehrmals in Karlsruhe und Mannheim zusammentraf. Strohmeyer selbst endete in traurigem Zwielicht: Ab 1842 war er Geheimagent des von Metternich geführten Mainzer Informationsbüros und bespitzelte seine ehemaligen Gesinnungsfreunde in Baden und Württemberg. Im Revolutionsjahr 1848 hatte man ihn schon vergessen.

Anders der von einem Bauernhof in Kuchen bei Geislingen stammende Simon Schmidt. Strohmeyer, der promovierte Journalist und Schriftsteller, hat in Heidelberg Volkswirtschaft studiert. Schmidt war Handwerker. Er hatte seine gewerbliche Ausbildung bei einem Lohgerber in Reutlingen erhalten. Bei seinen Genossen war er später nur als der schwäbische Gerbergeselle aus Reutlingen bekannt. Aber er war eifrig lernender Autodidakt. Als er 1838 nach Genf kam, beherrschte er die französische Sprache im Schriftlichen und Mündlichen und hatte die französischen Sozialisten – seine Lehrmeister waren Fourier, Babeuf, Cabet und Robert Owen – alle im Original gelesen. Zuvor hatte er von 1834 bis 1838 Frankreich »in allen Richtungen« durchwandert und dabei in Paris Weitling kennen gelernt. Er wurde der Mitgründer des am 5. April 1840 ins Vereinsregister eingetragenen Lausanner Arbeitsvereins. »Die Seele des volkstümlichen Gewerbstandsvereins Lausanne« war »der Gerber Simon Schmidt, unter dessen Einfluss er als einziger Handwerkerverein der Schweiz schon vor Ankunft Wilhelm Weitlings eine sozialistisch-kommunistische Färbung annahm«. Schmidt hat gewiss für die geistige Richtung gesorgt. »Nach unserer Meinung muss alles Elend von der Erde vertilgt werden, muss allen Kindern eine Erziehung gegeben, muss in alle Verfassungen geschrieben werden, dass die erste Pflicht der Gesellschaft sei, allen ihren Mitgliedern das materielle, geistige und sittliche Leben möglichst zu sichern. Wir wünschen diese Abänderung nach den Regeln der Vernunft, der Gerechtigkeit, der Sittlichkeit und Verbrüderung, ohne zu rauben, oder irgendjemand zu unterdrücken; wir wünschen keine Revolution, sondern wir wollen eine Reform.«

Schmidt war »der geborene Verwalter und Organisator«. Als Weitling angekommen war, sah Schmidt klar genug, dass mit ihm ein großer ideologischer Zuwachs, ja die Verkündigung eines missionarischen Apostels aufgezogen war. Schmidt setzte alle Hebel in Bewegung, um »sich die bisherige Leitung des Vereins und der Lausanner Gemeinde des Bundes« zu sichern. Dass dabei höchst persönliche Gründe mit im Spiele sein mochten – zum Beispiel materielle, Schmidt hatte im Gegensatz zu Weitling Frau und Kinder –, ist nicht auszuschließen. Es kam zur Auseinandersetzung »zwischen den Anhängern Weitlings und denjenigen Schmidts«, die »mit verbissener Energie« von beiden Seiten geführt wurde. Der Kampf »endet mit der Niederlage Simon Schmidts«. Schmidt zog sich »weitgehend von den Vereinsgeschäften zurück und verhielt sich hinfort (bis Hochsommer 1843) in Vereins-Angelegenheiten mehr oder weniger neutral«.

Während Abt, Grieb und Strohmeyer zumindest vor 1848 Beobachter und eben »Journalisten« blieben, zog es den Praktiker Schmidt zu konkreten Hilfestellungen für seine Arbeitsgenossen. Man wird dabei berücksichtigen müssen, dass im Waadtland, also in unmittelbarer Nachbarschaft von Genf, der »Kommunismus« sogar ins kantonale Schulwesen und in das Denken der Kaufmannschaft eingedrungen war. Man wollte Sozialwerkstätten, neuartige Gewerbeschulen, eine sozialistische Akademie. Nach dem Vorbild eines Genfer Arbeiterkasinos unternahm Schmidt in Lausanne, Morges, Vevey und anderen Uferorten des Genfer Sees Arbeitervereinsgründungen. Schmidt führte im genauen Sinne des Wortes »seine« Vereine. Er wollte sie frei halten von jeder Geheimnistuerei: Es sollten »freie« Organisationen sein. Fünf Jahre lang bestanden diese Vereine, von 1840 bis zur polizeilichen Auflösung durch den Großen Rat; der Genfer Verein mit seinem Haus in der Rue St. Pierre war unter allen der volkstümlichste. »Schmidt hat [in diesen Vereinen, d. Vf.] ein Abgleiten in anarchisch-atheistische Bahnen ebenso zu vermeiden gewusst wie eine hochmütige Abschließung der Proletarier gegenüber den Intellektuellen.«

Schmidts Bedeutung liegt nicht nur in der von ihm begründeten und geleiteten »Vereinigung der Proletarier«. »Neben dem hessischen Theologen August Becker und dem Magdeburger Schneidergesellen Wilhelm Weitling wurde Simon Schmidt die Seele der proletarischen Bildungsvereine, die sich zum Kommunismus bekannten und in einem geistigen wie organisatorischen Wettkampf mit den so genannten Jungdeutschen Vereinen der radikalen Hegelianer standen.« Die Praxis stützte sich bei ihm sehr deutlich auf eine Idee und eine einhellige Analyse der sozialen Situation und Aufgabe. Er teilte ganz die Tendenzen von Weitlings religiösem Sozialismus und nahm leidenschaftlichen Anteil an der damals in diesem Führungsgremium auflodernden Gütergemeinschafts-Diskussion. Ob Schmidt sich an die Vorstellungen der pietistischen Gemeinschaften im Remstal und auf der Alb erinnerte? Er nannte sich »Kommunist«, aber auch »Reformist, Sozialist und Gemeinschäftler«. Und er war auch publizistisch tätig: Er gab in Lausanne eine Handwerkerzeitung unter dem Titel »Der volkstümliche Handwerker, Journal der gesellschaftlichen und politischen Wiederherstellung« heraus, die er allein redigierte und vervielfältigte; fünf oder sechs Nummern erschienen in wöchentlichem Abstand. Die Absicht dabei war anspruchsvoll genug, höher, als die Generalkommissäre und Universitätsprofessoren daheim in Württemberg damals zu greifen wagten: Schmidt wollte, wie er selbst sagte, »die bisher bekannten Sozialsysteme beschreiben«. Was aus Simon Schmidt geworden ist, wissen wir nicht. Schmidt hat 1848 in Deutschland keine Rolle mehr gespielt, damit auch nicht bei den Anfängen einer nunmehr eigenen, deutschen Arbeiterorganisation.

Zu der Zeit war der »Literat Grieb« noch dabei; er gehörte dem Ausschuss des wohl ersten in Württemberg gegründeten Arbeitervereins an, dem »Bildungs-Verein für Arbeiter in Stuttgart«, der sich im Mai 1848 seine Statuten gab. Christoph Friedrich Grieb wurde am 12. November 1810 in Sindelfingen geboren. Er hat studiert, wurde zum Doktor der Philosophie promoviert, hat in Paris geheiratet und ist von dort 1838 in die USA ausgewandert, um in Texas – er scheint der einzige »Praktiker« unter den schwäbischen Frühsozialisten gewesen zu sein – eine fourieristische Kolonie (Phalanstère) aufzubauen. Warum er vor der Verwirklichung des Menschenmöglichen jedenfalls für seine Person am Ende doch zurückschreckte, wissen wir nicht. Im Juni 1839 kehrte er wieder in die Heimat zurück; 1841 wurde er erstmals unter den Stuttgarter Einwohnern geführt: Er blieb bis zu seinem Tode am 22. Oktober 1861 in der Residenzstadt und veröffentlichte dort seine Schriften und Bücher und Übersetzungen – zumindest aus diesem Grund hätte die Landesgeschichtsschreibung seiner gedenken können.

Einmal, im Stuttgarter Bürgermuseum am 21. Februar 1846, hielt er einen Vortrag »Über Wohltätigkeitsanstalten und dahin einschlagende Gegenstände«, und hat dabei im Besonderen für »große, gesunde Arbeiterwohnungen« plädiert. Von Arbeitern oder Arbeiternot ist noch nicht ausschließlich die Rede. »Wie viele unserer kleinern Handwerker müssen nicht jetzt für ein elendes Loch eine unverhältnismäßige hohe Miete bezahlen? Wie viel geht nicht durch den Einkauf im Einzelnen verloren, sowohl was Güte der Ware, als was Preis und Gewicht anbelangt? Wie viele Zeit wird nicht vergeudet, durch die gegenwärtige Einrichtung des Hauswesens ärmerer Familien, die für jede eine eigene Küche usw. notwendig macht, während durch die Assoziation von 20 bis 30 Arbeiter-Familien, durch eine oder mehrere Kochanstalten, durch den Ankauf im Großen usw. nicht nur die Kosten um ein Drittel, in manchen Fällen sogar um die Hälfte vermindert werden könnten, sondern auch die Mädchen und die Frauen Gelegenheit hätten, ihre Zeit nutzbringender für sich und die Ihrigen zu verwenden. Man hört oft über städtische, Staats- und andere Abgaben murren, und man bedenkt nicht, welche unendlich lästigere Steuern man täglich und unter allen Formen an die gute liebe Gewohnheit, an das blinde Herkommen zahlt.« Nur die »Assoziation«, die Verbrüderung, die Genossenschaft hilft weiter. »Unsere Zeit hat die glorreiche Aufgabe, auf den Ruinen der, auf dem Wege des ruhigen, besonnenen Fortschrittes umgebildeten industriellen Verhältnisse den mysteriösen Myrtenzweig der Assoziation zu holen, jenen Talisman, der den Völkern den Weg des Glückes, wenn das Glück überhaupt kein Trugbild ist, zeigen wird.«

Grieb ist konsequenter Anhänger von Fourier. »Keiner hat es so wie Fourier verstanden«, schreibt er einmal, »die Wissenschaft von der Erzeugung, Verteilung und Konsumtion der Reichthümer mit der Bestimmung des Menschen in Verbindung zu setzen, keiner hat die innere Unwahrheit und Hohlheit aller modernen Lebensverhältnisse schlagender nachgewiesen, keiner die Bedingungen der wahren Ordnung und Freiheit schärfer aufgestellt als Fourier – lauter Gründe, um in ihm eine der gewaltigen Persönlichkeiten der Neuzeit zu begrüßen.« Am 21. März 1846 trat Grieb in einer Art von Leserzuschrift, wie es sich für einen Fourier-Schüler gehörte, für einen »Assoziazionsplan für die Gewerbe der Tuchmacher, Tuchscherer, Walker usw.« ein. »Wie die ungeheure Mehrzahl der nicht fabrikmäßig betriebenen Gewerbe« sei auch das der Tucharbeiter »von einer völligen Umwältzung bedroht«. Man solle denken, die Tuchmacher griffen nach Möglichkeiten, diesem Übel »Einhalt zu tun«. Jüngst habe man in Nagold vorgeschlagen, ein Verkaufsmagazin für das Oberamt einzurichten, ein Wolllager und die Errichtung von Musterwerkstätten. Aber das sei ein Scheingefecht. Auch die Ankündigung des Stuttgarter Kaufmanns Heinrich Keller, angekaufte ungarische Wolle dem heimischen Tuchgewerbe billig weiterzugeben, sei »nur ein Tropfen ins Meer«. Assoziationen – das ist die Lösung.

Am klarsten verrät sich Griebs – nun auf europäischer Ebene angesiedeltes – Engagement im großen Beitrag »Die Organisazion der Arbeit betreffend«, den er 1846 in der Zeitschrift »Die neue Zeit« veröffentlichte. Das Blatt, in Esslingen gedruckt und von Heinrich Loose, dem deutschkatholischen Prediger redigiert, erschien fünfmal in der Woche. Wahrscheinlich ist es dieser Verzicht auf die Funktion einer Tageszeitung, der die Misshelligkeiten mit der Zensur minderte. Immerhin haben sich dort so moderne Liberale wie Johannes Scherr und Hermann Kurtz – vor 1848 noch mit dem traditionellen tz – zu Wort gemeldet, hat man über Karl Gutzkow und den Sozialismus referiert oder über die badische Ständedebatte zur Judenemanzipation. Man wolle »ebenso entschieden das wenn auch noch so alte Afterchristenthum wie das neue, die kirchliche und gesellschaftliche Reform gleich diesem, aber nur aus andern Gründen, verwerfende atheistisch kommunistische Widerchristentum bekämpfen, und aus dem Kampfe mit beidem soll die neue Zeit erstehen, welche jedoch nicht unser eigenes, sondern das Werk unseres Gottes, unseres Volkes und unserer Zeit ist.«

Wenn Grieb also je seinen Sozialismus mit Religionslosigkeit verbunden haben sollte, scheint er sich schon am Vorabend der 48er Revolution einem letztlich christlichen Weltverständnis nicht verschlossen zu haben. Nur bleibt das jetzt noch der Hintergrund. Grieb wagte, bei aller realistischen Beurteilung der Arbeiterlage, auch von der Bedeutung christlichen Glaubens für die Sozialsituation der Leute zu sprechen. Vieles von dem, was er vorschlug, basierte auf eigener Erfahrung und auf der Begegnung mit den Theorien des französischen Sozialismus. Am Beispiel Rapps in Amerika habe er kennen gelernt, »welch' unglaubliche Resultate eine auch nur einiger Maßen durchgeführte Einheit in der Felderbebauung« habe. Die müsse man in Deutschland auch »in anderen Zweigen menschlicher Industrie herbeiführen imstande« sein. Man brauche »Konzessionierung und Unterstützung von Auswanderungsgesellschaften« und müsse dadurch »eine Ordnung in die Auswanderung« bringen, man brauche Sparkassen, sie könnten »in ihrer konsequenten Weiterbildung ein wirksames Mittel des Fortschrittes« werden. Jeder, der eine Familie gründen wolle, müsse »ein gewisses«, von der Sparkasse gewährtes »Kapital besitzen«. Und schließlich wäre als letzte Maßregel und eine der mächtigsten Garantien, um »ein harmonisches Ganzes« zu bilden, die »Organisazion der Arbeit«. »Wir könnten z. B. von der integralen, allseitigen Association sprechen, wodurch nicht allein sämmtliche Interessen nach Arbeit, Talent und Kapital ausgeglichen, sondern auch die jetzt in so manchen Fällen abstoßende Arbeit zum wahren Genusse erhoben, die jetzt oft in so zerstörender Gestalt auftretenden Leidenschaften der Triebe in einer höhern Einheit harmonisiert und durch eine einheitliche Erziehung, durch ein einheitliches Leben zum Guten, Wahren und Schönen gelenkt werden könnten.« Man meint den amerikanischen »Sektierer« zu hören, wenn er sagt: »Der Mensch, niedergedrückt wie er ist, der Mensch in seiner Zerfallenheit mit sich, mit Gott und der Welt fühlt sich zu elend, zu schwach, als dass er sich zu einer harmonischen Weltanschauung aufschwingen möchte und könnte. Der alte Mensch muss ausgewogen, der hässliche Egoismus verbannt werden; es muss wieder mehr Schwung in das Leben kommen durch eine lebendigere, geistigere Auffassung des Christenthums, bevor Freude in das Herz des Menschen zurückkehren, bevor der Mensch wieder mit kindlicher Zuversicht zu seinem Schöpfer aufzublicken vermag.«

Im gleichen Jahr 1846 hat Grieb unter dem Pseudonym »Michael« ein fast 400 Seiten starkes Buch unter dem Titel »Abbruch und Neubau oder Jetztzeit und Zukunft« in der Franckh'schen Buchhandlung zu Stuttgart erscheinen lassen. Merkwürdig anonym und unergiebig die ersten Kapitel über Geburt und Erziehung und Schule. Lebendiger, erfahrener die Studentenszene, eine die Nacht füllende Diskussion: in der »komparativen« Stellung des Studenten liege der Hebel für die Entfaltung seiner Eigentümlichkeit. Prognosen und Prädikate: für den Deutschen »unserer Zeit« gebe es kein »passenderes Zeichen« als den Gänsekiel, der Frankfurter Wachensturm werde in Bälde eine Revolution nach sich ziehen, das stehe für ihn fest. Von dieser – bewundernswert klaren – Vorhersage her gesehen wird die Überschrift über das Werk verständlich. Grieb fühlt sich wie die Gescheitesten und die Besten seiner Generation in einer Übergangszeit, in einer Epoche der Entzweiung. Das, was wir Vormärz nennen, entpuppt sich als eine Zäsur, die einmal verbunden Gewesenes trennt, in Christentum und Philosophie, in Verfall und Reform, in resignative Entsagung und »wahre Socialität«, in biedermeierliches Sich-Drein-Schicken und zügige »Mündigung des Menschengeschlechts«.

Grieb rückte einer ganzen Reihe politischer und sozialer Probleme zu Leibe, den Bemühungen um Deutschlands Einheit, dem Zwiespalt zwischen »Soldaten- und Bürgermuth« wie überhaupt dem »Soldatentum« (das an den »Zustand der Barbarei« erinnere, weil es, »national-oekonomisch gesehen«, nur Werte zerstöre, aber sie nicht schaffe), den sinnlosen Querelen zwischen Feudal-, Papier- und Geldadel und so fort. Neben mutigen Hinweisen auf den großen Nachholbedarf der Zeit, vor allem auf »freisinnige« Pressegesetze und einen ebenso gebildeten wie organisierten Buchhandel, stehen so geistvolle Passagen wie das Streitgespräch zwischen Künstler und Kunstrichter, Sätze, in denen Grieb versucht, der zeitgenössischen Kunst ein neues Thema zu geben.

Das Buch mutet an, als ob sich der Autor mit ihm seiner Zeit und seiner Generation habe vergewissern wollen: So sieht das aus, so sehe ich aus. Dass es im Grunde ein Buch sozialer Analyse und Synthese ist, macht es innerhalb der Griebschen Biographie doppelt bedeutsam. Es mündet nicht nur gegen Ende in Anweisungen an Handel und Unternehmertum, an Regierungen und »Priesterthum«, sondern es wendet sich im Speziellen an den Arbeiter: ihr müsst euch assoziieren, organisieren. Es ist Christenpflicht, das »Recht auf Arbeit« zu erkennen, aber auch, mit Kapital, mit Maschinen die Situation des Arbeiters zu verbessern. »Die Theilung der Arbeit« hat ihre schicksalhaften Wirkungen. Aber sie ist notwendig und unumgänglich. Freilich müsse ihr »die steigende Abnahme der körperlichen und geistigen Kräfte des Arbeiters« als Tribut entrichtet werden, auch die »Konzentration des Kapitals in den Händen Weniger«.

Es sei »systematischer Obskurantismus«, die Lösung der Gesellschaftsfragen »durch die Association« als unmöglich hinzustellen. »Die Frage von der Vertheilung der Reichthümer ist nur deswegen eine so brennende geworden, weil man den Brennstoff sich um dieselbe hat anhäufen lassen. Regierungen laufen dadurch Gefahr, dass sie in dem Zustande der Unwahrheit verharren.« Man sei augenblicklich in Deutschland dabei, die »gesellschaftlichen Lebens- und Todesfragen« fliehen oder wenigstens, sie vertagen zu wollen. Aber man könne die Dinge weder durch Vertagung lösen noch durch das Schwert: die »blutige Dämpfung der Arbeiter-Aufstände von Lyon, Manchester, Birmingham usw.« hätte gezeigt, wo Not am Mann sei und wohin die Geschichte treibe.

Als aus dem Wettertreiben ein Gewitter herausschlug, die Märzrevolution des Jahres 1848, war Grieb, der Mann, der die Entwicklung in bestechender Klarheit voraussah, nicht mehr »Literat«, sondern »Schriftführer« bei den Bemühungen der Arbeiter, sich zu organisieren. Am 4. April 1848, also bemerkenswert früh, fand in Stuttgart eine Versammlung von Arbeitern statt – es dürfte sich vorwiegend um Handwerksgesellen gehandelt haben –, für die Grieb eine Resolution verfasste und die von dieser als ausgesprochen radikal angesprochenen Gruppe angenommen wurde. Grieb stellte in dieser an die Regierung abgegangenen Eingabe den Antrag auf eine deutsche Republik und eine föderative Bundesverfassung nach dem Muster der amerikanischen Freistaaten, dafür wollte er auch das allgemeine direkte Wahlrecht. Jetzt, in diesen Tagen, in denen man rasch und präzis formulieren musste, war niemand wichtiger als er. Im Mai 1848 gab sich der »Bildungs-Verein für Arbeiter in Stuttgart«, vermutlich der erste seiner Art in Württemberg, seine Statuten. Grieb war als »Schriftsteller« im gewählten fünfköpfigen Vorstand; wir dürfen mit Sicherheit annehmen, dass er maßgeblich am Zustandekommen der Paragraphen beteiligt war. Der Zweck des Vereins sei, »eine allgemeine und moralische Bildung des Arbeiters zu erstreben und den Arbeiter mit allen gesetzlichen Mitteln in den Vollgenuss aller staatsbürgerlichen Rechte zu bringen, sowie überhaupt die materiellen und geistigen Interessen desselben nachdrücklich zu vertreten und zu fördern«.

Dies für die »Arbeiter«. Grieb ist aber auch für die Handwerker damals im Revolutionsjahr in die Bresche gesprungen. Am 24. Juli 1848 wählte man ihn auf einer in Esslingen abgehaltenen Delegiertenkonferenz württembergischer Handwerkervereine an erster Stelle in einen »Centralausschuss der Handwerkervereine Württembergs«. Grieb hat als Sprecher des beunruhigten Kleingewerbes zweifellos politische Resonanz gehabt, keine ganz ungefährliche übrigens und eben eine heimlich rebellische: Sein »linker Liberalismus« war für die gewählten Volksvertreter in Stuttgart und Frankfurt nicht eben bequem, weil Grieb an der Eignung und Zuständigkeit des Paulskirchen-Parlaments für die Belange von Handwerk und Handel und Industrie zu zweifeln begann. Grieb, der die Vereinigung der Gewerbe in Deutschland zu einem großen Verband vorschlug und der in der klassischen Geschichte der Revolution von 1848 als derjenige bezeichnet wird, »der wohl als Erster bei uns den Assoziationsgedanken vertreten hatte«, er hatte auch hier seine Nase im Wind, wie er denn immer ein moderner Mann geblieben ist – 1850, keine zwei Jahre nach der Revolution, erschien sein Buch über »Die Wunder der elektrischen Telegraphie«. Grieb dürfte es gewesen sein, der die Frankfurter Handwerks- und Gewerbeordnung für Deutschland auf dem in Esslingen am 17. September 1848 stattgefundenen »Württembergischen Handwerker- und Arbeiter-Congress« revidiert und ergänzt hat. In der mit einer »Vorbemerkung« Griebs in Stuttgart im Oktober gedruckten »Neuen Ausgabe« der Ordnung finden sich Sätze wie »aller unnötiger Visirzwang sowie das Vorzeigen von

Reisegeld ist aufgehoben«, oder: »In allen größeren Städten sind Arbeits-Nachweisungsbureaus zu errichten.« Auch die Forderung: »Neben den Gesellen-, Kranken- und Gesellen-Wanderkassen hat der Staat für Einrichtung zweckmäßiger Gesellen-(Arbeiter-)Sparkassen zu sorgen, damit endlich auch dem Invaliden der Industrie sein Recht werde.«

Dass Grieb neben diesen zeit- und menschenbeanspruchenden organisatorischen Initiativen mitten im »tollen Jahr« 1848 bei Franckh in Stuttgart noch eine »Gesellschafts-Ökonomie« von dreihundertfünfzig Seiten erscheinen lassen konnte, bleibt bewundernswert. Das Buch war Teil einer »Neuen Encyklopädie der Wissenschaften und Künste für die deutsche Nation«, an der Männer wie der Heidelberger Jurist und Staatsmann Julius Jolly oder der Tübinger Ästhetiker Friedrich Theodor Vischer mitgearbeitet haben. Griebs großem Beitrag waren die »Erziehungslehre« des bekannten Esslinger Pädagogen Riecke und Oppenheims »Philosophie des Rechts und der Gesellschaft« unmittelbar benachbart.

Im ersten, spezifisch historischen Teil legt Grieb eine »Geschichte der politischen Oekonomie« vor, vom Proletariat der griechischen Polis bis zum »Fanatismus des Grundbesitzes« im Mittelalter und zum Zunftwesen, das bei allem Fortschritt die »Emancipation« des Bürgertums »noch keineswegs vollständig« macht. Der Weg von der – vor allem in der Arbeitsauffassung neu wertenden – Reformation zur Arbeitsteilung der Moderne ist voller Verhängnis: Er bringt die Maschine und damit Schlimmstes. Die Fähigkeiten des Menschen verlöschen, der Mensch, »individuell betrachtet, artet aus«.

Grieb war jetzt in Sachen Arbeitsteilung nicht mehr so beruhigt wie zwei Jahre vorher in »Abbruch und Neubau«. Ihn bedrückte es nun, dass der Arbeiter »nur ein Glied in einem Gewerbe« ist. »Der Zukunft bleibt es vorbehalten, hier die jetzt zur Verthierung des Menschen führende Arbeitsteilung zu seiner Veredlung und allseitigen Ausbildung zu benützen, dort die von den Maschinen erzeugten Reichthümer gleichmäßiger zu vertheilen.« Bedenklich dazuhin, dass das Kapital wuchernde Funktionen übernommen hat. Aber mit Hilfe der Assoziationen ist eine neue Macht in das Gebiet der Arbeit eingedrungen, und nichts kann ihr widerstehen.

Die »politische Oekonomie« des zweiten Teils wird in drei Kapiteln präsentiert. Die »Production der Reichthümer« schließt die Frage ein, was überhaupt »Producieren« heißt und was die Entfremdung des arbeitenden Menschen dabei bedeutet. Die Rolle des Kapitals, des staatlichen Dirigismus, des Staatsmonopols und vor allem des Geldes zielt auf die Grundfrage, nach welchen Prinzipien Reichtum verteilt und konsumiert werden soll. In der Bestandsaufnahme der bisherigen Sozialisten und Soziallehren kommen sie alle zu Wort, die »Communisten« oder Saint-Simon, Fourier, Proudhon, die Programme der deutschen Arbeitervereine in der Schweiz und in Frankreich – nur Marx nicht. Marx ist für Grieb anno 1848 – das Buch hat eine erdrückend große Literaturliste – noch eine unbekannte Größe. Es ist eine historische, deskriptive Ökonomie, keine Neuschöpfung, eine ökonomische Weltgeschichte einerseits, eine sehr aktuell arbeitende – das Offenburger Manifest vom 12. September 1847 ist auch registriert – Bestandsaufnahme andererseits.

Grieb hat – ausnahmsweise – keinen eigenen Tatenbericht geliefert, als sich der Rauch der Revolution verzogen hatte. Er war den Ereignissen um ein paar Jahrzehnte voraus, als er analysierte: »Die jetzige Bewegung« (die nämlich des Jahres 1848) sei nicht bloß politischer, sondern auch, und zwar vorherrschend, sozialer Natur. Und es war der Wunsch der Vater des Gedankens, wenn er meinte: »Schon erdröhnt das ganze europäische Gesellschaftsgebäude unter den erschütternden Schlägen, welche das Proletariat gegen dasselbe führt«.

Der Vormärz – seine schwäbisch-alemannische Variante

Am 4. Oktober des Jahres 1830 wies der württembergische König Wilhelm I. per Dekret seinen Innenminister und seinen Justizminister an, »sorgfältiges Augenmerk« zu richten auf alles, was draußen im Lande vorgehe. Er erbitte sofortigen Bericht. Franzosen mit Pass solle man ziehen lassen. Im Übrigen sei alles auf »Erhaltung der öffentlichen Ruhe« zu setzen. Sicherheit und Ordnung seien auf jeden Fall zu gewährleisten.

Warum die Aufregung? Im Juli des Jahres, in der »großen Woche«, waren die Massen in Paris auf die Straße gegangen, hatten die Absetzung des Königs verlangt und die Aufrichtung einer Republik. Was schließlich erreicht wurde, war ein Königtum, das des Glanzes der Legitimität entkleidet war und sich als »Bürgerkönigtum« noch durch ein paar Gnadenjahre hindurchmühte. Bis es 1848 überhaupt von der Bildfläche verschwand.

Die Revolution von 1830, »Les Trois Glorieuses«, war in ihrer Wirkung zunächst nachhaltiger als die einstige Französische Revolution von 1789. In ihr hatten viele ein gewichtiges, aber einmaliges Ereignis gesehen, gewissermaßen einen Betriebsunfall, den man beheben konnte. Jetzt war klar, dass die eine Revolution auch immer die nächste gebären werde, dass das moderne Europa ein Europa der Revolutionen und mithin der Provisorien werde. Jacob Burckhardt, der diese Prognose als Erster stellte, sah in der Julirevolution von 1830 eine Zäsur, »deren allgemeine Bedeutung als europäische Erschütterung viel größer als die speziell politische« war. »In Westeuropa fand in den 1830er Jahren die Ausbildung eines allgemeinen politischen Radikalismus, das heißt derjenigen Denkweise statt, welche alle Übel dem vorhandenen politischen Zustand und dessen Vertretern zuschrieb und durch Umreißen und Neubau vom Boden auf nach abstrakten Idealen das Heil schaffen wollte, jetzt schon unter stärkerer Berufung auf Nordamerika.«

»Schon im September« 1830, wie eine ältere Beschreibung der ersten deutschen Arbeiterbewegung seit 1833 sich ausdrückte, »rebellierte man in verschiedenen Städten Mitteldeutschlands, und es regte sich auch unter den Bauern. Doch verhieß man konstitutionelle Freiheiten und bändigte so die Gemüter.« Die Auswirkungen der Julirevolution auf die innere Lage Deutschlands sind in den letzten Jahrzehnten Gegenstand zahlreicher Untersuchungen gewesen. Wir wissen heute, dass nicht nur auf verschiedene mitteldeutsche Städte der Funke übersprang, sondern eigentlich überall in Deutschland die Pariser Revolution den allerlei »demokratischen« Bewegungen neue Kräfte zuführte.

Grund zur Besorgnis gaben nicht zuletzt die beiden größten südwestdeutschen Staaten. Der badische Großherzog hatte bereits Anfang August 1830 über sein Ministerium des Innern von den einzelnen Ämtern Berichte über mögliche Auswirkungen der »politischen Ereignisse in Frankreich« erbeten. In Württemberg hatten die beiden vom König angeschriebenen Minister ihrerseits die Oberamtmänner (Landräte) und Oberamtsrichter zur sofortigen Berichterstattung aufgefordert. Die Presse habe berichtet, dass es in verschiedenen »Gegenden unseres deutschen Vaterlandes« zu »gesetzwidrigen Ausbrüchen gekommen« sei. Zwar sei Se. Majestät der Meinung, dass es »im Hinblick auf den Zustand des Landes und der Gewinnung seiner Bewohner« keinen Anlass zur Sorge gebe. Dennoch sei »ununterbrochene Wachsamkeit um so mehr am Platze«, »als nicht unbegründete Anzeigen vorliegen, dass an mehreren Orten die stattgefundenen Unruhen durch Auswärtige angefacht und unterhalten worden« seien.

Also doch? Sollte das »neuwürttembergische« Königreich – von Baden wird nachher die Rede sein – im Vormärz und selbst auf dieser Scheitellinie des Jahres 1830 eine Insel der Seligen geblieben sein, ohne ernsthaftere Reaktionen auf die Pariser Juliereignisse? Oder trügt der Schein vom treulich-biedermeierlichen Württemberg? Haben wir unser Bild vom eingezogenen Bauernland, das in seinem Monarchen den »König der Landwirte« sah und verehrte, zu revidieren? Diese Fragen zu beantworten, heißt zugleich das Terrain nach Stimmungen und öffentlicher Meinung, nach Lebensgefühl und Mentalität und nach deren Implikation mit der politischen und sozialen Situation abzusuchen. Der Arbeiterführer und Privatdozent Johann Ernst Hermann Rauschenplatt hat in seinen 1841 in Straßburg erschienenen »Briefen über Frankreich und Deutschland« von der »Physiognomie Frankreichs« gesprochen: Gibt es eine Physiognomie Badens oder Württembergs in diesen vormärzlichen Jahrzehnten?

Zunächst fällt auf, was das binnenterritoriale Württemberg anlangt, dass sehr wohl Beziehungen zwischen dem revolutionären Paris und dem württembergischen Königreich zustande gekommen waren. Die Leute hätten, berichtet einer der Oberamtmänner, »sehr warmen Antheil« an den Pariser Vorgängen genommen. Die Heilbronner wollen wegen »jüngst stattgehabter Revolution« einen Blumenstrauß nach Paris schicken; in Ulm beabsichtigen ausgerechnet »einige der rechtlichsten Männer« der Stadt einen Verein zu gründen, »in Beziehung auf ein der Stadt Paris zugedachtes Denkmal«. Aber der Herr Oberamtmann hat keine große Mühe damit. Es bedurfte »nur einer ganz leisen Andeutung, dass das fragliche Unternehmen das Missfallen Sr. Königl. Majestät erregt habe«. Und die Ulmer Honoratioren waren »zum augenblicklichen Rücktritt« von ihrem Denkmal-Projekt bereit. Andere versuchten es in Ulm mit einem Silberkranz, mit einem »silbernen Helm« und gar mit einer Bürgerkrone, mit der Umschrift »Civibus Lutetiae Wirtembergiae cives« (Den Bürgern von Paris die Bürger von Württemberg).

Wie auch immer, die Pariser Ereignisse haben in Württemberg sympathisierende Emotionen ausgelöst. Die muntersten unter den angeschriebenen Oberamtmännern witterten nicht nur die Stunde der Bewährung, sondern auch die der Beförderung. Der Ulmer Oberamtmann Eberhard Kapff – er sollte es tatsächlich bis zum Departementschef im Ministerium des Innern bringen – schoss den Vogel ab, indem er seinen Minister, wahrscheinlich noch am Tage des Erlasseingangs, wissen ließ: »Exzellenz können sich auf mich verlassen, ich sterbe für König und Vaterland.« Das war nun nicht vonnöten; ein ruhiger Kopf war zweifellos wichtiger. Herrn Kapff, der gleichzeitig vermeldete, er betreibe »unter der Hand die Aufstellung einer Sicherheits Garde«, ließ man von Stuttgart aus wissen, er solle nur nichts provozieren, »sondern die Sache an sich kommen lassen«.

Natürlich war das jetzt auch die Stunde der Schwatzbasen und der Radaumacher. Hinterher erfuhr einer der Oberamtmänner, der Tumult sei von einem »betrunkenen Menschen« angezettelt worden. Die in Münsingen kursierende Nachricht, »dass in Stuttgart solch bedeutende Unruhen gewesen seien, dass die Garnison und 2 Kanonen auf dem Schlossplatz aufgestellt worden seien«, erwies sich als eine ganz gemeine Ente. Gerade die Stuttgarter erwiesen sich als die Königstreuen par excellence. Einen geplanten Fackelzug zum Geburtstag des Königs am 27. September konnte man ihnen nur mit Mühe ausreden.

Es war viel kleinkariertes Zeug, das diese Tage nach oben spülten. Da fand man einen anonymen Brief an der Darmsheimer Rathaustür, in Oelbronn wurden dem Herrn Zolleinnehmer die Fenster eingeworfen, in Stuttgart, sage und schreibe, hängte einer an die »innere Schlosstür« einen Anschlag nebst »Drohung«, und – natürlich – in Tübingen fand man eine »Schmäh- und Drohschrift«. Dafür meldete man aus Backnang, die »Mehrheit der Besseren« habe sich davon überzeugt, »dass die Landesväterliche Regierung Sr. Kgl. Majestät auch nicht den mindesten Grund zu irgendeiner Unzufriedenheit darbieten könnte«.

Aber es gab auch andere Stimmen und andere Reaktionen. Zum Beispiel die Adresse der Gemeindevorsteher des Oberamts Münsingen vom 8. Oktober 1830, in der die – vermutlich vom Oberamtmann animierten – Schultheißen beteuerten, der König habe den Württembergern »eine freisinnige Verfassung« gegeben und nach dem Hungerjahr die Not gelindert, eine »gesetzmäßige Verwaltung« eingeführt und so weiter: Das Ausland dürfe Württemberg »um diese Vorzüge beneiden«. Das wäre der Anfang jener Legende, mit der gerade Einheimische das vormärzliche Württemberg immer wieder dekoriert haben: Württemberg, das ruhige, friedfertige und königstreue Land, ein wahrhaftiges Eiland der prästabilisierten Harmonie.

Es gab auch die Kehrseite der Medaille. Allein die Maßnahmen, die einige der Oberamtmänner durchführten oder vorschlugen, hätten aufhorchen lassen können. Außerordentliche Amtsversammlung oder nicht: Die einen sind dafür, die anderen, unter ihnen der Stuttgarter Oberamtmann Vellnagel, der spätere Minister, sind dagegen und warnen nachdrücklich. Amtsversammlungen könnten in diesen Wochen »leicht eine unangemessene Richtung nehmen«. Gewiss, da und dort scheint man tatsächlich nichts als »Ruhe« vernommen zu haben. In Ulm, so der Berichterstatter, sei »der beste Geist der Ordnung« da, und das Ulmer Land setze »das beste Vertrauen in seine Regenten«. Aus Hall traf eine Meldung ein, die bemerkenswerterweise auf die Sozialsituation der Leute zu sprechen kam und sie in kausalen Zusammenhang mit der andernorts geschehenen Widersetzlichkeit der Leute brachte. Die Mehrzahl der Bevölkerung des Haller Bezirks sei wohlhabend, und deshalb sei den Leuten hier »an der Aufrechterhaltung der öffentlichen Ordnung alles gelegen«.

Da wäre es also sinnlos gewesen, was andere Oberamtmänner allen Ernstes vorgeschlagen haben, nämlich eine Sicherheits-Garde aufzustellen, die für die Crailsheimer Bürger geltende Sondergenehmigung zu erteilen, »gegen Abgabe von 24 Kreuzer Sicherheitshunde halten zu dürfen«, oder, wie in Reutlingen, die Aufstellung »bewaffneter Sicherheitswehren« zu erlauben. Die Mehrzahl der Berichte von draußen glich sich darin, dass von Ruhe die Rede war, dass es aber auch »andere« gebe. Die öffentlichen Blätter, so aus Backnang, hätten die »unruhigen Köpfe erhitzt«. Aus Urach schrieb der Oberamtmann Kauffmann, »das einzige, was gegenwärtig beunruhigen« könne, sei »der Geist der Unzufriedenheit und leidenschaftlicher Petitionen«. Das klingt nun schon ganz anders. Der Oberamtmann Gmelin in Calw sah »üble Menschen« in seiner Stadt und seinem Bezirk, »durch Hang zum Müßiggang und liederlichem Lebenswandel in ihren Vermögens-Umständen zerrüttete Menschen, welche in verbrecherischen Ausbrüchen, Hoffnungen und Absichten, auf Vortheile blicken« und die gesellschaftliche Ordnung durcheinander brächten.

»Aussteiger« oder gar Straffällige im Biedermeier? In Bissingen und Oßweil, meinte der Ludwigsburger Oberamtmann, enthalte die

Lage »Stoff zur Unzufriedenheit«. »Nicht hinlänglich beschäftigte Maurer-Gesellen« stifteten Unruhe und meinten, die »ganz unbedeutende Gewerbe-Steuer nicht schuldig zu seyn«. Der Neuenbürger Oberamtmann fragte ehrerbietigst an, ob er sich erlauben dürfe, »die Aufmerksamkeit Ew. Excellenz auf einige Gegenstände der Unzufriedenheit zu lenken«. Und in einem beigelegten Bericht informiert die Polizei des Schwarzwaldkreises »über einige in Pfullingen angefallene nicht unbedeutende Exzesse«.

Kurz: Es gibt echte Unruheherde. Der Besigheimer Oberamtmann Gärttner dürfte in seiner Meldung vom 22. November 1830 den Nagel auf den Kopf getroffen haben, wenn er in seiner Diagnose etwas tiefer greift. »In die Augen fallend ist es, dass, wie überhaupt in neuerer Zeit, die Mehrzahl der Bürger den öffentlichen Angelegenheiten mehr Aufmerksamkeit widmet als es ehemals der Fall war – dieß ist in erhöhtem Grade in der neuesten ereignisreichen Zeit der Fall geworden.« Man hänge am König und verkenne die »wohlwollenden Absichten der Regierung« nicht. Aber die Wünsche »nach weiteren Erleichterungen« könnten »ziemlich allgemein vernommen werden«.

Württemberg in geheimem, partiellem Aufstand. Da sind alte historische Gegebenheiten mit im Spiel, alte Rechnungen gewissermaßen, die jetzt beglichen werden wollen. Der Reutlinger Bericht wies in Sachen Unzufriedenheit ausdrücklich darauf hin, dass da der alte »reichsstädtische Sinn« nachwirke. Im ehemaligen hohenlohischen Residenzstädtchen Bartenstein, so die Nachricht aus Ellwangen, sei »eine bedenkliche Stimmung der Bewohner« zu beobachten. Das Landvolk in Hohenzollern-Sigmaringen verschaffte seiner Unzufriedenheit zumindest auf dem Petitionswege Luft. Und in der alten Ganerbenstadt Künzelsau führte die Zusammenrottung der Einwohner gar zu Tätlichkeiten und zu den Rufen »Es lebe die Freiheit«.

Und was waren nun die Forderungen dieser aufmüpfig gewordenen Menschen? Es war mancherlei Rede von dem, was man als »Ablösung alter Rechte« bezeichnen könnte und was uns nachher im Blick auf Baden wohl überhaupt *nur* begegnet. In Württemberg ging man weiter und wurde sozusagen ideologischer und programmatischer. Zunächst war auch hier die Rede von der Abschaffung der

»Natural-Sporteln«, der Salzsteuer, von der Herabsetzung des Salzpreises, von der Abschaffung der Accise, der Hundetaxe, der Jagdfronen und so weiter. Nur einmal, im Bissinger Brief vom 15. Januar 1831, den der Ludwigsburger Oberamtmann Weihenmaier im Original beilegte, wird auf die konkrete soziale Situation, auf die eigene Armut abgehoben. »Ach Brüder, wir wollen ein anderes Jahr anfangen, wir sind sonst alle am Bettelstab. Schultheiß und Amtmann sind reich vom Betrug und sind immer noch nicht satt. Gott mit uns. Jeder mit seinem Brügel an der Oberamtsrichterei! Die müssen zu sticken verrissen werden.«

Man konnte sich also auch dem Pathos der Revolution anschließen, beziehungsweise: Die jetzt immer wieder vorgebrachte Forderung nach Aufhebung der Zollgrenze nach Baden hinüber konnte in den bloßen Aufschrei der Geknechteten übergehen. Nur in Ulm entdeckte die Stadtpolizei im Januar 1831 einen Maueranschlag, der in einer eigentümlichen Mischung von (gemachter?) Einfalt und Ironie niemand Geringerem als dem König selber eine Handvoll Punkte »zur Besserung« vorzuschlagen wagte. Den Höhepunkt dieser Forderungskataloge erreichte man in der ehemaligen Reichsstadt Gmünd. Von dort schickte der Stadtkommandant am 8. Oktober 1830 ein »Plackat«, mit dem, so meint der Herr Oberstleutnant, die Bürger ihre »Unruhe und Unzufriedenheit« zum »allgemeinen Aufruhr erweitert hätten. »Was Württemberg Noth tut« war dieser für das damalige Baden und Württemberg des Jahres 1830 einzigartige Forderungskatalog überschrieben. »Erstens: eine neue Wahl von Abgeordneten, wovon alle Staatsdiener ausgeschlossen sind. Zweitens: Hinberufung der neuen Landstände, diese sollen verhandeln über 1) Herabsetzung aller Besoldungen, 2) Abschaffung überflüssiger Beamten, 3) Einziehung unnötiger Pensionen, 4) Reduzierung des Militärs auf höchstens 2000 Mann, 5) dagegen Errichtung von Landwehren, 6) einfachere Staatsverwaltung und 7) Verminderung der Steuern durch die hierdurch bezweckten Ersparnisse, 8) Einigkeit, Festigkeit, Ausdauer!«

Ein anderes Gmünder Plakat zur Untermalung dieses Forderungskataloges hat der Herr Stadtkommandant gleich beigelegt. »Aufruf. Brüder, die Stunde ist gekommen, um unsere Rechte und

Freiheiten von den Tyrannen des Vaterlandes zurückzufordern. Nieder mit den Volksunterdrückern. Mögen sie zittern vor dem Tag der Rache, der durch ihre Tyrannei zu ihrem Untergang herbeigeführt worden, abbüßen müssen sie mit ihrem Blut die schweren Sünden, die sie an einem guten Volke verübt haben. Jetzt oder nie mehr erringen wir die Gerechtsame des freien Volkes würdig. Merkt auf die Nachbarstaaten! Dort ist angebrochen der Tag der Freiheit mit seinen goldenen Strahlen, sie bezeichnen die Fußstapfen, die wir wandeln sollen. Also auf und rasch an das Werk!«

Wenn vom Vormärz als einer eigenen Epoche in Baden und Württemberg die Rede sein will, dann ist nach der – im Grunde nicht sehr üppigen – Ereignisgeschichte, aber auch nach der »öffentlichen Meinung« in dieser Zeitspanne zu fragen, nach dem Selbstverständnis der Leute, nach ihrer Sozialsituation, nach ihrer »Stimmung«.

Für das ganze deutsche Bundesgebiet galt damals das »System Metternichs«, eine Praxis von Kontrolle und Zensur und ein antiideologisches Prinzip der »Legitimität«, nach dem das Bestehende in Frage zu stellen verboten war. Metternich und seine Mitspieler, die »legitimen« deutschen Fürsten, wollten ganz bewusst die Bewegungskräfte einengen, wenn nicht lahmlegen. Wie sah das im Großherzogtum Baden und im Königreich Württemberg aus? Hat das von Heine so genannte deutsche »Wintermärchen« hier gar nicht aufgehört? Galt hier nur Ruhe und eine Untertanentreue, die uns in die Bürgersalons in Stuttgart oder Karlsruhe und so weiter verweist und auf die treuliche Musik der öffentlichen, der politischen Harmonie? Kurz: War man hierzulande zufrieden mit dem »System«?

Dass die latente Unruhe im vormärzlichen Württemberg nicht auf den Winter 1830/31 beschränkt bleiben und nicht nur eine vordergründig-kurzatmige Antwort auf Paris sein konnte, war zu erwarten. Wer hinter die Kulissen hätte sehen können, wäre auf packenweis gebündelte Polizeiberichte gestoßen, auf »actenmäßige Darstellung« stattgehabter »hochverrätherischer und sonstiger revolutionärer Umtriebe« – das war die politische Wirklichkeit.

Biedermeierliche Ruhe und Idylle kann für Baden zwischen 1815 und 1848 noch am wenigsten reklamiert werden. Seine verfassungsmäßig-politische Ausstattung nach der napoleonisch-territorialen Machtzentrierung war so, dass es bald »bei Zeitgenossen und Historikern den Anschein eines Testfeldes für Fortschrittlichkeit« bekam, »für Ideen aus politischem Liberalismus«, oder, wie Franz Schnabel als guter Kenner der badischen und deutschen Verhältnisse dieser Epoche sagte, überhaupt zur »Schule des vormärzlichen Liberalismus« avancierte.

Wie immer auch dieses Prädikat verstanden und akzeptiert werden mag: Die Liberalisierung der Verhältnisse und die Demokratisierung des Staatslebens brachten es mit sich, dass Baden in fast allen Jahren der Epoche zwischen 1815 und 1848 »Widersetzlichkeiten, Excesse, Crawalle und Tumulte und Skandale« zu verzeichnen hatte. Aktenstudium und Statistik haben für die Zeit zwischen dem 24. Februar 1813 und dem 26. April 1848 genau 101 Fälle von Gasthausstreiten, Demonstrationen, Verfolgungen, erzwungenen Aktenverbrennungen und so weiter zutage gefördert. Aus dieser respektablen Liste sind für den eigentlichen Vormärz acht Fälle ausgewählt und detaillierter beschrieben worden. Da ist die im Februar 1813 durchgegebene Meldung des Lörracher Oberamtmanns, gelegentlich der Rekrutierung habe es »strafwürdige Excesse und aufrührerische Verabredungen« gegeben. Ein Knäuel von Weigerungen und Widerstand wird daraus, dem »Maaßregeln« von Staats wegen folgen. Da ist der Heidelberger »Judensturm« vom August 1819, mit dem antisemitische Ausschreitungen in Heidelberg, aber auch in Mannheim und Karlsruhe, in Bühl und Rastatt gemeint waren, dem nun merkwürdig wenig oder gar keine »Maaßregeln« folgten.

1832, nachdem die Resonanzen der Pariser Julirevolution erst so richtig gehört werden konnten, häuften sich die »Excesse«. Der Jagdexzess der Tauberbischofsheimer, im Grunde die Wiederaufnahme alter, lange vor 1800 hörbar gewordener Beschwerden gegen das verhasste Feudalrecht, gehören ebenso zu dieser neuerlichen Welle wie der Heidenheimer Tumult vom September 1838, mit dem die Bürger gegen den neuen, vom Amt oktroyierten Bürgermeister unter Aufrichtung eines Freiheitsbaumes demonstrierten und der in einem erbitterten Rathaussturm, in Brandstiftung und Truppenaufmarsch endigte.

Ein älterer und gleichfalls schon im ausgehenden Mittelalter erkennbarer Typus von Arbeitsstreik und Kampf für ein neues Arbeitszeit-Regulativ verrät die Pforzheimer Goldschmiede-Revolution von 1839, dem der »von-Haber-Skandal« in Karlsruhe Anfang September 1843 an die Seite zu stellen wäre. Der Bankkaufmann Moritz von Haber verstieß gegen das standesgemäße Gebot der Diskretion und gab einer weitreichenden Kampagne gegen ihn Raum, an der sich rasch auch Handwerksburschen beteiligten, »die in ständischen Begriffen dachten«.

Als Gegenstück dazu könnte der in Heidelberg spielende Skandal um den Dekan Sabel angesehen werden. Der soll am 20. September 1843 anlässlich der Beerdigung eines Handwerksmeisters über die Genusssucht und »religiöse Lauheit« gewettert haben. Zweimal versammelte sich ein »Volkshaufe« vor seiner Wohnung. Als die Polizei anrücken wollte, wurden Fenster, Läden und die Tür des Pfarrhauses zertrümmert. Und was die offenbar aufgeladene Stimmung gegen das Militär anging, so kam es auf dem Mannheimer Maimarkt am 5. Mai 1846 im Gasthaus »Zum Vogelsang« zu einer Schlägerei zwischen Soldaten und den übrigen Gästen, die rasch eskalierte, über tausend Menschen, »meist aus den niedersten Classen«, anzog und beides bloßlegte, die Isolation und Revolutionsfurcht des Militärs und die Aggressivität des Proletariats.

Aber eine positive Idee verraten diese Aktionen alle nicht. Es geht ihnen wesentlich um die Aufrechterhaltung oder Wiedererlangung von Gerechtsamen, um die Verbesserung der eigenen Sozialsituation, nicht um das geschlossene Paket eines politischen Reformprogramms. Bezeichnenderweise hat Rainer Wirtz, der diese badischen »Tumulte und Skandale« gesammelt und aufgelistet hat, von »sozialer Bewegung und gewalthaftem sozialem Protest« gesprochen, nicht von Revolutionsansätzen im politischen Sinne des Wortes. Aus der Schweiz und Frankreich sei von »politischen Zielsetzungen und Forderungen« zu hören gewesen. »Die Odenwälder dagegen drängten, ohne die eine große Idee hinter ihren Forderungen, auf die Abschaffung der grundherrlichen Lasten.« »Von einer Politisierung dieses Gebietes [sc. des Odenwalds, d. Vf.] im Sinne der französischen Juli-Revolution kann auch noch nicht im Spätherbst des Jahres 1830 die Rede sein, als sich Unzufriedenheit über allzu große Ungerechtigkeit ausdrückte.«

Sollte das Jahr 1830 in Baden deshalb eine »vergessene Revolution« gebracht haben, weil die Vorfälle der zweiten Jahreshälfte »Krawalle« blieben, wie man sie lange vorher im badischen Vormärz immer wieder zu registrieren hatte? Erst seit 1830 sei »die bis dahin, ›ferne‹ Politik in die alltägliche Dimension [badischen, d. Vf.] städtischen Lebens mit Wahlkämpfen zur zweiten Kammer und den Gemeindewahlen, noch mehr mit ›Protestaktionen‹ und Petitionen« gerückt. Das würde mit der Auskunft des württembergischen Oberamtmanns Gärttner vom November 1830 zusammenpassen: Die Mehrzahl der Bürger widme ihre Aufmerksamkeit den öffentlichen Angelegenheiten mehr »als es ehemals der Fall war«.

Aber ein Unterschied zwischen badischem und württembergischem Vormärz lässt sich dann doch nicht unterdrücken. Im vormärzlichen Baden gibt es »trotz der Anfänge der Industrialisierung und der Prozesse der Kommerzialisierung keinen Mittelstand« und »kein Bürgertum als ›staatstragende‹ Schicht«. In Württemberg dagegen sorgt seit mehr als drei Jahrhunderten die »Ehrbarkeit« für ein bemerkenswertes Kontinuum und für ein beharrliches Aushandeln zwischen den beiden Staatsgewalten »Fürst« und »Stände«. Die (erste) badische Verfassung vom 22. August 1818 ist ein Erlass, sie ist oktroyiert, oder wie es hieß, »verkündet« worden. Die württembergische Verfassung vom 25. September 1819 bringt freilich auch eine moderne Staatlichkeit, keine altständische mehr. Aber sie ist kein Erlass, sondern ein Vertrag, und musste nicht nur mit den württembergischen Landständen, sondern gewissermaßen mit der ganzen württembergischen Geschichte seit dem Tübinger Vertrag vom 8. Juli 1514 ausgehandelt werden. Die Ehrbarkeit ist in Württemberg nicht nur Sprecherin eines »Mittelstandes«, sondern auch politisch-elitäres Reservoir. Macht sich hier, keinesfalls immer im positiven Sinne, ein Dualismus zwischen »Herzog« und landständischem »Ausschuss« bemerkbar, und zwar bis ins 19. Jahrhundert hinein, so erkennt man in Baden den ganz anderen Dualismus, den »zwischen den obrigkeitsstaatlichen polizierenden Teilen der Bürokratie und den – sehr pauschal ausgedrückt – technokratisch-aufgeklärten«.

Wir könnten ein Zwischenergebnis verbuchen und feststellen, dass das Bild vom treulichen Württemberg, das seinem König zum fünfundzwanzigjährigen Regierungsjubiläum einen – hernach in seiner Gänze abgebildeten und lithographierten – Festzug darbringt, nur die *eine* Seite beleuchtet. 1841, im Festjahr, kamen zahllose »Vaterländische Gedenkbücher« und »Erinnerungen« auf den Markt. Eines davon war überschrieben mit »König Wilhelm und Sein Volk. Ein aus geschichtlichen Daten und Dichterblüthen harmonisch gewundener Feston zur Feier der fünfundzwanzigjährigen Regierung Sr. Maj. des Königs«. Zu dieser Harmonie gehört, dass zwei Jahre vorher eine »Aktenmäßige Darstellung der im Königreich Württemberg in den Jahren 1831, 1832 und 1833 Statt gehabten hochverrätherischen und sonstigen revolutionären Umtriebe« in einem Stuttgarter Verlag in zweiter Auflage erschien, dass man von 1825 an in Stuttgart minuziös Buch geführt hat über die »politischen Verhältnisse« im Lande, über die »Gewaltakte in Tuttlingen« oder über den – auch gedruckt erschienenen – Vortrag der »Bundes-Central-Behörde«, und natürlich über »einzelne Persönlichkeiten«, unter denen Friedrich List ebenso geführt wurde wie der »Feldwebel Lehr«, der Arbeiterführer Dr. Georg Fein aus Braunschweig ebenso wie der Barbiergeselle Jacob Kolb zu Böblingen und so weiter.

Die Stimmung im Vormärz dürfte hier nicht wesentlich anders gewesen sein als in anderen deutschen Bundesstaaten und Städten auch, nur vielleicht latenter, geschönter, »verdrückter«. Gab es tatsächlich geringeren Anlass zur Unzufriedenheit? Waren die beiden südwestdeutschen Staaten noch »intakt«? 1845 gaben der Suppinger Pfarrer Eduard Süskind, von 1848 an der liberale Oppositionsführer, und der Geislinger Dekan Franz Kapff den ersten Jahrgang ihres »Schwabenkalenders« für das deutsche Volk heraus. Unter den »Zeit- und Lebensfragen«, die hier zur Sprache kamen, rangierten auch Themen wie »Die Verarmung im Volk«, die Tierquälerei, der Unsegen des Flurzwangs, Segen und Gefahr der Eisenbahn, die Militärpflicht und noch einmal: der vermisste, der fehlende bäuerliche Wohlstand.

Keine zwei Jahre zuvor, 1843, erschien in Altona der 15. Band des von den Freiburgern Rotteck und Welcker herausgegebenen »Staats-Lexikons«. Darin war auch ein umfänglicher Artikel zu finden mit der Überschrift »Württemberg, Nachtrag über dessen neuesten politischen Standpunkt«. Der anonym gebliebene Verfasser, wahrscheinlich der junge Christian Gottlieb Abt, wollte seinen Bericht sine ira et studio erstatten. Er wolle fragen, ob das »an sich wackere« Volk der Württemberger die »Idee der Freiheit« erfasst habe, ob es »ein geistig rühriges Volk« sei oder »die württembergische Regierung bei ihren Verdiensten auch durch ihr politisches System wirklich die Entwicklung des Volkes« begünstige.

Analyse und Rapport fielen beschämend negativ aus. Die Situation der Ständekammer sei für die Beurteilung jedes Volkes »der richtige Maßstab«. Aber die Tage, da auch Württemberg »vom Zeitgeist erfasst« worden sei und Männer wie Uhland, Pfizer, Schott und andere »warm und begeistert der Freiheit das Wort« gaben, seien vorbei. Jetzt sei die Kammer in Württemberg »eine Uhr ohne Federkraft«. Die Beamten gewännen täglich »mehr an Macht und Einfluss«, es gebe »keine Wahlumtriebe von Seiten der Bürger« mehr. Es mangle Württemberg das Notwendigste, »eine freisinnige Kammer und eine gesetzmäßige Opposition«, aber auch das »Interesse für sein Recht und seine Würde«. Andere Staaten hätten zwar auch keine Pressefreiheit, aber man höre dort doch wenigstens den »Ruf nach der freien Presse«. In Württemberg schweige man sich aus, und in der Kammer beschließe man über Zensorenbesoldungen. Die »Bureaukratie« könne »in dem schönsten absoluten Staat nicht ausgebildeter sein als in Württemberg«. An der Landeshochschule (Tübingen) dominiere das Prinzip, »keine Selbständigkeit« zu dulden, der Geist der »Urbanität und Humanität« sei »dem handwerksmäßigsten Studium gewichen«. Und was endlich »die pompösen Feierlichkeiten« zu Ehren der fünfundzwanzigjährigen Regierung des Königs anlange, so sei das eine – teure – Konstruktion der obersten Beamten in Stuttgart gewesen, von »freiwilliger Bewegung« keine Rede.

Summa: Die »Idee der Freiheit« sei »wieder abhanden gekommen«. »Ich glaube aber zuversichtlich«, schließt der Berichterstatter, »dass die Zeit erscheinen wird, wo das württembergische Volk aufwacht, und ihm die Abwesenheit seiner Rechte und Freiheiten zum Bewusstsein kommt. Möge es nicht zu spät geschehen! Württemberg ist keine Insel der Seligen. Es wird mit in die großen Bewegungen der Zeit hineingezogen werden.«

Es ist nicht zu spät geschehen. Nur ein halbes Jahrzehnt danach zogen die Abgeordneten der Deutschen in die Frankfurter Paulskirche ein, die Badener und Württemberger unter ihnen, wie bekannt, in führender Rolle. Das war kein Zufall. Namen wie Carl Theodor Welcker oder Robert Mohl, Karl Mathy oder Ludwig Uhland machen klar, dass die geistig-politische Beisteuer der Südwestdeutschen in der Paulskirche nicht das Ergebnis einer schnellfertigen »Wende« war, sondern eine aus jahrelanger, vormärzlicher Vorübung herausgewachsene Initiative. Man hat das rein zeitlich zu verstehen und an jenen 12. September 1847 zu denken, an dem in einer von Gustav Struve (1805–1870) und Friedrich Hecker (1811–1881) geleiteten Versammlung in Offenburg zum ersten Mal die revolutionären Forderungen des demokratischen »Sozialismus« vorgebracht wurden. Und man hat das geistesgeschichtlich zu verstehen, allein im Blick auf Friedrich Theodor Vischer oder David Friedrich Strauß, die beide den kulturellen Auftrag der Deutschen in den Jahren vor 1848 durchkämpft und, man darf sagen, durchlitten haben. Töricht, wie geschehen, in der Bemühung um die politischen Denkströmungen im deutschen Vormärz den Südwesten auszuklammern, als gebe es hier nur Fehlmeldung und Tabula rasa.

Unabhängig vom – viel zitierten – »Geist der Zeit« haben die badischen und die württembergischen Politiker für die Aufgabe der Paulskirche, anders als in manchen anderen Regionen des damaligen Deutschen Bundes, reiche Erfahrungen aus einer alten Erbschaft mitgebracht, das »Prinzip Wirklichkeit«, das ein Grundzug schwäbisch-alemannischen Geistes war und in Württemberg sich vereinigen konnte mit den Traditionen der Landstände.

Längst vor der »Demokratie« des Vormärz hat man hier die Kirche im Dorf gelassen, will heißen die Wirklichkeit auch zu einer Kategorie der Politik gemacht. Der Satz, »Immerhin hat das den Staat zur Hölle gemacht, dass ihn der Mensch zu seinem Himmel machen wollte«, stammt von Hölderlin, der ja nun auch zu einer – schwäbischen – Gestalt des Vormärz geworden ist. Es war ein Schwabe, der ehemalige Carlsschüler und spätere General Theobald, der Kerner und seine poetischen Brüder aufforderte, endlich aus dem Mittelalter herauszukommen und sich der Gegenwart zu stellen. Und es ist, was diesen geistig-politischen Realismus im Schwäbischen anlangt, immerhin bezeichnend, dass man allen Ernstes die »Dichter der Schwäbischen Romantik als Vorläufer des Naturschutzgedankens« vorstellen konnte.

Baden und Württemberg präsentieren für den Vormärz nicht nur Kärrner und sozusagen geistige Mitläufer, sondern auch, im anspruchsvollsten Sinne des Wortes, führende Köpfe. Im Tübinger Kreis um Vischer und Strauß hat man sich nicht gescheut, sich geradewegs zum Sprecher der Zeit, ja des Säkulums aufzuschwingen. »Du bis jetzt Repräsentant der geistigen Freiheit unseres Jahrhunderts, wie sie endlich es gewagt hat, ihr Innerstes auszusprechen und an den Sitz aller Unfreiheit, an die religiöse Furcht vor dem faktischen Scheine der Idee, die Scheu vor dem Wunder, frischweg Hand zu legen. Du bis Organ und Prophet dieser edlen, großen Sache und bist der Zukunft schuldig, dass sie Dein Bild ungebeugt und unverkümmert überkomme.« Der diese feierlichen Worte schrieb, war Friedrich Theodor Vischer in einem Brief aus Tübingen am 6. September 1837. Wem sie galten, war David Friedrich Strauß, angesprochen allen Ernstes als »Repräsentant der geistigen Freiheit unseres Jahrhunderts, wie sie endlich es gewagt hat, ihr Innerstes auszusprechen«.

Darf dies als die Signatur dieser Epoche gelten, die wir mit »Vormärz« überschrieben haben? Bevor wir die Frage beantworten, werden uns gewiss einzelne Züge dieser Zeit zwischen 1815 und 1848 interessieren, werden wir uns überhaupt erst einmal fragen, was mit dieser Etikette »Vormärz« gemeint ist. Dass gerade in den letzten Jahren darüber eine lebhafte Diskussion geführt worden ist, nicht nur in der politischen Geschichte und nicht nur in der Germanistik, kann uns nicht davon entbinden, dieser Epoche ihren Umriss und ihren Sinn zu geben. Mit der immer noch gehörten Formel »Zwischen Restauration und Revolution«, die man dann – weniger sinnvoll – auch einmal umdreht, ist am Ende nichts mehr gesagt als dies, dass die Zeitspanne zwischen 1815 und 1848 zu einem Doppelgesicht geführt hat, zum Januskopf beharrender und vorwärtsdrängender Seite. Aber Tauben und Falken gibt es schließlich allemal. Eigentlich jede Epoche der neueren Geschichte tut uns den Gefallen, ebenso konservative wie progressive Kräfte zu zeigen; man wird darin wohl das Merkmal aller lebendigen und politisch gefassten Geschichte erkennen müssen.

Für die Zeit zwischen 1815 und 1848 mag das in qualitativ stärkeren Proportionen geschehen sein, gültig ausschließlich für diese Epoche ist es jedoch nicht. Wir halten uns an die Vokabel »Vormärz«; sie hat immerhin den Vorzug, über die rein chronologische Zeitstation (»vor dem März 1848«) hinauszugreifen und eine gewisse politische Haltung und Atmosphäre anzuvisieren. Kein anderer als der schwäbische Revolutionsmann Gottlieb Rau meinte im Schlussplädoyer seines Monsterprozesses am 27. März 1851, es sei der Staatsanwaltschaft gelungen, das Zeugnis »eines im Fabrikwesen ganz unwissenden vormärzlichen Gemeinderaths« [von Gaildorf, d. Vf.] anzubringen. In diesem Falle erscheint der »Vormärz« als die Epoche, in der »Fabriquen« und »Etablissements« noch Seltenheitswert besaßen und in der die Erörterung sozialer Fragen noch tabu war. »Vormärz« als die Epoche bestimmter geistiger Dispositionen: Die Frage nach den Innenräumen dieses – in seinem Anfang und seinem Ende zweifellos abgegrenzten – Zeitabschnitts zieht einen immer wieder aufs Neue an.

An äußeren Ereignissen scheint der Vormärz arm zu sein, auch in der größeren, gesamtdeutschen Geschichte. Da sind das Wartburgfest und das Hambacher Fest, Signalstationen in einer sonst dumpfen und tonlosen Welt, da sind Metternichs Konferenzen, deren Orte man bald wieder vergessen hat, die jedoch das notwendige Zubrot gaben zur permanenten und nahezu totalen Kontrolle von oben. Da ist natürlich die Julirevolution von 1830, die immerhin manche Änderung ins Land gebracht hat, der Deutsche Zollverein von 1833 als ein Vorbote konkreter deutscher Einigungshoffnungen, der Auszug der Göttinger Sieben 1837, die – keine Revolutionäre – den wahren Staat gegen die monarchische Willkür verteidigt hatten. Ansonsten, hält man sich an die Oberfläche, merkwürdige Ruhe. Kein Krieg in oder gegen Deutschland in dieser wie abgezählt sich präsentierenden Generation zwischen 1815 und 1848.

Die Landesgeschichte, die württembergische und die badische, scheint nicht viel mehr zu bieten. In Württemberg fällt die Epoche mit der längsten Regierungszeit eines württembergischen Königs –

König Wilhelms I. – zusammen. Er handelt 1819 eine Verfassung mit den Ständen aus, versucht außenpolitisch Württemberg einen Platz in der süddeutschen Fronde zu geben und sucht innenpolitisch als Gründer vor allem schulischer Institutionen dem – sonst eher zögerlichen – Anschluss an die modernen, industrialistischen Entwicklungen Rechnung zu tragen. In Baden verkündet Großherzog Karl im August 1818, ein bisschen früher als in Württemberg, die von Nebenius entworfene Badische Verfassung, ihm folgen ein paar Monate später Ludwig I., den man gleichfalls als Gründer und Organisator würde bezeichnen können, im März 1830 schließlich Großherzog Leopold, der es mit der Gemeindeordnung und dem Gesetz über die Ablösung der Zehnten viel deutlicher ermöglicht, von einem spezifisch badischen Liberalismus zu reden. 1819 ermordet der Student Karl Ludwig Sand in Mannheim den Lustspieldichter August von Kotzebue, 1847 verkündet die Versammlung der »Entschiedenen Freunde der Verfassung« in Offenburg mit ihren »Forderungen des Volkes in Baden« das erste geschlossene republikanisch-sozialistische Programm – das sind Vorgänge und Vorfälle, wie man sie in Württemberg trotz der Koseritzschen Verschwörung in dieser Zeitspanne nicht zu sehen bekommt.

In Sachen Liberalismus und Demokratisierung – das letztere Wort ist im Vormärz immer wieder zu hören – ist Baden das gebende Land, das modernere, das aktivere, das Land mit lebendiger politischer Vehemenz und mit schärferer Ideologie. Als Karl Pfaff, schon junger Konrektor, einmal über die Grenze huscht und in Mannheim an einem Fackelzug für Itzstein, den Patriarchen des süddeutschen Liberalismus, teilnimmt, hat der König zwei Strafen: die eine, dass der Mann zeitlebens Konrektor bleiben darf, die andere, dass er ihn als vaterlandslosen Gesellen verdammt. Ein rechter Württemberger geht nicht nach Baden, zur Feier für einen Liberalen schon gar nicht. Baden ist aus liberaler Sicht das gelobte Land. Als der Stiftler Hermann Kurz, in einer schweren psychischen Krisis übrigens, wie ein Dieb in der Nacht das Tübinger Stift verlässt, richtet er seine Schritte nach Baden. Tage danach, als man ihn gefasst hatte, wollte eine der Fragen der Disziplinaruntersuchung wissen, warum er ausgerechnet den Weg ins Badische gewählt habe. Antwort: weil Baden ein Land zum Leben sei. Zehn Jahre später tritt Kurz in die Redaktion eines großen Unterhaltungsblattes in Karlsruhe ein und kehrt erst im Februar 1848 wieder in die Heimat zurück.

Wir wollen nun wissen, was hinter diesen Daten und Fakten – und wohl auch schon ersten alemannisch-schwäbischen Varianten – steckt, was die Signatur dieser Epoche ist. Es passt zu ihrer offenbar inneren Gegensätzlichkeit, dass sie schon in ganz allgemeinem Sinne in zwei Ausgaben sich präsentiert, in der biedermeierlichen Idylle und in der politisch-oppositionären, »abgefallenen« Aktivität. Es sind zwei Denkströmungen, die sich in dieses beginnende 19. Jahrhundert ergießen, die aufklärerische und die »romantische«. Diese trägt wesentlich zum Arrangement und zur Ausstattung des Biedermeiers bei, jene – sie tut sich schwerer und verästelt sich notgedrungen – liefert das geistige Reservoir für den Widerstand. Die Vermutung, dieser grundsätzliche Kampf könne das Grundgefühl des Vormärz, »Erschütterung«, ausgelöst haben, liegt nahe. Aufklärerisches und historisches – Veränderung möglich machendes – Denken formiert die aktivistischen Potenzen der Zeit nach 1815 zur autonomistischen Separation von staatlich-politischer und kirchlich-weltanschaulicher Tradition. Das bedeutet: Loslösung von einer christlich bestimmten und jenseitsorientierten Weltbetrachtung. Die Übersetzung von »Loslösung« ist – das Wort wird zur Kampfvokabel im Vormärz – »Emanzipation«. Heine gibt in seinen »Reisebildern« sozusagen im Nebensatz das Stichwort: »Was aber ist diese Aufgabe unserer Zeit? Es ist die Emanzipation.« Der unbeugsame emanzipatorische Gegenzug erobert vor allem nach 1830 etappenweise Terrain, ersatzweise auch auf dem Umweg der Begeisterung für die unterdrückten Griechen und Polen, oder in den – in Baden und Württemberg nachhaltigen – Plädoyers für eine Judenemanzipation.

Was den Terminus »Biedermeier« anlangt, so steht er immer noch für einen inzwischen fest etablierten Kultur- und Stilbereich, mit der Lust an Selbstbescheidung, am Naiven und Intimen, am Eng-Behaglichen, an der kleinen Form, an der kleinen Hausmusik und am kleinen Gedicht. Das Wort »Biedermeier« ist eine spezifisch südwestdeutsche Beisteuer und kommt aus dem Badischen, aus Lahr. Ludwig Eichrodt war es, und mit ihm wohl auch Adolf Kußmaul, der Arzt aus

Kandern, die 1853 den Schulmeister Gottlieb Biedermaier ins Spiel gebracht haben, übrigens unter Mitverwendung jener Moritat vom Helfer Brehm, die Friedrich Theodor Vischer als der selige Herr Schartenmaier verfasst hatte. Alemannisches und Schwäbisches klingt hier also zusammen in »Biedermeiers Liederlust«, wie die endgültige Fassung dann hieß, eine nun ganz typisch südwestdeutsche Variante. Eichrodt hat das Stichwort gefunden, die Rede vom Bildungs-Philister, der – sein Sommerhut baumelt über dem Bauch – die Familie zum Sonntagnachmittagspaziergang ausführt, der sich vergnüglich einfindet zu den Gesangvereins- und Schützenfesten, mit Gattin und Fräulein Tochter, der ängstliche brave geduckte Bürger, den Eichrodt im »Letzenburger Nationallied« ungeniert so singen lässt:

Ich sag nicht so, und sag nicht so,
denn wenn ich so sagt' oder so,
so könnt man später sagen,
ich hätt so oder so gesagt,
und packte mich, Gott sei's geklagt,
beim Kragen!

Das Bild scheint bestens gelungen. Es hat nur einen Fehler, dass es post pugnam entstanden ist, Jahre nach Ausgang der 48er Revolution und mithin Jahre nach Ablauf der Vormärz-Epoche. Es ist, wie man gerne glaubt, kein originäres Zeitzeugnis, sondern eine spätere Erfindung und Interpretation, die sich im Grunde von der gründerzeitlichen Bürger-Entmündigung nährt und viel, wo nicht das meiste vom Studenten-Spott über die schnöden Philister des Joseph Victor von Scheffel (1826–1886), Eichrodts Weggenossen, hat. Irgendwo in Heidelberg im Schatten einer Laube hört man die Burschen und Fuxen Gaudeamus singen, und hört den lauten Spott über den schnaufenden und prustenden Bürger, der eine Revolution machen wollte und dem darüber das Herz versagte, sie lachen sich, die Chargierten, die Bäuche voll über die Biederlichkeit jener Tage, »wo«, wie Eichrodt einmal sagt, »Deutschland noch im Schatten kühler Sauerkrauttöpfe gemütlich aß und trank, dichtete und verdaute, und das Übrige Gott und dem Bundestag anheim stellte«.

In Wirklichkeit war das, was man heute mit Biedermeier bezeichnet, nicht der nussbaumdunkle Vertiko mit Dackelfüßen und nicht die Stechpalme mit Goldrahmenbild dahinter, pathetische Historienmalerei, Anton von Werner, Nachromantik in kleiner Münze und Kling-Klingel-Ton, sondern ein sehr karger Stil, welcher der wirtschaftlichen Ärmlichkeit Deutschlands in den ersten Jahrzehnten des 19. Jahrhunderts entsprach und den Empirestil zu nüchterner Strenge und sachlicher Zweckmäßigkeit wandelte. Die bei aller Behaglichkeit und aller Bereitschaft zu politischer Entsagung bescheidene bürgerliche Lebenshaltung dieser Zeit verkörpert sich in ihren schlichten, aber stilreinen Wohnräumen. Die breiten Ärmel der Damenmode und der farbige, stark auf Taille gearbeitete Frack der Herren ist etwas anderes als der Cul de Paris und die Makart-Maskerade der beginnenden Gründerzeit, die dem Liberalismus gründlich absagte und dafür den Willen zur Macht etablierte, überall nach dem großen Helden suchte und von der Sehnsucht nach dem Elementaren befallen war. Das ist die Scheffelzeit. Scheffel selbst kann im »Ekkehard« nur mühsam verbergen, wie sehr er im Innersten dem Wagnerschen Dunkel und der orphischen, »deutschen« Unerlöstheit verfallen ist.

Den Rembrandtdeutschen kennt die biedermeierliche Version des Vormärz gar nicht. Wir sollten die Dinge säuberlich voneinander halten. Was die Biedermeierkultur von der in den fünfziger Jahren beginnenden Lust an der Fassade und am Pompösen trennt, ist ihre Echtheit, ihre Naivität, im allerernstesten Sinne des Wortes. Franz Schubert ist echt in seinen besten Stücken, und Caspar David Friedrich ist es auch, weit entfernt von den lächerlichen Schachtelhalmen, die Scheffel strophenweise rauschen lässt, Fritz Kauffmann, ein Musikus und Mathematikus, den man auf den Asperg brachte, ist echt und Mörike mit den Perlen unter seinen Gedichten ganz gewiss auch. Sicherlich hat man die Last des Epigonen am eigenen Leib verspürt, Immermann hat diesem Geschick schmerzlichen Ausdruck verliehen, und in der Generation Fritz Vischers weiß man vom Schicksal der Nachgeborenen – nämlich nach Goethes »Kunstepoche« Geborenen – ein Lied zu singen. Aber in der kleinen und gewissermaßen zum Hausgebrauch verfertigten Ausgabe ist immer noch die ursprüngliche, die primäre Verantwortlichkeit des künstlerisch und geistig Schaffenden zu spüren, der schlichte Grundton von Wahrheit, der die Konservativen unter den Dichtern mit den davonstürmenden Jungdeutschen ganz zweifellos und überall sichtbar verbindet.

Wir machen es uns also zu leicht, wenn wir beim Befund dieser Epoche bei der Spitzwegiade stehen bleiben. Das ist schon die Karikatur. Die Frage bleibt, ob nicht lauterste Ironie es ist, die Spitzwegs Kleinstformaten überhaupt erst ihren Sinn verleiht. In Wirklichkeit, eine Wolke von Zeugen steht dafür, muss es eine weniger behagliche als unerlöste Zeit gewesen sein, dieser Vormärz, immer wieder stößt man in den Bezeichnungen für die eigene politische und geistige Situation auf Adjektive wie »dumpf«, »bleiern«, »zensiert«. Überschriften oder Programme wie »Das junge Europa«, »Die junge Schweiz« und so fort machen klar, dass – zumindest – die andere Hälfte der Gegenwart als »alt« empfunden wird. »Europa scheint überhaupt auszuleben«, schreibt Kerner schon Ende 1819 an Uhland, »vielleicht lebt Amerika dagegen stärker auf«. Leonce gesteht in Büchners »Leonce und Lena« 1835: »O Valerio, und ich bin so jung, und die Welt ist so alt.« Und Rückert klagt 1833 als Fünfundvierzigjähriger, er fühle sich »nach und nach selbst absterben«.

Auch dies eine Entzweiung. Am einen Ende stößt man auf die Suggestion des »Altwerdens«, am anderen auf eine Decke, die mühsam verbirgt, was an potentiellem Revolutionsgut nach oben will, die nur in Augenblicken verrät, dass die Sonntagswesten, die heiter-harmonischen, gezählt sind. Dass hinter Mörikes Brillengläsern erschrocken blinzelnde Augen saßen, die selten und dann eher gekünstelt lächelten, das weiß man im Schwäbischen, auch, dass gerade in seinen frohesten Gedichten sekundenschnell tödlicher Schatten aufziehen und die Rede von »dämonischer Stille« sein kann: Vormärz, wie er leibt und lebt.

Hebel scheint fast eine Ausnahme zu machen, einer, der sich, wie er sagt, zu den »Angewurzelten« zählt, und doch, mitten in Karlsruhes steifer Residenzpracht, immer davon träumt, im Wiesental leben zu dürfen – was ihm nie vergönnt war. Was bedeutet es, wenn er den – doch gar nicht harmonischen – Satz prägt: »Nichts ist angenehmer als der Kontrast«, wenn er den Verlust des »alten, guten« Dämonen- und Engelglaubens beklagt, wenn er konstatiert, dass wir durch den Unglauben die Empfänglichkeit der Wahrnehmung verloren hätten. »Das Organ dazu ist in uns zerstört. Wir haben den Göttern keine einzige Form mehr übriggelassen, in der sie uns erschaubar werden könnten.«

Je näher man zusieht, darin unterscheidet sich der Vormärz im Südwesten in keiner Weise von übrigen Ausprägungen dieser Epoche in Deutschland, desto deutlicher sieht man Symptome von Unsicherheit, von Verlustmentalität, von Ängsten sich bemerkbar machen. Es ist, wie wenn sich auf den Feldern der so genannten Freiheitskriege hätte ein neues Freiheitsbewusstsein entladen wollen, das indessen contra naturam unterdrückt wurde, in den Karlsbader Beschlüssen und vielen großen und kleinen Polizeiaktionen hernach, einen breiten Strom von Frustrationen auslösend, der da und dort in Rinnsalen der Qual und der namenlosen individuellen und kollektiven Belastungen sich verlor.

Keine Frage, dass dieser leidvolle, aller geschichtlichen Fortentwicklung zuwiderlaufende Prozess von 1815 an zugenommen hat, dass er erst um 1830 herum so ganz sichtbar geworden ist. 1830 ist so etwas wie eine Zäsur inmitten des Vormärz, vielleicht sogar in manchem Betracht eine Epochengrenze. In fast allen modernen Wissenschaftsdisziplinen, der Geistesgeschichte ebenso wie der Geschichte der Naturwissenschaften, der Germanistik ebenso wie der Philosophie, sind »1830« oder »die dreißiger Jahre« so etwas wie ein Signum der Wende geworden. Ferdinand Christian Baur hat seine historische Spürkraft einmal mehr bewiesen, als er seine Kirchengeschichte des 19. Jahrhunderts im dritten Abschnitt mit der Überschrift »Vom Jahr 1830 bis in die neueste Zeit« versah und lapidar beginnt: »Das Jahr 1830 macht in der neuesten Geschichte Epoche.« Es hat so sehr epochenbildende Kräfte freigesetzt, dass die Frage immer bleiben wird, ob man den »Vormärz« mit guten Gründen nicht erst mit diesem »historischen Stichjahr« beginnen lässt.

Ab 1830 geben sich die Dinge anders. Ab dato ist es aus mit den alten Ständen, mit dem alten Handwerk und so weiter. Das eigentümliche »Schweben zwischen den Zeiten« hat auch die sozusagen intakten Biedermeier befallen. Laubes zwischen 1833 und 1837 erschienene Romantrilogie »Das junge Europa« demonstriert aufs nachdrücklichste die Standpunktlosigkeit. Jetzt weiß man, dass diese Revolution der Anfang immer wieder neuer Revolutionen war, jetzt weiß man, dass an die Stelle des alten und festen Guberniums das Experimentieren getreten ist, »das Gefühl des Provisorischen«, wie Jacob Burckhardt dieses mit den dreißiger Jahren des 19. Jahrhunderts heraufziehende Phänomen umschrieben hat. Wie sehr sich das Bewusstsein festgesetzt hat, nunmehr eine Zeit immer wieder neu machbarer und gemachter Revolutionen angetreten zu haben, verrät die Bemerkung Froedrich Theodor Vischers vom Februar 1839, die Menschheit sei jetzt frei »im Gebiet des Zweckmäßigen, und im Geistigen gegen dasselbe Prinzip fanatisch. Es muss erst wieder eine Revolution kommen, ein König geköpft werden, damit sie den Ernst erfahren.« Das literarisch-künstlerische, aber vor allem das staatlich-politische Leben ist zum Transitorium geworden. Noch 1849, die Revolution war vorüber, man hätte also eine Rede über Sicherheit und Dauer voraussetzen dürfen, empfindet sich Vischer in einer »noch« vorhandenen »Interims-Epoche«.

Das Gefühl des Provisorischen gibt dem eigenen Dasein etwas Verschwommenes, Unwahres, Bedrohtes. Merkwürdig, wie man in den Jahren des Schubertschen Forellenquintetts oder von Schumanns »Fröhlichem Landmann« tiefste Unruhe konstatieren kann, wie gerade die wachsten Geister sagen können, man lebe nur noch aus der Hand in den Mund. Gerade das Gefühl, mitten in permanenter Beschleunigung zu leben und leben zu müssen, ist dem Vormärz durchgehend eigen. Was dem Diagnostiker Burckhardt in einem Vortrag des Jahres 1884 über erzählende Malerei aus der Retrospektive als sicher gelten darf – »Die Welt hat seit 1830 politisch und sozial sehr rasch gelebt« – spricht Friedrich Theodor Vischer schon 1844 aus: »Man lebt in jetziger Zeit entsetzlich schnell.«

Was wir also für die Stärke und innere Behaglichkeit einer humorigen Bürgergeneration gehalten haben, hat sich bei näherem Zusehen als Schwäche entpuppt. Was Adam Müller zu Beginn des Jahrhunderts mitten im Strom der romantischen Bewegung schmerzlich erkennen musste, dass »besonders die heutige Generation so einförmig und zerrissen« sei, wird jetzt zu einem Teilstück allgemeinen Bewusstseins. Wiederum gibt die Dichtung hier untrüglichste Auskunft. Gutzkows exzentrische »Zweiflerin« Wally, die seinem 1835 erschienenen Roman den Titel gibt, muss »zu Grunde«, wörtlich »zum Abgrund gehen«, weil sie ihren lebensspendenden und lebenserhaltenden Glauben verloren hat. Sie weiß, die »Feindin Gottes«, die »Ungewisse«, »dass ohne Religion das Leben des Menschen elend ist«.

Es ist die Zeit, in welcher der junge Friedrich Theodor Vischer über den »unsäglichen, namenlosen Gedanken des Nichts« hinbrütet, des »reinen farblosen Nichts«, die er, bezeichnend genug, als »zeitgemäß« etikettieren kann. Tatsächlich ist dieses typisch vormärzliche Lebensgefühl auch in der angeblich naiven Idylle der »Schwäbischen Schule« und im Württembergischen daheim. Als 1833 im Stuttgarter Morgenblatt Auszüge aus einer Novelle »Die Zerrissenen« erscheinen, wird das »köstlich« Ding sogleich zum Diskussionsobjekt zwischen Vischer und seinem Freund Mörike. Mörike schreckt der Titel. Er nimmt ihn, halb in Abwehr, halb in Selbstanklage, als »charakteristisch für unser Zeitalter«. Vischer kann ihm diese Diagnose nicht ausreden. Die »moderne Zerrissenheit« sei »allerdings das Grundthema dieser Erzählung«. Aber er kann, im Gegensatz zu Mörike, die »Abneigung gegen moderne Zerrissenheit in der Poesie« nur »mit Einschränkung gelten lassen«.

Wo Mörike betroffen die Augen schließt, gräbt Vischer, schon darin verrät sich der spätere große Kritiker, tiefer und seziert, analysiert, prognostiziert. In der Morgenblatt-Novelle erscheine »diese Krankheit« als ein »Verbrechen der Zeit, das sie mit allen ihren tödlichen Folgen durchbaden soll, um dann erst wieder gesund werden zu können«.

Es verging kein Jahrzehnt, dann hatte sich Vischer mit der »Zerrissenheit« und der »Emanzipation« gewissermaßen abgefunden. Die Angriffe vor allem Heines »auf die schwäbischen Dichter« hätten ihn »auf die Poesie der modernen Zerrissenheit und der sozialen Emanzipation« geführt. »Ich hielt damals die Stimmungen des modernen unzufriedenen Subjekts für poetisch traktabler als jetzt, wo ich mich überzeugt habe, dass unsere wirkliche Welt erst eine andere geworden sein muss, ehe wir wieder eine große Poesie haben können«.

Das ist freilich, nimmt man es ernst, ein Urteil von unerhörter Schwere. Es greift an die Existenz dieses heraufziehenden Jahrhunderts, eines offenbar so sehr belasteten Säkulums, dass uns wundern mag, wie Ernest Renan die drei Jahrzehnte zwischen 1815 und 1848 als die besten bezeichnen kann, »welche Frankreich und vielleicht die Menschheit erlebt« haben. Ganz im Gegenteil tut sich ein Abgrund auf, an Angst, an Ziellosigkeit, an längst verschenkter Erlösung. Die Möglichkeit, die Macht, sich selbst als Instanz zu setzen und zu genießen, scheint gänzlich ausgekostet. Der Ausweg aus diesem tückischen Spiel bleibt indessen verwehrt. An seiner Stelle wartet das weite, das trostlose Feld des Nichts-Gefühls, die »Diktatur des Nichts«, wie es Friedrich Schlegel 1820 genannt hat. In Georg Büchners »Dantons Tod« heißt es denn auch: »Die Welt ist das Chaos. Das Nichts ist der zu gebärende Weltgott ... Das Nichts hat sich ermordet, die Schöpfung ist seine Wunde, wir sind seine Blutstropfen, die Welt ist das Grab, worin es fault.«

Der »Fluch der Zeit«, der, wie Wienbarg in seinen »Ästhetischen Feldzügen« ausrief, »auf einer Übergangsepoche wie der unsrigen ruht«, kann auf keinen Fall innere Ruhe und Sicherheit verbreiten. Die permanente Kontrolle der staatlichen Sicherheitsdienste sorgt entweder für resignative politische Enthaltsamkeit oder für tief empfundene Frustration. Die tatenfreudige Klarheit ist einer »Schwüle« gewichen, »welche die socialen Zustände der Gegenwart erstickend umgibt«, wie Carl Wilhelm Zimmermann 1847 im ersten Teil seiner »Diebe in Berlin« schreibt. Ob damit zusammenhängend oder nicht: Die latent revolutionären Bewegungen verängstigen zusätzlich, weil sie das Untergründige und Unkontrollierbare ahnen machen. Vom »Einbruch tellurischer Kräfte«, einer »dämonischen Plage« hat der Philosoph Friedrich Schleiermacher im Revolutionsjahr 1830 gesprochen.

Das Psychogramm der Zeit ließe sich leicht an der Aussage einzelner Persönlichkeiten festmachen. Vischer, den wir als repräsentativen Württemberger dafür auswählen, leidet am Zweifel des Zweifels, so dass am Ende nichts als »reine Ratlosigkeit« bleibt. Seine besten Jahre im Vormärz sind solche der »Selbstquälerei«. Strauß gegenüber kann er nur raten, sich im »Bewusstsein, ein Heimatloser und Exkommunizierter« zu sein, nicht auch festzurennen. Er fühlt sich nicht nur auf »schwankendem« Boden, sondern »lebendig eingemauert«. »Ich bin so melancholisch«, heißt es einmal, »mein Bewusstsein ist das unselige.« Ihn, Strauß und überhaupt die Freunde des Tübinger Kreises, geht die – substantivierte – »Lebensmüde« an. Die Jahre vor 1848 empfinden sie alle als »dürre Zeiten«. Es ist keinesfalls mehr pubertäres Nachspiel, wenn Vischer im Januar 1843 notiert: »Das eigentliche Leben schleicht reizlos, stumpf, öd und gemein fort.«

Für den konventionellen Vormärz-Forscher, der sich auf den Fährten des Frühkonstitutionalismus bewegt, der zunehmenden Verstädterung nachspürt, den Impulsen und Konturen der Frühindustrialisierung und den ersten Formen der Sozialen Frage, mag solche Auskunft wie die Büchners arg phantasievoll und jedenfalls arg literarisch erscheinen. Wie immer auch: Dass derlei Sätze 1835 – im gleichen Jahr, in dem David Friedrich Strauß den ersten Band seines radikal entmythologisierenden »Lebens Jesu« erscheinen ließ – indessen überhaupt niedergeschrieben werden konnten, muss jeden Historiker berühren, wenn er sich um die Signatur der Vormärz-Epoche kümmern möchte. Sie führt wesentlich mehr mit sich als die Konstituierung des Zollvereins, der Liedertafeln oder der Gesellschaften zur Förderung der Gewerbe: den breiten Strom eines Lebensgefühls, wie Hermann Kurz einmal sagt, »zwischen die Zeiten gefallen zu sein«, den latenten, aber verbissenen Kampf zwischen dem »Alten« und dem »Neuen«, das Bewusstsein, dass sich zu trennen beginnt, was früher noch beieinander war.

Ein Bruch ist es, der durch die Jahre wie durch die Weltanschauungen und durch die Staatsauffassungen geht, nicht nur durch die Literatur, sondern auch durch die Künste, die Naturwissenschaften, die Bildungspolitik, die religiösen Dogmata, die philosophischen Systeme. »Der Weltriss, das Lebensproblem dieses Jahrhundert«, wie Thomas Nipperdey jüngst sagte, zeigt sich im Vormärz allerorten. Er ist nicht nur die Zeit zwischen Restauration und Revolution, zwischen jenen beiden konträren Entwürfen, deren das Spektrum moderner Ideologien nirgends entbehrt, sondern es ist ganz wesentlich die Epoche der Entzweiung. Das ist die Signatur des Vormärz, und das ist sein Wesenszug, auf die kürzeste Formel gebracht.

Man hört diese Entzweiung, wenn man Robert Schumanns Frühlingssymphonie von 1840 neben die Grande Messe des Morts von Hector Berlioz von 1836/37 stellt: hier der radikale Versuch eines Revolutionärs, jähe Kaskaden und Tonbrüche »unerhörtester« Art, dort abgestimmte Harmonie, selige Naturhingabe und schließlich überschäumende Heiterkeit, wie man es gewohnt war. Es ist der Stilbruch, der eines der fremd-expressionistischen Stücke Karl Blechens neben irgendeiner Zeichnung Ludwig Richters zu einem gleichfalls revolutionären Fremdling macht, oder die 1836 von Georg Büchner geschriebene Novelle »Lenz« neben Mörikes »Maler Nolten« von 1832 zu einem Stück Literatur aus ganz anderer Welt: Mit der Wendung, »nur war es ihm manchmal unangenehm, dass er nicht auf dem Kopf gehen konnte«, setzt in Deutschland die moderne Literatur ein.

Die Entzweiung verrät sich auf der politischen Bühne der Zeit gewiss am deutlichsten. Voltaire oder Lessing konnten sich auch, modern gesagt, als Systemkritiker gerieren. Aber sie stehen nicht extra ordinem und nicht außerhalb des Staates, sondern immer noch in ihm, Voltaire zu Gast in Sanssouci, Lessing in seinem adretten Wolfenbütteler Bibliothekarshaus, die Mehrzahl der Gäste, die anklopft, kommt aus dem höheren und regierenden Adel.

Die Mehrzahl der vormärzlichen Systemkritiker steht außerhalb des Staates. Sie figuriert in jenem Drama des Abfalls der Intellektuellen vom Staate, mit dem die moderne Revolutionstheorie sicher zu Recht den Weg der modernen Revolution beginnen lassen will. Die überkommene patriarchalische oder altständische Staats- und Gesellschaftsordnung ist dahin – wäre irgendwo gleichermaßen Verbindliches an diese Stelle getreten?

Welcker und überhaupt der badische Frühliberalismus hat diesen tiefen, entzweienden Bruch sehr deutlich gesehen, und Vischer schreibt einmal Strauß, lange vor der Revolution, er könne sein Ehrgefühl und die Aussicht auf eine Stellung im Staatsdienst nicht in Einklang bringen. »Du hasts noch gut, Dich haben sie ganz geköpft, Punktum. Dir bleibt kein Skrupel. Ich laufe verstümmelt herum, unterbunden, geknebelt, auf mir ruht der Zwiespalt der Zeit, dem *Vaterlande* nicht dienen zu können, außer zugleich der rohen Gewalt der *Regierung* zu gehorchen.« Unmissverständlicher, persönlicher lässt sich die Entzweiung nicht exemplifizieren.

Man hat, gerade was das Württemberg Wilhelms I. anlangt, gerne von der Integration dieses neuwürttembergischen Staates gesprochen, besorgt vom Rex agricolarum, dem das Land zum fünfundzwanzigjährigen Regierungsjubiläum diesen großartigen Festzug inszenierte und die – in Stuttgart heute noch zu bewundernde – Jubiläumssäule setzte: »der dankbare Landtag«. Ganz so, wie Kerner 1818 dichtete, dass jeder württembergische Regent »sein Haupt in jedes Untertanen Schoß« hätte legen können, kann es also nicht gewesen sein.

Im Juli 1837 ist Vischer in Bad Boll, um seinen, wie er schreibt, »verschleimten Hals vollends in Ordnung zu bringen«. Und er fügt hinzu: »Ich habe nun doch auch diese Couleur erfahren, doch eben nicht mit besonderem Genusse; es waren lauter Stuttgarter da, meistens hohe Beamte und anderer Adel, so dass von einer freien Bewegung nicht die Rede war und man keinen Augenblick vergessen konnte, dass man im Lande Gablenberg, dem Lande der Beaufsichtigung wohne.«

Die Akten über den württembergischen Vormärz sind längst nicht geschlossen, wie denn auch die Linien vom regionalen Alemannentum Hebels zur propreußischen Gründerzeit Badens zu sorglos und zu naiv gezogen sind. In Württemberg hat die Koseritzsche Verschwörung doch mehr als nur eine lokale, stationäre Offiziersfronde aufgedeckt. Ein braver Königsstaat, dessen Identität sich im Bild des Monarchen widerspiegelt – davon kann im Lande Lists keine Rede sein. Fast verwundert hat Strauß nach den Feierlichkeiten zum fünfundzwanzigjährigen Regierungsjubiläum vermerkt, dass keiner der Dichter im Lande mitgehalten und seine Feder gespritzt habe: Entzweiung auch hier. Zwei Generationen zuvor hat Schiller, noch kurz vor seiner Flucht, dem alten Rieger ein schwellendes Huldigungsgedicht gewidmet, dem »unseligen Manne«, da war von Entzweiung noch nicht viel zu spüren.

Sie manifestiert sich nicht nur auf dem politischen Feld, sondern auch in den anderen Bereichen der ungemein lebendigen geistigen Auseinandersetzung. Die Liberalisierung und Demokratisierung, das große und dennoch zensierte und kontrollierte Geschäft der Zeit, wird von Männern besorgt, die sich natürlicherweise in einem Raum von Illegalität bewegen mussten, wobei Baden und Württemberg – und ganz gewiss Baden vor allem – die Vorreiterrolle spielten. Das ist die vielleicht wichtigste schwäbisch-alemannische Variante. Preußen und Österreich hatten keine Verfassung. Aber auch der Südwesten war noch nicht, noch lange nicht frei vom Argwohn der altüberkommenen Mächte. Wer gegen sie anging, auch wenn nur in einer versteckten, verschlüsselten Sprache, befand sich rasch in einer Separation, im Bewusstsein, wie Vischer an Strauß 1838 schrieb, »ein Heimatloser und Exkommunizierter zu sein«.

Die Entzweiung geht auch durch die Bildenden Künste, in der so genannten romantischen Kunst, die abstirbt in der Gewissheit, einen beliebigen Stil der Vergangenheit wählen zu können, weil sie selbst keinen eigenen Stil mehr besitzen kann, in der »Unschönheit« mancher Stücke Karl Blechens, die man nicht anders als impressionistisch bezeichnen kann, eine Vorwegnahme des Realismus, den Schinkel in seiner Englandreise schon zu akzeptieren beginnt, begeistert von den »Tausenden von rauchenden Obelisken der Dampfmaschinen«, der sich auftut in der ersten Fotografie der Welt, 1826 aufgenommen von Nicéphore Niepce bei Chalon-sur-Saône.

Keine Frage, dass die Entzweiungen im Vormärz mit mächtigen Schüben der Modernisierung einhergehen. Der dumpf erahnte Verlust an humanistischer Tradition mit unablässigen, verhaltenen oder rüde offenen Kämpfen um die Wirklichkeit, Arnold Ruge, Hans Georg August Wirth, Lorenz von Stein oder Max Stirner stehen dafür, Rotteck und Welcker gehören dazu und Strauß und Vischer natürlich auch. Es wäre grotesk, bliebe es bei dem Eindruck, im Vormärz sei nichts passiert, und der Geschichtslehrer schlage am besten einen deutlichen Bogen drum herum. Die nachweisliche Gleichgültigkeit gegenüber Vormärz-Themen mag auch daher kommen, dass wir der Vielfalt des Vormärz und seiner Natur nicht gerecht geworden sind: halbe Bilder sind falsche Bilder, und falsche Bilder gewinnen einen nicht.

Im Vormärz ist das aufgebrochen, was wir als unsere Welt bezeichnen müssen, mit einem erstmals praktizierten Geschichtsschema und Geschichtspessimismus, mit einer beklemmend sich verästelnden Politisierung, mit immer wieder neuen theoretischen Versuchen, der sozialen Bedingungen und Situationen Herr zu werden – Frühsozialisten des Vormärz gibt es auch in Baden und Württemberg –, mit ersten Erkenntnissen, dass die Welt kleiner und in ihren konkreten Substanzen anfällig geworden ist. Im gleichen Jahr, in dem Immermann von einer nivellierenden Mechanik spricht, 1836, wird der Drachenfels zum ersten amtlichen Schutzgebiet im deutschen Sprachraum deklariert; Friedrich Theodor Vischer hat lange vor 1848 vor den demütigenden und zerstörenden Resonanzen des Welt-Tourismus gewarnt. Es ist nicht nur an dem, dass sich etwas tut hinter den Kulissen – und den üblicherweise zitierten Schablonen – des Vormärz. Dass in diesen subkutanen Bewegungen unsere Welt sich herausschält, das ist das Entscheidende.

Die Beisteuer zur deutschen Revolution 1848/49

Soeben«, berichtet die Augsburger Allgemeine Zeitung am 11. März 1848 aus Stuttgart, »trifft der Fürst von Hechingen landflüchtig hier ein. Die Bauernschaft des ganzen Städtchens hatte sich in der Stadt versammelt, bewaffnet mit dicken, bleiausgegossenen Prügeln, und erklärt, sie bezahle keine Steuern mehr! Im ganzen württembergischen Oberlande glimmt jetzt auch Feuer unter der Asche. Wie es in Baden und dem Unterlande aussieht, können Sie aus dem ›Merkur‹ und dem ›Beobachter‹ bemerken. Heute nacht sollen sieben Schlösser abgebrannt sein.«

Das »tolle Jahr« 1848 ist das Odium einer komischen Oper immer noch nicht ganz los geworden. Werbetrick der Konservativen in der nachrevolutionären Reaktionszeit? Die Wirklichkeit selber? Unser Bericht, sicherlich nicht der einzige, den der württembergische März je geboten hat, spricht nicht dafür, weder die Art der bäuerlichen Bewaffnung – nicht die Schrotflinten wild gewordener Sonntagsjäger, sondern bleiausgegossene Prügel – noch die lapidare Prägung der Forderung: keine Steuern mehr. Es ist nicht möglich, den Katalog von Revolutionären auf einen kürzeren Nenner zu bringen.

Hat die Revolution überhaupt mehr gewollt, als die üblichen Vorstellungen draußen im Gebiet des Deutschen Bundes auch, ein »Parlament der Völker«, womit man eine deutsche Nationalversammlung meinte, eine gemeinsame Verfassung, Presse-, Vereins-, Redefreiheit, kurz: Demokratie? Die programmatische, die ideologische Komponente ist nicht die stärkste Seite der spezifisch württembergischen Vorgänge. Christoph Friedrich Grieb war 1848 Abgeordneter der Stadt Esslingen beim Deutschen Handwerker- und Gewerbekongress, der sich in Frankfurt, dem Sitz des Paulskirchenparlaments, am 15. Juli 1848 versammelt hat. Möglicherweise ist es Griebs Initiative zuzuschreiben, das Kaliber hätte er gehabt dazu, dass die Frankfurter Handwerks- und Gewerbeordnung für Deutschland, eines der wesentlichsten sozialen und arbeitsorganisatorischen Ergebnisse der 48er Revolution, auf dem in Esslingen am 17. September 1848 stattgehabten »Württembergischen Handwerker- und Arbeiter-Congreß« revidiert und ergänzt worden ist. Damals sind Sätze wie »aller unnötiger Visirzwang sowie das Vorzeigen von Reisegeld ist aufgehoben« oder »In allen größeren Städten sind Arbeits-Nachweisungsbureaus zu errichten« von Grieb und seinen Arbeiterkollegen hinzugefügt worden. Auch diese Forderung ist klar formuliert worden: »Neben den Gesellen-, Kranken- und Wanderkassen hat der Staat für Errichtung zweckmäßiger Gesellen-(Arbeiter-)Sparkassen zu sorgen, damit endlich auch dem Invaliden der Industrie sein Recht werde«.

Mehr Praktik als Programm. Das ließe sich über die württembergischen Revolutionstage dieses Jahres überhaupt schreiben.

Personell gesehen sind es im Königreich Württemberg nur zwei Namen, die immer wieder den Lauf der Dinge bestimmen, das ist der Monarch und das ist der von ihm ernannte Chef der Regierung, Friedrich Römer. König Wilhelm I. hat sich in diesen bewegten Tagen gut geschlagen. Kein intrigantes Spiel hinter der Machthaber Rücken, keine Flucht wie sein großherzoglich-badischer Nachbar Leopold es vorzog, keine klägliche Anbiederung. Wilhelm blieb auf dem Posten. Die in Frankfurt beschlossene Reichsverfassung nahm er ernst und anerkannte sie schließlich. Seine einzige, von der Kammer geforderte Bedingung lautete, er sage nur Ja, wenn die Verfassung tatsächlich in ganz Deutschland anerkannt werde, was die Kammer in ihrem guten Glauben für eine Selbstverständlichkeit hielt. Wilhelm war jedoch der einzige Monarch in Deutschland, der die Reichsverfassung unterschrieb. Das will etwas heißen in einer Zeit, in der für einen Mann wie Wilhelm alle Schandtaten von der Abdankung bis zum Staatsstreich gegeben waren.

Wilhelm behielt die Nerven, auch als er harte Schläge hinnehmen musste. Mit einer gewissen Einschränkung seiner Herrscherrechte war er wohl oder übel einverstanden. Freilich ging er davon aus, dass auch die neue Reichsverfassung als Vertrag zwischen den Fürsten und der Volksvertretung zustande komme. Als in Frankfurt dann mit der Eröffnung des Parlaments die Verkündigung der Volkssouveränität obenan stand, war Wilhelms Enttäuschung groß. Auch bei der Eröffnung des neuen württembergischen Landtags musste der König zugestehen, sofort nach Verkündigung der Beschlüsse an die Änderung der württembergischen Verfassung zu gehen. Dabei hoffte er noch, dass nicht ein Erbkaiser, ein Hohenzoller, ein Habsburger, ein Welf oder Wittelsbacher und so weiter, sondern ein Direktorium von drei Fürsten an die Spitze Deutschlands berufen würde.

Für einen Vollblutpolitiker wie Wilhelm ging es in den Tagen der deutschen Revolution um mehr als um die Beruhigung der Brotkrawalle in Hinterhummelshausen oder um die Bekämpfung einer »Rotte bewaffneter Bösewichte«, die am 27. Juni 1848 in Ulm eine Runde ehrbarer Bürger, die dabei waren, einen »Demokratischen Verein« zu gründen, gnadenlos auseinander trieb. Wie wenig es Wilhelm auf den gerade günstigen Augenblick angelegt hatte und wie wenig er kleinkarierte »Arrondierung« im Auge hatte, zeigt eine hübsche Anekdote, die, wenn sie nicht die Wahrheit traf, so doch wenigstens gut erfunden war: Einer der hohenzollerischen Machthaber ließ sich nach dem März 1848 bei Wilhelm melden und bot ihm die »Hohenzollerischen Lande« als Eigenbesitz an. Darauf Wilhelm: Er habe schon maulende und aufmüpfige Untertanen genug, er verzichte ergebenst auf solchen Zuwachs.

Dass Wilhelm in diesen Tagen insgeheim mit dem preußischen Gesandten in fast täglicher Verbindung stand, wissen wir. Das hinderte den Diplomaten in ihm nicht, vor der Öffentlichkeit zu erklären, dass er die Wahl des Königs von Preußen zum Deutschen Kaiser verwerfe. Er lehne auch den Rat Römers, des wendigen, aber souveränen Chefs der seit März 1848 amtierenden März-Regierung ab, doch gleich die Führung der Erbkaiserlichen in den deutschen Landen zu übernehmen, um nach dem Versagen Preußens selbst ein Anrecht auf die Spitze Deutschlands zu bekommen.

Die Spannung im Lande nahm zu. Der Landtag verlangte die unbedingte Annahme der Reichsverfassung. Der König erklärte sie für zwecklos. Alle größeren Staaten in Deutschland würden sie verweigern, der Erbkaiser müsse auf alle Fälle gestrichen werden. Aber es ging schon gar nicht mehr um einen erblichen deutschen Kaiser oder nicht. Die außenpolitische Situation begann unübersehbar und unkontrollierbar zu werden.

Gerüchte gingen im Lande um, die blutigen Revolutionen in Baden und der Pfalz begännen nach Württemberg überzugreifen. Württemberg drohe in gefährlichste Abenteuer gestürzt zu werden. Die vaterländischen und die Volksvereine erregten einen wahren Adressensturm, – Sendschreiben, Extrablätter, offene Briefe, Plakate. Hauptziel: die politische und wirtschaftliche Gesundung Deutschlands. Statt klare Schritte einzuleiten, geriet Deutschland, genauer Preußen, Sachsen, Baden, die Pfalz, Österreich und Württemberg, in einen Schlingerkurs. Der württembergische König musste eine Abordnung der Kammer (des Landtags) empfangen. Die Abgeordneten erklärten, die Ruhe im Lande sei kaum mehr aufrecht zu erhalten.

Wilhelm kam aber gar nicht auf die Idee, sich selbst in panische Ängste versetzen zu lassen. Wo der badische Großherzog zu kapitulieren schien, handhabte der württembergische König höchst modern einen buchstäblichen Werbefeldzug für sich. Er suchte »einzuwirken« – schon zehn oder zwanzig Jahr zuvor begannen die Männer um David Friedrich Strauß und Friedrich Theodor Vischer, auf ihre Generation in Sachen Religion und Glaube und Bildung »einzuwirken«. In Stuttgart könne man auf die Leute einwirken, in Tübingen, diesem Bierdorf, gar nicht.

Also ließ Wilhelm am 23. April 1849 im Sonderblatt des Schwäbischen Merkurs in 12 000 Exemplaren einen Aufruf verbreiten. Auch er, der König, wolle ein einiges und starkes Deutschland. Das könne aber nur aus einer Verständigung mit den Fürsten hervorgehen. Daraufhin erklärte das Ministerium seinen Rücktritt. Ohne Verbindungsleuten Glauben zu schenken, die meinten, auch mit der Armee könne man nicht mehr rechnen, begaben sich der König und seine engste Begleitung zu den Truppen nach Ludwigsburg.

Noch forderte die Kammer allgemeine Vereidigung, auch des Heeres, auf die Reichsverfassung. Die Aufregung im Lande wurde so groß, dass anlässlich der Versammlung der Volksvereine zu Reutlingen Ende Mai 1849 das Zeichen zum Losschlagen erwartet wurde. Wieder wich der König nach Ludwigsburg aus. Seinen hohen Truppenführern schlug er vor, in Ehren unterzugehen, erfuhr aber zugleich, dass die Soldaten an der Landesverfassung festhielten.

Die Krise war perfekt. Die letzte Möglichkeit, ihr zu entkommen, sah der Monarch in der Flucht. Er eröffnete seine Absicht, das Land zu verlassen und die Verantwortung ganz dem Stuttgarter Ministerium zu überlassen. Er mochte hoffen, dass das Ministerium bei aller Turbulenz am Ruder bleiben würde, bis er selbst, etwa durch nichtwürttembergische Truppen, wieder nach Stuttgart zurückgeführt würde. Wiederum war Römer die Sperre im Lauf der Dinge. Er weigerte sich, nach der Abreise des Königs noch im Amt zu bleiben. Wilhelm wiederum begann ohne Römer um seine Krone zu fürchten. War sie nicht gefährdet während seiner Abwesenheit? Gab es da überhaupt noch einen Ausweg?

Soviel am 1. Juni. Zwei Tage zuvor hatte in Frankfurt der zur Durchführung der Reichsverfassung bestellte Ausschuss den Antrag gestellt, die arg zusammengeschrumpfte Nationalversammlung nach Stuttgart zu verlegen – Stuttgart an einem der Brennpunkte europäischer Geschichte. Irgendein Spottvogel hatte die Bezeichnung »Rumpfparlament« in Umlauf gebracht. Sehr originell war die Firmierung nicht. Zumindest in Nordeuropa hatte man jenes englische Rumpf-Parlament von 1648 bis 1653 nicht vergessen, das nach Ausschaltung der nichtrepublikanischen Mitglieder nur noch als Rest arbeitete.

Die Debatte in der Paulskirche, den Wegzug nach Stuttgart betreffend, war kurz. Vischer lehnte kategorisch ab, Uhland warnte in schärfstem Ton, Schott stimmte dagegen. Mehrheitlich wurde der Antrag angenommen. Die im Frankfurter Parlament verbliebenen Württemberger waren dagegen. Wenn auch Römer schwanken mochte: Schott warnte, Vischer donnerte. Uhlands an diesem 30. Mai gehaltene »Rede gegen die Verlegung der Nationalversammlung nach Stuttgart« war ihm Wert genug, später in sein Oeuvre aufgenommen zu werden. Man habe, meinte er, seinerzeit eine Verlegung nur für den äußersten Notfall vorgesehen. Von einer Nötigung aber sei nichts zu sehen. Stuttgart liege zugegebenermaßen an der Linie, »wo Süd und Nord des deutschen Vaterlandes sich berühren«. Aber jeden weiteren Riss in »der großen deutschen Gemeinschaft« habe man zu vermeiden. Er verstehe, wenn man versuche, »durch diese Schwankung den deutschen Norden für die Verfassung zu erobern«. Aber »diese Eroberung machen wir nicht«. Der alte und streitbare homo politicus kommt noch einmal zum Vorschein, der Wortgewaltige. Unausgesprochen sieht er kleinkarierte Organisatoren und Aktivisten hinter dem Beschluss. Die können in dieser Stunde nur an Anwesenheitslisten und Stimmkarten denken. Indessen, »die Vertretung einer großen Nation muss auch einen Körper haben«. Wenn sich das Parlament aus Frankfurt zurückziehe, werde es sich in einen von der süddeutschen Bewegung beherrschten Winkelkonvent verwandeln«. Er habe das Gefühl, dass er diese Verlegung für sein schwäbisches Vaterland nicht wünschen könne.

Immerhin, die äußeren Formen hat man in Stuttgart zu wahren versucht. Der Stuttgarter Landtag beschloss einen Gruß an die Nahenden, in Heilbronn und in Ludwigsburg feierte man die Frankfurter bei offiziellem Empfang, und in Stuttgart machte der Affen-Werner seine Aufwartung, als letzter, wenn auch listiger Revolutionär in roten Handschuhen und mit roter Fahne. Die Stuttgarter indessen zeigten wenig Lust, ihre Gastbetten für die Männer aus Frankfurt aufzuschlagen. Man hat derlei am mittleren Neckar nicht gern. Als man sich klar machte, dass man auch einen Sitzungssaal brauchte, versagten Regierung und Stadtverwaltung ihre Hilfe; der Landtag hatte leider nur für zwei Sitzungen Raum. Am Ende fanden dann drei Sitzungen in der Kammer der Abgeordneten (Landtag) statt, eine bei August Kolb in der Militärstraße, der späteren Tivolibrauerei, und eine im Fritzschen Reithaus zwischen der Kasernen- und Hohestraße.

Am Mittwoch, dem 6. Juni, fanden sich die Mitglieder des Rumpfparlaments im Stuttgarter Rathaus ein. Die bürgerlichen Kollegien, also nicht die Verwaltungsspitze, hatten einen kleinen Empfang zurechtmachen lassen. Dann ging es, die Bürgerwehr hatte Reihen aufstellen lassen, zum Landtag. Aus der Menge kamen Hochrufe, immerhin. Das Präsidium der als 231. bezeichneten Sitzung übernahm der noch in der Paulskirche zum Vizepräsidenten gewählte Wilhelm Löwe. Wie ärmlich das Unternehmen war, verrieten allein die Zahlenverhältnisse: Mit 104 Anwesenden – darunter 21 Württemberger – waren gerade einmal vier Abgeordnete mehr anwesend als zur Beschlussfähigkeit notwendig.

Löwe, praktischer Arzt im Sächsischen, bevor er sich als Parlamentarier nützlich machte, ließ sich nicht stören. Klar war, dass sich dieser »Stuttgarter Konvent«, wie Zeitgenossen sicherlich treffender sagten, auf schwankendem Boden befand, ging es doch sichtbar und unsichtbar um die Frage, wer hier das Sagen und wer die Macht hatte. Nach seiner Wahl zum Präsidenten erklärte Löwe unbeirrt, der seinerzeit in Frankfurt gewählte Reichsverfassungsausschuss sei hier in Stuttgart die allein berechtigte Vertretung des deutschen Volkes. Alle Andersgesinnten, darunter die Regierungen von Preußen, Sachsen und Hannover, seien Hochverräter. Die württembergische Regierung wurde gar nicht gefragt, wie sie sich zu den Entwicklungen der letzten Tage stellte, ja nicht einmal, ob sie gewillt war, die Beschlüsse des Stuttgarter Parlaments zu akzeptieren. Und es fehlte jedes Mittel zur Ausführung eben dieser Stuttgarter Beschlüsse.

Löwe verkündete, anstelle der in Frankfurt gewählten Zentralgewalt solle sofort an Ort und Stelle eine fünfköpfige provisorische »Reichregentschaft« gewählt werden. Die dann einfach so genannte »Regentschaft« übernehme die Regierung Deutschlands. Uhland bemerkte, das sei ein völlig machtloses Instrument. Man solle lieber einen einflussreichen Reichsstatthalter ernennen. Löwe hatte sicher Recht, wenn er auf rasche Entscheidungen drang, alle Männer der Paulskirche hatten das gelernt: »Qui cito dat, is bis dat« (Wer gleich gibt, gibt doppelt). Nach kaum zweistündiger Vorbesprechung schritt man zur Wahl. Unter den Erkorenen war der Stuttgarter Landtagsabgeordnete August Becher, obschon nicht Mitglied des Parlaments. Für den Einfluss der Stuttgarter beziehungsweise der Württemberger im Rumpfparlament war gesorgt. Zum Vizepräsidenten des Rumpfparlaments wählte man den populären, in Stuttgart geborenen Adolf Schoder, der in Frankfurt als Mitglied der entschiedenen Linken aufgetreten war. Sieben Württemberger enthielten sich der Stimme, Uhland, Schott und Römer waren unter ihnen.

Es ging ein Riss durch die Reihen, ganz ohne Parteizwänge, wie wir das mittlerweile gewöhnt sind. Die Atmosphäre muss äußerst gespannt gewesen sein. Als das Präsidium des Rumpfparlaments Seine Majestät den König um eine Audienz nachsuchte, kam eine höfliche, aber ganz entschiedene Absage als Antwort. Römer und sein Ministerium waren in peinlicher Situation. Einerseits bekannte sich der Regierungschef ganz zweifellos zur Reichsverfassung, andererseits lehnte er die »Regentschaft« rundweg ab. Nach späterem eigenem Geständnis aber suchte er auch jetzt Ruhe zu bewahren und ließ im Übrigen die beiden Instrumente der sterbenden Demokratie – schwätzen.

Noch zu Anfang erging aus der württembergischen Regierung eine »Ansprache« an das Volk. Im Parlament ist sie in der dritten Sitzung des 18. Juni in aller Breite diskutiert worden, ohne dass sich da nachträglich noch etwas geändert hätte.

Wie die Bürgerwehren im Lande sich verhielten und verhalten wollten, das war sicherlich wichtiger. Die Heilbronner sprachen sich entschieden für die »Regentschaft« aus, die Stuttgarter Wehren, an die 1200 Mann, erklärten sich gegen Römer für das Parlament. Gegenstimmen ließen vernehmen, dass Römer trotz seiner Reserviertheit gegenüber dem Parlament die Reichsverfassung anerkenne: Der Spagat der Regierung zwischen revolutionärem Einverständnis und konservativem Eigenweg war für den einfachen Bürgersoldaten nur schwer zu verstehen.

Hätte das Rumpfparlament irgendwo auf der grünen Wiese getagt, in einem der viel zitierten Elfenbeintürme, dann hätte man gehabt, was man brauchte, Ruhe, Distanz, Unabhängigkeit. Aber man Stand in den Stuttgarter Gasthöfen mitten im Gewühle der Tagespolitik. Am 13. Juni, als die Lage schon sehr kritisch war, ergingen sich die Männer des Rumpfparlaments in heftiger Anklage gegen die württembergische Regierung. Die Ruhigeren unter den Abgeordneten konnte man zählen: Die Mehrzahl ließ sich so vernehmen, als wenn die Götterdämmerung im Aufbruch sei. Kenner der Szene meinten, das Rumpfparlament steigere deshalb seine Ansprüche und werde immer lauter, weil es insgeheim ein gewaltsames Ende selbst erzwingen wolle.

Jetzt trat auch Rümelin aus dem Rumpfparlament aus. In der Kammer, also im württembergischen Landtag, erklärte er seinen Schritt: die »Regentschaft« könne unmöglich als deutsche Zentralgewalt anerkannt werden. Es handle sich überhaupt nicht um eine staatsrechtliche, sondern um eine politische Frage. Moriz Mohl trat seinem Landsmann Vischer an die Seite, indem er vor allem jene 28 Regierungen anklagte, die sich der Anerkennung der Reichsverfassung versagten.

Gewichtigster Tagesordnungspunkt im württembergischen Landtag war die Frage der Volksbewaffnung. Zunächst war das ein Wortgeplänkel. Dann, als Vischer an die Reihe kam, kämpfte man mit offenem Visier. Er erinnerte daran, wie sehr sein Lieblingskind, die Volksbewaffnung, in Frankfurt immer wieder zur Heiterkeit Anlass gegeben habe: Er *wollte* in der Paulskirche die Volksbewaffnung. Aber jetzt sei es zu spät. »Übersehen wir mit nüchternem, klarem Blick, was wir können und nicht was wir könnten!« Als Wilhelm Zimmermann in erstaunlicher Kürze mit Klarheit das Ministerium Römer des Verrats beschuldigte, nahm sich Uhland Römers an: Württemberg könne nicht willenlos und gedankenlos und ohne alle Bedingungen der neuen »Regentschaft« zu Handen und Banden gegeben werden.

Sorge um das Vaterland mischte sich also überall in Württemberg in die Sorge um unerlässliche Durchführung der Reichsverfassung. Man munkelte von einem Brief aus Russland an König Wilhelm, Preußen sei zur Hilfe Württembergs bereit. Die auswärtigen Gesandten in Stuttgart ließen keinen Zweifel daran, dass der Einmarsch der Preußen bevorstehe. Zwar antwortete Wilhelm zurück, Württemberg könne sich schon alleine schützen. Aber war das alles? Eine Anfrage im Landtag wollte wissen, was wahr an den Gerüchten sei. Stand Württemberg vor dem geballten Anmarsch der die Unterschrift zur Reichsverfassung verweigernden Bundesstaaten?

Römers Ministerium war es, das einen Schlussstrich zog. Es beschloss, die »Regentschaft« an weiterer Verhetzung des württembergischen Volkes mit Gewalt zu hindern und dem Präsidenten Löwe zu eröffnen, dass die Versammlung und die »Regentschaft« keine weiteren offiziellen Akte mehr vornehmen dürften und Stuttgart verlassen müssten. In einem nachfolgenden persönlichen Schreiben an Löwe erläuterte Römer noch einmal die Lage der württembergischen Regierung. Sie habe sich nach der unerwarteten Ankunft des Rumpfparlaments noch der Hoffnung hingegeben, die kleine Versammlung werde sich ruhig verhalten, bis durch neue Wahlen und Einberufungen das Parlament wiederhergestellt sei. Statt dessen sei sie als Herrscherin aufgetreten. Gewiss sei Württemberg nach wie vor begeistert für die Reichsverfassung. Aber auf einen aussichtslosen Kampf lasse man sich nicht ein. Die Versammlung und die »Regentschaft« werden hiermit aufgefordert, sich zu entfernen. Oder sie werden vertrieben werden.

Löwe erhielt dieses Schreiben am Abend des 17. Juni. Er tat das einzig Richtige und Mögliche: Er berief die Versammlung auf kommenden Tag in aller Frühe ein. Vor Sitzungsbeginn unterhielt man sich in einzelnen Gruppen. Die Ansichten über die zu ergreifenden Schritte waren geteilt. Als man Kenntnis vom Inhalt des Römerischen Briefs erhielt, sah die Sache plötzlich ganz anders aus: Da war, würden wir heute sagen, nichts mehr drin. Römer konnte nur sagen, dass er von Löwe noch keine Antwort auf seinen Brief erhalten habe.

Römer warnte Löwe mit kurzem Anschreiben noch einmal. Als wiederum keine Antwort kam und Löwe den Sitzungssaal mit Büro in Besitz nehmen wollte, war ihm das Militär zuvorgekommen und hatte die innere Einrichtung kurz und klein geschlagen. So blieb nichts mehr übrig, als der Ansicht Uhlands beizutreten: Die Abgeordneten sollen sich an Ort und Stelle begeben, um der Gewalt entgegenzutreten. So sei der Nationalversammlung wenigstens ein anständiges Ende bereitet.

Als die Abgeordneten auf die Straße traten, empfing sie eine explosiv gewordene Situation. Aug in Aug Abgeordnete und Soldaten, Volk ringsum. Reinstein beobachtet: »Alsbald erschien zwischen den Soldaten hervor ein bleicher Mensch in Civil mit weißer Schärpe (Cammerer), welcher im Namen des Württembergischen Gesamtministeriums ein Verbot unserer Sitzungen herausstotterte. Loewe erhob seine Stimme und erklärte dies Beginnen für Hochverrath am deutschen Volke.« Hartmann fixierte den alten Uhland: »Zivilkommissär Cammerer, nachdem er hinter den Soldaten verschwunden war, kam auf einen Augenblick wieder zum Vorschein, wandte sich an Ludwig Uhland und sagte ihm, dass, wenn er allein eintreten wolle, ihm der Weg offen stehe. Ich werde die Geberde der Verachtung, das wegwerfende Achselzucken, mit dem sich Uhland von ihm abwandte, nie vergessen.« Die Situation eskalierte: Das Wort des Präsidenten übertönte ein Trommelwirbel – als »Terrorismus des Kalbfells« wird dies der Abgeordnete Süskind in der Kammer am 21. Juni geißeln – »Fällt das Bajonett!« wird plötzlich befohlen, Kavallerie rückt heran und reitet die Abgeordneten auseinander. »Einhauen!« und »Haut zu!« wird kommandiert. Günther aus Leipzig, der Schwager Robert Blums, reißt sein Hemd auf und schreit: »Stoßt zu, wenn Ihr einen deutschen Volksvertreter morden wollt!« Ein Abgeordneter brüllt: »Wollt ihr den alten Uhland niederreiten?« berichtete Notter. »Hätten die Soldaten gehorcht, ihre große Anzahl hätte unser kleines Häuflein binnen fünf Minuten bis auf den letzten Mann niedermetzeln können«, wusste Hartmann. Vischer berichtete später in seinem »Uhland«-Essay (1863), dass von einem Offizier erzählt wurde: Der »habe eben einhauen wollen, da habe er unter seiner Klinge ein kahles Haupt mit weißen Locken gesehen und die Waffe zurückgehalten; dies sei Uhlands Haupt gewesen.« Und in der Kammer-Sitzung wird ein Baron von Auer zitiert, der habe sich »öffentlich gerühmt«, »dass er unseren Uhland beinahe über den Haufen geritten habe.« Keine zehn Minuten dauern Konfrontation und Tumult. »Nach dem Hotel Marquardt!« rufen sich die bedrängten Abgeordneten im Durcheinander zu, das sie über Seitenstraßen wie die Gymnasiumsstraße schließlich erreichen. Hartmann verbittert: »Die Nationalversammlung war gestorben oder, wenn es besser klingt, hingerichtet.«

Baden machte einen agileren Eindruck. Vereinfacht könnte man sagen, als Württemberg aufhörte mit der Demokratie, fing Baden mit der Verfassunggebenden Versammlung eigentlich erst richtig an. »Glockengeläute und Kanonendonner« sind im Protokoll ausdrücklich vermerkt. Sie galten dem feierlichen Aufzug der Verfassunggebenden Versammlung, die pünktlich um zwölf am Sonntag, dem 10. Juni 1849, in Karlsruhe zum Haus der Zweiten Kammer schritt. Militär aller Art war dabei, Einheiten der Infanterie und Kavallerie sowie Reserve-Abteilungen, ja die Bürgerwehren von Karlsruhe und Pforzheim marschierten auf dem Schlossplatz auf. Die Straßen der Festroute waren mit schwarz-rot-goldenen Fahnen geschmückt, schwarz-rot-goldene Girlanden taten im Großen Sitzungssaal des Landtags ihren Dienst, und sicherlich waren auch Hochrufe zu vermerken – ein Bürgerfest von seltenem, von historischem Zuschnitt.

Ehre wem Ehre gebührt. Eine von der Verfassunggebenden Versammlung gewählte Deputation holte, als der Donner der bestellten Kanonen sich verzogen hatte, Mitglieder der immer noch amtierenden provisorischen badischen Regierung, die Herren Brentano, Goegg, Peter und Sigel vom Karlsruher Rathaus ab und begleitete sie in den Sitzungssaal der »Versammlung«. Die Gewählten der badischen Nation, ernst das Antlitz, ernst der Habitus, keiner mit Pickelhaube und zu Pferd, sondern zu Fuß und gemessenen Schritts, die Leute jubelten. Schwingende Fahnen, Girlanden über die Straße, die Leute waren begeistert.

Der Berichterstatter der »Karlsruher Zeitung« auch. Aber nicht von den Leuten, sondern von den Soldaten. Erstaunlich die ihren Namen verdienende Uniform, noch überraschender der exakte Parademarsch, den man in Karlsruhe und im Badischen mittlerweile gelernt hatte: die Soldaten würden es schon richten. Darin war man sich einig. Aber war's nicht eher ein bedenkliches Omen? Das Militär auf der einen Seite, der Sozialismus, wie man auf den Offenburger Tagen beschworen hatte, auf der anderen? Und nicht zuletzt: Sollte man es beim allgemeinen Provisorium belassen? Sollten die Herren mit ihren Sonntagsanzügen mit der Ausarbeitung der Verfassung jetzt gleich beginnen? Oder sollten sie ihre Arbeit vertagen, »um das Werk fortzusetzen, wenn der Kampf des Volkes gegen die Gottesgnadenwirtschaft vollendet ist und das Volk gesiegt hat?«

Unser Zeitungsmann war für verschieben. Nach dem Bürgersieg komme eine ganz andre Verfassung zustande als mit den preußischen Waffen im Rücken. Und die Erfahrung habe mit Blick auf die Parlamente in Paris, Berlin und Wien jüngst gelehrt, »dass die Beratungen einer Verfassunggebenden Versammlung vor vollständiger und siegreicher Beendigung der Revolution das Grab der Revolution, das Grab der Freiheit und das Grab der Wohlfahrt des Volkes sind«.

Es ehrt die Männer mit Zylinder und Gehrock, dass sie diese Alternative erst gar nicht in die Tagesordnung aufnahmen. Sie haben einfach angefangen. Und haben Sinn und Ziel ihres Unternehmens in bemerkenswerter Kürze zu fassen vermocht. Für die Rechte – vieles spricht dafür, dass in diesen Wochen der Verfassunggebenden Versammlung »rechts« und »links« als politische Orientierungsbegriffe erstmals aufkamen – für die Rechte nahm der Abgeordnete Mördes das Wort. Für ihn war es keine Frage, die deutschen Stämme als staatrechtliche Ordnungsprinzipien in sein System einzubauen, die »Stämme« als selbständige Funktionsträger in seine Vision von einem großen, erhabenen Volksstaat aufzunehmen. Der »Stamm« ist staatsrechtliches Partikel, nicht, wie heute, volkskundlicher Arbeitstitel in Ermangelung eines besseren..

Für Mördes war es ohne Zweifel, »dass der Zweck der Revolution nicht der war, dass wir [die Badener, d. Vf.] allein handeln wollten: Allein können wir nicht zum Siege gelangen, die übrigen Stämme müssen mit uns gehen, und wenn auch die andern vor der Hand nicht weiter gehen wollen, als zur Durchführung der Reichsverfassung, so müssen wir uns dennoch jetzt fest an sie anklammern. Wenn wir die Reichsverfassung fallen lassen, dann sind wir verloren. Wir müssen ein gesetzliches Fundament haben. Der Deutsche ist gewohnt, auf einem gesetzlichen Boden zu stehen: Darum führen wir ihn in den Kampf um die Reichsverfassung; ein neues Parlament wird das Weitere berathen.«

Mördes' Kontrahent, der Abgeordnete Stay, war der Sprecher der Linken. Er weiß, wann die Revolution begonnen hat, am 13. Mai 1849, am Tag der Einsetzung dieser Versammlung. Und für das Ziel dieser Verfassungsarbeit hat er, auch hier von atemberaubender Modernität, nur *eine* Vokabel bereit, die »social-democratische« Republik. 1830 hat Comte das Wort »sozial« ausgestreut. Jetzt, am 13. Mai 1849, wird die erste Variante »social-democratisch« den wenigsten etwas gesagt haben.

Stay mit Schwung und zierender Klarheit: »Die Erfahrungen des verflossenen Jahres erfordern, dass wir andere Consequenzen ziehen aus unserer am 13. Mai begonnenen Revolution, und dass wir nur *ein* Ziel vor Augen haben können, nämlich die social-democratische

Republik. Die Reichsverfassung ist eine constitutionelle, und nur die Republik begründet den Wohlstand des Volkes. Der Drang nach Freiheit war es, und nicht das papierne Machwerk aus der Paulskirche, warum wir uns erhoben. Wenn die Reichsverfassung in ganz Deutschland durchgeführt wird, so hat der Absolutismus gesiegt. Darum müssen wir über die Reichsverfassung hinausgehen.«

Wer ein ideologisches Programm in diesen Deklarationen und schließlich im Verfassungsentwurf selber suchte, war enttäuscht. Verfassungen enthalten sich jeglichen emotionalen Beiwerks, es geht nur um die Bändigung und Etablierung jeder Art politischer Wirklichkeit. Dass seinerzeit in Offenburg kräftig vorgearbeitet wurde, lässt sich gar nicht übersehen: Die Forderungen nach Amnestie für politisch Verfolgte, nach unentgeltlicher Aufhebung der Grundlasten und nach einer Reform der Verwaltung waren Themen, zu denen man sich schon in Offenburg ernsthaft und entschieden äußerte. Deutliche sozialrevolutionäre Forderungen wären in dem Verlangen sichtbar geworden, eine »Nationalbank für Gewerbe, Handel und Ackerbau« einzurichten, eine progressive Einkommensteuer zu realisieren und einen Landespensionsfonds für »arbeitsunfähig gewordene Bürger« zu gründen. Aber von solch heißen Eisen distanzierte man sich in der Verfassunggebenden Versammlung. Allenfalls »völkische« Forderungen stellte man; »volksfeindliche« Beamte waren von ihren Stellen zu entfernen.

Insgesamt gaben sich die Herren Abgeordneten gemäßigt. Ging es um reales politisches Handeln, so schlugen die beiden führenden Köpfe der Versammlung, der in Mannheim geborene und beruflich als Obergerichtsadvokat tätige Lorenz Brentano und, wie Brentano sagte, der »brave Amand Goegg«, Finanzminister in der provisorischen badischen Regierung, immer den legalen Weg ein. Brentano, der in der Paulskirche dem Donnersberg, der äußersten Linken, sich angeschlossen hatte, setzte immer, wenn es ernst wurde, auf Vernunft und Toleranz. Das Schicksal des modernen Politikers verrät sich schon hier: Brentanos Kompromissbereitschaft brachte ihn in offenen Gegensatz zu dem radikalen Georg von Struwe.

Nun war der Streitkatalog für die Männer der »Verfassunggebenden«, für die »Karlsruher« noch klein beieinander. Das Spiel von

Parteien war eine noch gänzlich unerfahrene Sache. Wenn man auf Beamte stieß, die sich weigerten – wozu sie amtlich aufgefordert waren – den Eid auf die Reichsverfassung zu leisten, dann waren das, um das in den Jahren der Sozialistengesetze gebrauchte Wort zu benutzen, »vaterlandslose Gesellen«. Die Eidesleistung und ihre Bindungen waren eine ebenso zwiegesichtige wie leicht verständliche Sache. »Ich verpflichte mich auf Ehre und Gewissen, die Durchführung der Reichsverfassung mit allen meinen Kräften zu unterstützen und den Anordnungen des Landesausschusses unweigerlich Folge zu leisten, so wahr mir Gott helfe und meine Ehre mir heilig ist.«

Dass mit der Arbeit der Verfassunggebenden Versammlung eine enorme innovatorische Funktion verknüpft war, erkannten unter den Zeitgenossen nur wenige, in der politischen Nachwelt ist dieses »Pilotprojekt« überhaupt vergessen. Die badische Revolution war die einzige unter den revolutionären Aktionen der Jahre 1848 und 1849, der es gelang, die Leitung des gesamten Staatsapparates im Land zu übernehmen. Zum ersten Mal in Deutschland kam eine Volksvertretung in Deutschland auf revolutionärem Weg zustande, zum ersten Mal in Deutschland gab es eine aus revolutionärer Souveränität herausgewachsene und auf parlamentarischem Weg in Gang gebrachte Regierung. Sie hatte, dies mag ein Makel sein (doch man erinnere sich der Triumphe der römischen Republik), drei Diktatoren, die durchaus unabhängig schalten und walten konnten. Doch die Macht war befristet und ihre Handlungen unterlagen einer Meldepflicht. Und noch darüber hinaus: Zum ersten Mal in Deutschland konnte das revolutionäre Baden der Nationalversammlung eine mit parlamentarischer Erfahrung ausgerüstete Armee anbieten.

Man muss diese – übrigens auch die vor der Frankfurter Paulskirche schon nach wenigen Monaten präsentierte Verfassung – im Auge behalten. Man kam trotz des badischen Landtags aus einem Niemandsland der parlamentarischen Demokratie. Das heißt, man musste sich um die kleinsten Dinge sorgen, bis hin zum Sitzungssaal, zu den Stenographen, zur verbindlichen Gestaltung einer Tagesordnung. Um Demokratie zu installieren, war wahre Berserkerarbeit zu leisten. Zum ersten Mal in Deutschland verzichtete man bei der Wahl zur Verfassunggebenden Versammlung auf einen Zensus, das heißt, ein Klassenwahlrecht nach Vermögen und Einkommen. Es konnte also in Baden nicht wie in den preußischen Rheinlanden vorkommen, dass die Wahlliste bei der einflussreichen allerobersten Gruppe, gegenüber von Tausenden von Personen in niedrigeren Rängen, nur einen einzigen Namen aufführt, nämlich den des Fabrikanten Krupp in Essen.

Dass da biereifrige Naivität mit im Spiele sein konnte, war gar nicht zu umgehen. Waffen zu besorgen, dies war noch das größte Problem. Die Civilkommissäre, die in Baden seit Monaten tätig waren und zu deren Aufgabe auch die Leitung der militärischen Angelegenheiten gehörte, bemühten sich sehr, eine »Armee« aufzubauen. Martialisch sah sie noch am wenigsten aus. Als große Leistung wurde gewertet, dass bei der Musterung des ersten Angebots in Freiburg alle, angeblich waren es drei- bis viertausend Mann, ein Gewehr hatten, wenn auch »die meisten Jagd- und Hausgewehre«. Nimmt man allein die verschiedenen Kopfbedeckungen dazu – der eine hatte einen Heckerhut, der andere einen Schlapphut mit Straußenfeder, der dritte ein munteres Käppi –, dann meinte man, wie Veit Valentin einmal anmerkte, man sei zwischen die Zelte in Wallensteins Lager geraten und habe ein verwegenes Kriegstheater um sich.

Ein Hauch von Theater war in der Deutschen Revolution immer dabei, ein kleines Stück Operette allemal. Man hat die Gesichter hinter breiten Hutkrempen nur halb zu lesen vermocht. Was überwog? Die von vornherein einkalkulierte Flucht vor dem Feinde? Die natürliche Weigerung, auf den deutschen Bruder zu feuern? Oder wilde Entschlossenheit? Aus Konstanz meldete man einmal: »Die jüngere Klasse ist mehrheitlich für die Republik«. Wenn man »Wahlanalysen«, also damals an Ort und Stelle ausgewertete Wahlakten, als ernste Quelle gelten lassen will, dann waren es lumpige 10 Prozent, die sich an der Wahl zur Versammlung beteiligten. Mit von der Partie waren alle und niemand, die Honoratioren und die Kleinbürger, die Handwerker und die schlecht bezahlten Schulmeister.

Dennoch war Baden das Musterland auch hier. Während der badischen Revolution im Mai 1849 wurden Forderungen hörbar, die den Leuten bisher nur vom Hörensagen her vertraut waren, die in die

Masse geschleuderte Anklage gegen die Fürsten und deren Hochverrat, der fällige Zusammenschluss aller Deutschen und der Kampf der Armeen gegen die fürstlichen Rebellen, die Entlassung der Militär- und Zivilgefangenen, die Einführung von Geschworenengerichten, die Sorge um das Soziale à la Proudhon, eine progressive Einkommensteuer, ein großer Landespensionsfonds: Alles mündete ein in das neue große Haus, die social-democratische Republik. Dass gerade sie sich nicht einlösen ließ, so lange Dynastien lebten und agierten, war in Sachsen zu sehen: Das sächsische Programm, das dem badischen übrigens sehr ähnlich sah und wörtliche Übereinstimmungen gelten ließ, führte seine Verteidiger zur Niederlage und schließlich zur Märzkatastrophe. Durch Preußens Eingreifen trug die militärisch-dynastische Bewegung den Sieg davon, das Königreich Sachsen wurde in seiner Infrastruktur umgebaut, Tausende wurden verhaftet, die Gefängnisse waren derart überfüllt, dass viele gegen Kaution entlassen werden mussten. Die Sprecher des sächsischen Volkes wurden zu elenden Kriechern und Angebern. Ohnmächtig mussten die Männer in der Paulskirche mit ansehen, wie ihre Ideale verscherbelt und in den Dreck gezogen wurden.

Sicher waren es die Ernsthafteren unter den Sachsen, die im Mai 1849 nach Baden zogen. Baden wurde jetzt das Zentrum der Deutschen Revolution. Die verantwortlichen Männer in Baden, allen voran Brentano und Goegg, der längst zum Proudhon'schen Sozialismus Bekehrte, stellten eine »Deutsche Flüchtlingslegion« auf, die neben den einheimischen Volkswehren und Freischaren kämpfen sollte. Ganze Hundertschaften zogen nach Baden. Wenn nicht schon vorher, dann wurden spätestens jetzt Fäden ins Ausland gezogen, nach der Schweiz, nach Frankreich, ins Elsass und so weiter, die Pfalz, Hessen und Württemberg rückten allmählich ins zweite Glied. 6300 Männer bot das Elsass an, um die badischen Revolutionäre zu unterstützen.

Und Württemberg, vor der Haustüre, über dem Schwarzwald drüben? Die Badener hatten in ihren Sendschreiben und offenen Briefen die Brüderschaft beschworen. Aber in Stuttgart wollte man nichts wissen von einer brüderlichen Harmonie. In die politische Front zwischen dem revolutionären Baden und dem revolutionären

Württemberg kam erst dann für einen Augenblick Leben, als der Plan wieder diskutiert wurde, das Rumpfparlament von Stuttgart nach Karlsruhe zu verlegen. Da traten alte Rivalitäten wieder auf. In der Verfassunggebenden Versammlung machte der Abgeordnete Stay geltend, der Stützpunkt der Revolution sei hier in Karlsruhe. »Unsere provisorische Regierung ist die Trägerin der Revolution. Bleiben wir nicht bei der Reichsverfassung stehen. Wir gehen weiter, weil wir das wahre Glück des Volkes wollen.«

Die Regierung, will heißen der Staat als Glücksbringer und Erstinstanz für das Volk, das hat man schon mal gehört. Wie schreibt doch Hölderlin in seinem »Hyperion«? »Du räumst dem Staate denn doch zu viel Gewalt ein. Er darf nicht fordern, was er nicht erzwingen kann. Was aber die Liebe giebt und der Geist, das lässt sich nicht erzwingen. Das lass' er unangetastet, oder man nehme sein Gesez und schlag' es an den Pranger! Beim Himmel! Der weiß nicht, was er sündigt, der den Staat zur Sittenschule machen will. Immerhin hat das den Staat zur Hölle gemacht, dass ihn der Mensch zu seinem Himmel machen wollte.«

Das Ende der badischen Revolution ist mit dem Namen Rastatt untrennbar verbunden, mit dem Stichwort einer Stadt, einer außergewöhnlichen Stadt. Die Gesichter der vielen, vielen Soldaten in Rastatt hat niemand festgehalten, auch deren Öde und Tage und Stunden nicht, wo sie in den Wachstuben saßen und an ihrem Handkäs herunterschnitten, oder ihre Bierflaschen leerten, in irgendeinem dumpfen Loch, weil ihnen ein Viertel Wein beim Katzenberger verboten war. Das war die Kehrseite der Medaille von Rastatts barocker Heiterkeit. Noch in den zwanziger Jahren glotzten die Rastatter Bürgerbuben, wenn die Soldaten vor irgendeinem der Häuschen im Calabrich Schlange standen, bereit, für einen heißen Augenblick ihren Sold auf den Tisch zu legen, die Mädchen kamen aus Mannheim.

»Wie nahe sind hier Hoheit und Niedrigkeit, Macht und Gebundensein, Salon und Kerker beisammen!« So notiert sich Heinrich Hansjakob in seinen »Erinnerungen eines badischen Staatsgefangenen«. Mit dem »hier« ist das Rastatter Schloss gemeint, das ja, wie Eingeweihte wissen, ein rüder, rascher Backsteinbau ist, der rotwarme Sandstein ist nichts als Farbe. Dass sein eher tiefer als breiter Ehrenhof zum Exerzierplatz herhalten musste, wissen die alten Rastatter noch gut, auch, dass die Festungs- und Kasernenzeit hier keine rechte Industrie hat aufkommen lassen, sieht man einmal von der Schlaff'schen Stahl- und Waffenfabrik ab, die wohl als einziges Unternehmen aus Rastatt merkantilistischer Zeit übrig geblieben war. »Arbeiter« im massiven und vor allem gefährlichen Sinne gab's im alten Rastatt eigentlich nicht. Dafür stand fast in jedem Haus eine Geiß, und das Kuhfuhrwerk hat noch in den dreißiger Jahren des 20. Jahrhunderts, als man das Benzin dann nicht mehr in der Apotheke kaufte, zum selbstverständlichen Zubehör der Straßen gehört.

Idylle war nie die Sache dieser Stadt. Lucian Reich kam als älterer Mann nach Rastatt, er, der zeichnende Arrangeur biedermeierlicher Seligkeit, in der Bundesfestung, in welcher er »1850 einer standgerichtlichen Verhandlung als Entlastungszeuge angewohnt«. Dass ausgerechnet in Rastatt, das Wort vom »Standgericht« deutet darauf hin, sich das Schicksal der Deutschen Revolution von 1848 vollendet hat, kann gleichfalls nicht als Zufall angesehen werden, dafür hatte sich der Ruf der Bundesfestung zu sehr mit den – vagen – Vorstellungen einer feudalistischen Zwingburg verbunden, »Leopoldsfeste«, »Friedrichfeste«, »Ludwigfeste« hießen die Forts. Dafür war die soziologische Schichtung der Stadt zu heterogen, um Leute in aller Bravheit daneben stehend ihr Pfeifchen rauchen zu lassen. Revolutionen werden allemal von denen gemacht, die keine Heimat haben, die zwischen die Stühle gefallen sind und denen alle ständische Sicherheit fehlt. Die Wochen und Tage der Hecker und Struve in Rastatts Nachbarschaft haben dieses bittere Ringen um den Platz an der Sonne – in diesem Falle: um die Gleichheit aller – vorbereitet, und natürlich die Offenburger Resolution vom 13. Mai 1849, die mit den Worten begann: »Deutschland befindet sich fortwährend im Zustande voller Revolution.« Zwei Tage vorher war in der »Leopoldsfeste« eine Meuterei ausgebrochen. Unter dem Vorwand, einen arrestierten Kameraden befreien zu wollen, war es trotz der Erfüllung dieses Begehrens zu schweren Übergriffen gegen Offiziere gekommen, »ausländische« Soldaten, was immer man darunter verstanden haben mag, sollen wortführend gewesen sein. Im Handumdrehen solidarisierten sich Hunderte von Festungsarbeitern mit den Soldaten, und als Dritte im Bunde erschien die Rastatter Bürgerwehr, deren schwarz-rot-goldene Fahne heute eine Zimmerwand des dortigen Heimatmuseums deckt.

Dass der Aufstand auf die Garnisonen in Mannheim, Bruchsal und Karlsruhe übergriff, dass der badische Kriegsminister, der zur Beschwichtigung gekommen war, sich mit anderen höheren Stabsoffizieren gerade noch durch ein Ausfallstor aus der Festung Rastatt retten konnte, dass man in Ausfällen und kleineren Gefechten die psychische Last zu lindern suchte, dass schließlich die preußische Artillerie in der Nacht vom 7. Juli 1849 die »demokratische« Festung unter Beschuss nahm und in der folgenden Nacht noch einmal acht Stunden lang, wusste man in Rastatt. Der Kommandeur der Belagerungsarmee, der preußische Prinz Wilhelm, der spätere erste Kaiser des Deutschen Reiches, der sich in Schloss Favorite einquartiert hatte, forderte die bedingungslose Kapitulation der Festung. Am 23. Juli 1849 sanken auf den Wällen Rastatts die schwarz-rot-goldenen Fahnen. Statt dessen wurde ein weißes Tuch hochgezogen. Der Traum von einer Bundesrepublik war ausgeträumt. Der erste, der standrechtlich erschossen wurde, war Ernst Elsenhans, ein unbeugsam-wacher Geist, der, in seiner Stuttgarter Heimat vergessen oder, genauer gesagt, noch gar nie lebendigen Sinnes registriert, das Schlimmste getan hatte, was man in den Augen der königstreuen preußischen Generäle tun konnte: Er hatte zwischen Rastatter Bürgern und Rastatter Soldaten einen Bund für entschiedene Demokratie zustande gebracht und in seinem »Festungsboten« das Stichwort gegeben, das bis heute die deutlichste, die unerledigte Rastatter Adresse und Erinnerung an uns Gegenwärtige geblieben ist: soziale Demokratie.

Der schwäbische Weg zur Industrie

Der Teufel ist los in diesem Jahrhundert und der Heilige Geist ebenfalls. Ach eine harte Zeit steht an der Türe, Erdfälle und Lawinen zugleich! Es werden einige Jahrzehnte kommen – denn mehrere verträgt das unsterbliche Herz des Menschen nicht –, worin Chemie und Physik und Geogonie und Philosophie und Politik verschworen den Isisschleier der stillen hohen Gottheit für seine Gestalt selber und die Isis hinter ihm für nichts ausgeben werden. Das der Nemesis gehorsame Herz, das bescheidenere, frömmere Zeiten erzogen haben, wird zagen vor einer frechen ruchlosen Titanenzeit, worin nur Handel und Scharfsinn gebieten und worin ein geistiges Faustrecht zu Gericht sitzt. Die jetzige Zeit wird von revolutionären Schatten bewohnt, die, wie die homerischen, nicht eher Kraft und Rede haben, als bis sie Blut getrunken. Wohl ist die Menschheit erwacht – ich weiß nur nicht, ob im Bette oder im Grabe. Aber sie liegt noch, wie eine erweckte Leiche, umgekehrt auf dem Angesicht und blickt in die Erde.«

Der dies in einer Vorrede schrieb, Jean Paul ein paar Jahre nach der Jahrhundertwende 1800, sah eine ungeheure, wie er meinte, »moralische Revolution« auf sich zukommen. Sie hat freilich, vom Aufsteigen der Chemie und Physik ist die Rede, vor allem eine naturwissenschaftlich-technizistische Beifracht, die man aus der Rückschau unseres Jahrhunderts als »industrielle Revolution« zu bezeichnen sich angewöhnt hat. Der Unerfahrene gerät da leicht in Gefahr, vor lauter Gründungsdaten und Branchenentwicklungen und Jahresbilanzen das Unerwartete für das Selbstverständliche zu halten. Was sich damals in den dreißiger Jahren des 19. Jahrhunderts in Baden und Württemberg mit der Etablierung von Industrie herausgebildet hat, deutet – erst im Nachhinein erkennen wir das – auf eine Zäsur allerersten Ranges hin. »Unser Leben ist ein Geschäft, das damalige war ein Dasein.« Jakob Burckhart hat auf eine vielleicht allzu lapidare Formel gebracht, was das 19. Jahrhundert von allen vorangegangenen trennt. Noch 1820 ist das Pferd das Zeitmaß wie die Jahrhunderte zuvor. Und zehn Jahre später meint Hermann Kurz, ein historisch ungemein sensitiver Kopf, man werde in späteren Geschichtsbüchern das Mittelalter vielleicht erst mit dem Jahre 1830 endigen lassen.

Der Kapitalismus, von Werner Sombart als »eine der markigsten Ausdrucksformen des europäischen Geistes« bezeichnet, ist entstanden in einer tausendjährigen Entwicklung durch ein ganz einzigartiges Zusammentreffen von Umständen, als eine große weltgeschichtliche Individualerscheinung, als das größte zivilisatorische Werk, das der Menschengeist geschaffen hat. Es ist keine anarchische Wirtschaft, wie der Vulgärmarxismus meint, ein Kosmos vielmehr, der ohne bewussten Plan, lediglich durch das Zusammenwirken der ihr eigenes Interesse verfolgenden Einzelwirtschaften, zustande gekommen ist. Er hat es fertig gebracht, eine um Hunderte von Millionen anwachsende Bevölkerung zu ernähren, zu kleiden, zu behausen, zu schmücken, zu amüsieren. Hauptmittel: die Rationalisierung aller Elemente des wirtschaftlichen Prozesses. Sein Hauptaufschwung: die dreißiger Jahre des 19. Jahrhunderts, in denen bei uns, ein, zwei Generationen nach England, die »Etablissements« bezogen oder eigens gebaut wurden.

In einer weit ausholenden Auseinandersetzung mit Sombarts Werk über den »Modernen Kapitalismus als historisches Individuum« hat Otto Hintze einmal bemerkt, der Hauptantrieb zu dieser fortgeschrittenen, industrialistischen Wirtschaft sei, wie er sagt, »vom Gebiete der Technik« ausgegangen. Auf den deutschen Südwesten bezogen, käme dieser Hinweis einem Gemeinplatz gleich. »Handwerksbetrieb wird zu Industriebetrieb« – so etwa könnte man das in eine Formel bringen. Wir alle ließen die schwäbische Industrie am liebsten als eine Kreation des Handwerks beginnen, als eine Phalanx mittelständischer Unternehmen, die ihre Existenz und ihr Fortkommen dem Tüftler und Bastler verdanken. Die Handwerksdichte Württembergs im letzten Jahrhundert war, auf das Reich bezogen, fast einmalig. Sie lag selbst über der des gewerblich agilen Baden. 1861 kamen in Baden 68 Handwerksbetriebe auf 1000 Einwohner, in Württemberg waren es 85.

Es ist keine Frage, dass hierzulande das handwerkliche Können und Schaffenwollen die wichtigste Mitgift war in der Einleitung jenes Prozesses, den wir Industrialisierung nennen. Hier hatte man eine Tradition, und augenscheinlich eine gute. In Johann Valentin Andreäs »Christianopolis« von 1619, die nach den vier Werkstoffen in vier Handwerkszünfte unterteilt ist, sind »die meisten Handwerker richtige Gelehrte«. Die erstrangige Könnerschaft ist das Ergebnis öffentlicher, christenstaatlicher Schulung und Erziehung: »was sonst nur einigen wenigen als besondere Fähigkeit zugeschrieben werden kann (aber gewöhnlich aus Unwissen allzu vielen beigemessen wird!), das schickt sich nach Meinung der Christianopolitaner für jedermann«. Merkantilistisches und industrialistisches Arbeiten ist das – breite, populäre – Ergebnis eines vom Hand-Werk inspirierten Lernens.

Gottlieb Daimler, ein Name für Hunderte anderer aus dem Südwesten, kommt aus der Schorndorfer Zunfttradition. Seine doppelläufige Pistole, die er als Gesellenstück abgab, ist wie ein Symbol für diesen geistes- und technikgeschichtlichen Zusammenhang. Sein schnelllaufender Motor ist nicht die berühmte Erfindung und Entdeckung über Nacht, sondern ein beharrliches, über Jahrzehnte hinweggreifendes Probieren und Verbessern, unter Verwertung freilich fremder Leistungen, wie das in der internationalen Zunftwelt alter Brauch war, bis am Ende dann eine Maschine zur Verfügung stand, auf die Verlass war.

Fragen wir nach dem Geist, der dieses Gehäuse schuf, dann bleibt in der Tat nur *eine* Antwort: Hier war einer am Werk, dessen Ingenium, das Wort darf ganz wörtlich verstanden werden, dieses technische Ziel erreichen *musste*, gleichgültig, welche produktionstechnischen oder wirtschaftsorganisatorischen Konsequenzen daraus erwuchsen. Dass Daimler selbst mit denen so seine Not hatte, dass sie ihn schließlich als »Fabrikanten« dann überhaupt scheitern ließen, spricht für seine »nur« handwerkliche Provenienz. Darin war er ein Schöpfer, und darin war er ein Meister. Die zünftlerische »Ehrlichkeit« war das immer zu respektierende Erbe für dieses Leben. Das Ringen um Qualität war die unausbleibliche Folge.

Wie sehr man im Altwürttembergischen dem Handwerker derlei elementare technische Innovationen zugetraut hat, verrät also Johann Valentin Andreäs »Christianopolis«, evangelische Staatsschrift und ungenanntes Grundbuch der württembergischen Pietisten bis ins 19. Jahrhundert hinein. Vielleicht muss an dieser Stelle ergänzt werden, dass das immer noch populäre Urteil über die Zünfte als die lebendigen Toten einer längst verkrusteten und überholten Wirtschaftsgesinnung, vorsichtig gesagt, revisionsbedürftig ist. Viele konstitutive Elemente konnten sich die neuen Kräfte, »Industrie«, »Fabrikant« und »Arbeiter« aus der Erbschaft der Zünfte holen. Dass sie's dort geholt haben, beweist der Umstand, dass noch im Revolutionsjahr 1848 die Frage war, ob man sich im zukünftigen politischen Auftreten an das Vor-Bild der Zünfte halten solle oder an die neuen »liberalen« Kräfte. Wie formbildend für die Industriekultur noch des späten 19. Jahrhunderts auch im deutschen Südwesten die tausendjährige Formenwelt der Zünfte gewesen ist, wird man erst noch untersuchen müssen. In seinem 1822 begonnenen, 1836 erschienenen Roman »Die Epigonen« gönnt Karl Immermann auch den Zünften einen Platz. Gegenwärtig, meint er, baue jeder, »wie er Lust hat«. Man gehe einer anderen Barbarei entgegen. Sie habe früher darin bestanden, »dass niemand oder wenige etwas wussten«, die jetzige bestehe darin, dass »alle zu verstehen glauben«, was kaum einer oder der andere bewältigt. Allein die Zünfte mit ihrem Können und ihrer Ehrlichkeit könnten da noch heraushelfen.

Neben der zünftlerischen Sinngebung des »Wirtschaftens« war es die heimische naturwissenschaftliche Tradition, die als weitere endogene Kraft die Primärunternehmer und manch einen aus der frühen Arbeiterschaft unterstützt und inspiriert haben muss. Wenn wir an den breiten Zug von Naturwissenschaftlern, »Chymikern« und Experimentierern denken, die im Altwürttembergischen in ganz erstaunlicher Fülle belegt ist – wir denken nicht nur an die allererste Reihe von Johannes Kepler bis Robert Mayer, sondern an alle die Apotheker und Ärzte und Privatgelehrten und Diakone, die zu Hause in ihrem »Laboratorio« saßen –, dann mag klar werden, welches

Potential an technischer Intelligenz für die Anforderungen der Industrie hier vorhanden war. Wir stehen auch hier noch ganz am Anfang der Forschung. Schubart und Mörike und gar Hauff waren uns wichtiger als Wilhelm Schickhardt, der die erste Rechenmaschine baute, oder Johann Jakob Widmann, der die erste Papiermaschine in Deutschland konstruierte und aufstellte. Dass im Übrigen die Pfarrer in dieser, sagen wir einfach, Mechanikergruppe einen der ersten Plätze innehaben, steht auf einem anderen Blatt.

Handelt es sich hier im Großen und Ganzen mehr um zufällige Einflüsse und Wirkungen, die natürlich der Motorik der Aufklärung viel zu verdanken haben, so liegt der Blick auf die ganz typische Aufklärerempfehlung, Schule und Schulung für die modernen Entwicklungen ihr Recht zu geben, unmittelbar nahe. Württemberg stand – sehen wir einmal ab von der dezidiert naturwissenschaftlich arbeitenden Hohen Carlsschule – in der Gründung von Realschulen, Gewerbeschulen und so fort nicht gerade vorne. Aber man hat es dann hier im Verlaufe des 19. Jahrhunderts mit der »Erziehung« gerade des Arbeiters besonders ernst genommen. Als der Pfarrer Friedrich Wilhelm Kohler im letzten Viertel des 18. Jahrhunderts in Birkach bei Hohenheim eine »Spinn-Anstalt« einzurichten begann, wusste er für seine Unternehmung Beispiele aus dem ganzen Reich zu nennen. Tatsächlich dürfte zu keiner Zeit so viel »Arbeitsliteratur«, aufklärererische oder christliche, auf dem Markt gewesen sein wie in den Umbruchsjahren um 1800. Das große Propaedeutikum der Industrie nimmt Platz. Kohler ordnet die Dinge auf drastische, ja radikale Weise. »Der Mensch ist zur Arbeit erschaffen.« So lautet der Paragraph eins, so beginnt die Schrift. Wenn der Satz nicht von einem Theologen käme, könnte er einen das Fürchten lehren. Kohler indes geht unbeirrt weiter. »Arbeit ist ein großer Segen für die Menschen. Regelmäßige Arbeit stärkt unsere Gesundheit, vermehrt die Kräfte des Leibs und der Seele, ordnet unsere Gedanken und Begierden, macht heitere und frohe Menschen.«

Von den Sozialromantikern will der Birkacher Pfarrer nichts wissen. »Die immer mehr zunehmende Verzärtelung in manchen Volksclassen ist eine unleugbare Krankheit unseres Jahrhunderts.« Bettler sind Leute, »welche die öffentliche Ruhe und Ordnung stören und keinen Nutzen bringen«. Sie verzehren das, was andere mit viel

Schweiß gesammelt haben, sie nähren sich von fremdem Brot und taugen wegen ihrer ungebauten Seele und ihrer ungebauten Gliedmaßen zu keinem nützlichen Geschäft«. Die Stimme der Aufklärung tönt aus der Ecke. Nützlich muss der Mensch sein. Die Armen und Nutzlosen sind deshalb zu Armen geworden, weil man bei ihnen den »Trieb zur Emsigkeit nicht früh genug oder überhaupt nicht geweckt hat, ja ihnen in ihrer Kindheit den Müßiggang und die Schläfrigkeit im Arbeiten zu gut gehalten hat.«

Man muss also die Menschen früh genug zur Arbeit erziehen. Armenversorgung ohne Armenerziehung »zur Heilung des ökonomischen und moralischen Übels, welches in der Armut gegründet ist«, ist nicht denkbar. Mit dem Erziehen hängt ein vorgegebenes sinnvolles Lernen zusammen. In Birkach wurden »Spinnräder im Vorrath erkauft«. Die hat man dann verteilt und »nach und nach Bazenweis« bezahlen lassen. »Wenn ich erfuhr, dass ein Kind von einem noch unbezahlten Spinnrad keinen Gebrauch machte, so ließ ich das Spinnrad wieder holen.«

Kohler setzt alles daran, die Arbeit in ein richtiges Licht zu setzen. Arbeit an sich ist gut. Um sie als Erziehungsmittel für Heranwachsende zu organisieren, kann sie so attraktiv wie irgend möglich gemacht werden. Die Lehrer sollen guten Unterricht halten. Sie können darauf achten, dass man »während dem Geschäft abwechslungsweis bald mit dem Singen schicklicher Lieder, bald mit Erzählungen die Kinder unterhalten« kann. Der Lehrerin werde in dieser Hinsicht »von dem Pfarr-Amt Anleitung« gegeben.

In der Birkacher Spinn-Anstalt fungiert auch eine Spinn-Mutter. Sie muss alle Samstagabend »die Spinner in mein Haus führen, welche sodann ihre wöchentliche Arbeit vorzuweisen haben, wobei zugleich die Spinn-Mutter von dem Betragen der Kinder Nachricht gibt, und das Angezeigte dem Register einverleibt wird«.

Derlei üble Kontrolle scheut Kohler also nicht. Die Kinder, die teilweise ihre Arbeit auch schon den Herzoglichen Hoheiten vorgezeigt haben, freuen sich, wenn sie erstmals ein bisschen Geld dafür bekommen.

Arbeit hat, hier im Umweg über die Spinn-Anstalt, einen elementar »ordnenden« Charakter. Arbeit ist ein durchaus positives

Politikum. »Unsere Tage zeugen laut davon«, so der § 106, »welche schreckliche Zerrüttung einer großen vernachlässigten Menschen-Masse angerichtet werden kann«. Eine neue Französische, diesmal eben Deutsche Revolution – da sei Gott vor!

Keine Frage, dass solche Töne ebenso von der anhebenden Industrialisierung beeindruckt waren, wie sie von der Revolution, die ja auch eine »induströse« war, mit heraufgeführt und mitbestimmt wurden. Natürlich war hierzulande die Industrialisierung nicht primär das Ergebnis von Schulstunden und klugen Lektionen, von Predigten aufgeklärter Pfarrer, man solle Kalk auf die Äcker streuen und Maschinen benützen. Technische Intelligenz ist selten ein Zufall und nicht unbedingt lernbar. Bei genauerem Zusehen ist die Fähigkeit zur technischen Konstruktion und Innovation eher das Ergebnis einer Generationenreihe. Sie scheint ebenso wenig »gemacht« werden, nicht einfach abgeladen oder vom Reißbrett aus realisiert werden zu können wie Industrie.

Ein Beispiel: Die Esslinger Pressenfabrik Fritz Müller, heute Müller-Weingarten, ist 1863 als »Mech. Werkstätte und Schlosserei« von dem Schlossermeister Fritz Müller gegründet worden. Sein Vater war Hochwächter im Kommunaldienst. Firmengeschichten nennen gerade noch die Generation vor der Gründung, und so also auch in diesem Falle. In Wirklichkeit hatten sich diese Namensträger Müller tatsächlich dem Müllerhandwerk verschrieben. Die Ahnenreihe lässt sich zurückverfolgen bis zu jenem Leonhard Müller, der als Müller zu Scharnhausen am 9. Mai 1565 verstorben ist. Ob er die Berufstradition begründet hat, ist nicht einmal geklärt. Die Söhne und Enkel trieben alle Mühlen um, in Scharnhausen, in Köngen, in Nellingen. Von Nellingen aus bewarb sich der Urenkel um die wichtige Stadtmüllerstelle in der Reichsstadt Esslingen und erhielt sie. Er war eine gute Akquisition. Er verstand sich auf das technische und vorindustrielle »Gesamtkunstwerk« Mühle so gut, dass er in seinen »Nebenstunden« eigener Leidenschaft frönen konnte, dem Basteln und Konstruieren. Weil er »Schlosser- und Büchsenmeister-Werkzeug« in seinem Hause habe, wird er von der Schlosserzunft beim Magistrat wegen Fremd- und Schwarzarbeit angezeigt. Es kommt zum Prozess und Verhör. Ob er denn – für die Freizeit – keine Schweine zu Hause habe. Antwort: »Nein, gar nichts Lebendiges.« Ob er, »unter der Kirch und Kinderlehr«, an einer »Büchsen gebauet habe«. Ja, das habe er. Ob er »Holzwerk« für die Mühle, aber auch eiserne Gestänge hergestellt habe. Ja, so sei es.

Dieser Wilhelm Müller hat also »nichts Lebendiges« zu Haus. Er ist schon der spezialisierte Naturwissenschaftler und Techniker, der den Schlossern in der Stadt den Rang abzulaufen beginnt. Und wie wenn es so hätte sein müssen: Das Schicksal des Vaters wiederholt sich im Sohn Hansjörg Müller in viel härterer Tonart. Auch bei ihm kam es, diesmal mehr aus Richtung der reichsstädtischen Obrigkeit, zum Prozess und Verhör. Die seitenlangen Protokolle reden von den Schlössern, die er fabriziert habe, von den Schräuflein auf ein Büchsenschloss, vom »Verschmelzen« und »Weiß-Kupfer-Machen« und »Formen«: Der Hansjörg muss vom Probieren und Experimentieren fasziniert gewesen sein. Auch »drei chymische Bücher« hat man bei ihm entdeckt. Jetzt geht es, in dieser Generation, schon an die Bewältigung der theoretischen Grundlagen. Warum er denn, fragen argwöhnisch die Stadtjuristen, solche Bücher bei sich habe? Antwort, und das ist die Antwort dessen, der einer industriellen, in diesem Falle einer technischen Revolution mit offenen Armen entgegenläuft: »Weil einer nicht wissen könne, in waß vor Zeiten einer geraten könne, da ihme dergleichen Wissenschaft wohl zu statten käme.«

Erst sein Sohn zieht die berufliche Konsequenz und wird, nunmehr offiziell und mit obrigkeitlicher Lizenz, Büchsenschlosser und Büchsenmacher, wie Daimler drüben in Schorndorf. Brüder oder Schwäger wandern gleichfalls ins Schmiede- oder Schlosserhandwerk ab. Nur er, der Hochwächter, der Vater des Firmengründers, macht von seiner Schlosserlehre keinen Gebrauch und zieht sich in die Beamtenruhe zurück. Einmal macht die generationenalte, jahrhundertealte Technikerreihe eine Schnaufpause. Dann folgt auf diese Vorschule der Technik die industrielle Praxis, mit dem Firmengründer Fritz Müller, der »durch Verwandtschaft«, wie er schreibt, »mit der Ölmüllerei vertraut« gemacht wird »und dadurch mit den hydraulischen Pressen und der Hydraulik, die den Grund zur Bedeutung der Pressenfabrik Müller legte«. Seinem Enkel, Ehrhard Müller, dem Diplomingenieur, Inhaber der Firma bis vor einigen Jahren, ist am

25. Mai 1973 von der Universität Stuttgart die Würde eines Doktors ehrenhalber verliehen worden, weil er, wie es in der Urkunde heißt, »durch seine hervorragende technisch-wissenschaftliche Leistung in grundlegenden Erfindungen und bei deren Verwirklichung durch wegweisende Konstruktionen die Entwicklung der hydraulischen Presse zu einer technisch und wirtschaftlich leistungsfähigen Fertigungseinrichtung entscheidend gefördert hat«.

Es musste einmal dokumentiert werden, welch tiefe Wurzeln die schwäbische Feinmechanik und Werkzeugmaschinenindustrie in Wirklichkeit haben können. Dass man in einer Ahnenreihe, die von der Reformation bis zur Gegenwart reicht, in einer bis vor anderthalb Jahrhunderten durchaus bäuerlichen Umgebung, nicht auf ein einziges männliches oder weibliches Familienmitglied bäuerlicher Abkunft in dieser Ahnenreihe Müller stößt, ist eine immerhin bemerkenswerte Sache. Sie charakterisiert diese technisch-experimentelle Disposition zur Etablierung der Industrie hierzulande: ein zähes und ungemein werk- und berufstreues Hineinarbeiten in die Möglichkeiten industrieller, maschineller Produktion, in der das Werkstück, das technische Konstrukt (und selbstverständlich seine Qualität) allemal das Wesentliche blieb.

Anders ist jener Geist, der in der Industrialisierung die locker aufgegriffene Chance sieht, die Dinge aus der Distanz des scheinbar Unbeteiligten heraus zu gestalten. Einer der ausgewanderten schwäbischen Fabrikleute hat in den sechziger Jahren des letzten Jahrhunderts einmal gesagt, drüben in den Vereinigten Staaten eine Fabrik aufzuziehen, sei ein Kinderspiel gegenüber dem Großherzogtum Baden oder Königreich Württemberg. Was hier die Alte Welt von der Neuen trennt, wird blitzartig deutlich. In einer von feudalen und dynastischen Vorstellungen, von Bildung und Bürgertum alten Stiles gleichermaßen belasteten Atmosphäre brauchte man besondere Kräfte, um die überkommene Epik des Daseins zu überspielen und den Menschen nach dem Takt der Maschine zu organisieren. Um die neuen Lebensformen zu bewältigen, bedurfte es gewiss der technischen Könner und Genies. Aber das allein konnte nicht genügen. Was notwendig war, waren schöpferische Menschen, Männer von lebendiger geistiger Originalität, solche, die imstande sein konnten, jenseits der technischen, sehr bald unheimlich abstrakten und formelhaft werdenden Welt, das Dasein als Spiel zu erleben und entsprechend souverän zu formen. Es sind in gewissem Sinne Künstlernaturen. Sie stehen von Natur aus über den gesellschaftlichen Konventionen ihrer Umgebung, aus musischen Bereichen lebend, die sich, wie wir wissen, gerne dem Zugriff des Staatlich-Öffentlichen entzogen haben und entziehen.

Albert Stotz, der württembergische Pionier der Gießereitechnik, hat in den dreißiger und vierziger Jahren, wie man wörtlich sagte, »künstlerische Arbeiten« erledigt. Carl Deffner, der die erste württembergische Metallwarenfabrik betrieb, war der Sohn eines begabten Ludwigsburger Emaille- und Miniaturmalers und hat lange selbst gezweifelt, ob er nicht doch, Schüler des zu früh verstorbenen Malers Karl Gangloff, Maler werden solle.

Viele gerade der württembergischen Primärunternehmer kamen aus der musisch-ästhetischen Welt. Sie reizte das Neuland der Fabriken, weil sie ihre gestalterische Unabhängigkeit und ihren gestalterischen Reichtum auf das unabsehbare Probierfeld der »Industrie« übertragen konnten: der Hutmachersohn Konrad Weitbrecht, dessen Formgebungen der württembergischen Hutindustrie zu ihrem weitreichenden Erfolg verholfen haben; der Walzen- und Gießereifachmann Louis Weberling, der als Musiker und Musikfreund einen zumindest gleich populären Ruf hatte und der Sohn eines Stuttgarter Hofschauspielers war; der Techniker und Erfinder August Wetzel, Sohn des württembergisch-herzoglichen Hofkantors, der seine Konstrukteurs- und Betriebsführerlaufbahn als Klavier- und Orgelbauer in Paris abschloss und zeitlebens ein begeisterter Musiker blieb; der Tanzlehrersohn Friedrich Jobst, der den mimischen Künsten nie absagte, und doch – oder vielleicht gerade deshalb – in Stuttgart die Chininfabrikation aufbauen konnte; der Calwer Industrielle Christian Jakob Zahn, dessen Liederkompositionen auch mit dem Musizieren im Salon des Vaters und Großvaters in Verbindung gebracht worden sind.

Die Reihe könnte fortgesetzt werden. Sie erklärt, warum dieser mit »Industrialisierung« umschriebene komplexe Prozess in Südwestdeutschland am seltensten mit fertigen Prinzipien oder definitiven Prämissen eingeleitet worden ist. In den obersten, den Unternehmertagen, war viel spielerische Spontanität und Intuition mit dabei, die natürlich auch zu zahllosen Fehlgründungen und schlimmen Misserfolgen geführt hat. Ganz sicher war es eine Frage der Intelligenz, ob man sich durchsetzte. Und ganz sicher trifft die Marx'sche Erklärung von der ersten und, wie er sagt, »primitiven« Akkumulation von Kapital, die es gestattet, sich als Unternehmer in den Produktionsprozess einzuschalten, nicht ins Volle. Wie soll man denn das Auftauchen des ersten Kapitalisten erklären? Und wie bekommt man das Anfangskapital, mit dessen Hilfe man anfangen kann, andere »auszubeuten«? »Übernormale Intelligenz und Energie«, hat Schumpeter einmal angemerkt, »erklären neun Fälle unter zehn von unternehmerischem Erfolg und insbesondere die Gründung von industriellen Positionen.«

Ging es überhaupt – und man hätte gerne rasch hinzugefügt: geht es überhaupt – nur um Geld und Gewinn? Nur um die kampfgestimmte marxistische Parole vom Besitz oder Nichtbesitz des Produktionsmittels, also der Fabrikgebäude, Maschinen, Rohmaterialien und Geldmittel? Es gibt in Württemberg eine Tradition, die mit dem installierten Kapitalismus, ob er nun polemisch oder beflissen sachlich angegangen wird, einhergehen muss, die des positiven Begriffs von »Arbeit«. Arbeit ist nicht nur ein Muss, sondern ein Dürfen, Teil der Imitatio Christi. Rationale Berufsarbeit ist das einzige Mittel, um des Gnadenstandes sicher zu werden.

In Andreäs genannter Schrift heißt es lapidar und unüberhörbar, die ganze Stadt sei »eine einzige Werkstatt«. Hier arbeitet man, zuerst und zuletzt. Alle Arbeit, gleichgültig, ob sie gering ist oder edel, hat gleichen Wertgehalt. Ihr Wesen ist der Wetteifer, nicht die Gewinnsucht. Das wurde 1619 geschrieben und ist hernach, hundertfach variiert, in den geistigen Kanon Altwürttembergs eingegangen, in einer Unabdingbarkeit, die man im Oberschwäbischen oder Hohenlohischen, auch drüben im Badischen vergebens suchen würde. Das ist württembergische Spezialität.

»Über Gebühr der Muße pflegen ist schimpflich«, meint Andreä. Es ist vielleicht heute noch im Schwäbischen eine peinliche Sache, wenn der Nachbar den Eindruck bekommen muss, man habe selber gerade nichts zu tun. »Schaffe, schaffe …«: wir hören das Lied. Der

Fellbacher Pietistenführer und Pfarrer Karl Friedrich Werner hat um 1860 einmal erzählt, er sei gelegentlich eines Spaziergangs mit einem jungen Burschen zusammengekommen und habe sich auf dem Weg lange mit ihm unterhalten. Allmählich seien sie zu letzten Sinnfragen vorgestoßen, und er habe ihn gefragt, wozu der Christ eigentlich auf dieser Welt sei. Der Bursch habe sich's lange überlegt, und dann dem Unbekannten geantwortet: »Zum Schaffe.« Hunderte von Neckarschwaben hätten die gleiche – übrigens von Werner seelsorgerlich und theologisch sogleich ergänzte – Antwort gegeben. Elisabeth Noelle-Neumann hat in den siebziger Jahren des 20. Jahrhunderts eine Untersuchung veranstaltet mit der Frage »Welche Stunden sind Ihnen ganz allgemein am liebsten – die Stunden während der Arbeit oder die Stunden, während Sie nicht arbeiten. Oder mögen Sie beides gern?« Darauf haben die Württemberger zu 26 Prozent, die Badener aber zu 35 Prozent geantwortet: »Am liebsten sind mir die Stunden, wenn ich nicht arbeite.« Der Berichterstatter dieser Seelenschau hat jüngst in zweifellos berechtigter Vermutung angefügt: »Man ist fast geneigt anzunehmen, dass es sich bei diesen 26 Prozent in Württemberg um ›Neuwürttemberger‹, also Hohenloher oder Oberschwaben, handelt.«

Am mittleren Neckar ist Arbeit heimisch, heute noch, und auch wohl die Gewissheit, dass alle Arbeit letztlich gleichberechtigt sei. Ist dieser Arbeitsbegriff spezifisch pietistischer Abkunft? Der Pietismus ist hier in Altwürttemberg der Industrialisierung entgegengekommen wie sicherlich in keinem deutschen Territorium sonst. Wenn wir von den geistigen Antriebskräften der Industrie hierzulande reden, dann haben wir in tiefster und gewichtigster Hinsicht auf das ethische Instrumentarium der Pietisten im Lande zu verweisen. Sie haben diese Industrie hier in ihren Profilen, ja in ihrer Sinngebung ebenso geprägt wie den altwürttembergischen Volkscharakter im Allgemeinen.

Man kann diesen Zusammenhang gar nicht überschätzen. »Kratze einen Württemberger«, so hat Dieter Narr einmal Bernard Shaw paraphrasiert, »und du findest einen Pietisten in ihm«. Das alte Herzogtum Württemberg war im heutigen Bundesland Baden-Württemberg das einzige Territorium, das genügend groß und genügend geschlossen war, um eine eigene und in mehreren Disziplinen greifbare Geistigkeit auszubilden. Die beiden – dazuhin heterokonfessionellen – badischen Territorien waren bis zur großen napoleonischen Aufstockung zu klein, um einen eigenen »Geist« (etwa einen »badischen«) entwickeln zu können, von den noch kleineren Partikeln Fürstenberg, Kurpfalz, Hohenzollern oder Vorderösterreich ganz zu schweigen. Wenn man in Württemberg im 19. Jahrhundert – vor allem ausländische Beobachter haben das immer wieder getan – vom »württembergischen Volkscharakter« als einem vorab religiösen sprach, so meinte man damit, wie man sagte, typisch schwäbische Frömmigkeit. Sie hat weithin ihre Wurzeln in dem, was durch und mit den schwäbischen Pietisten geschehen und gewachsen ist. Selbst in der schwäbischen Schwanksage, so hat man nachgewiesen, walte »das Religiöse« vor.

Bis in die siebziger Jahre des 19. Jahrhunderts vollzog sich die Industrialisierung in einzelstaatlichen Bahnen; wir sind genötigt, von einem »badischen« und einem »württembergischen« Prozess zu reden. Und eben der vollzog sich in Württemberg in diesem vorab pietistisch geprägten Raum, während Baden auch hier einen viel agileren, moderneren, aber auch weniger kontinuierlichen Eindruck machte. Seine Industrie, schon die Schwarzwälder Uhrenindustrie, kam sehr viel mehr aus der Fremde und bis zur ersten Halbzeit wohl wesentlich aus der Schweiz. Das langsam sich herausschälende badische Industrieland hatte wesentlich mehr Kontakte mit dem Ausland, mit der »Welt« und dem Handel, man denke allein an Mannheim. Und das konnte sich weit nachhaltiger als Antriebskraft für die Industrie erweisen als im binnenterritorialen und zunächst von der »Welt« abgeschlossenen Württemberg.

Die merkwürdige Schicksalsgemeinschaft zwischen »Industrie« und »Pietismus« wird mit diesen knappen Hinweisen vielleicht verständlicher. Ob wir hier je mit Statistiken und abgesicherten Vergleichszahlen werden aufwarten können, bezweifelt man sehr, zumal es nicht darum gehen kann, die württembergische Industrie von Pietistenhand gegründet und ausschließlich weitergeführt zu sehen. Es geht um Haltungen, um präindustrielle Vorübungen, um mentale Eigenarten und Leitbilder, die sich wiederfinden lassen in der Eigenart der württembergischen Industrie.

Dieser Zusammenhang ist so unscheinbar und so wenig massenhaft wie die Entwicklung der schwäbischen Stundenleute im Besonderen. Die Calwer Pietisten, heißt es in einem amtlichen Bericht von 1713, machten »gleichsam einen kleinen Patriciat an diesem Ort« aus. Und so ist es wohl geblieben, droben auf der Alb oder im pietistischen vorderen Remstal, eine Handvoll Leute, diese Stundenbrüder, »Bedischde«, darunter aber der Lehrer, vielleicht der Schultheiß, zwei, drei Großbauern, die Elite des Dorfes. Unnütz zu sagen, dass der solchermaßen gewahrte pietistische Einfluss bis heute fortdauert. Man erinnere sich des Zentrums der bundesweit lebendigen Ludwig-Hofacker-Gemeinde, man denke daran, dass in der württembergischen Landessynode von heute über die Hälfte der Mitglieder aus dem pietistischen Lager kommen können, dass einer der Journalisten vor Jahren, als wieder einmal die »Eigenschaften« Stuttgarts zur Debatte standen und die Möglichkeiten, sie zu vermarkten, sagen konnte, man werde doch wohl Stuttgart nicht zu einem Mekka für die Pietisten des Landes machen wollen.

Wie immer auch, Zusammenhänge zwischen pietistischer Haltung und Landesindustrie lassen sich nicht von der Hand weisen. Ein Blick auf die württembergische Konfessions- und Industrialisierungskarte des frühen 19. Jahrhunderts verrät, dass diejenigen Gebiete, in denen sich Industrie zuerst und quantitativ stark entwickelt hat, sich mit jenen decken, in denen seit der Reformation religiöse Sonderbewegungen festzustellen sind. Dass die Religion, genauer gesagt die Konfession, hier eine Rolle spielt, ist ohne Zweifel. Oeffingen und Schmiden, ich gebe ein einziges und bescheidenes Beispiel hierfür, sind unmittelbare Nachbarorte. Im evangelischen und vorübergehend auch pietistischen Schmiden haben die Industriependler noch vor der Jahrhundertwende eingesetzt und machten eine ganz selbstverständliche Größe aus. Im katholischen Oeffingen gab es noch zu Beginn der dreißiger Jahre des 20. Jahrhunderts kaum Pendler. Dass in den Albdörfern, in denen Weber saßen, auch Stundenleute zu Hause waren, während in den Dörfern ohne Webstühle auch die Pietisten fehlten, fiel Beobachtern schon vor Jahrzehnten auf. Tatsächlich ist ein Mann wie Mose Dörtenbach, Pietist ebenso wie gewiefter Geschäftsmann innerhalb der Calwer Handelscompagnie, ein einziges Beispiel für diesen Zusammenhang. Auf ihn geht übrigens die Stuttgarter Firma Zahn & Nopper zurück.

Wer nur den Blick auf Philipp Matthäus Hahn und damit auf die Etablierung von Feinmechanik und überhaupt von »Technik« richtet, übersieht die Wirkung pietistischer Haltung in den Kreisen der Kaufleute und des Handels. Es sei in der Tat auffallend, wie »groß die Zahl der Vertreter gerade der innerlichsten Formen christlicher Frömmigkeit gewesen ist, die aus kaufmännischen Kreisen stammen. Speziell der Pietismus verdankt eine auffallend große Zahl seiner ernstesten Bekenner dieser Abstammung«. Diesen namentlich Westdeutschland geltenden Hinweis Max Webers hat Alfred Müller-Armack fast wörtlich ergänzt: »Auffallend ist die Häufigkeit tüchtiger Kaufmannsfamilien im Pietismus.« Auch im Schwäbischen ist dieser Version nicht zu widersprechen: Die Familie von Eduard Breuninger, dem Gründer des heute noch blühenden Großkaufhauses, »war streng pietistisch«.

Es wäre jetzt wohl an der Zeit, mit konkreten und gewissermaßen wörtlichen Belegen aufzuwarten. Ich greife eine einzige Unternehmerfamilie heraus, die Lederfabrikanten Roser, die aus den Reichsstädten Straßburg und Schweinfurt nach Stuttgart gekommen ist und die neckarschwäbische Lederindustrie in wesentlicher Weise gegründet und mitaufgebaut hat. Den 1720 geborenen, aus Straßburg eingewanderten Johann Jakob Roser nannte man den »ersten Herrnhuter Roser«. Das Haus des Christoph Heinrich Roser, er starb 1847, war die »Heimstätte für die Freunde der Brüdergemeine in Stuttgart«. Der zwei Jahre später verstorbene Johann Heinrich Roser hielt engste Verbindung »mit dem Schorndorfer Pietismus« und »prägte«, wie die Firmen- und Familiengeschichte sagt, »der religiösen Stimmung in der Familie eine kirchentreue Stimmung auf«. Der 1891 verstorbene Jakob Heinrich Roser machte seine Lehre nur in »Orten der Brüdergemeine« und hielt, wie die Familienchronik sich ausdrückt, »zeit seines Lebens Geistesgemeinschaft« mit ihr. Sein Bruder legte die Lehre im weiten Geschäftsbereich der Basler Missionsgesellschaft ab und heiratete in zweiter Ehe eine Nürnberger Kaufmannstochter, aus einer Familie, »die mit der Herrnhuter Brüdergemeine in nächster Verbindung stand«.

Die Beispiele ließen sich vermehren, wenn wir auch gerade an dieser Stelle vermerken, dass sich die baden-württembergische Industriegeschichtsforschung bisher im Wesentlichen aus staatlichen Quellen genährt hat, weniger aus solchen der Verbände und schon gar nicht aus denen privater Hand. Das Rheinisch-Westfälische Wirtschaftsarchiv gibt es seit fast einem Jahrhundert, das baden-württembergische seit wenigen Jahren. Wir stehen da erst am Anfang und haben, grotestkerweise in einem so ausgeprägten und führenden Wirtschaftsraum wie dem am mittleren Neckar, Elementares nachzuholen. Es sind Zufälle, die einem die biographischen Aufzeichnungen des Stuttgarter Fabrikanten Albert Zimmermann in die Hand geben, der in den zwanziger Jahren das nach 1945 weitausgreifende Glasdach- und Fensterwerk G. Zimmermann in Feuerbach leitete. 1889 hatte er den Betrieb in der Rotebühlstraße als Geschäftsführer seiner Mutter übernommen, und damit auch die christlich-pietistische Haustradition. Sein Vater, der Flaschnermeister und Firmengründer aus dem ganz pietistischen Fellbach, hatte einmal im Winter 1886 im Stuttgarter evangelischen Saalgebäude einen Vortrag über »den glücklichen Standpunkt des christlich-konservativen Arbeiters« gehalten. »Er hat darnach«, schreibt der Sohn, »eine entschiedene Bekehrung durchgemacht und dazu hat zuerst die Parsall-Shmith'sche Bewegung im Jahre 1875 beigetragen. Dort hat unser Vater mitgeholfen bei den äußeren Veranstaltungen. Nachher ist er anno 84 mit Onkel Jakob nach Basel zu Evangelisations-Versammlungen, welche von Stockmayer, Schrenk und Bädecker gehalten wurden. Dort hat Onkel Jakob sich bekehrt. Aber schon im Jahre 79 und 80 war Frau Baxter aus London bei uns einige Wochen zu Besuch und kam immer wieder einmal zurück. Damals hat unser Vater die von ihr im Nack'schen Haus begonnenen Versammlungen, unmittelbar unserem Haus Rotebühlstraße 57 gegenüber, weitergeführt. Er ist nachher einer der redenden Brüder der altpietistischen Gemeinschaft geworden.«

Wir haben bis jetzt wenige solcher Einblicke in das geistige Interieur eines neckarschwäbischen Fabrikantenhauses: unmittelbar neben dem Schraubstock und dem Transmissionsriemen ein einfaches, ein demütiges Christenleben. Auch der Sohn, schließlich

Alleinbesitzer der Firma, ist aktiver Pietistenmann. Nach einem Probejahr gibt ihm die Mutter die Erlaubnis, nach Reutlingen zu kommen, um die für ihn ausgesuchte Frau, Fräulein Finckh näher kennen zu lernen. Im Februar 1892 fährt er nach Reutlingen. »Ich war meiner Sache so sicher, dass ich am andern Morgen mir einen schönen Strauß kaufte und denselben am Bahnhof abgab. Ich betrat die Wohnstube des Hauses am Markt. Als Fräulein Finckh eintrat, fragte ich Sie: ›Wollen Sie mit mir dem Heiland nachfolgen?‹ Sie antwortete mit dem einfachen ›Ja‹. So haben mir meine Eltern das Leben geschenkt, mich erzogen mit Ernst und in der Furcht des Herrn.«

»Unmittelbar neben dem Schraubstock«: Christusverehrung und Geschäftssinn gehören bei den schwäbischen Pietisten offenbar zusammen. Dass der Mechanikerpfarrer Hahn genauso gut Tübinger Mechanikprofessor hätte werden und sein können, wundert uns wenig; einmal vertraute er seinem Tagebuch an: »Starck mit Gedancken umgegangen, meinen Dienst aufzugeben und eine freye Stelle als Professor Mechanices et Astronomiae in Tübingen mit einer hinlänglichen Besoldung durch Beyhülfe der Rechnungsmaschine zu suchen.« Erstaunlicher ist schon, wenn der Pfarrer Johann Jakob Zimmermann, in der Frühzeit des schwäbischen Pietismus als besonders nachhaltiger Akteur dieser neuen Gruppe vom Herzog amtsenthoben, nach dieser Relegation anderntags nach Heidelberg fuhr – und dort als Mathematikprofessor las. Schon Andreä, selbst leidenschaftlicher »Chymiker«, hob den Finger hoch und betonte, ohne Mathematik gebe es gar keine Gelehrsamkeit: und das mitten in den Nachhutsgefechten der altwürttembergischen, allein selig machenden Latinitas. Der schwäbische Pietist und Theosoph Friedrich Christoph Oetinger, den bei einem Besuch in Florenz ein »Clavichord« zu einer leidenschaftlichen technischen Beschreibung veranlassen konnte, hatte sich einlässlich mit der meteorologischen Elektrizität beschäftigt. Wohl »von einem Freunde der praktischen Rechenkunst«, wie es im Untertitel heißt, stammt das 1805 erschienene Büchlein »Werdet gute Rechner und Denker« des Gächinger Pfarrers Wilhelm Ludwig Rosch, der damit praktisches Christentum und ertragreiche Landwirtschaft befördern wollte.

Diese Beispiele aus der schwäbischen Geistesgeschichte ließen sich mühelos fortsetzen. Bei aller Sensibilität und Gefühligkeit sucht der Pietist hierzulande mit Nachdruck nach der Wirklichkeit. Damit verbindet sich pietistischer Geist nahtlos mit schwäbisch-alemannischer Geistigkeit überhaupt. Das »Prinzip Wirklichkeit« zieht sich wie ein roter Faden durch die literarische Kultur des deutschen Südwestens bis heute. Dass der Pietismus in Württemberg mit seiner aktivistischen Wendung die Wirklichkeit – die arbeitstechnische, die soziale, die wirtschaftsorganisatorische – anzugehen und zu bewältigen gesucht hat, hat ihn in eine besondere Affinität zur neuen Welt der Fabriken gebracht. Natürlich waren auch andere Prädispositionen mit im Spiel, wir haben solche mit dem Stichwort »Bastler« oder »Künstler« zu umschreiben versucht.

Der »Frömmler« indessen – wenn wir's bei dieser despektierlichen Etikette belassen wollen – gehört vor allem dazu. Sein vertrauter Umgang mit dem Jenseits hat allemal eine merkwürdige Fertigkeit im Umgang mit dem Diesseits hervorgebracht, mit dem Jahr, mit dem Tag, mit der Zeit überhaupt. Johann Albrecht Bengel (1687–1752) hat ja, unter Verwendung der Mästlinschen Beobachtungen und der keplerischen Systematik, die Weltzeit der alten und der neuen Erde genau berechnet: am 18. Juni 1836 erscheint der Herr und vernichtet seine Gegner. Derlei Zeiteinteilung haben die Pietisten, gewissermaßen säkularisiert, mit in die Fabriken gebracht, in Rechenhaftigkeit erzogene und erfahrene Leute. Das mokante Wort des Maschinenfabrikanten König aus Oberzell bei Würzburg aus dem Jahre 1819, er müsse hier fort, er finde keine Leute, mit denen er arbeiten könne – dieses Wort wäre hier am mittleren Neckar während aller Phasen der industriellen Revolution undenkbar gewesen.

Dass hier im Kerngebiet Altwürttembergs trotz der Ungunst des Ortes, des Verkehrs, der Ressourcen hochkarätige Industrie entstand und die viel zitierte qualifizierte Arbeiterschaft anscheinend von allem Anfang dafür da war, sollte nicht zu selbstverständlich genommen werden. Was waren die geistigen Antriebskräfte dafür, woher hat man seine – unerlässlichen – Leitbilder genommen? Suchen wir nach Ideen und nach einer Persönlichkeit, einem Gewährsmann, so macht ein Blick auf Philipp Matthäus Hahn (1739–1790) vielleicht die lebendigsten Einsichten frei. Als man vor hundert Jahren in der Residenzstadt Stuttgart den Vorzeigebau der heimischen Industrie, das spätere Landesgewerbeamt und heutige Haus der Wirtschaft erstellte, hat man unter die Medaillons der Väter dieser Industrie auch den Pfarrer Philipp Matthäus Hahn aufgenommen. Man sieht ihn dort noch heute so: Er war einer der Gründer. Nachdem sich die Vielzahl der anderen Erzväter »nur« als Kaufleute oder Techniker präsentierten, war er vielleicht der einzige, der auch im geistigen Sinne und im Blick auf ein Leitbild ein Gründer war.

Freilich kann jüngste Forschung das populäre Diktum nicht mehr so gelten lassen, Hahn habe in Onstmettingen die feinmechanische Industrie geschaffen. Die Industriegeschichtsforschung hat hier, ausnahmsweise passt der modische Terminus sogar, differenzieren gelernt. Man geht jetzt zu Recht davon aus, dass sich »eine lückenlose und zweifelsfreie Abkunft der Waagenhersteller in und um Ebingen« nicht mehr nur »aus der Tätigkeit von Ph. M. Hahn in Onstmettingen ableiten« lassen könne, dass dem Schullehrer Schaudt und vor allem dem begabten Johannes Sauter und den einschlägig versierten übrigen Mitgliedern dieser Sippe wohl noch größerer Ruhm gebührt, und Hahn vielleicht sogar Glück gehabt hat, in Onstmettingen auf eine solche Konstellation von Begabung und Bereitschaft gestoßen zu sein.

Wie dem auch sei, man wird noch lange ebenso nach dem »Anteil Hahns« und überhaupt nach den Maßen des »Persönlichkeitsfaktors« zu suchen, haben wie man erst jüngst die erste Beschreibung Hahns einer von ihm entworfenen und von dem Onstmettinger Schulmeister Philipp Gottfried Schaudt ausgeführten »Weltmaschine« entdeckt hat. Die Hahnforschung ist, was ihre notwendigerweise interdisziplinäre Breite anlangt, erst im Werden. Sie wird Hahns Bedeutung ebenso sehr verkleinern, wie sie auf der anderen Seite den Rang dieses Kopfes noch höher stellen wird. Er war offenbar nicht jener »Wegbereiter neuer Waagensysteme«, als den man ihn gefeiert hat. Er hat nur dafür gesorgt, dass bekannte Prinzipien eine »sinnvolle und bequem zu handhabende Anwendung« finden. Er hat den Schritt vom – selbstverständlich auch belegbaren – Erfinder und Konstrukteur zum Unternehmer jedenfalls auf bewusste Weise nicht gewagt. »So begnüge ich mich gefunden zu haben, was ich verlangte«. Bei dieser Einstellung wundert es uns nicht, dass in seiner Kleinfabrik, seinem »Laboratorium«, nur sieben oder acht Rechenmaschinen entstanden. Es waren zweifellos Maschinen von großartiger Qualität; die dosenförmige Hahnsche Maschine arbeitet noch heute tadellos. Aber sie, wie Kaiser Joseph II. ihm riet, den Akademien einzureichen, wollte ihm nicht in den Sinn. Er beschrieb sie erst auf Drängen Dritter und dann nur äußerlich, und auch ein Privileg für sie beantragen wollte er nicht.

Pfarrer und Unternehmer, Autor theologischer Kommentare und Konstrukteur von Weltuhren: Hahn hatte notwendigerweise ein Janusgesicht. Widersprüchlichkeit verrät sich in seinem Verhältnis zur Technik im Besonderen. Er ist einerseits Vollbluttechniker und überlegt sich einmal, ob er nicht seine Pfarre aufgeben und ganz Ingenieur werden soll. Andererseits gesteht er sich ein, dass das »Maschinenwesen«, in das er hineingekommen sei, ihm »selber ein Rätzel« sei. Von einer Harmonie zwischen dem Technischen und dem Geistlichen bei ihm kann keine Rede sein. »Mechanica fallen mir zu Last, weil mir die kurtze Zeit immer wichtiger wird«. Rationale Einteilung der Zeit ist für den Pietisten eine ganz selbstverständliche Sache. Aber ein paar Monate darnach meint er: »Ich sollte gar nichts mehr, weder mit dem Geld noch mechanischen Sachen zu thun haben.« Andererseits kann er sich, wie er einmal sagt, von seinem »Sonnenuhr-Gedancken« gar nicht lösen. Er ist so sehr dem »Technischen« und »Industriösen« verschrieben, dass er einmal am Mittagstisch, auch die »Leute«, das Personal und die Arbeiter sitzen da, zum falschen Kraut greift und die Tischrunde höchlichst verärgert. Hinterher notiert er sich mit mokanten Worten, er habe das Ganze aus Gedanken gemacht, er habe an das Linné'sche System gedacht.

Ein aller Wirklichkeit entrückter und gänzlich unpraktischer Theoretiker? Obwohl er von seiner künftigen – zweiten – Frau sagen kann, sie sei recht, wenn sie ihm »im Geist« verbunden sei und allem Weltlichen – wie er – entsage, so kann er doch einmal, zweimal in sein Tagebuch mit einem Nachsatz den geheimen Wunsch einrücken, schön und anziehend dürfe sie natürlich schon sein. Und obwohl er das »Weltliche« seiner fortwährenden Konstruktionslust sehr empfunden hat, kann er sich doch fragen, »ob nicht Gott mir die Kunst geben könnte, Gold zu machen«. Er sieht Praxis und Realität nicht nur, er kann auch schlecht ablassen von ihr. Gelegentlich eines »alchymistischen Diskurses« mit dem »Chymicus« Zimmermann aus Ludwigsburg kann er sagen, er »glaube die Möglichkeit der Tinctur aufs Neue«.

Gottesgelehrter und Weltkind in einem. In technischen Dingen geht seine »Zuständigkeit« so weit, dass er noch als Designer seiner Apparate und Maschinen fungiert. Und in Glaubensdingen vergisst er die technisch-naturwissenschaftlichen Prämilinarien nicht, sondern vermag sie ins theologische Feld auf seine Weise einzubringen. Es gibt deutliche Berührungspunkte zwischen seinem naturwissenschaftlichen Denken, der mathematischen Art, wie er die Welt ansieht, und seinem theologischen Denken. Die Auslegung seiner astronomischen Maschine, einem technischen Meisterwerk, wie alle Welt seither betont hat, von ihm aufgesetzt und geschrieben, ist das erste, augenfälligste »Beispiel für die ideologische Grundlegung des ingenieurmäßigen Schaffens des Pfarrers«. Mechanik ist für ihn das »Mittel zum eigentlichen Zweck des Reichs Gottes«.

Die Umrisse dieses Persönlichkeitsbildes und die Eigenart dieses Wechselspiels zwischen Geist und Industrie, ganz wörtlich zwischen der Arbeit am Offenbarungs-Kommentar und dem Versand einer lange bestellten und soeben im »Laboratorium« fertig gewordenen Rechenmaschine mussten angedeutet werden, wenn die folgende Passage recht verstanden werden will. Gibt es für Hahns Leute, für die Pietisten am mittleren Neckar einen Bezug zwischen Beten und Arbeiten, zwischen der geistlichen »Stunde« und dem Werktag? Welches Menschenbild hat Hahn? Welche Beziehungen hat er zur Industrialisierung?

Er selbst gibt Auskunft darüber. Wer die jüngst edierten vielen tausend Auszüge aus Hahns Tagebüchern nicht scheut, kommt zu einem überraschend klaren Ergebnis. Da besucht ihn im September 1772 ein »gutgesinnter« Häfner aus Bietigheim, ein Mann der Zunft also. Was ist ein Pietist, im Besonderen ein rechter Pietist? »Ich nannte ihm den Unterschied der Pietisten, da er mir so viel Orte angezeigt, wo dergleichen seyen. Ich sagte, wie im Leiblichen es Bettler und Oeconomen gebe, Bettler aus Nachlässigkeit oder Liederlichkeit, und dass sie, einmahl angenommen, in keine andere Ordnung, kein ordentliches Geschäft und ordentliche Arbeit zu bringen seyen. Andere aber seyen durch Unglück Bettler worden; bey den Oeconomen mache einem sein Fleiß und Treue mehr Zunahme seines Vermögens als bei anderen. Ich sei deshalb gewohnt, die Pietisten zu Oeconomen zu machen, dass sie auch einen eigenen Schatz und Lebensquelle kriegen in die Herzen zum Samen, damit es nicht nur immer heißt: Gebt uns von eurem Öle oder dass man eine Weile bei dem Licht anderer frölich ist.«

Hahn denkt an das durch den Evangelisten Matthäus (25, V. 1–13) überlieferte Gleichnis von den zehn Jungfrauen, denen das Himmelreich gleichen wird. Als der erwartete Bräutigam um Mitternacht kommt, empfangen ihn fünf Jungfrauen mit ihren Öllampen, die klugen. Die törichten wollten kein Öl mitnehmen. Als die Törichten die Klugen um Öl bitten, werden sie abgewiesen. Das Öl gehe ihnen sonst selbst aus: »Kauft für euch selbst.« Die Törichten: »Herr, Herr, tu uns auf.« Er antwortete aber und sprach: Wahrlich ich sage euch, ich kenne euch nicht. Darum wachet! Denn ihr wisst weder Tag noch Stunde!«

Das also ist Hahns Menschenbild: Nicht das Konterfei des Frommen, nicht der Beter, nicht der miles Christi, sondern der wirtschaftlich, »ökonomisch« Denkende, ein Mensch von dieser Welt, der mehr vorsorglich als fürsorglich denkt, ein Vermögen hat und an der Sicherung seiner Zukunft zu arbeiten weiß.

Menschenwürdige Existenz ist für Hahn eine materiell unabhängige Existenz. Was Friedrich Wilhelm, der preußische Kurfürst und Calvinist im politischen Sinne meint: »Alliancen seindt zwar gutt, aber eigene Krefte noch besser, darauf kann man sich sicher verlassen«, das, meint der Pietist Hahn im menschlich-gesellschaftlichen Sinne. Es ist nicht das viel zitierte protestantisch-pietistische Arbeitsethos, das hier zum Tragen kommt, es ist der Wille zur existentiellen Unabhängigkeit, zum »Eigenen«, beispielsweise zum eigenen »Häusle«, zum eigenen Grundstück, zum eigenen Garten, alles Dinge, die im Schwäbischen für Generationen hin (und vielleicht heute noch) in der Hierarchie der gesellschaftlichen Stellenwerte einen erstrangigen Platz haben. Industrie und Wirtschaft muss man deshalb »annehmen«, gestalten und fortführen, weil sie einem die eigene Sicherheit und Unabhängigkeit verschaffen.

Irgendwie nähert sich diese Argumentation doch wieder der calvinistischen Prämisse von der Prädestination: Wer sich der »industriösen« Offerte öffnet und arbeitet und schafft, den wird Gott auszeichnen und zu einem mit Wohlstand gesegneten und ausgezeichneten Menschen werden lassen. Hahn selber wird, sagen die Kommentatoren, zu einem »gut situierten Mann«. Er leiht Geld aus, erhält in seinen letzten Lebensjahren zunehmend Bettelbriefe und nennt sich selbst 1788, zwei Jahre vor seinem Tod, vermöglich. »Ich war arm von Eltern, und sie ließen uns Kindern nichts übrig. Jetzt hat mich Gott vermöglich gemacht, mit Kindern gesegnet, mir die zweite Frau gegeben, ein Ansehen auf der Welt als Künstler gegeben, das ich nicht in der Stufe, als man mich dafür hält, zu verdienen meyne.« Man glaubt die calvinistische Lehre zu hören: »Diß alles ging so natürlich zu, wenn man erzählt, wie eines aufs andere ergangen ist, dass man meynt, es zu verstehen, warum es so gieng. Aber Gott ordnete diesen Weg. Sein Werck war es! Dass sind tägliche Wunder, die Gott thut, und die man nicht dafür hält!«

Das ist das – Generationen weitergeführte und hierzulande heute noch hörbare – Lied vom schwäbischen »Arbeiter«, der es zu etwas gebracht hat, genauer gesagt: den Gott deshalb, weil er treulich, aber auch einfalls- und erfindungsreich seiner Arbeit nachgegangen, es zu etwas hat werden lassen. Dass dieser tiefer motivierte Lebensfleiß mit kritischer Distanz zur weltlichen Gegenwart und mit Sparsamkeit gepaart ist, braucht nicht eigens betont zu werden. Hahn kennt diese Sparsamkeit auch in Form einer eben rationalen und rechnerischen Haltung. »Mich hin und her besonnen, ob ich des Michael Ritters Wein nehmen soll. Er war mir zu theuer und hätte mir mit dem Geld müssen weh thun.« Er hätte es zahlen können. Aber es geht ums Prinzip. Das Leben soll einfach bleiben und redlich. Der Sinn des Lebens liegt in einem Lebenswandel, der von Gott her bestimmt ist. Und das ist nota bene ein ernstes, und ein schweres Leben. »Wir sind zum Leyden berufen. Es ist kein anderer Weg zur Herrlichkeit als Christi Weg.«

Von dort her gesehen nimmt es uns nicht wunder, wenn Hahn vom »Naturalismus heutiger Zeit« betroffen ist. Die kämpferische Bereitschaft zur Askese scheint in ihm nie erlahmt zu sein. Die

Violine ist, auch in der Hand eines Jungen, »ein Instrument der Eitelkeit«. Als Hahn eine Taufe vorzunehmen hat, erscheint ihm seine Taufansprache »wie kalt Wasser«: neben der Teilnahme »einiger Unbekehrter« am Taufakt hindert ihn an eigener echter innerer Teilnahme »auch die Hoffahrt der Frau Helferin mit ihrem Sammetmantel«. Als er einmal zur »Zehendverleyhung« ins Wirtshaus eingeladen wird, bleibt er weg und notiert sich später in sein Tagebuch nur: »Sie haben hernach getanzt.«

Wir könnten Hahns Programm mit dem pietistischen »Oeconomen« als unterhaltsame, aber nicht weiter bedeutende Lesefrucht abtun, wenn ihr Autor nicht der Organisator der Pietistengruppen am mittleren Neckar zu Ausgang des 18. Jahrhunderts gewesen wäre. Dass er nur die Leitidee artikuliert und den künftigen Industriearbeitern »nur« die Motivation eingibt, übersehen wir nicht. Er ist gewissermaßen Einzelkämpfer. Andreäs theologisches Hauptproblem, Kirche, christliche Gesellschaft und christliches Kollektiv, berührt ihn kaum. Es geht ihm nur um christliche Partikel und Zellen.

Der Pietismus dieser Generationen ist ein Leben in Einzelgruppen, Sekte, in manchen Versionen ja auch separatistische Distanz. Erst Gustav Werner hat mit seiner Errichtung von Kleinkinder- und Industrieschulen die von Andreä eingeleiteten Bemühungen weiter ausgebaut und mit seinen viel gescholtenen Reisepredigten in Scheuern, Privathäusern und auf Wiesen an die pietistische Arbeitsbereitschaft wieder angeknüpft oder sie aufs Neue provoziert. Er sieht, weit über Hahn hinaus, die Fabrik nicht als ein kapitalistisches, sondern als ein sozial-ethisches Problem. Er ist nicht, wie Hahn, Motivator, sondern Fundator: die aufkommende Armut muss gesteuert werden. Entweder geht die aufblühende Industrie mit ihren – die Volksgemeinschaft schädigenden – Grundsätzen der freien Konkurrenz, der Lohnsklaverei, der rücksichtslosen Durchsetzung kapitalistischer Erwerbsgesetze einem gänzlichen Materialismus entgegen, was die Verarmung breitester Volksmassen zur Folge hätte, oder es ist möglich, die Industrie mit christlichen Grundsätzen zu durchsetzen, die Fabriken zu einem »Tempel Gottes« auszubauen und die Arbeit dem Dienst des Reiches Gottes unterzuordnen.

»Rolle, rüstige Turbine«: Werners Programm der »christlichen Fabrik« ist – nicht zuletzt bei ihm selber – nie verwirklicht worden. Es habe sich ihm, schreibt er als alter Mann 1884, »mehr und mehr als unabweichliche Bedingung herausgestellt, dass sich die industriellen Geschäfte ganz nach geschäftlichen Prinzipien verwalten lassen müssen, wenn sie rentieren und ihren nächsten Zweck erfüllen sollen, gute Arbeiter zu bilden, und den Arbeitern selbst genügenden Lohn, und dann auch irgendeine Beteiligung am Ertrag des Geschäftes gewähren zu können«. Mehr als eine Generation zuvor hat der Stuttgarter Prälat Sixt Karl Kapff, einer der gewichtigsten schwäbischen Pietisten dieses Jahrhunderts, die Idee von der christlichen Fabrik noch einmal retten wollen. 1856 hat er ein Buch erscheinen lassen, dessen dityrambische Überschrift sein Programm schon umreißt: »Der glückliche Fabrikarbeiter, seine Würde und Bürde, Rechte und Pflichten, Sonntag und Werktag, Glaube, Hoffnung und Gebet.«

Dass sich die Zeiten geändert haben, dass die Konfession, wie Max Weber dann selbst sagte, nicht mehr Arbeit und Arbeiter bestimmen, dass das Produktivitätsdenken der Unternehmer und ihrer »efficiency«-Experten der Arbeit, die von einer eigenen Arbeiterklasse geleistet wird, entmenschlichende und entfremdende Züge verleiht: das alles scheint Kapff gar nicht zu stören. Für ihn ist nicht der Begriff »Fabrik« – Antrieb eines Systems von Produktionsmaschinen durch eine zentrale Kraftmaschine oder Ähnliches – das Problem, sondern gewissermaßen die innere Behausung des Arbeiters. Es sei eine innere Unzufriedenheit über die Arbeiter gekommen, das spürt er schon, »wie ein trübes Wasser, das die Quelle trübt«. Sein aus der pietistischen Grundhaltung herausgewachsenes soziales Verantwortungsbewusstsein sagt ihm klar, dass der Arbeiter seine Not nicht löst, indem er sich »durch lustige Kameradschaft bei Bier, Wein und Gesang« seine finsteren Gedanken vertreiben will. Keine Frage, dass die Fabrik die Gegenwart braucht und umgekehrt. Früher seien es die Kirchen gewesen, jetzt kommen »fast ebenso viele Menschen« aus den Fabriken, den »großen Palästen« mit »den feinen, harten Türmchen«. »Aus diesen Arsenalen und Burgen der Industrie und des Handels fließen die Quellen der Nahrung und des Wohlstandes für viele Tausende im Volk, die nirgends sonst hinreichende Arbeit und Belohnung der Arbeit fänden.«

Kapff weiß die ersten »Etablissements« im Württembergischen und Badischen aufzuzählen, die Esslinger Maschinenfabrik, die badische Zuckerfabrik Waghäusel und so fort. Dort arbeiten über anderthalbtausend Menschen. »Nur diese wenigen Zahlen zeigen die hohe Bedeutung der Fabriken für den Wohlstand vieler Einzelner und eines ganzen Volkes. Wenn in allen Fabriken wahre Gottesfurcht, Sittlichkeit und Sparsamkeit die Arbeiter zieren würde, wahrlich, sie wären unschätzbare Gemütsquellen, und dass sie das gar oft nicht sind, und dass viele Fabrikarbeiter doch ein armes Leben führen, daran sind meist die Steuern schuld, die man nicht aufs Rathaus, sondern ins Wirtshaus oder in andere böse Häuser trägt.«

Indessen, jeder Stand hat seine Plage, und der Arbeiter müsse nur »durch Sparsamkeit, Fleiß und Gottesfurcht« den Segen Gottes zu erhalten versuchen, dann werde er »sorglos durchkommen«. Er müsse »sehen lernen«, nicht »hier unten den Himmel suchen«, »sondern in einer höheren Welt«. Wir alle hätten die Geisteswürde verloren »und können sie nur in Christo wieder gewinnen«. Kapff zählt die »Rechte des Fabrikarbeiters« minuziös und unerschrocken auf, »das Recht auf humane Behandlung«, »das Recht auf Lohn«, »das Recht auf Aufkündigung« und so weiter. Aber diesen Rechten steht ein Katalog von Pflichten gegenüber, Ordnung, keinerlei Störung, »Lass nichts verderben«, »Sei im Geringsten treu und ehrlich«, »Pflicht der Keuschheit« und so fort. Gerade *in* der Fabrik habe der Arbeiter die Möglichkeit (und die Pflicht), zu einem höheren christlichen Leben zu finden.

Vor allem die Einhaltung der »Keuschheit« ist Kapff ein Anliegen. Es handle sich keinesfalls »um verachtete Pietisten«, wenn der »dumme Unverstand in Deutschland« zu allem den Pietismus heranziehe, »was dem Wirtshausgeist entgegen ist. Ach lasset doch von diesem Geschrei über Pietismus euch nicht einnehmen! Es ist eben einer der Urnamen, mit dem die leichtsinnige oder ungläubige Welt alles von sich wegschüttelt, was fromm und so wahrhaft glücklich machen könnte. Wer noch Religion hat, wer noch in die Kirche geht, die Bibel liest, betet, den heißen sie Pietist, wie sie den Heiland selber schmähten, ihn gar Beelzebub hießen, und andere wieder nannten ihn Weinsäufer, Volksaufwiegler, Irrlehrer. So sind zu allen Zeiten rechte Leute geschmäht worden; aber sie haben sich nichts darum bekümmert, und die Ehre bei Gott war ihnen mehr als die Ehre der Menschen, und der Himmel mehr als die vergängliche Lust der Welt.«

Bengel, einer der Erzväter des schwäbischen Pietismus, hat einmal auf einen Zettel geschrieben: »Wie koste ich die Zeit aus: durch Gebet und Danksagung. Vertiefung. Ernster Eifer, die Schüler in ihrem Lernen voranzubringen. Rechte Sparsamkeit, besonders beim Bücherkaufen, Nüchternheit, Übung in der Mildtätigkeit. Ein Aufatmen zu Gott mitten unter der Arbeit. Sorgfältiges Achthaben auf die geheimen Gedanken und Regungen des Herzens, die von selbst im Inneren aufsteigen oder von außenher geweckt werden.« Im Stakkato ist hier angedeutet, was die pietistischen Tugenden der Etablierung der Maschine entgegengebracht haben: Persönlichkeitsbildung, Selbstreflexion, sorgfältige Erziehung der nächsten Generation, Berufstreue als asketisches Mittel par excellence, Askese vor allem: man verschließt die Ohren gegen »die Flöten der Eitelkeit«, wie Andreä sagt, man ist gegen allen weltlichen Rummel, gegen die Laszivität der Stadt, gegen alles Sinnliche.

In Sixt Karl Kapffs, des Pietistenprälaten Büchlein nimmt das Kapitel über die »Keuschheit« den mit Abstand größten Raum ein. Natürlich kann die pietistische Askese auch ins Gegenteil umschlagen und wirtschaftshemmende Faktoren freimachen. Wir denken da ans Ende der Calwer Compagnie, das man sich auch daraus erklärt hat, dass die braven Stundenleute aus dem Schwarzwald mit dem delikaten Geschmack an den Fürstenhöfen und in den Bürgersalons nicht mehr zurechtkamen. Und wir denken an jenen Pfarrer von der Alb, der mit Gattin und Kinderschar die Obere Königstraße hinaufgeht, die Buben und die Mädchen mit ihren dicken Zöpfen kriegen vor den Schaufenstern die Augen nicht mehr zu und drücken sich die Nasen breit. Da dreht sich der Herr Pfarrer um und sagt mit warmer, sonorer Stimme seiner Herde ein schreckliches Wort für jeden überzeugten Marktwirtschaftler: »Seht Kinder, das sind alles Dinge, die wir nicht brauchen.«

Aber diese Absage an die Welt ist ein Seitentrieb am Bäumlein des schwäbischen Pietismus, der nicht einmal in das in württembergischen Stuben noch lange zu findende Bild von den zwei Wegen passt. Auch und gerade der schmale Weg ist mit der Notwendigkeit gepflastert, im Schweiße seines Angesichts zu arbeiten. Ist hier Angst mit im Spiel, Lebensangst, die am mittleren Neckar auch aus mancherlei historischen Sonderheiten heraus erklärbar wäre und dann zu der fast trivialen Erklärung führte, dass Industrie dort aufwächst, wo man es notwendig hat und wo man ihrer zur Kompensation bedarf?

Die andere Seite ist jedenfalls die viel ausgeprägtere: Industrie als Bewährungsort für den eigenen geistlichen Auftrag. Dass sich hier die Menschen, von den aufstrebenden Fabriken her gesehen, nicht haben zum Jagen tragen lassen müssen, scheint auf einen wichtigen schwäbischen Sonderfall hinzuweisen. Sixt Kapff hat in seinem genannten Buch nicht nur die harte Welt des Arbeiters in erstaunlichem Realismus vor Augen geführt, sondern auch seine Rechte vorgestellt, so wie Max Weber in einer Untersuchung zur Psychophysik der industriellen Arbeit nachweisen konnte, dass Mädchen aus pietistischen Kreisen sich zwar als die konkurrenzlos Tüchtigsten und Aufgeschlossensten erweisen, andererseits aber auch unerbittlich auf die ihnen zustehenden Rechte und Lohnzuweisungen drängen. Auch Kapff erläutert ausführlich die Arbeiterrechte. Aber das geschieht nirgendwo in resignativem oder gar kulturpessimistischem Ton. Fabriken sind für ihn – und gewiss viele Pietisten im Lande – die, wie er sagt, »Arsenale«, ohne die Tausende im Volk keine Arbeit und keine Belohnung der Arbeit fänden. Fabriken sind am Ende die unschätzbaren Glücksquellen, in denen der Arbeiter Gottesfurcht, Sittlichkeit und Sparsamkeit demonstrieren und sich – schon hier – in einer höheren geistlichen Würde üben kann.

Unsere moderne Welt ist im Wesentlichen von zwei Kräften bestimmt, vom Glauben und vom Machen, von der Religion respektive der Ideologie und der Maschinisierung, der Technisierung, der Industrialisierung. Das pietistische Denken als der sublimste Ausdruck einer Disposition zur Industrialisierung im Südwesten hat diesen Graben überwunden, ohne dass davon je die Rede gewesen wäre. Mit der Demut des Pietisten ist ein Zug, wo nicht von

Heiligung, so doch von Vermenschlichung in die rationale Welt der Industrie gekommen. Hinter den Frömmigkeitsformen der pietistischen Gemeinschaft hat der Industriemann eine Sprache vernommen, die ihn auf Unerwartetes stoßen ließ: auf die Sinnfrage des industriellen Machens. Wer eine Sache machen will, ist nicht gelaunt zu warten, er hat auch keinen Grund dazu: Sein Tun ist nicht wechselseitig, sondern einseitig, nicht Korrespondenz, sondern Aktivität. Der Stoff fügt sich, nimmt Formen an, wird verarbeitet oder bewältigt. Der Mensch gibt ihm die Form, der Zweck liegt in seiner Hand und auch das Tempo. Machen ist Ungeduld. Glaube ist Geduld. Hier, und hier vielleicht das einzige Mal auch in unserer südwestdeutschen Geschichte, fließen die Linien ineinander und machen die Industrie nicht zum Ausbeutungsinstrument, sondern zum Boden, auf dem der moderne Mensch sich selbst finden kann.

Keine Frage, dass diese Entlassung in die Moderne mit grundstürzenden und sicherlich heute noch nicht ganz registrierten Veränderungen verbunden war. Noch mitten im Prozess dieser ersten Phase der Industrialisierung war Goethe gewiss einer der ersten, der ein paar dieser veränderten Entwicklungen beim Namen genannt hat. Alles sei jetzt ultra, heißt es in seiner Diagnose, »alles transzendiert unaufhaltsam, im Denken wie im Tun. Niemand kennt sich mehr, niemand begreift das Element, worin er schwebt und wirkt, niemand den Stoff, den er bearbeitet. Von reiner Einfalt kann die Rede nicht sein; einfältiges Zeug gibt es genug. Junge Leute werden viel zu früh aufgeregt und dann im Zeitstrudel fortgerissen. Reichtum und Schnelligkeit ist, was die Welt bewundert und wonach jeder strebt. Eisenbahnen, Schnellposten, Dampfschiffe und alle möglichen Fazilitäten der Kommunikation sind es, worauf die gebildete Welt ausgeht, sich zu überbilden und dadurch in der Mittelmäßigkeit zu verharren. Und das ist ja auch das Resultat der Allgemeinheit, dass eine mittlere Kultur gemein werde. Eigentlich ist es das Jahrhundert für die fähigen Köpfe, für leichtfassende praktische Menschen, die, mit einer gewissen Gewandtheit ausgestattet, ihre Superiorität über die Menge fühlen, wenn sie gleich selbst nicht zum Höchsten begabt sind.«

Wenn es hier auch mehr um eine Bildungsrevolution zu gehen scheint als um eine industrielle: Letztlich geht es um eine elementar gesellschaftliche und menschliche. Und hinter dieser, sagen wir, ideologischen und jedenfalls industriellen Revolution lugt sichtbar, Jean Paul hat vielleicht doch rechtens den Finger darauf gelegt, eine moralische hervor.

Im Takt der Maschinen

Es war ein weiter Weg von der geistigen Öffnung Südwestdeutschlands für die Industrialisierung bis zur Transformation der Agrargesellschaft, bis dahin, dass die Industrie die wesentlichen Lebensbereiche bestimmte, bis Wirtschaft und Gesellschaft weitgehend industriell bestimmt waren, bis die Maschinen mit ihrem Takt auch den Lebensrhythmus vorgaben.

Noch 1829 waren Handel und Wirtschaft der württembergischen Metropole von den behäbigen Formen der Gesellschaft des Ancien Regime geprägt. Fünfzehn Jahre später war der Stuttgarter Handel zu einem beachtenswerten Faktor geworden, vorab die von der Calwer Compagnie unmittelbar gegründeten oder von ihr abzuleitenden Stuttgarter Handelshäuser Zahn & Co., J. F. Schill & Co., die Indigohandlung von Carl Feuerlein, die Bankhäuser Dörtenbach & Co. und Stahl & Federer. Aber auch Firmen, die im Stuttgarter Boden des 18. Jahrhunderts angelegt wurden, verfügten jetzt über weiterreichende Handelsbeziehungen, so die von Jakob Friedrich Märcklin (1760), Johann Conrad Schüle (1764), Johann Gottfried Meyderle (um 1785) oder Johann Conrad Reihlen (1792). Und natürlich profitierten diejenigen, die in den ersten Jahren des neuen Jahrhunderts ihr Unternehmen begannen, von der Entwicklung, Haueisen & Harpprecht, Johann Georg Mann, Johann Heinrich Neithardt, Gottlieb Spring oder Friedrich Gustav Schulz, Geschäfte, in denen man mit Spezereiwaren, mit Garnen oder mit Strohmessern und so fort versorgt wurde. Jetzt legte d'Ambly, ein französischer Offizier, den Grund für die Korsettindustrie in Stuttgart, Cannstatt und Göppingen. Jetzt ließ sich Honoré Frédéric Fouquet mit einer Subvention von zehntausend Gulden bewegen, nach Stuttgart zu kommen, wo er eine Rundwebstuhlfabrik aufbaute, die Jahre hindurch die württembergische Textilindustrie mit Maschinen versorgte. 1853 und 1854 entstanden zwei Trikotfabriken mit zwölf Stühlen; nach der Pariser Weltausstellung von 1855 verriet sich ein mächtiger Aufschwung in dieser Branche, der im Abstand von wenigen Wochen die Gründung von vier weiteren Fabriken brachte. 1853 gründeten württembergische Industrielle in Stuttgart auf die Anregung von Ferdinand von Steinbeis, des Präsidenten der Zentralstelle für Gewerbe und Handel, die Württembergische Handelsgesellschaft.

Trotzdem: Der große Boom, der rasche Fortschritt der Industrialisierung ließ in Stuttgart wie im ganzen Land noch auf sich warten. Man konnte kaum sagen, der Südwesten sei »industrialisiert«.

Der bis heute und bis zum Überdruss wiederholte Satz, die schwäbische Industrie sei aus dem Handwerk herausgewachsen, abgeleitet aus der Formel »Handwerksbetrieb wird zu Fabrikbetrieb«, galt für diese erste Phase der Industrialisierung gar nicht. Er mag stimmen für die zweite Hälfte des 19. Jahrhunderts, und dort namentlich für die Metallindustrie. Im Hinblick auf die Frühindustrialisierung ist er ein Klischee. Wer zum Beispiel die Reihe der Stuttgarter Primärunternehmer durchmustert, findet wenige Alt-Stuttgarter unter ihnen, keinen Vertreter des Stuttgarter »Patriziats«, dessen Vorfahren Jahrhunderte zuvor im Rat der Stadt saßen, wie bei den Krupps in Essen. Wie sollte die Ehrbarkeit – einseitig-kommerziellen Unternehmungen ebenso abhold wie der nur-industrialistischen Auswertung naturwissenschaftlichen Probierens – sich auch wohl gefühlt haben in Kontoren und Montagehallen? Die Mehrzahl der alten Familien war in die biedermeierlich lockenden Gefilde von Lehre, Wissenschaft und Kunst abgewandert und hatte die Bewältigung des rohen Industrieackers den anderen überlassen. Die »anderen« kamen von draußen: Über der Pflege der württembergischen Auswandererliteratur haben wir die Zuwanderer fast ganz vergessen. Wenn die Forschungsergebnisse hier im Einzelnen einmal vorliegen, wird man erstaunt sein, wie viel wichtige und inspirierende Köpfe der so genannten »schwäbischen« Industrie aus dem Bayerischen oder Badischen, der Schweiz oder der Pfalz kamen. Selbst eine so herausragende, nicht nur im Schwäbischen epochal bestimmende Persönlichkeit wie Robert Bosch, die man geradezu identifiziert mit der Industrie im Neckarraum, ist nicht Altwürttemberger. Bosch kommt von der Ulmer Alb, einem Gebiet, das der in ganz andere Kultur- und Wirtschaftsbereiche hinüberwechselnden Reichsstadtmetropole Ulm verpflichtet ist. Unter seinen Ahnen befindet sich eine Vielzahl von Handelsherren und Handelsfamilien, die aus den Städten Ulm, Augsburg, Memmingen, Nürnberg, Heilbronn und Frankfurt, also aus Reichsstädten des schwäbischen und fränkischen Raumes, kommen.

Bosch war Handwerker, aber nicht aus der Alt-Stuttgarter Tradition, nicht aus den engen Grenzen der Residenz- und Dynastenstadt, die die Brüderschaften der Handwerker aus guten Gründen an engem Zügel hielt und den »Gremplern und Fürkäufern« mit großartigen Dekreten entgegenkam, wenn sie einmal durch Ankauf auch außerhalb des Herzogtums die Märkte mit Waren versehen durften. Wo sollten in dieser engbrüstigen, sich selbst genügenden Zünftlerwelt auch die Wurzeln sein, eine Großindustrie aufzuziehen? Auch in den Jahren nach 1800 blieb das württembergische Handwerk von den Entfaltungen des Maschinenwesens, von den Veränderungen in der Produktion, von den Nöten und Verführungen des industriellen Anfangs unberührt. Erst die württembergischen Gewerbeordnungen von 1828 und 1836, ja erst die endgültige Beseitigung der altüberkommenen Zunftgerechtsame durch das württembergische Gesetz von 1862 haben da andere strukturelle und organisatorische Voraussetzungen geschaffen. Soweit das Handwerk sich jetzt nicht spaltete und tatsächlich in den expansiven Regionen der Industrie sein Heil versuchte, zielte es, nach ein paar ratlosen Jahren, in denen die autochthone, durch Sitte und Brauch geformte Zunftsubstanz eliminiert, Vergleichbares aber in dieses Vakuum nicht eingerückt ist, auf neues Selbstverständnis und neue Organisation.

Nach Erlass des Reichsgesetzes von 1881 begannen sich in Stuttgart Fachinnungen zu etablieren; 1884 entstand die erste Stuttgarter Innung, die Küferinnung. Seit den siebziger Jahren gab es auch Genossenschaften in der Stadt, seit 1874 eine Kohlengenossenschaft, 1876 eine Metzgergenossenschaft, 1893 eine allgemeine Bau-Spar- und Bedarfsgenossenschaft: 1913 zählt man im Oberamt Stuttgart einunddreißig Genossenschaften mit 35 794 Mitgliedern. »Alles organisiert sich«, konstatierte die Stuttgarter Handwerkskammer im Jahre 1899 in fast mokantem Ton, »das Großkapital in Syndikaten, die Industrie in Kartellen, die Arbeiter in Gewerkschaften und Streikvereinen.« Auch das Kleingewerbe müsse sich endlich zu einer genossenschaftlichen Organisation aufraffen, um die Produktion, den Rohmaterialbezug und den Verkauf besser in den Griff zu bekommen.

Außer diesen, aus soziologischen und wirtschaftsorganisatorischen Eigenheiten abzulesenden und für das ganze Land gültigen Gründen spielte im Falle Stuttgarts die Lage der Stadt selbst eine letzte industriehemmende Rolle. »Große Fabriken«, schrieb Hartmann im Jahre 1847, »besitzt Stuttgart schon aus dem Grunde bis jetzt nicht, weil die Wasserkraft bei uns fehlt. Da jedoch in neuester Zeit die meisten Maschinen mittels Dampf in Bewegung gesetzt werden, so würde auch in Stuttgart sich ein reges Fabrikleben begründen lassen, wenn nicht im Laufe der Zeit benachbarte Städte, wie Esslingen und Cannstatt, eine wirksame Konkurrenz verwehrten. Dennoch befindet sich eine ziemliche Anzahl solcher Fabriken hier, die ohne großartige Maschinenvorrichtung zu bedürfen, durch den Luxus und Bedarf einer Residenzstadt hervorgerufen wurden.« Das ist eine präzise Charakterisierung der Frühstufe der Stuttgarter Industrialisierung. Tatsächlich war die Wasserkraft für die erste württembergische Industrie von ausschlaggebender Bedeutung. Heidenheim und Sulz, Cannstatt und Esslingen sind beredte Beispiele dafür. Es ist kein Zufall, dass man sich im ersten Jahrhundertviertel zwischen der Stadtverwaltung Esslingen und der Landesregierung heftige, auch hinterhältige Gefechte geliefert hat über die Frage, wem eigentlich die »Esslinger Kanäle« gehörten. Die Fabrikanten selbst haben sich mit Leidenschaft gegenseitig das Wasser abgegraben: Berge von Akten sind davon übrig geblieben. Währenddessen fabrizierte man in Stuttgart gerade so viel, wie die Residenzler Lust an Luxusartikeln hatten. Die Verkehrssituation, unmittelbar mit der Wirtschaftssituation verknüpft, musste, im Gegensatz zum rheinischen Industrierevier, für Stuttgart erst geschaffen werden.

Vor der Eisenbahn waren es die Wasserstraßen, die dem Herzogtum und seiner Residenzstadt ihre Bedeutung geben sollten. Nun auch den Neckar schiffbar machen zu wollen, ist ein Stück typisch merkantilistischer Kanalbaumanie. Die Anfänge reichen ins Spätmittelalter zurück. In der so genannten »Nürtinger Teilung« zwischen den Grafen Ludwig I. und Ulrich dem Vielgeliebten vom 25. Januar 1442 wird ausdrücklich festgehalten, dass man trotz der Teilung den Neckar schiffbar machen wolle. Die schon im 14. Jahrhundert praktizierte Absperrung in Heilbronn scheint Teil einer offenbar bis zum Ende des 15. Jahrhunderts geübten Schifffahrt gewesen zu sein. Herzog Christoph hat 1553 von Kaiser Karl V. ein Privileg erwirkt, »den Neckarfluss heraufwärts, soweit er durch sein Fürstentum fließe und es sonst sein und geschehen möge, zu öffnen und Schiffgängig zu machen«. Erst das 17. Jahrhundert kam mit ernsthaften Projekten und Programmen, mit konkreten architektonischen und bautechnischen Vorstellungen. Heinrich Schickhardt, selbst Besitzer einer Kalkbrennerei zwischen Kriegsberg und Hoppenlau, lieferte detaillierte Pläne dazu. Sie zu verwirklichen, gelang Herzog Eberhard Ludwig. Er begann 1712 mit den Kanalisationsarbeiten, welche die Gemeinden in Fron zu leisten hatten. Schon 1713 konnten die Wasserstraßen von Heilbronn bis Cannstatt und Vaihingen an der Enz eröffnet werden. Eberhard Ludwig wäre gerne den Schritt weitergegangen, die Strecke Heilbronn-Cannstatt »biß über Plochingen progrediren zu laßen«. Aber jetzt fürchteten die Esslinger um das »freie Commercium«, um ihre ohnehin nur noch schmal bemessene wirtschaftliche Unabhängigkeit. Sie wussten dem Plan immer wieder neue Prügel in den Weg zu werfen. Die Verhandlungen wurden von den Esslingern in stoischer Unschuld immer wieder aufs Neue vertagt. Sie ließen sich »allerhand rationes und obstacula« einfallen, »warum solch Navigations-Werck impoßible und nicht practicable seye«. Also ad acta. Unter Carl Eugen ging man noch einmal an das Projekt Cannstatt-Esslingen mit der freundnachbarlichen Lockung, dass die Stadt Esslingen dadurch bei Serenissimus wieder »in einen besseren Credit gebracht« würde. Auch dieser Anlauf verlief im Sand. Herzog Friedrich II., der spätere König, ließ sich 1802 drei Entwürfe über die Verbindung der Donau durch Vermittlung der Rems, des Kochers und der Brenz mit dem Neckar und Rhein vorlegen: Jetzt war die administrative Möglichkeit zur Durchführung solcher spätmerkantilistischer Pläne gegeben. Aber Napoleonische Kriege und das Elend der Zeit machten einen Strich durch die königliche Rechnung. Vielleicht war es ein Glück: Durch den 1808 in Heilbronn und Mannheim eingeführten Stapelzwang hatte die Schifffahrt ohnehin Störungen erlitten. Die Zölle und Abgaben, die damit verbunden waren, kletterten so hoch, dass sich der Schifffahrtsverkehr schon gar nicht mehr rentierte und schließlich nur noch Holz befördert wurde.

Gute Voraussetzungen für einen Industrieplatz am mittleren Neckar gab das alles nicht. Die Stuttgarter Industrialisierung lief der klassischen Standortlehre geradewegs entgegen. Stuttgart hatte keine Wasserkräfte auszunutzen, und elektrische Antriebsmöglichkeiten gab es noch nicht. Also blieb dieser Industrie nichts übrig, als sich Dampfmaschinen zu holen. Aber die Kohle, das Brot der Industrie, war hier, weitab vom Montanbezirk, eine sündhaft teure Sache. 1856 kostete die Saarkohle in Stuttgart 156 Prozent ihres Ursprungswerts. Kein Wunder, dass es 1853 in Stuttgart nur vierzehn Dampfmaschinen gab und dass noch zu Beginn des zwanzigsten Jahrhunderts Frankreich eine billigere Kohle bezog als Württemberg.

Das Königreich hatte nur *eine* Chance: möglichst transportbillige Feinindustrie aufzubauen und die übrigen Mehrkosten gegenüber der rheinischen Konkurrenz durch einigermaßen günstige Verkehrsbedingungen aufzufangen. Das ging nicht von heute auf morgen. Die alten schlechten Verkehrsverhältnisse zwischen Montanbezirk und dem Neckarraum einerseits, zwischen Württemberg und seinen Absatzgebieten andererseits spürte man noch Jahre nach dem Aufbau des Eisenbahnwesens. Immer wieder haben Stuttgarter Unternehmerkreise in der zweiten Hälfte des 19. Jahrhunderts die provinziellen Denkfehler der Eisenbahnstrategie angeprangert. Und immer wieder reagierte man sehr empfindlich auf alle Neuerungen und Dekretierungen, die der Stuttgarter Verkehrslage galten. So eindeutig für die Eisenbahn war man ja auch in den vierziger Jahren im Württembergischen noch nicht. Auch von Fachleuten wurde die geographische Situation immer wieder ins Feld geführt: Das schwäbische Gebuckel vertrage keine Eisenbahnen. In Stuttgart selbst neigte man zu der Ansicht, die Schönheit des einheitlichen Stadtbildes leide durch die »Station« und die Schienenstränge, auch könne die Stadt sich nach dieser Richtung, wo die Schienen den Boden durchschnitten, nicht mehr ausdehnen. Die Bahnstation Cannstatt, ohnehin Knotenpunkt für den Postverkehr, liege nahe genug. Für Stuttgart selbst, die Landeshauptstadt, sei der Kopfbahnhof ein höchst unwürdiges Ding. Selbst ein Mann wie Moritz Mohl, sonst gewiss keiner der Philister, hat sich mit finsterster Entschlossenheit gegen eine Verlängerung der Eisenbahnschienen nach Stuttgart eingesetzt. Eine Woche lang stand er jeden Tag am Neckartor, um die in Stuttgart einfahrenden und in Richtung Untertürkheim ausfahrenden Wagen zu zählen. Mit den säuberlichen Zahlen wollte er den statistischen Beweis erbringen, dass sich eine Eisenbahn nach Stuttgart nicht rentiert. Sie hat sich rentiert. Der Kohlenbedarf stieg von Jahr zu Jahr, ein Indiz für die Lage der Industrie. 1863/64 benötigte Stuttgart gerade einmal 34 350 Tonnen Kohlen, 1910 dagegen 431 669 Tonnen. Das entspricht einem Wachstum des Kohlenbezugs von 1156 Prozent.

Dass hinter diesem Zuwachs auch die Funktion der Eisenbahn sich verbirgt, lässt sich leicht erraten. Es war der Stuttgarter Kaufmann Heinrich Keller, der am 9. Februar 1832 in der Sitzung des engeren Ausschusses der württembergischen Gesellschaft zur Förderung der Gewerbe den Entwurf einer Bahn Stuttgart-Ulm vorgetragen hat, mit dem Vorschlag, zusammen mit Fachleuten eine »Probe-Eisenbahn Stuttgart-Cannstatt« beraten zu wollen. Man hat in diesem Gremium, im Todesjahr Goethes, höchst pragmatisch und modern gedacht und sich auf phantastische extreme Projekte schon gar nicht eingelassen. Dass auf dieser Strecke die Pulsader der württembergischen Industrie zu suchen sei, darüber war man sich im Klaren. In der Sitzung vom 3. Juli 1835 schlug der Cannstatter Kaufmann Fischer eine Verbindung der Strecke Cannstatt-Friedrichshafen mit der »Straßburger-Route« vor: Das rasch klassisch gewordene Eisenbahn-Gitternetz Württembergs in nuce. Die »Hauptbahn«, wie eine wenige Monate später eingereichte Denkschrift sich ausdrückte, sei als »Fortsetzung der badischen über Canstadt« zu verstehen, führe auf »der ältesten, natürlichsten Straße durch das Vilsthal nach Ulm«, schließe sich dort »an die bayerische« an und dehne sich dann »bis an den Bodensee« aus. So würde der Westen mit dem Osten und dem Süden verbunden.

1835 waren diese Projekte beschlossene Sache. Aber es dauerte dann doch bis in den Anfang der vierziger Jahre hinein, bis die technischen, die finanziellen, die politischen Fragen alle geklärt waren. Die Leistung dieser Generation ist bewundernswert: in wenigen Jahren wurde das deutsche Eisenbahnnetz gebaut, gültig in seiner Grundkonzeption bis heute, nicht unbelastet freilich von einer hemdsärmeligen, von einer mörderischen Eisenbahnbaumanie. In der ersten Bauperiode von 1843 bis 1855 wurde Stuttgart mit Heilbronn und Friedrichshafen durch die große Stammbahn verbunden. 1845 eröffnete man die Strecke Cannstatt bis Untertürkheim. Da der Tunnel zwischen Cannstatt und Stuttgart noch nicht fertig war und es immer noch besondere Mühe und Kosten machte, Stuttgart, der alten, großen Neckartalstraße ferngelegen, in diese Quadratur mit einzubeziehen, wurde die Strecke Stuttgart-Cannstatt durch eine Omnibusverbindung aufrechterhalten. 1846 waren die Eisenbahnlinien Stuttgart-Esslingen und Stuttgart-Ludwigsburg fertig, 1850 die von Heilbronn bis Friedrichshafen. Die Staatsverträge mit Bayern und Baden über die Anschlussverbindungen in Bruchsal und Ulm abzuschließen, die längst schon in den Schubladen lagen, war dann kein Problem mehr.

Die Eisenbahn gab der Industrialisierung des Neckarraumes ihren Boden. Je größer die zu befördernden Lasten, um so niedriger waren die Tarifsätze, mit anderen Worten: Der Großbetrieb mit seinen Massenlieferungen arbeitete erheblich billiger als der Kleinbetrieb mit seinen teuren Stückgutsätzen. Die Großbetriebe verdankt Württemberg der Eisenbahn. Sie breiteten sich desto mehr aus, je dichter das Bahnnetz und je enger der Anschluss an den Weltverkehr wurde. Die Maxime »Produzieren heißt bewegen« galt für Residenz- und Beamtenstadt und ihren halbfeudalen Zuschnitt in elementarem Maße. Selbstverständlich blieb man dabei, hochwertige und kostbare Fabrikate herzustellen und mit den Transport- und Frachtspesen musste man kalkulieren. Aber die Standorthemmungen waren beseitigt.

Das zeigte sich nicht nur in Aktionen, sondern auch in Reaktionen. Jetzt war den Leuten die Gelegenheit gegeben, rasch in die Industriezentren zu kommen. Kaum stand der Stuttgarter Bahnhof – er ist erklärtermaßen im Hinblick auf den zu erwartenden Besucherstrom aus Esslingen und Ludwigsburg und überhaupt des näheren und weiteren Umlandes so gebaut worden –, nahm der Nahverkehr in ungeahnten Ausmaßen zu. Der Verkehr nach Stuttgart war weitaus stärker als der aus Stuttgart. Der seit dem Umbau von 1862 bis 1869 fast unveränderte Hauptbahnhof verzeichnete zwischen 1869 und 1889 eine Steigerung des Personenverkehrs um 75 Prozent, des Güterverkehrs um 230 Prozent. Die Zahl der täglich verkehrenden Züge stieg um 150 Prozent. Bald sah man sich genötigt, Umgehungsbahnprojekte auszuarbeiten, die den Transit-Güterverkehr und auch einen Teil des Lokalgüterverkehrs vom Hauptbahnhof abziehen sollten. Ergebnis dieser Pläne war die Umgehungsbahn Untertürkheim–Kornwestheim, die auch dem Bahnhof Cannstatt Erleichterung brachte. Der Güterverkehr des Hauptbahnhofs wurde durch die Bauten des Nord- und Westbahnhofs und durch die Verlegung und Vergrößerung des Stuttgarter Güterbahnhofs auf erträgliche Art verteilt.

Das war zur gleichen Zeit, als man sich wieder der Frage der Neckarkanalisierung zuwandte. Die Eisenbahn hatte diesbezüglich zunächst verheerend gewirkt. Die 1853 gegründete, für die Hebung des Güterverkehrs auf dem Neckar berechnete »Heilbronner Schleppschiffahrtsgesellschaft«, die ihre Schiffe durch Pferde den Neckar hinaufziehen ließ, ging schon 1860 wieder ein. In der Mitte der sechziger Jahre gab es einen Bergverkehr kaum mehr, 1879 wurde der Verkehr Cannstatt–Heilbronn ganz eingestellt. Vier Jahre später beschäftigte die Handelskammer Stuttgart plötzlich die Frage, ob sich die Schifffahrt auf dem Neckar nicht doch bis Cannstatt fortsetzen lasse. Eine gemeinsam mit dem Ministerium des Innern über die hydrographischen und volkswirtschaftlichen Eigenheiten der Neckarschifffahrt herausgegebene Denkschrift der Kammer versuchte dieses Problem wieder in einem notwendigerweise größeren, auch technisch aufgeleuchteten Horizont zu fassen. 1903 gelang es, unter dem Vorsitz des Handelskammerpräsidenten Julius von Jobst, in Stuttgart ein »Neckar-Donau-Kanal-Komitee« zu gründen. Zwei Jahre später bewilligte der württembergische Landtag fünfzigtausend Mark für gutachtliche Unterlagen der Neckarkanalisation, 1908 übergab das »Neckar-Donau-Kanal-Komitee« seine Denkschrift über die württembergischen Großschifffahrtspläne der Öffentlichkeit. Da war zu lesen, dass die Kanalisierung des Neckars bis Heilbronn und die Fortsetzung der Kanalisation bis Cannstatt oder Esslingen die dringlichste Aufgabe sei: In den Jahren vor dem Ersten Weltkrieg schienen gerade diese Wasserprojekte die vitalsten Fragen der Stuttgarter Industrieorganisation. Fast hat man das Gefühl, als ob die Kammer damit alle Probleme lösen wollte: »Württemberg hat kein Eisen, keine Kohle, kein zollfreies Hinterland, die höchsten Bezugs- und Versandkosten, Stuttgart speziell nahezu die höchsten Mieten und eine teuere Lebenshaltung, dazu die höchsten Löhne des Reichs.« So in einem Kammergutachten des Jahres 1902.

Die Annahme, dieser komplexe und dynamische Aufbruch des industriellen Zeitalters habe grundstürzende Verschiebungen mit sich gebracht, liegt nahe. Überall wuchsen die Zahlen, bei den Fabriken, beim Handel, beim Handwerk. Die Stuttgarter Fabriktabelle von 1861 präsentiert, trotz des noch weitgehend bestehenden Zunftzwangs, immerhin 173 Fabriken mit 368 Personen »Direktionspersonal«, mit 3663 Arbeitern und 471 Arbeiterinnen. Die Handelstabelle, mit der die Kaufleute, Bankiers, Wirte, Spediteure und so fort notiert wurden, nannte 857 Unternehmer mit 2068 männlichen und weiblichen Gehilfen. Im Ganzen fanden sich also damals in Stuttgart über 14 000 gewerbetreibende Personen bei einer Einwohnerzahl von 61 314 Menschen, das heißt 23 Prozent waren in Handel und Industrie beschäftigt. 1895 hatte Stuttgart bei 153 600 Einwohnern schon 35 Prozent der Gesamtbevölkerung, nämlich 53 160, gewerbetreibenden Personen: die Industrialisierung hatte sich im letzten Drittel des Jahrhunderts in motorischem Maße beschleunigt.

Natürlich hatte dieser mit der Vokabel »Industrielle Revolution« noch unscharf belegte Prozess eine ganze Reihe organisatorischer und organisationstechnischer Entwicklungen zur Folge. Da wäre das Ausstellungswesen, das jetzt auch in Stuttgart eine besondere Heimat bekam: Schaufenster und Umschlagsplatz für Erfahrungen und Programme, auf welche die Industrie bis zum heutigen Tage nicht verzichten will. Im Mai 1812 wurde im Alten Schloss die erste Stuttgarter Kunst- und Industrieausstellung eröffnet, mit so günstigen Ergebnissen, dass man sie 1816, 1824 und 1825 wiederholte und sie zu einer ständigen Institution zu machen beschloss. Der Verband der neuen »Gewerbetreibenden« folgte. Am 22. Juli 1819 wurde der halbamtliche »Verein für Gewerbe und Handel« gestiftet, mit einer Zentralstelle in Stuttgart, die, auf Aktien gegründet, als Informations- und Vermittlungsinstanz fungieren und auch mit finanziellen Unterstützungen helfen sollte. Als Sache der Nation hat man diese behördliche Freiwilligkeit freilich nicht empfunden, auch den im Sommer 1820 entstandenen Verein zur Unterstützung der vaterländischen Gewerbe nicht, der, eine weltlich-wirtschaftliche Schwurgemeinschaft, seine Überröcke und Spezereien »nur von inländischen Producenten zu beziehen« beschloss, vier Jahre später aber wieder verschwunden war. 1830 trat die von Johann Georg Dörtenbach inspirierte »Gesellschaft für die Beförderung der Gewerbe« auf den Plan, mit dreihundert Fabrikanten und Kaufleuten und höheren Beamten, die, hier von der Regierung gefördert, dort auf halb verstandene Art von ihr gebremst und beruhigt, Darlehen aus eigener Tasche gewährte, staatliche Beisteuern vermittelte, Gutachten erteilte, Auslandsverbindungen anknüpfte und sich schließlich um alles kümmerte, von den Querelen kauziger Erfinder bis zu den Grundsatzentscheidungen der Epoche. Die »Gesellschaft« gab es bis 1848; im »tollen Jahr« wurde sie von der »Centralstelle« abgelöst.

Und natürlich erschien auch der Handel bald in organisatorisch modernem Gewande. Wie wenig die Dinge hier anfänglich koordinierbar und organisierbar waren, zeigt der Versuch vom Herbst 1827, in Stuttgart ein kaufmännisches Casino zu stiften, mit dem Zweck, »die Ausbildung junger Kaufleute durch gewählte Lektüre, gegenseitigen Austausch der Kenntnisse und anständige Unterhaltung zu befördern«. Aber die jungen Kaufleute wollten nicht so recht, und das schöne Casino ging bald wieder ein. 1843 rief man einen Handelsverein ins Leben, der 1844 eine private Handelskammer und ein Handelsschiedsgericht mit öffentlichem Verfahren errichtete. 1854 wurde diese Handelskammer, bislang private Anstalt, durch königliche Verordnung als offizielle Vertretung des Handels und der Industrie anerkannt und der Zentralstelle für Gewerbe und Handel unterstellt.

Damit war Stuttgart Repräsentantin des württembergischen Handels und der württembergischen Industrie und vereinigte alle

Fäden in ihrer Hand. Sichtbares Zeichen dafür war – und ist – das fast etwas unschwäbisch-pompöse Landesgewerbeamt mit seinen drei kuppelgekrönten Eckpavillons zwischen Schloss-, Kiene-, Hospital- und Kanzleistraße, 1896 von dem Berliner Architekten Skjöld Neckelmann, einem Schüler von Paul Wallot, dem Schöpfer des Reichstags, erbaut.

Steinbeis hatte schon 1849 ein Württembergisches Gewerbemuseum begründet, das vorbildlich für viele Industriestaaten wurde. Die schwäbische Industrie zu einer Handelsgesellschaft zusammenzufassen und in Stuttgart ein Musterlager zu unterhalten, war seine Idee. Das Gehäuse hierfür wurde das Landesgewerbeamt, in dem der tote Robert Bosch vor dem großen und eher makabren Staatsakt aufgebahrt lag, Monate, bevor der festungsartige Bau im Luftkrieg die schwersten Angriffe hinnahm. Man hat seinerzeit den überdimensionalen und im Stileklektizismus sich gefallenden Bau als ein Ärgernis in Stuttgart empfunden. »Hier werden unsere Millionen vergraben«, soll ein Mitglied der Ständekammer an der Baugrube gemurrt haben. Worauf ihm der Minister von Linden, ein Verfechter der Ideen von Karl Steinbeis, erwiderte: »Nein, sie wachsen da heraus.«

Die zögernde und von vielerlei Hemmnissen beschwerte Stuttgarter Industrialisierungsgeschichte ist charakteristisch für Württemberg, ja für Südwestdeutschland insgesamt. Sie hatte nirgendwo den Hang zu jener dumpfen Eintönigkeit, die der schwerindustriellen Landschaft sonst anhaftete. Anonyme Kartellverbindungen lagen der schwäbischen Industrie von Anfang an nicht. Sie kam in liebenswürdigen Schattierungen daher, mit einer Fülle von Branchenbildungen, die das triste Wort von der »Monokultur« nicht einmal denken ließ.

Wer von der Entwicklung der einzelnen Branchen redet, muss das Textilgewerbe an erster Stelle nennen. In der ersten Hälfte des vorvergangenen Jahrhunderts stellte in Stuttgart wie in Württemberg das Textilgewerbe die Hauptindustrie. In den biedermeierlich-frühsozialistischen Jahren der Residenzstadt fabrizierte man in der Hauptsache Hosenzeuge und exportierte sie nach den übrigen Staaten des deutschen Zollvereins. In Botnang gab es damals eine große Leinenbleiche, auf der über hundert Leute mit dem Bleichen von roher und gebrauchter Leinwand zu tun hatten. Mit dem Einzug der Maschinenarbeit wurde die Weberei, die Seidenfabrik, die Kattundruckerei, von denen es im Stuttgarter und Cannstatter Raum eine Handvoll gab, zum Großbetrieb. Das ging nicht von heute auf morgen. Fürs Erste waren Weber, arme Leute, die sich mit kleinen Löhnen begnügten, immer noch billiger als eine der großen Maschinen, die man womöglich aus dem Ausland zu holen und in deren Anschaffung man ein Riesenkapital zu investieren hatte. Als der Stuttgarter Bockshammer 1810 eine englische Spinnmaschine in Berg aufstellte, für die erste Maschinenspinnerei des Landes, bedurfte es einiger List, um die Handweberei auf diese Art zu überrunden: Er ließ die Maschine bei Nacht nach Stuttgart bringen, nicht, wie weiland der Alte Fritz mit seinen Kartoffeln, um die Aufmerksamkeit der Leute auf das neue Objekt zu ziehen, sondern ganz im Gegenteil: um nicht Anlass zu dummen Schwätzereien zu geben. Immerhin beschäftigte seine Spinnerei 1811 schon 190 Arbeiter. Die neuen Näh-, Strick- und Grundwirkmaschinen haben zunächst in der Baumwollweberei, der ersten Gruppe maschineller Großbetriebe, Aufnahme gefunden. Betriebe wie der von Elsas & Co. in Cannstatt und Murrhardt, K. Faber in Stuttgart und Kirchheim oder die Putzwollenfabrik von W. Wolff Soehne in Untertürkheim gehörten zu den ersten modernen Firmen. Auch die Wollindustrie zog dann mit, weniger die Strickereien und Wirkereien, von denen es zunächst in Stuttgart nur ganz wenige gab. Das für schwäbische Begriffe um 1900 schon als Riesenfirma geltende Haus von Wilhelm Bleyle, das als Spezialität gestrickte Knabenanzüge lieferte und in den ersten Jahren des 20. Jahrhunderts 1400 Arbeiter beschäftigte, gehörte nicht mehr in diese Frühzeit, auch nicht die Firma von Paul Kübler & Co. GmbH. Freilich ist Stuttgart im Hinblick auf diese Produktionsprogramme zu einer Spezialität der deutschen Strickindustrie geworden: vor dem Ersten Weltkrieg gab es in Deutschland nur fünfzehn derartige Betriebe – acht davon mit dreitausend Arbeitern standen in Stuttgart.

Die Trikotagenindustrie war unmittelbarer Ausfluss der Residenzstadtgewohnheiten. Sie hatte sonst ihren Sitz in der Hauptsache im Ebinger und Balinger Bezirk oder zwischen Reutlingen und Metzingen, als Exportindustrie. In Stuttgart ging sie auf die hugenottischen Strumpfwirker zu Anfang des 17. Jahrhunderts zurück. Die Web- und Wirkmaschinen um die Mitte des 19. Jahrhunderts haben ihr, zunächst ganz auf den Konsum der Hofleute hin orientiert, den Charakter von Großbetrieben gegeben, denen der Export wichtig war. Man denkt da zunächst an die Firma Benger. Die Benger waren als Hugenotten im 17. Jahrhundert nach Württemberg gekommen und hatten die in Frankreich betriebene Strumpfwirkerei mitgebracht. Das Meisterbuch der Stuttgarter Zunft führte 1750 einen Johannes Benger als Beisitzer. Ein Zweig der Familie, die auch bei Tübingen heimisch wurde, hatte sich in Degerloch niedergelassen. Dort wurde 1818 der Gründer der heutigen weltbekannten Firma, Wilhelm Benger, geboren. Mit sechsundzwanzig Jahren bestand er die Meisterprüfung im Strumpfwirkerhandwerk und richtete sich im Jahre 1844 in Degerloch eine eigene Werkstatt ein. In der Stuttgarter Firma Wilhelm Bengers hat man 1852 den ersten Fouquetschen Zirkularwebstuhl aufgestellt, den Berthelot und Terrot dann modernisiert haben. 1853 hatte Stuttgart zwei Fabriken dieser Art, in den sechziger Jahren kamen weitere vier hinzu; vor dem Ersten Weltkrieg gab es über ein Dutzend Textilwerke in und um Stuttgart, von denen jedes in der deutschen Trikotagenindustrie einen wichtigen Platz hatte. Die Firma Benger und Söhne beschäftigte 1913 einschließlich der Heimarbeiter rund 1500 Arbeiter. Neben ihr gaben die 1881 gegründeten Vereinigten Trikotfabriken von Robert Vollmöller in Vaihingen auf den Fildern der Stuttgarter Industrie eine besondere Farbe; sie unterhielten bald Filialfabriken in Untertürkheim, Plieningen und Herrenberg. Und natürlich waren des »Wolljägers« Ideen von größter Bedeutung: Professor Dr. Gustav Jäger, Gesundheitsverbesserer in einer mit bürgerlichen Befangenheiten lebenden Gesellschaftskultur, hatte den glücklichen Einfall, für Wäsche zu plädieren, die bequem war und die man mochte. Wilhelm Benger funktionierte 1879 diese mit dem Schulmeisterfinger servierte Idee, das »Wollregime« zu einer »Normalwäsche-Fabrikation« um: Ein gleichermaßen nicht unglücklicher Einfall, der 1882, nach schwindelerregend steigenden Bestellungen, die Firma nach Heslach geführt hat.

Die Stuttgarter Trikotagen waren sicher etwas von dem, was im Konkurrenzkampf der verschiedenen Imperialismen am Ende des

19. Jahrhunderts ein Gewicht hatte. Die Konfektionsindustrie, spezifisch großstädtisches Gewerbe, hielt sich fürs Erste an den Konsum im eigenen Hause. Kunden waren Stuttgart und vor allem die Stuttgarterinnen, die jetzt Toilette »machten«, das Heer derer, die tagaus, tagein vom Schönbuch und vom Unterland, vom Oberschwäbischen und vom Gäu nach Stuttgart kamen und dort nach fertiger, billiger Konfektionsware kramten. Aber die Stuttgarter Trikotindustrie baute dann auch einen Export auf von Stuttgart nach Nordamerika, nach Russland, nach Argentinien, nach Chile und Spanien. Stuttgarter Textilwaren wurden nicht nur in Europa, sondern auch in den englischen Kolonien, in Südafrika, in Indien, in Australien und in Ägypten verkauft und getragen.

Ebenfalls Tradition hatte in Stuttgart die chemische Industrie. Sie entstand mit Jobsts Chininfabrik im Jahre 1824. Seitdem verästelte sich dieser Zweig in vielfältiger Weise: Die technischen Erfolge, die Pharmazie und die Fotografie bedurften mehr und mehr auch der chemischen Industrie. Stuttgarts schlechte Industrietopographie hat sich allerdings für die chemische Industrie besonders unangenehm bemerkbar gemacht. Die Herstellung von Chinin, von Farben, von fotografischen Utensilien war mitten im Kessel nicht gerade das Richtige. Kein Wunder, dass sich die chemischen Fabriken nach 1850 aus Stuttgart ganz verzogen haben: In Feuerbach hatte man billigere Plätze und günstigere Arbeitsbedingungen. Auch die Stuttgarter chemische Industrie ist den Weg zum Großbetrieb gegangen, auch sie hat, stärker als alle anderen Branchen, zur Konzentration und zum Verbund hin tendiert. Natürlich gab es in Stuttgart oder Feuerbach eine ganze Reihe kleinerer Betriebe mit einem halben oder einem ganzen Hundert Arbeiter. Aber 1872 brachte die Fusion der beiden großen Farbwarenfabriken von Knosp und Siegle mit der Badischen Anilin- und Sodafabrik eine Wende; 1897 taten sich drei Stuttgarter Firmen zu den Vereinigten Seifenfabriken GmbH in Untertürkheim zusammen. Die klassischen chemischen Werke des 19. Jahrhunderts blieben die Vereinigten Chininfabriken Zimmer & Co., vormals Friedrich Jobst, geboren aus der 1887 erfolgten Verschmelzung der alten Jobstschen Fabrik in Feuerbach mit der chemischen Fabrik von C. Zimmer in Frankfurt, die selbst Ableger des

Jobstschen Unternehmens war. 1910 stellte man in dieser Firma 60 Tonnen Chinin her. Einen über Deutschland hinausgreifenden Ruf hatte auch die 1870 gegründete Firma von J. Hauff & Co., gleichfalls GmbH, die zusammen mit verschiedenen kleineren Laboratorien Salze und Säuren für fotografische Zwecke und Farbstoff-Fabrikationen auf den Markt brachte. Die dritte große Hauptfirma der Stuttgarter chemischen Industrie war die Farbenfabrik von G. Siegle & Co. GmbH, ein Haus mit knapper, aber sehr bewegter Geschichte: 1845 in München gegründet, im Revolutionsjahr 1848 mit der Stuttgarter Farbenfabrik von R. Knosp vereinigt, 1873 mit der Badischen Anilin- und Sodafabrik verbunden, 1889 wieder von ihr getrennt und seither in Stuttgart, in Feuerbach und in New York etabliert.

Aber jede Großstadt hatte damals und später mit derlei Firmen aufzuwarten. Verbindungen mit den Eigenheiten der schwäbischen Residenzstadt, mit ihren guten und belastenden Traditionen sieht man da kaum. Ein neuer Zweig war die Maschinenindustrie. Sie ist, mit allen ihren Sonderentwicklungen und Abzweigungen, noch vor dem Ersten Weltkrieg zum Ausweis schwäbischer Industrie überhaupt geworden. Der Metallbearbeitung hat sich am mittleren Neckar als erster Heinrich Rudy zugewandt. Er hat, herausgewachsen aus der im Herrnhutergeist eingebetteten Neuwieder Spenglertradition, 1809 in Esslingen eine Blechlackierfabrik begründet, die Carl Deffner nach 1815 in großartiger, genialer Weise zur größten Metallwarenfabrik des Landes heraufführte. In Esslingen wurde 1846 auch die Esslinger Maschinenfabrik gegründet, die schon in den fünfziger Jahren über tausend Arbeiter beschäftigte und für Württemberg jahrzehntelang nicht nur in technischem, sondern auch industriepädagogischem Sinne unangefochtene Autorität war.

Mit der Maschinenfabrik, die Kuhn 1852 in Berg gründete, zog die Maschinenfabrikation, in diesem Falle der Bau von Dampfkesseln, auch in die Residenzstadt ein; jetzt wurde daraus ein Stuttgarter Industriezweig. Bei Kuhn in Berg hat man wichtigste Arbeit geleistet für die Industrialisierung des Landes. Während es 1852 in Württemberg gerade 34 Dampfmaschinen mit zusammen 312 PS gab, stieg ihre Zahl bis 1862 auf 273 mit 3225 PS.

Die Esslinger Maschinenfabrik war bei aller Prosperität, die der technisch-wissenschaftlichen Entwicklung zu verdanken war, die stärkste. Sie verleibte sich 1881 die in Liquidation befindliche Cannstatter Maschinenfabrik Gebr. Decker & Co. ein, mit der eine frühe Cannstatter elektrotechnische Fabrik zusammengegangen war, und 1901 auch die Kuhnsche Fabrik. Jetzt war das Geviert zwischen Esslingen, Mettingen und Cannstatt, wo man Lokomotiven, Dampfmaschinen, Straßenwalzen und Dampfkessel herstellte, das Zentrum der württembergischen Industrie. Die Cannstatter Kesselfabriken von Hild und Metzger und M. Streicher rundeten dieses Bild ab.

In Stuttgart selbst wollten sich, so schien es, innerhalb der Maschinenfabrikation nur Spezialmaschinenfabriken ansiedeln – die wachsende württembergische Fabrikindustrie hatte ihren Bedarf. Zögernd, dann immer ungenierter stellten sich Fabriken für Textilmaschinen ein, dann für die Metall- und Holzverarbeitungsindustrie. Bahnbrechend war die Backofenfabrik von Werner & Pfleiderer, 1879 gegründet, vor dem Ersten Weltkrieg mit mehreren tausend Arbeitern in mehreren Filialen arbeitend; im Cannstatter Stammhaus selbst gingen rund tausend Leute zur Arbeit. Aber auch andere Stuttgarter Maschinenfabriken hatten um oder nach der Jahrhundertwende einen Namen, die Fabriken von Aldinger in Obertürkheim, von Krumrain und Katz, von A. Ziemann oder B. Haushahn in Feuerbach, die Firmen von C. Terrot Söhne oder die Fortuna-Werke von Albert Hirth in Cannstatt, die Union Spezialmaschinenfabrik und Gebrüder Haaga in Stuttgart.

Schon um die Jahrhundertwende sah man, dass die Metall verarbeitenden Fabriken in Stuttgart nicht zu Hause waren, schon gar nicht die Gold- und Silberschmiede, die ja in Pforzheim und Gmünd längst ihre konkurrenzlosen Hochburgen hatten. Nur die Eisenverarbeitung hatte in Stuttgart Fuß gefasst, erstaunlicherweise gerade die Eisengießerei, die es im Nesenbachtal sogar, trotz der enormen Schwierigkeiten der Materialbeschaffung, zu großer Blüte brachte. Die bekanntesten Stuttgarter Eisenwerke waren die von C. Leins & Co., M. Streicher in Cannstatt, Kleemanns Vereinigte Fabriken in Obertürkheim und Faurndau, auch die Stotz-AG in Stuttgart-Kornwestheim. Rasch war das Spektrum der Stuttgarter Maschinenindustrie in den beiden letzten Jahrzehnten des 19. Jahrhunderts – man möchte sagen: in typisch schwäbischer Weise – höchst individuell und vielfarbig geworden.

Diese zweite Phase der Industrialisierung – bestimmt im technischen Bereich durch die Elektrifizierung, im wirtschafts- und gesellschaftspolitischen durch stärkere Engagements auf allen Seiten, vor allem durch möglich gewordene Kreditpolitik – zeigte in Stuttgart eine Menge kleiner und kleinster Fabriken, die, nach außen hin in dieser Eigenschaft oft gar nicht signiert, mit der Herstellung von Schlossereiprodukten beschäftigt waren, von eisernen Möbeln, von Blech- und Metallwaren, von Bronzeguss, von kunstgewerblichen Ornamenten, von Galvanoplastik oder irgendwelcher Feinmechanik. Sofern daraus der Bau physikalischer und optischer Apparate und Instrumente wurde, konnte die eine oder andere Firma, wenn auch der Quantität nach noch immer in vergleichsweise geringfügigen Verhältnissen, in ihrer Leistung eine über das Europäische hinausgreifende Bedeutung haben. Die Firmen von Wilhelm Teufel, Kirchner und Wilhelm F. Mollenkopf, G. Lufft oder Julius Faber, die Contessa-Camera-Werke oder die Kathedermanufaktur Reform Cannstatt gehörten (oder gehören) zu diesen Fabriken, die eine unmittelbare Verbindung zwischen Industrie und technischer, chemischer, physikalischer, elektromechanischer oder medizinischer Forschung auf spezifisch schwäbische Art dokumentieren. In der württembergischen Maschinenfabrikation ist die Lust an der Erfindung, manchmal sogar die Verfallenheit ans Herumbasteln auffallend. Der wirtschaftliche Erfolg ist dann in manchen Fällen überhaupt nicht der Erfolg eines Kapitaleinsatzes, der geistlos-automatischen Vergrößerung des Produktionsapparates, sondern schlicht ein Erfolg eigenen technischen Könnens.

Die Frage, wie diese Industrie entstanden sei, durch das bloße, wie immer auch gelagerte oder ermöglichte Mehr an Kapital, durch die rüde Aneignung unbezahlter Arbeit, die unmenschliche Ausbeutung des Arbeiters oder dadurch, dass ein Könner oder gar ein genialer Kopf den anderen über Nacht davongelaufen und auf seine Weise zum Bezwinger des neuen industrialistischen Zeitalters geworden ist: Diese Frage ist damit angeschnitten. Sie mit einem knappen Wort zu beantworten, wird kaum gelingen. Im Hinblick auf die typischen und ausgeprägtesten Seiten der württembergischen Maschinenindustrie, der württembergischen Kraftfahrzeugfabrikation und der Herstellung elektrischer Zündapparate, neigen wir dazu, der Persönlichkeit den historischen Vorrang zu geben. Hier waren Leute am Werk, genauer gesagt zwei Männer, die der Stuttgarter Geschichte und dem industriellen Leben weit darüber hinaus ein anderes Gesicht gegeben haben: Gottlieb Daimler und Robert Bosch.

Daimler hat nicht, wie Bosch, in der Stuttgarter Innenstadt begonnen, sondern in Cannstatt. Darin ließe sich Zufälliges erkennen. Aber nun hatte Max Eyth in der Berger Maschinenfabrik schon im Frühsommer 1860 zusammen mit seinem Herrn und Meister Kuhn fieberhaft an einem Gasmotor herumgebastelt: Die beiden waren auch von den Wogen der Motorbegeisterung erfasst worden, die der 1860 patentierte Gasmotor von Jean Joseph Etienne Lenoir ausgelöst hatte. Trotz einer aufregenden Spionagereise Eyths zu Lenoir nach Paris, wo sich ein sechsundzwanzigjähriger Maschinenbauer namens Gottlieb Daimler wegen der gleichen Sache eingefunden hatte, gab es nichts bei diesem aufregenden Unternehmen in Berg als einen furchtbaren Knall und einen in Gasgestank gehüllten Fabrikhof. Nur von der »Geheimbude« des Fabrikanten, zu der außer für drei Eingeweihte der Zutritt bei Todesstrafe verboten war, hat man sich lange erzählt. Daimler hat zwei Jahrzehnte später ein paar Schritte weiter eine gleiche Geheimbude bezogen, auch er, nicht erst seit Übernahme des Direktorpostens in der Deutzer Gasmotorenfabrik von Nikolaus August Otto, fasziniert von dem Gedanken, einen leichten, schnelllaufenden Benzinmotor zu bauen. Daimler war, wenn man die Cannstatter Jahre beiseite lässt, länger in der Fremde als daheim. Die menschlichen, ja die technologischen Linien dieses Lebens sind indessen ganz im Neckarschwäbischen angelegt. Der Schorndorfer Bäckersbub, der eine doppelläufige Taschenpistole als Gesellenstück fabrizierte, ging 1852 auf die Stuttgarter Gewerbeschule. Ob ihn Ferdinand Steinbeis, der gefeiert-gefürchtete Industrieförderer, persönlich gekannt oder seine besondere Begabung je entdeckt hat, wäre noch nachzuweisen. Jedenfalls wurde der ungemein zäh arbeitende Gewerbeschüler in die Stipendien-Maschinerie der »Zentralstelle« aufgenommen, für ein halbes Jahrzehnt als Facharbeiter ins Elsass geschickt und hernach für die Zeit von Herbst 1857 bis Herbst 1859 auf die Stuttgarter Polytechnische Schule »gewiesen«, wo er mit Friedrich Voith und Gustav Siegle, vor allem aber mit Heinrich Straub, dem Sohn des Geislinger »Kunstmüllers« und Begründers der heutigen Württembergischen Metallwarenfabrik, mit Emil Keßler, dem Sohn des gleichnamigen großen Esslinger Lokomotivenbauers, Freundschaft schloss. Nach seinem Englandaufenthalt und vor seiner, vom Vater Keßler vermittelten Arbeit als technischer Leiter in der Bruderhaus-Maschinenfabrik Gustav Werners in Reutlingen, war Daimler von 1863 bis 1865 in der Metallwarenfabrik der beiden Straub in Geislingen. Emil Keßler und er blieben immer Freunde. In der Esslinger Maschinenfabrik wurde Daimlers erstes vierräderiges Fahrzeug nach seinen Angaben für den Motorenbetrieb eingerichtet und zum ersten Mal gefahren. Das war der letzte Akt. Der erste begann in der Polytechnischen Schule in Stuttgart, in Holtzmanns Vorlesungen über Wärmetechnik und Fehlings Kohlenwasserstoff- und Ammoniak-Experimenten: in Stuttgart erfasste Daimler die lebenslange Leidenschaft für die »Kraftmaschine«.

Das Terrain zwischen Stuttgart-Berg, Cannstatt und Esslingen war für Daimler, der 1882 zu seinen Anfängen zurückkehrte und das an den Cannstatter Kurgarten angrenzende Anwesen der Kaufmannswitwe Schickhardt erwarb, also natürlicher Ausgangspunkt für seine, die Lebenserfahrungen abschließende Konstruktionsarbeit. Wir betonen das, weil die liebenswürdige Lokalarabeske von den Cannstatter Polizisten, die, von gut schwäbischen Nachbarn dazu animiert, Daimlers Gartenhauswerkstatt nach Falschmünzerei durchsuchten, das Bild von einem Sonderling in technik- und industrieloser Landschaft nahe legt. Sicher war dieser schnelllaufende Explosionsmotor, den Daimler, von Wilhelm Maybach aufs lebhafteste unterstützt, schon 1883 fertig hatte, revolutionierend durch die kleinen Abmessungen, das leichte Gewicht und die enormen Drehzahlen, zunächst so etwas wie ein Kuriosum, ein Jahrmarktsspektakulum: Immer in solchen Fällen stößt sich das Alte und das Neue. Als es Paul Daimler, dem ältesten Sohn des Erfinders, am 10. November 1885 bei der ersten großen Ausfahrt gelang, »mit dem Motorrad die kolossale

Entfernung von Cannstatt nach Untertürkheim, das sind drei Kilometer, zurückzulegen«, da war, aus der Retrospektive unserer Zeit zu urteilen, eine Zäsur im Wirtschafts- und Kulturleben erreicht. Im Frühjahr 1886 machte sich Daimler daran, seinen Motor zum Geburtstag seiner Frau in einen Kutschwagen einbauen zu lassen, den er bei der Stuttgarter Firma W. Wimpff & Sohn, Kgl. Hoflieferanten für Wagenbau aller Art, bestellt hatte. »Der Wagen lief gut und machte schon bis 18 Kilometer in der Stunde.« So der Sohn über eine der Ausfahrten im Herbst 1886, im gleichen Jahr, in dem Bosch seine Werkstätte für Feinmechanik und Elektrotechnik im Hinterhaus Rotebühlstraße 75 B in Stuttgart eröffnete, wo ein Jahr darauf der erste Magnetzünder für einen ortsfesten Gasmotor gebaut wurde. Die Zündung: *das* Kardinalproblem dieser Motoren. Daimler war stolz darauf, durch das Glührohr die Sache mit der Zündung »gelöst« zu haben. Im Übrigen stand bei seinem Arbeiten die universale Verwendung des Motors im Vordergrund. Noch heute zeigt man im Werk Untertürkheim das erste, von Daimler selbst entworfene »Produktionsprogramm« mit Feuerspritzen und Waggonets, fahrbaren Sägmaschinen und Kajütbooten: alle mit Daimler-Motoren bestückt.

Über Nacht hatten sich die Konturen eines »Werkes« ergeben. 1890 wurde die Gründung einer Daimler-Motoren-Gesellschaft in Cannstatt notwendig. Sie brachte freilich ein Stück Tragik in die letzten Jahre des schon am 6. März 1900 in Cannstatt Verstorbenen. Die beiden Partner, Max Duttenhofer und Wilhelm Lorenz, wollten eher die Rolle der Spekulanten übernehmen, während Daimler im Grunde Techniker blieb und von der Massenherstellung nichts wissen wollte. Als vollends die virtuose Mechanikerkunst Maybachs durch einen anderen ersetzt werden sollte, trennte sich der Zurückgedrängte von der Motorenfabrik Ausgang des Jahres 1892. Er ging mit Maybach im stillgelegten Cannstatter Hotel Hermann seinen Berechnungen und seinen Konstruktionsplänen nach.

Die Unterschiede zum Bilde Robert Boschs werden deutlich. Das Geheimnis von Boschs Lebensleistung verrät sich in der genialen Disposition für das Organisatorische: Er war Firmenführer im souveränen Sinne, hundertmal sich dagegen verwahrend, etwas »erfunden« zu haben, wie es die Legende wollte. Der Platz von Robert

Bosch ist in Technik und Industrie (und darüber hinaus in der Sozialpolitik), der Daimlers vorab in der Technikgeschichte. Die Verbindungen mit William Steinway, der in Amerika das Interesse für die Daimler-Motoren entfachte, mit Panhard & Levassor und Peugeot, die in Frankreich schon früh die Souveränität der Daimler-Motoren demonstrierten, hat Gottlieb Daimler für manches moderne Industriellen-Gefühl fahrlässig locker geknüpft. Mit der Gründung der Daimler-Motor-Company in Coventry im Jahre 1896 begann in England der stürmische Siegeszug des Kraftfahrzeugbaus: Daimler war finanziell gar nicht beteiligt. Hat es so sein müssen, dass er, ein Mann der Werkbesessenheit und der fortgesetzten Selbstprüfung, in diese seltsame Duplizität der Fälle hineingeriet; in Stuttgart und in Mannheim, hier bei Daimler, dort bei Benz, arbeitete man an derselben Sache und wusste nichts voneinander? Es war ein in persönlicher Begegnung nie sich entladender Prioritäten-Streit, der sozusagen hausintern dadurch gelöst wurde, dass 1924 eine Interessengemeinschaft der Daimler-Motoren-Gesellschaft mit der Benz & Cie. zustande kam und 1926 – Benz hat das noch erlebt – beide Firmen zur heutigen Daimler-Benz Aktiengesellschaft zusammengeschlossen wurden.

Wenn man den wenigen vorhandenen Bildern Daimlers trauen darf, diesem sehr schwäbischen Gesicht mit dem großen, runden Schädel, dem man das Denken und Rechnen und wieder das Denken ablesen kann, dann war dieser Daimler ein Dickschädel, gar nicht das, was man eine »brillante« Erscheinung nennt. Aber der Mann mit den prüfenden Augen, die etwas Selbstbewusstes und doch Misstrauisches verraten, mit diesem Zug zum schmerzhaft Kämpferischen, hat sich behauptet, vor sich selber behauptet. Daimler hat mehr geschaffen als einen leichten und schnelllaufenden Benzinmotor, der die Welt und die Straßen und Städte verändert hat: ein unverwechselbares Maß an Unabhängigkeit, an Konzentration und Verlässlichkeit, das auf das Untertürkheimer Werk und alle seine Weiterungen abgefärbt hat, abfärben musste.

Boschs Anfänge, rekapituliert man sie, wirken wie aus dem Musterbuche der schwäbischen Industrie. Daimler hatte in seiner Cannstatter Zeit immerhin bedeutende Gelder aus seinen Aktien bei der Deutzer Motorenfabrik bezogen, viele Jahre hindurch. Bosch hat buchstäblich von unten her angefangen. Der Fünfundzwanzigjährige, der 1886 in der Rotebühlstraße mit der »Feinmechanik« begann, macht es dem Industriehistoriker hinterher schwer, zu entscheiden, was eigentlich der ausschlaggebende Faktor für den sagenhaften Aufstieg des Hauses Bosch war. Die ohnehin penetrante (und unergiebige) Neugier, lediglich nach »dem Kapital« zu fragen, die das Unternehmen ermöglichte, wird bei näherem Zusehen zu einer naiven Sache: ein bisschen Zusammengespartes war da. Und Verwandten- und Freundeshilfe. Mehr nicht. Dass diese geheimen, erbitterten Gefechte um einen standortfesten Viertaktmotor und einen Motor mit einem oder zwei Zylindern zur Bewegung von Fuhrwerken und Chaisen »für Jedermann« schließlich zum Bereich »Zubehörteile« zum Auto, zum Flugzeug führen würde, war dem jungen Mann – der in Ulm Feinmechanik gelernt hatte, an der Technischen Hochschule in Stuttgart ein Semester Gasthörer war und hernach in Nürnberg, in Amerika und London mit den eigentlichen Pionieren der jüngeren Elektrotechnik zusammengekommen war – undenkbar. Für das Spekulative hatte Bosch keinen »Draht«. Klingelleitungen wollte er bauen, Haustelefone installieren, wenn es verlangt würde, Blitzableiter anlegen.

Dass er dann doch, wider seinen Willen und jedenfalls gegen seine Instinkte, zum Zündapparat kam, war eine weiter nicht aufregende Sache. Ein kleiner schwäbischer Fabrikant fragte ihn, ob er ihm für seinen Gasmotor eine Zündvorrichtung herstellen könne, wie er sie kürzlich in Schorndorf gesehen habe. Bosch sah sich die Sache an und meinte, das müsse wohl möglich sein. Eine korrekte Anfrage noch bei der Lieferfirma des Gasmotors, ob die Vorrichtung patentiert sei – dann baute er den Apparat. Bestellungen darauf ließen sich hernach nicht vermeiden; dass Bosch so etwas könne, sprach sich herum. Aber es ging doch in der Hauptsache nur um die Zurichtung zum standortfesten Motor. Erst mit dem Auftrag des englischen Autospezialisten Frederic R. Simms, mit dem es später viel Ärger geben sollte, den Zündapparat beim Motorfahrzeug aufzumontieren, bei einem in der Folge der deutschen Erfindung entwickelten französischen Modell, kam Leben in die Sache. Sie war schwierig genug, weil die Umlaufzeiten wesentlich höher lagen. Aber der Werkführer Arnold Zählinger hatte einen glücklichen Einfall und führte den Versuch mit einer technischen Neuerung zum Erfolg. Als sich für Daimler ein Großabnehmer fand, der die Bedingung stellte, das Auto nicht mit dem Daimlerschen Glührohr – und nicht mit der Batteriezündung von Benz –, sondern mit der ungefährlichen Boschvorrichtung auszustatten, waren auch im übertragenen, industriegeschichtlich bedeutsamen Sinne die »Kontakte zwischen den beiden Stuttgarter Fabriken geschlossen«, ohne dass die beiden, Bosch und Daimler, sich im Folgenden persönlich »angenommen« hätten.

Bosch ging seinen Weg weiter, wie er ihn begann, mit einer bewundernswerten Sicherheit für das industrialistisch Notwendige und Mögliche, mit dem immer wieder überdachten Grundsatz, »mir willige Mitarbeiter heranzuziehen, und zwar dadurch, dass ich jeden möglichst weit selbständig arbeiten ließ, ihm dabei aber auch die entsprechende Verantwortung auferlegte«. 1901 entwickelte Gottlob Honold den Hochspannungszünder. Mit ihm kam die große Vereinheitlichung, der Siegeszug des Bosch-Zünders durch die ganze Welt. Honold brachte wissenschaftliche Schulung mit, aber auch die Fähigkeit, sie mit praktischem Bastlergeschick zu verbinden, auch mit dem Sinn für die sparsame Fertigung und gute Form: Er machte sich mit der Optik und der Akustik vertraut, schuf Scheinwerfer und Signalapparat, das »Bosch-Horn« – es gab schon den »Anlasser«, und bald den Wischer und Winker und jenen ganzen Katalog von Ausrüstungsdingen, die das Fahren zugleich sicherer und bequemer machten.

Für die Stuttgarter mochte Bosch, der Mann, der in den neunziger Jahren mit dem breitkrempigen Schlapphut auf dem Rad zu den Arbeitsstellen fuhr, mit dem großen, dunklen Vollbart und dem ernsten Ausdruck in den scharf beobachtenden Augen, eher wie ein Sektenprediger wirken als ein kommender Industriekapitän. Er war zunächst keine Erscheinung, mit der man sich beschäftigte. Wer beruflich mit ihm zu tun hatte, lobte wohl die Zuverlässigkeit und Genauigkeit der Arbeit. Dass er irgendwie Minderwertiges leiste, war Bosch immer ein unerträglicher Gedanke. »Deshalb habe ich stets versucht, nur Arbeit hinauszugeben, die jeder sachlichen Prüfung standhielt, also sozusagen vom Besten das Beste war.« Ein gelassenes

Wort, das man Bosch – darin liegt seine ganze industriegeschichtliche Größe – abgenommen hat. Rührend fast, wie er sich vom öffentlichen Leben, von dem in Gang kommenden Verbandsbetrieb fern hielt, wie er noch lange während des Zünderbauens in der Installation die zentrale Aufgabe sah und sich erst 1900 entschloss, die gemieteten Räume zu verlassen und eine Fabrik elektrotechnischer Artikel in der Nachbarschaft, in der Hoppenlaustraße zu bauen: mitten in Stuttgart ein großer Industriekomplex, der ihn erst 1909, als die Entwicklung zu stürmisch geworden war, bereit machte, mit Sonderaufgaben nach Feuerbach abzuwandern.

Boschs persönliche Note in der Geschichte der deutschen Technik und Industrie ist unverkennbar. Der Zufall hat ihn während des Stuttgarter Anfangs in die Hausgemeinschaft mit Karl Kautsky gebracht. In endlosen Diskussionen hatte er da, mit sichtlichem Vergnügen am Argumentieren und an logizierendem Rationalismus, die Mehrwertlehre niedergeredet. Und doch sozialdemokratisch gewählt. Und 1896 den Neunstundentag, 1906 den Achtstundentag eingeführt: nach Gustav Freese und Ernst Abbé die alte, eingeführte Werke leiteten, der erste im Reich. Er zahlte die höchsten Löhne, gab den Samstagnachmittag frei, übernahm die Sozialversicherungsbeiträge für die Arbeiterschaft und begründete einen Arbeiterausschuss. Auf bindende Wohlfahrtseinrichtungen hat er immer verzichtet. Löhne und Arbeitszeit, Sorge für beste hygienische, helle und durchlüftete Anlage der Arbeitsplätze – das war seine Sozialpolitik. Dass gerade der Betrieb des »roten Bosch« 1913 von einem »wilden« Streik angefallen wurde, den er dann, weil eine zentrale Abteilung getroffen war, durch die Schließung des gesamten Werkes beantwortete, mag vielen eine Genugtuung gewesen sein. Aber er ist, trotz seiner kühlen Entschlossenheit und trotz der totalen Niederlage der Arbeiterschaft, seines Sieges nie froh geworden: Ihm persönlich war es auch die Niederlage seiner sozialpolitischen Pioniergesinnung. Er hat damals gering gedacht von einem möglichen Vorbild seiner Person und seines Werkes. Später, nach 1917, als die Firma Aktiengesellschaft geworden war und ins Riesige zu wachsen begann, spürte er, dass eine Generation von Söhnen von seinem Verhältnis zur Arbeiterschaft und Mitarbeiterschaft zu lernen bereit war.

Dass die württembergische Industrialisierung ihre sehr handgreiflichen sozialen Resonanzen hatte, kann gar nicht übersehen werden. Solange, wie vor der zweiten Hälfte des 19. Jahrhunderts, die Arbeiterzahl noch gering war, mochten die Dinge hingehen. »War indes die Klassenlage der heimischen Arbeiter«, meldete ein Bericht der Schwäbischen Tagwacht von 1907 »denen ohnehin von ihrer früheren Selbständigkeit her mancher Rückhalt geblieben war, noch einigermaßen erträglich, so war diejenige der auswärtigen Arbeiter im Allgemeinen kaum erheblich besser als durchschnittlich anderwärts«. Dass der erzogene, der ausgebildete Arbeiter nicht nur benötigt werde, sondern womöglich sich auch über die vielerlei Anfälligkeiten und Unzulänglichkeiten hinwegretten könne, war zunächst die Meinung der Öffentlichkeit und vor allem der schwäbischen Fabrikantenschaft. 1801 wurde in Stuttgart ein Armen-Vater oder Almosen-Inspektor angestellt und eine Industrieschule errichtet, 1813 folgte eine zweite. 1817 gründete man eine National-Industrie-Anstalt in der alten Kanzlei mit der Aufgabe, den Absatz der Erzeugnisse der »Privats-Industrie-Armen«, besonders der Mädchen, zu fördern. Gerade in dieser Hinsicht trug dann der Schwäbische Frauenverein mit seiner 1874 konstituierten Töchterhandelsschule auf ganz anderem Niveau den industrialistischen Anforderungen Rechnung, unter dem heute einigermaßen pathetisch anmutenden Programm: »Die Arbeit ist Pflicht und das Recht und die Ehre der deutschen Frau.« Auch der Pietismus suchte die Not zu steuern, durch die 1805 entstandene »Stuttgarter Privatgesellschaft freiwilliger Armenfreunde«, durch die Stuttgarter Stadtmission, die Gottlieb Scholl 1847 ins Leben rief und die 1889 durch die Evangelische Gesellschaft reorganisiert wurde. Auch nach Überwindung dieses vorindustrialistischen Armendaseins, dem Christoph Hoffmann 1845 seinen Artikel »Der Pauperismus oder wie entsteht der Pöbel?« widmete, ist die Reihe der institutionellen oder wie immer privat inszenierten Bemühungen nicht abgerissen, bis hin zum Verein für das Wohl der arbeitenden Klassen und dem Socialharmonischen Verein im Stuttgart der neunziger Jahre.

Ob sich die soziale Situation des Arbeiters damit wesentlich gebessert hat, müsste noch belegt werden. Namentlich mit der Kinderarbeit muss es schlimm gestanden haben. Der Bericht der württembergischen Gewerbeinspektionsassistentinnen des Jahres 1904 redet davon, dass man oft fünf- bis sechsjährige Kinder beim Handschuhmachen angetroffen habe. Sie seien mit den Fingerchen kaum imstande gewesen, die eisernen Haken zu halten, womit die Enden der Streifen durchgezogen werden. In manchen Ortschaften kämen die Kinder nicht vor 11 oder 12 Uhr nachts zu Bett. Der Lohn wurde nach Pfennigen berechnet. 1898 betrug die Gesamtzahl der gewerblich tätigen Kinder in Württemberg, teilweise nach bloßer Schätzung, 19 546. War Stuttgart ein besonders krasser Fall? Nach einem 1874 erschienenen Schriftchen des Arztes Dr. Burckhardt über »Die Sterblichkeitsverhältnisse Stuttgarts im 19. Jahrhundert« wies Stuttgart damals die größte Kindersterblichkeit in Europa auf. »Die Verhältnisse in den niederen Ständen«, hieß es da, »besonders bei der Fabrikbevölkerung, sind in Stuttgart sehr grelle.«

Sicher sind die Löhne allmählich angestiegen. Aber hier nimmt Stuttgart, den Berichten der Arbeiter und der Gewerkschaften nach zu schließen, eine Sonderstellung ein. Draußen auf dem Lande liegen die Dinge wesentlich anders. 1909 hat man in Stuttgart die durchschnittlich höchsten Löhne im Reich bezahlt. Ein qualifizierter Arbeiter, den die Stuttgarter Industrie als Qualitäts- und Spezialindustrie haben musste, bekam drei Mark fünfzig die Stunde.

Mit dem Aufschwung der Firma Bosch änderte sich auch das Bild in der Lohnskala der Arbeiterschaft. Bis dahin waren die Leute des graphischen Gewerbes die bestbezahlten. Die konnten mit einem dünnen Spazierstöckchen am Arm und einem steifen Hut auf dem Kopf (»Koks«) mit Vatermörder, gestärkter Brust, Manschetten und Frack (»henta nonter ischt ao no ebbes«) herumflanieren Jetzt bezogen die Bosch-Leute den »haigschta Loah« (höchsten Lohn). Damals wurde diese nahe liegende Maxime zum geflügelten Wort in Stadt und Land: »Halt dei Gosch, i schaff beim Bosch!« Erst nach dem großen Streik bei Bosch, den die Boscharbeiter verloren und der viele Hunderte den Arbeitsplatz kostete, kam des Reimes zweiter Teil auf, die grimmige Kehrseite der Medaille: »Hättescht dei Gosch ghalta, no hätt' de dr Bosch bhalta!«

Auch die Mietpreise waren in diesen wenigen Jahren vor und nach 1900 außerordentlich gestiegen. Mit seinen auffallend hohen

Lebenshaltungskosten stand Stuttgart schon damals auf einsamer Höhe. Mitten in den Zeiten der Hochkonjunktur redete man von Wohnungsnot, betonte, dass die Arbeiterwohnungsverhältnisse einer gewaltigen Reformation bedürften, »wenn auch in den letzten Jahren vieles in dieser Hinsicht geschehen ist« (so zu Beginn des Jahres 1915). Mit anderen Worten: Die Industrialisierung hatte ihre hässliche Kehrseite. Ein Grund für die Mietverteuerung war die rasch anwachsende Bevölkerung. Der Hauptgrund aber war sicher die enorme Steigerung der Grundrente. Amtlicherseits wurde ausgerechnet, dass die nackte Bodenfläche des Stadtbezirks Stuttgarts und der Kleinmarkung Cannstatt ebenso viel kostete wie die ganze Wald- und Landwirtschaftsfläche des Jagstkreises, wollte man sie kaufen oder vertauschen. »Das mobile Kapital beherrscht den städtischen Boden durch die Hypothek, es wird zur Herrin der Gewerbegebiete«. 1895 kostete eine Zweizimmerwohnung in Stuttgart durchschnittlich 280 bis 360 Mark, in Köln in äußersten Fällen 360 Mark, in Augsburg oder Metz durchschnittlich 100 Mark, in Straßburg 112 Mark, in Magdeburg 113 Mark, in Halle an der Saale 135 Mark, in Nürnberg 150 Mark. Kein Wunder, dass man sich im Jahre 1901 entschloss, ein städtisches Wohnungsamt ins Leben zu rufen, das im Juni 1902, vorbildlich für ganz Deutschland, seine Tätigkeit aufnahm. Hier ist vor allem von »Wohnungsfürsorge« die Rede, die natürlich die Lösung der Arbeiterwohnungsfrage mit einschloss. Konnte in den alten Stadtvierteln der Stuttgarter Innenstadt den Arbeitern Wohnraum gegeben werden? Nach einer Enquete der frühen neunziger Jahre bestanden von 1331 untersuchten Wohnungen im Stuttgarter Altstadtbezirk 795 aus einem Zimmer, von denen 738 keine eigene Küche hatten. In diesen 795 Wohnungen wohnten 22 113 Personen, also durchschnittlich drei, oft auch vier und fünf Personen in einem Zimmer. Die 1331 Familien hatten für 5048 Köpfe nur 3317 Betten, erwachsene Kinder teilten häufig miteinander das Lager, ohne Ansehen des Geschlechts oder auch mit den Eltern. Die durchschnittlichen Mietpreise ergaben, dass man für diese Löcher im Verhältnis anderthalb mal so viel als für herrschaftliche Wohnungen zu bezahlen hatte. Bleibt die Frage, ob die Mietskasernenquartiere, wie man sie in Stuttgart ungeniert genannt hat, bessere Wohnmöglichkeiten für die Arbeiterschaft boten? Im Grunde mussten beide Wohnbereiche entfallen: der Talkessel war ausgebucht für kommerzielle Zwecke und für die teuren Bürgerwohnungen, an den Hängen siedelte die »Herrschaft«. Der Industrie, den Arbeitern, die eine Wohnung suchten, blieben nur die Vororte längs der Neckarebene, die Quartiere im Süden und Westen der Stadt.

Es kann nicht verschwiegen werden, dass hinter diesen bloßen geographischen Fixierungen zunächst bare Ausweglosigkeit stand. Auch hier wird künftige Forschung mit altüberlieferten Legenden im Einzelnen aufzuräumen haben. Gewiss hat Stuttgart lange vor 1914 täglich eine verhältnismäßig große Gruppe von Pendlern aufgenommen, die, teilweise aus dem Donau- und Jagstkreis kommend, im Nebenberuf Landwirte waren. Selbst in den bedeutendsten Arbeitergemeinden des Stuttgarter Bezirks – 1910 kamen in Kornwestheim 45 Prozent Arbeiter täglich von draußen, in Obertürkheim 30 Prozent, in Feuerbach 10 Prozent – wäre also der Arbeiterbauer das liebenswürdige Komplementärbild gewesen. Aber man darf dieses Bild nicht in zu freundlichen Farben malen. Was der Bankfachmann Fritz Schumann über »Die Arbeiter der Daimler-Motoren-Gesellschaft Stuttgart-Untertürkheim 1911« geschrieben hat, ist doch wohl eine Idee zu poetisch geraten, um für uns sachliche Auskunft sein zu können. »Sie sind kein Atom im Meere der Mietskasernen«, meinte Schumann, »sondern der Herr Schreiner Soundso und der Herr Taglöhner Soundso spielen noch eine gewisse Rolle in dem benachbarten Kreise. Das Wort Fabrikarbeit hat auch in Württemberg noch nicht ganz den peinlichen dumpfen und drückenden Klang wie etwa im rheinisch-westfälischen Industriegebiet oder im Norden Deutschlands, etwa Berlin oder Hamburg. In Württemberg ist der Arbeiter in kürzester Zeit weg von der Stätte seines Wirkens, rasch befindet er sich in den schönen hügeligen Fluren, inmitten wogender Kornfelder, auf den rebengeschmückten Bergen seines Landes.«

Aber der, der hier bleiben wollte oder musste, hatte keinesfalls beste Wohnbedingungen, zumal sich gerade in den letzten Jahren vor dem Ersten Weltkrieg »eine nicht unbedeutende Agglomeration von Arbeitern in den Stuttgarter Vororten« bemerkbar machte, »die früher auf dem Lande gewohnt hatten«. Der kapitalistische Bauunternehmer hatte an der Lösung der Arbeiterwohnungsfrage in Stuttgart keinen Anteil. Hier dominierte, angeheizt durch gut schwäbische Profitlichkeit das unverhohlene Bestreben, aus dem eigenen Bau möglichst viel »Rente« herauszuschlagen. Bei einer Mietskaserne gelang das besser als bei einem Einfamilienhaus. Auch die Fabrikanten zögerten lange, hier mitzumachen. Erst im Handelskammerbericht von 1912 hieß es, »in zunehmendem Maße« würden von Industriellen selbst Arbeiterhäuser errichtet. So waren es zunächst auch die Arbeiterbaugenossenschaften selbst, die, 1889 durch ein Reichsgesetz dazu legitimiert, ihre »Spar- und Bauvereine« gründeten und sich selbst Boden unter die Füße holten. Die 1910 gegründete »Gemeinnützige Baugesellschaft für Einfamilienhäuser« legte die Kolonie Falterau mit einem halben Hundert Häuser an, die 1912 von den Arbeitern der Daimler-Motorengesellschaft gegründete Genossenschaft »Gartenstadt eigenes Heim« erwarb für eine halbe Million Mark ein Baugelände und errichtete dort die Kolonie Luginsland, der »Bau- und Sparverein Kornwestheim« vom Jahre 1907 baute seine Häuser an der Grenze des Stuttgarter Industriegebietes: Eine ganze Reihe solcher Bestrebungen wurde allmählich sichtbar. Paul Lechler versuchte in seinem in Berlin 1895 erschienenen Traktat über die »Nationale Wohnungsreform« die Fronten zu klären, indem er die praktische Lösung der Wohnungsfrage den Wirtschaftspartnern, den Arbeitgebern und Arbeitnehmern gleicherweise auferlegte, vom Staat aber eine Beteiligung bei den Organisationen und eine Garantie für die kreditweise Aufbringung der Mittel erwartete. Der Geheime Hofrat Eduard von Pfeiffer hatte fünf Jahre vorher einen »Verein für das Wohl der arbeitenden Klassen« gegründet, ein Unternehmen, das sicher damals das größte und diskutabelste in ganz Deutschland gewesen ist. Schon ein Jahr nach der Gründung im Jahre 1891 ging man hier an die Errichtung der Kolonie Ostheim. Hier sollten Arbeiter wohnen, Leute, die sonst nirgendwo zum Zug gekommen seien.

Es war ein wohl ausgeklügeltes und gutes System wie die Fabrikwohnungen der Württembergischen Baumwollspinnerei und -weberei in Brühl mit geringstem Mietzins, mit freien Nebenräumen, mit unentgeltlichem Gartenanteil, mit freiem Kindergarten, zweiklassiger Schule, einer Fabriksparkasse und einer Lesebibliothek. Wie viel durch diese Notmaßnahmen oder Selbsthilfeaktionen gebessert oder geändert worden ist, in sozial-psychologischem, in volkspädagogischem Sinne, wäre im Einzelnen noch nachzuprüfen.

Dass die nach 1879 in Württemberg eingerichtete Gewerbe- und Fabrikinspektion durch ihre Anregung und Beratung der Unternehmer in mancherlei Hinsicht Gutes getan hat, ist ohne Zweifel. Die Gewerbeinspektoren haben die Wasch- und Badeeinrichtungen in den Fabriken, die Speisesäle und Kantinen und »Konsumanstalten« besichtigt und sich auch immer wieder als »Vermittler und Verbreiter sozialer Einrichtungen« verstanden. Wenn der eine Arbeitgeber höhere Löhne bezahlte als der in einem anderen, aber ähnlichen Betrieb, so mochte das auch als »Wohlfahrtseinrichtung« gelten. Darüber hinaus aber hat man sich, nachdem 1892 und 1905 ausführliche Dienstanweisungen für die Gewerbeinspektion erlassen worden waren, von dieser Seite auch auf dem Gebiet des Wohnungswesens umgetan und den Arbeitern den Erwerb eigener Häuser erleichtert durch die Gewährung von unverzinslichen Darlehen und Bauprämien, durch Bürgschaften und Vorschüsse und schließlich durch Überlassung von Grund und Boden oder wenigstens durch die Mithilfe bei der Gründung von Bauvereinen. Dadurch, dass Arbeiterausschüsse, vor allem aber die in den neunziger Jahren dann üblich gewordenen Arbeitsämter hier mit von der Partie waren, konnte diese ebenso begutachtende wie kontrollierende und beratende Arbeit doch als ein Beitrag gewertet werden zu einem Problem, das für die wachsende südwestdeutsche Industriegesellschaft erstrangig geworden war.

Silvester 1900

»Das neue Jahr wurde von frohlaunigen Menschenkindern mit lauten Rufen empfangen.« Das meldet uns ein sprachschöpferischer Journalist aus Freiburg im Breisgau am 2. Januar 1900. Er meint, das nasskalte Sudelwetter sei wohl daran Schuld gewesen, »dass das Toben und Tollen auf den Straßen und Plätzen gegen frühere Jahre in bescheidenerem Maße sich vollzog«. Wer das Bedürfnis gehabt habe, »das Jahr in stiller Andacht in der Kirche zu beschließen«, habe reichlich Gelegenheit dazu gehabt, »denn in fast allen Gotteshäusern war eine Jahresschlussfeier, in der die Geistlichen auch über die Jahrhundertwende sprachen«. Und natürlich, im »Kaffeehaus zum Kopf« seien die Leute schon abends um sechse angerückt, und das »Colosseum« habe ein »End-Jahrhundert-Programm« geboten, gipfelnd in dem – sicherlich unvergesslichen – Prolog des Herrn Pächters Jean Bayer, der sein Poem höchstpersönlich zusammengebastelt hatte.

Das Gewicht der Stunde, oder vielmehr der Minute, der Sekunde, hatte aus manch einem sonsthin in härenem Gewande erscheinenden Journalisten eine wahre Silberzunge gemacht, aus dem Konstanzer Berichterstatter zum Beispiel, der schrieb, nein flötete schillernah: »Sehr vernehmlich für Aug' und Ohr zog in der Sylvesternacht die Jahreszahl 1900 über die Schwelle der Zeit. Zu Ehren des 20. Jahrhunderts begannen eine Viertelstunde vor Mitternacht von allen Türmen die Glocken zu klingen und ‚Concordia' – Bürgereintracht war ihr erstes Geläute im neuen Säkulum. Die Münsterpyramide strahlte, von bengalischem Zukunftsglanz umloht, weit in die milde Nacht hinaus und von draußen dröhnten die Stadtkanonen dem neuen Jahrhundert neunzehnfachen Gruß entgegen.«

Silvester 1900 als frohlauniges »Volksfest« – dieses Wort wird mehrfach gebraucht – von unverwechselbarem Rang. Im Süden unseres heutigen Bundeslandes bewährte sich vorderösterreichische Lässlichkeit und Bonhomie einmal mehr. Nachahmenswert die Konstanzer Stadträte Hummel, Welsch und Federspiel, welche die »Esswaren« zum städtischen Empfang gesponsert hatten. Bemerkenswert, wie wenig Routine mit im Spiel war, und wie viel schöpferisches, künstlerisches Engagement – man musste die Festausstattung noch selber fabrizieren. In Unlingen, im Windschatten des Bussen, nagelte man – natürlich, im Oberschwäbischen – die Bretter zusammen, die die Welt bedeuten. »In unserem stillen und gemütlichen Orte gab es über die Feiertage ein sehr bewegtes Leben. Der hiesige Militärverein gab die Anregung, wieder etwas zur Aufführung zu bringen, und so war am Silvesterabend und Neujahrstag die Vorstellung für die Einwohnerschaft. Sämtliche Mitwirkende spielten ihre Rollen in vorzüglicher Weise durch, sodass nur *eine* Stimme des Lobes darüber zu hören war. Besonders das patriotische Stück ›Kriegers Traum‹ und das daran anschließende Bild ›Germania‹ fand rauschenden Beifall. Der Besuch war ein außerordentlicher.«

Geht man nordwärts auf der baden-württembergischen Festkarte, so wird's weniger frohlaunig. »So unerfreulich in mancher Beziehung das alte Jahrhundert abschließt«, heißt es im Härtsfelder Boten vom 2. Januar 1900, »etwas Gutes wird das neue Jahrhundert sicher, wenn auch langsam bringen, nämlich die Ansicht von der Notwendigkeit, den Alkoholgenuss einzuschränken. Dafür setzt sich ein der Volksfreund zur Beförderung der Mäßigkeitsbestrebungen«. Merkwürdig Säuerliches mischt sich in die andernorts gut alemannische Lustigkeit. In Aalen, bezeugt der Berichterstatter, »wurde der wichtige Übergang im Kreise der Familie zugebracht, ruhig, mit Glockengeläute von den Kirchtürmen«. In Göppingen war um die Mitternachtsstunde sage und schreibe das Prosit Neujahr »bald hier und bald dort zu vernehmen«, und in Reutlingen vollzog sich der »Übertritt feierlicher als früher«. Damit dürfte wohl gesagt sein, »ohne Polizei«. In Stuttgart schließlich, wo man – nicht weiter aufregend – in die Liederhalle zog und danach »dem Schießen und Abbrennen von Feuerwerk« zusah, dürfte man sich an die vorhergegangene Silvesternacht 1899 erinnert haben: In der Geißgasse wollte ein Polizist einen »Burschen« festnehmen. Es kam zu einem Handgemenge, andere junge Leute liefen dazu, einer zog das Messer und verletzte den »Schutzmann durch einen Lungenstich lebensgefährlich«.

Wusste man überhaupt, was und wie man feiern sollte hierzulande? Merkwürdig, dass in den einschlägigen Presseberichten des Landes an wenigen Stellen von – allerdings bescheidenen – Neujahrsbräuchen die Rede ist, von Silvesterbräuchen überhaupt nicht. Ich bin in einem württembergischen Pfarrhaus aufgewachsen, das Wort »Silvester« gab es da gar nicht. Die Markgröninger Pietisten haben, wenn alle Welt zum Schäferlauf kam, sonntags, die Stadt kommentarlos verlassen.

Ich will damit andeuten, dass dieses Säkularereignis besonders im Altwürttembergischen kein genuines, kein »landsmannschaftliches« Publikum hatte. Liest man die Silvester- und Neujahrsberichte der Reihe nach durch, so ist man fast peinlich berührt von der Totalpräsenz des Militärs. Überall münden die Festbekundungen in das Platzkonzert der Regimentsmusik, in die Ansprache des Kommandeurs, in die selbst gezimmerten und wehrhaften Prologe. Eine Atmosphäre, geschwängert vom Staub der paradierenden Kompagnien und vom Platzpatronendampf der Kaisermanöver. Mag sein, dass das im Württembergischen um 1900 herum noch ein bisschen anders war. Im Badischen obsiegten die preußischen Truppenführer in der Präsentation von »Politik« und »Staat« und »Gesellschaft« allemal. Albert Geiger berichtet in seinem Karlsruhe-Roman auch einlässlich über Leben und Treiben der Karlsruher Künstlerkolonie um 1900. Damals habe gerade die jüngere Künstlergeneration die geniewehenden Schlipse und die braunen Samtjacken ausgezogen und sich nicht mehr träumend, sondern mit offenen Augen und »lebenssicher« bewegt. »Der junge Maler war korrekt, alltäglich, salonfähig im Leutnantszuschnitt geworden.«

Kein Wunder, dass man gerade im Schwäbischen dieses Silvesterarrangement als etwas Aufgesetztes empfand. In Konstanz konkurrierte mit dem bengalisch gewordenen Münsterturm nur noch der Oberst Emmich und sein Regiment. Der nimmt den Regimentsappell ab, heftet »nach einer markigen Ansprache« die neuen Fahnenbänder an und lädt zur feierlichen Paroleausgabe auf der Marktstätte ein; und das alles »auf Befehl von Berlin aus«. Die Bauersleute von Gomaringen oder die Wengerter von Strümpfelbach konnten diese gespreizte Offerte neuwilhelminischer Staatsdarstellung kaum als ihre Sache empfinden. Der Geruch des Aufgesetzten war ja auch dadurch stärker geworden, dass ganz tüchtige Mathematiker und Astronomen das Datum des neuen Jahrhunderts erst einmal, wie wir heute sagen, problematisierten, und kurz vor Torschluss niemand mehr so recht wusste, was jetzt los war. Aber die Gelegenheit war günstig: am Ende entschied der Kaiser, zusammen mit seinen kompetenteren Freunden von der Charlottenburger TH: ein Jahrhundertbeginn, der gefasst ist in den Dekreten von »denen da oben«.

Aber wie die nicht einmal kaschierten, sondern sehr offenkundigen Gefechte um die staatliche, kirchliche, parteipolitische Nutzung auch verlaufen mochten: »Der Moment der Jahrhundertwende«, schrieb der Leitartikler der Münchener Neuesten Nachrichten am 15. Dezember 1899, »ist für die Menschheit ein so hochernster, hochfeierlicher, dass er nirgends ohne ein ernstes, würdevolles Gedenken vorübergehen sollte«. Und so blieb kein Auge trocken. Man hat kommentiert, analysiert, prognostiziert, dass sich die Setzer sputen mussten. Kein Schultheiß, kein Oberbürgermeister, der bei seiner Silvester- oder Neujahrsansprache nicht die Verdoppelung der Wohnhäuser und die Verdreifachung seiner Einwohnerschaft hätte präsentieren können.

Wie man's auch drehen und wenden wollte: Das zu Ende sich neigende 19. Jahrhundert hatte sich als ein Säkulum des Wachstums erwiesen. Vom Wachstum und von hochfahrenden imperialistischen Ausgriffen zu leben – im Staat, in der Industrie, in Naturwissenschaft und Technik – hatte man sich angewöhnt, und das war jetzt zu feiern. Wenn der Kommentator des Schwäbischen Merkurs auch besänftigte und kleinlaut, aber natürlich mit vollem historischen Recht bemerkte, dieser 1. Januar 1900 sei nichts als »ein willkürlicher Einschnitt«: Wer nur irgend das Sagen hatte, zog Bilanz. Und die war allemal in einen Goldrahmen voller Stolz gefasst. Das Deutsche Reich, das Land der Dichter und Denker, stand in diesem Betracht nach wie vor an erster Stelle in der Welt, und jüngst rückte es zusätzlich auf eben diesen Platz als Heimat der großen Ingenieure und Naturwissenschaftler vor.

Auf der Großen Pariser Weltausstellung sammelten die Deutschen natürlich die meisten Goldmedaillen. Und schließlich: Das deutsche Heer war samt der Kaiserlichen Marine, »gerüstet und todesbereit«, wie der Kaiser am Vormittag des 1. Januar vor seinen höchsten Truppenführern vorsorglich erklärte. »Stark und mächtig nach außen«, wie der Möhringer Filder-Bote meinte, sei dieses Reich »zu einem Hort des europäischen Friedens geworden«. Max Haushofer sagte das in seiner Jahrhundert-Betrachtung in der Neujahrsnummer 1900 der Gartenlaube verdächtigerweise genauso: Das Deutsche Reich, »groß und wehrhaft«, sei »ein Hort des europäischen Friedens« geworden.

Ernsthafter und für uns interessanter wurde es dort, wo man das Gestrüpp der Formeln und Schlagwörter beiseite schob und sich an originale, auch ideologisch gegründete Diagnosen wagte. In Stuttgart nahmen die bürgerliche Mitte, die liberalen Demokraten und die Sozialdemokraten in jeweils typischer Weise Stellung. Der Schwäbische Merkur meinte in seinem ausladenden Artikel »zur Jahrhundertwende«, die Vereinigten Staaten von Amerika und Großbritannien seien in Misskredit geraten und verwundbar geworden, wohingegen Deutschland »seine kritischen Tage erster Ordnung« hinter sich habe. Die Grenzen zwischen dem Erreichbaren und der Utopie müssten freilich respektiert werden, es gehe auch in Zukunft um Realpolitik. Die »Friedensfreunde« hätten sich in einem Friedenskongress in Den Haag um ihr Banner gesammelt und eine hochgemute Resolution verabschiedet. »Die Geschichte ist bereits über den viel berühmten Kongress zur Tagesordnung übergegangen, Lyddithbomben und Dum-Dum-Geschosse haben die papierne Urkunde durchlöchert«.

Auch die württembergischen Demokraten, geführt von Friedrich Payer und Conrad Haußmann, distanzierten sich im Beobachter vom 2. Januar 1900 von aller politischen Hymnik. Das Deutsche Reich sei ohne die Beisteuer der Bürger gar nicht zustande gekommen. Im neuen Jahrhundert stünden wirtschaftliche Fragen auf alle Fälle im Vordergrund, ein Ausgleich zwischen Landwirtschaft, Industrie und berechtigten Ansprüchen des Vaterlands sei unerlässlich. »Dass die einzige Rettung, wie die Sozialdemokraten vermeinen, im Sozialismus, in der Vergesellschaftung aller Erwerbsmittel, der Verstaatlichung aller industriellen, gewerblichen und landwirtschaftlichen Betriebe liegen wird, glauben wir nie und nimmer«. Die »Überwältigende Mehrheit des Volkes« halte an der individualistischen Lebensauffassung fest. Sie sehe im »sozialen Staate eine Zwangsanstalt, geeignet, den Menschen gänzlich zur Maschine zu machen und jede Eigenart und jeden Antrieb zu vermehrter Leistung zu vernichten«.

Die Schwäbische Tagwacht, das Organ der württembergischen Sozialdemokraten, blieb in seinem mit – viel Lyrik verzierten – Jahrhundertartikel dabei: »Das neunzehnte Jahrhundert war berufen, die Zivilisation zu krönen mit der leuchtenden Formel des Sozialismus, die im Zwanzigsten ihrer vollen Erfüllung entgegenreift«. Wilhelm Keil, den die Älteren heute noch deutlich in Erinnerung haben, der »württembergische Bebel«, erzählt in seiner Biographie von dem um die Jahrhundertwende viel gelesenen Bestseller-Roman »Rückblick aus dem Jahr 2000« des Amerikaners Edward Bellamy. Er hatte für die jungen Sozialdemokraten um 1900 das Tor zur goldenen Zeit aufgestoßen – sie werde kommen. »Die Frage, wie dieser Umwandlungsprozess – von der engen Gasse der Almosenempfänger zur völligen Gleichheit – praktisch sich vollziehen würde, beschäftigte uns kaum. Da wir in naher Zukunft nicht vor dieses Problem gestellt sein würden, war sie nicht dringlich. Man hatte uns in Wort und Schrift gelehrt, dass es gelte, die politische Macht zu erringen. Das Weitere werde sich dann schon finden. Kommt Zeit, kommt Rat.«

Wo parteipolitische Strategien nicht im Wege waren, gab es Diagnosen von erstaunlicher Nonkonformität. Die vom württembergischen Wohltätigkeitsverein herausgegebenen Blätter für das Armenwesen legten in ihrer Nummer vom 6. Januar 1900 einen »Rückblick auf das scheidende Jahrhundert« vor, einen Rechenschaftsbericht von Armenfürsorge, der manchen von uns staunen machen würde. Und doch findet sich am Ende des Tatenberichts der Satz: »Trotz allen Aufschwungs und Fortschritts, trotz aller Anstrengungen der gesetzlichen und freiwilligen Armenpflege hat man die Verarmung der Massen nicht aufzuhalten vermocht«. In Max

Haushofers Jahrhundertartikel leuchtet nicht nur der Scheinwerfer der großen Bühne, sondern auch die trübe Funzel des Hinterhofs – am 1. Januar 1900. »Innerhalb der wachsenden Bevölkerungsmassen unserer Riesenstädte haben Ehrgeiz und Genußsucht das Leben zu einer nervösen Hetzjagd gemacht, bei der in wohlhabenden Klassen Eitelkeit und raffinierter Luxus, in den ärmeren Kreisen Trunksucht und Rohheit die Segnungen der Gesittung wirkungslos machen wollen.«

Statt einer sektschäumenden Silvesternacht wird hier also recht kritische Kost geboten. Jedem, der nachzudenken vermochte, wurde klar, dass die Zahl, dass Silvester allein noch keine geschichtliche Zäsur bedeuten.

Und was ist jetzt das Ende vom Lied, heuer ums Jahr 1900? Zuversicht oder bedenkliches Ausgeliefertsein an die Ideologien, schwankender Boden oder Festigkeit? Als die Universität Heidelberg 1924 in einer Erinnerungsfeier ihres weitberühmten Philosophen Kuno Fischer gedachte, fanden sich die Schüler, mittlerweile selber Dozenten und Professoren, hernach zu einem Kaffee bei der Tochter zusammen. Man sprach über Gott und die Welt, in behaglichem Seminarstil, bis die Tochter dazwischenfuhr und meinte, der Weltkrieg habe alles kaputt gemacht, um 1900 sei alles noch beieinander und eine unbezweifelte Synthese gewesen, heutzutage sei alles getrennt. So gesehen, präsentiert sich die Zeit um 1900 als eine Epoche der Stabilität, zeigt sich die Zeit um 1900 als eine Epoche der Solidität. Die deutsche Goldmark ist unerschütterlich, und die permanente Anwesenheit von Militär mag die bürgerliche Zufriedenheit über alle sichtbare »Ordnung« nur noch gefördert haben.

Im Februar 1938 erschien im Stuttgarter NS-Kurier – mein Vater hatte das unfreiwillige Aperçu entdeckt, und für uns war das lange noch eine Art Erkennungsmarke – eine lapidare Heiratsanzeige: »Suche Vorkriegscharakter zwecks späterer Heirat«. Es konnte sich nur um die Jahre vor dem Ersten Weltkrieg handeln: Da hatten die Männer noch Charakter und trugen eine Weste, heutzutage läuft nur noch uniformiertes Charaktergesindel herum. Man hatte es weit gebracht, und man schien Belege dafür in der Hand zu haben. »Welch ein Unterschied zwischen damals und heute«, rief der Festredner zur

Wiedereröffnung des Wilhelmatheaters am 25. Mai 1900. »Überall mehrt sich der Wohlstand im Lande«.

Die Visualisierung, die wir Fernseher schon gar nicht mehr empfinden, ahnt man schon voraus. Dafür bietet uns eine Ausgabe der Fliegenden Blätter Gewähr: mit dem Vormarsch der Bilder und der Bebilderung ist eine neue Form der Kommunikation verbunden. In der Gartenlaube des gleichen Tags wird in einer »Silvesterbetrachtung« die Segnung dessen, was wir heute Mediengesellschaft nennen, mit glücklosem Stolz begrüßt. »Heutzutage« gehe die Nachricht von einer Erfindung oder vom Tod eines großen Mannes »sogleich rund um die Erde«. Daraus wird geschlossen: »Das öffentliche Wissen oder Ahnen von der Bedeutung des einzelnen Ereignisses für die Allgemeinheit ist lebendiger geworden, und damit auch das öffentliche Gewissen«.

Schön wär's gewesen, muss man sagen. Aber die Antinomie zwischen Stillstand und Fortschritt, zwischen Gut und Böse mischte sich auch in die Festbratenluft des Neujahrsonntags. Die Dinge waren keinesfalls im Lot. Der junge Hesse schreibt aus der Psychiatrischen Anstalt in Stetten, wohin man ihn gesteckt hatte: »Jetzt habe ich alles verloren: Heimat, Eltern, Liebe, Glaube, Hoffnung und mich selbst. Offen gestanden, ich sehe und bewundere Eure Opfer, aber eigentlich Liebe von euch? Nein!« In seinem 1903 begonnenen Roman »Unterm Rad« hat Hesse mit dieser – nebenbei bemerkt württembergisch-schwäbischen – Gesellschaft abgerechnet.

Und Friedrich Vischer, im gründerzeitlichen Stuttgart gefeiert wie keiner, war nicht so laut mit dabei, wenn die Zeitungsleute – was sie zu Silvester 1900 erstaunlicherweise uni sono getan haben – einen Irrgang Deutschlands in gnadenlosen Nationalismus voraussagten. Dafür hat Vischer mit seiner hartnäckigen Kulturkritik an diesem neuen Deutschland nicht zurückgehalten, wenn er losgezogen hat gegen alle hinter Fassaden versteckte Ungeduld, gegen den aufkommenden schieren Materialismus, gegen die grassierende Halbbildung, gegen den unter der Flagge so genannten Mäzenatentums sich vollziehenden Aufstand der Allzuvielen, die Dinosaurierknochen daheim ins Vertiko legen und auf der Akropolis das Parthenon kaputt trampeln. Seinen Roman »Auch Einer«, 1904 in einer Volksausgabe erschienen, eine bürgerliche Publikumsbeschimpfung par excellence, hat man sich merkwürdigerweise sehr gefallen lassen, als ob man geahnt hätte, dass dieses schwäbische Donnerwort und dieser Feldzug gegen die Pompositát einer Allerweltskultur ihre Berechtigung haben.

Die große, vom schönen Schein genährte Angeberei war ja nun auch die Sache der Württemberger nicht. Man kennt das sympathische Geschichtlein von den beiden Enkeln des letzten württembergischen Königs Wilhelms II., den beiden Prinzen zu Wied. Sie sollten wieder in die Sommerferien zum Großvater nach Stuttgart. Man setzte sie in Neuwied ins Abteil und rief ihnen noch nach, sie würden am Bahnhof in Stuttgart abgeholt. Nach einer Weile kam der Schaffner zur Fahrkartenkontrolle. »So, ihr fahret nach Stuttgart.« – »Ja«, erklärten die Buben. »Und was machet'r do.« – »Mir fahre zu unserem Großvater.« – »Und was macht euer Großvater?« »Ha, der isch do Keenig.«

Nichts von großem Protokoll. Man sagt das so leicht, gemeint sind Baden und Württemberg: »Aufgabe der Souveränität und Eingliederung ins Deutsche Reich« mit Urkunde vom 1. Januar 1871. Dass mit diesem Okkupations- und Verwaltungsakt auch massive sozialpsychologische Veränderungen und die Freigabe eines gehörigen Stücks geistiger Eigenständigkeit, ein oktroyierter Abschied vom »alten Württemberg« gemeint war, hat sich heute noch nicht recht herumgesprochen.

Keiner hat das so deutlich gesehen wie der schwäbische Philosoph Karl Friedrich Planck. Er hatte sich in Tübingen habilitiert, ein glänzender, ein mutiger Kopf, den Altwürttemberg, so isch no au wieder, in Maulbronn und dann in Blaubeuren als Ephorus hat sitzen lassen. Planck sah im preußischen Staat, dem man nun, Ergebnis eines Krieges, einverleibt war, ein politisch neureiches, lediglich rationales und im Grunde immer noch einseitig partikularistisches, eben nicht internationalen Bindungen zugetanes Gebilde. Die Seele und das Gemüt zu dieser Staatswerdung brächte der deutsche Süden ein, allen voran die »Kraft und Tiefe schwäbischen Geistes«: Er in erster Linie vermöge aus der unwürdig mechanischen Annexion eine innige, eine geistige Einheit zu schaffen.

Der Blick auf die Jahrhundertwende weist also noch auf ein spezifisch hausgemachtes Problem, auf die Rettung der badischen, der württembergischen Eigenständigkeit inmitten einer zu Großstaaten sich wendenden Welt. Baden scheint die befohlene Anpassung rascher hinter sich gebracht zu haben, in einer Eilfertigkeit, die den eher konservativen Planck fast zu einer Verurteilung Badens treibt. Badens Zusammensetzung und Geschichte hätten es dahin gebracht, dass schon 1848 Baden »am haltlosesten dem unreif demokratischen Zeitstreben anheim fiel, und so war es schon früher vorzugsweise der Staat des Modeliberalismus, so wenig wir auch damit die Verdienste eines Welcker, Rotteck usw. überhaupt in Abrede stellen wollen. In gleicher Weise ist Baden jetzt wieder am unselbständigsten von der augenblicklichen verständig-nationalen und äußerlichen Zeitströmung beherrscht, die hier ohnehin von oben her ihre Förderung findet.«

Während also Hans Thoma in seinen 1908 erschienenen Erinnerungen im, wie er sagt, »süddeutschen Volkstum« noch unverbrauchtes und auch für eigene Staatsbildung noch virulentes Kapital entdeckt, begnügt sich die Stadt Mannheim in ihrer Chronik von 1900 mit der Feststellung, Mannheim sei zweite Hauptstadt und »Glied in dem mit Blut und Eisen fest gefügten Organismus des neu erstandenen Deutschen Reiches«. Der Stuttgarter Chronistenkollege hat in seinem 1900-Band auch der Beziehungen zu Berlin gedacht, aber er hätte sich vermutlich eher in die Finger gebissen, als ein derart martialisches Preußenbekenntnis zu Papier zu bringen. Die in Baden und Württemberg 1904 und 1906 akzeptierte Verfassungsreform ist natürlich auch die Arbeit eines kompensierenden Musterschülers, der dort Erstplatzierter ist, wo er es noch sein darf. Und aus der Verlegenheit, als Staat nur noch aus zweiter Hand zu leben, im Badischen wie im Württembergischen, haben die Künste und die Dichtung, die Musikwelt und das Theater auch herausgeholfen. Kunst als Kompensation für verloren gegangene politische Souveränität und Autorität: der badische Großherzog Friedrich ist nicht mehr Marschall seiner Truppen, aber Schutzpatron der Künstler.

Das wäre nicht die schlechteste Patronage. Kultur entsteht nicht, indem wir auf den Druckknopf eines wohl vernetzten Info-Systems drücken. Sie will (auch) verdient und vermenschlicht sein. Bei aller Kritik: Um 1900 ist hierzulande eine ästhetische und eine politische Kultur etabliert worden, die deutliche Spuren hinterlassen hat und von der Baden-Württemberg heute noch zehrt.

Der schmähliche Abschied

Als am 1. August 1914 die ersten mobilisierten Soldateneinheiten zu den Bahnhöfen zogen, in den Mündungen ihrer Gewehre die Blumen dieses Sommers, waren die gängigen politischen Fragen zu einer zweitrangigen Sache geworden. Das, was man sich erworben und aufgebaut habe, wolle die Welt einem nehmen und müsse verteidigt werden: So mag die Mehrzahl gedacht haben. Wie viele durchschauten die Gefahren und waren sich des Jammers der Ideologien bewusst? Selbst viele der Linken hatten »Ja« gesagt. Sie wollten in dieser »Schicksalsstunde« nicht abseits stehen.

Auch Stuttgart hatte, wie Württemberg und Baden insgesamt, die Welle der patriotischen Begeisterung erreicht. Die Vorlesungen des Historikers Gottlob Egelhaaf an der Technischen Hochschule waren so sehr besucht, dass die ältesten Hochschulbeamten versicherten, solchen Andrang nie erlebt zu haben. Egelhaaf hat sich das nicht selbst, sondern den Stimmungen des Augenblicks zugeschrieben. Vielleicht mündeten sie auch ein in die letzte Kundgebung einer Tradition, die man mit dem Ruf »Hie gut Württemberg allweg« zu feiern gewohnt war.

Die Verabschiedung der Truppen im Hof der Rotebühlkaserne war wie ein Sinnbild dafür: Der alte, lautere, in politischen Dingen längst ohne Ehrgeiz auftretende, von den Eitelkeiten des Tages kaum mehr verführte »Herr König« stand vor den Soldaten. Sie mussten in einen Krieg ziehen, der, wie man heute weiß, etlichen Verantwortlichen in Deutschland nicht einmal ungewollt kam. König Wilhelm hatte man um so mehr geliebt, als er mit dieser zwischen Ohnmacht und Aggressionen zerriebenen Politik gar nicht mehr zu identifizieren war. Er war selbst einer von den Geschobenen, der ein paar Jahre zuvor, beim Richtfest des Stuttgarter Rathauses, nur zu sagen wusste, in seiner Jugend sei er gelehrt worden, Stuttgart habe fünfundvierzigtausend Einwohner, jetzt seien es mehr als zweihunderttausend. Für die aufblühende Stadt hatte er nur den einen Wunsch, dass der Gemeinderat »für unabsehbare Zeiten nur solche Beschlüsse fassen möge, die zum wahren Gedeihen beitragen«.

Am Sonntag, den 10. November 1918, hat die Presse noch beides gebracht, den amtlichen Kriegsbericht vom westlichen Kriegsschauplatz, wo die Linien »planmäßig zurückverlegt wurden«, und die ersten Notizen über den Sieg der Revolution im Reich. Gibt es das, eine eigene Geschichte der württembergischen Revolution oder gar der Revolution im deutschen Südwesten? Württemberg war das Ursprungsland der Unabhängigen Sozialdemokratischen Partei Deutschlands (USPD), von der sich die Spartakusgruppe abgezweigt hatte. Im extremen Flügel der Sozialdemokratie hatten beide Richtungen frühzeitig in Württemberg, vor allem in Stuttgart, eine starke Anhängerschaft gefunden. Einzelne Wortführer haben schon vor Kriegsausbruch damit gerechnet, dass sich bei ungünstigem Kriegsausgang eine Gelegenheit zum revolutionären Umsturz bieten werde. Man habe alles darangesetzt, hieß es im Sommer 1919 in einer Art Manöverkritik dieser Kreise, die deutsche Revolution vorzubereiten, in Untergrundarbeit, unter den größten Entbehrungen, unter Dreingabe des Lebens. In den Oktober- und ersten Novembertagen haben beide Gruppen denn auch alle Gelegenheiten benutzt – politische Veranstaltungen und Umzüge und nächtliche Demonstrationen –, um auch in Stuttgart den Umsturz einzuleiten.

Aus den Reihen der »alten« württembergischen Sozialdemokratie ist später immer wieder darauf hingewiesen worden, dass den beiden Hand in Hand arbeitenden Gruppen ein wirklicher Kopf gefehlt habe. Es sei deshalb nicht gelungen, die Initiative zum Sturz der Monarchie und zu einem Aufstand zu ergreifen. Viel, zu viel sei in den Verlautbarungen dieser Wochen Importware gewesen. Tatsächlich hat man den Eindruck, dass in dieser Stuttgarter »Novemberrevolution« viel Politik aus zweiter Hand gemacht worden ist. Die extremen Agitationen und Projekte waren von außen inspiriert. Die spartakistischen Unruhen in Berlin Ende Dezember 1918 haben die

Stuttgarter Spartakisten zur unmittelbaren Nachahmung gereizt. Als in der zweiten Novemberhälfte die Landesversammlung der Soldatenräte Württembergs in Stuttgart tagte, war das Beispiel anderer Städte, in denen die Räte die Herrschaft in Händen hatten, immer wieder herangezogen worden. Wilhelm Münzenberg, Sekretär der Internationalen Verbindung sozialistischer Jugendorganisationen und einer der Wortführer in Stuttgart, hat kaum etwas versäumt, um den Delegierten der Kompanien die neuesten Informationen darüber zu geben, dass und wie »in einzelnen Teilen Deutschlands« die Räte »das historische Gebot der Stunde begriffen« hätten. Auch im bürgerlichen Lager hat man sich übrigens »preußischer« Vorbilder bedient. Es kam nicht von ungefähr, dass Robert Bosch in Stuttgart nach dem Vorgang der in Berlin gegründeten »Deutschen Gesellschaft 1914« im Sommer 1918 eine »Württembergische Gesellschaft 1918« ins Leben rief, zu deren Gründungskollegium neben Bosch der demokratische Abgeordnete Conrad Haußman, der Fabrikant Bruckmann, der Generalstaatsanwalt und Zentrumsabgeordnete Hans Kiene, der Stuttgarter Oberbürgermeister Lautenschlager, der Sozialdemokrat Wilhelm Keil und der Innenminister Köhler gehörten. Sicher war es die Absicht, einer eigenständig-württembergischen Tradition zum Leben zu verhelfen. Bosch hat diesen Gedanken auch später und mit sehr nachdrücklichen Stiftungen verfolgt. Aber fürs Erste geschah das in Form einer Reaktion.

Natürlich stand auch Württemberg im Spätherbst 1918 vor den Fragen eines ökonomischen und sozialen Strukturwandels, vor dem Wechselspiel zwischen politischer Parteienbildung und sozialer Schichtung und vor der Spannung zwischen Reichstreue und Föderalismus, die Person des Königs im Vordergrund. Gerade in diesem Punkt scheint sich indessen eine originär württembergische Situation ergeben zu haben, die der Rede vom Auseinanderklaffen zwischen Verfassung und Verfassungswirklichkeit in Stuttgart ebenso Schranken setzte wie der automatischen Übertragung der Vorstellungen und Vorgänge in den Residenzstädten Berlin, Dresden oder München auf Stuttgart. Während in München unter Eisners Führung eine erste große Massenkundgebung zum Sturz des Königs führte, war man zur gleichen Zeit in Württemberg bemüht, auf der Grundlage der Monarchie eine parlamentarische Regierung zustande zu bringen. Selbst die Führer der linksextremistischen Gruppen haben immer wieder betont, auch in den entscheidenden Stunden, in dem »guten alten Herrn« kein Angriffsziel sehen zu wollen. Wilhelm Keil, unangefochtener Wortführer der Mehrheits-SPD in diesen Tagen, wohl ihr am nachdrücklichsten meinungsbildender Mann und in der »Revolutionssitzung« am Nachmittag des 9. November zum ersten Ministerpräsidenten der Republik vorgeschlagen, war im Grunde vom Monarchisten so weit nicht entfernt. Am Abend dieses 9. November hat sich der letzte württembergische König über den verabschiedeten Finanzminister Liesching und den gewesenen Innenminister Köhler an Keil gewandt, mit der Bitte, ihn vor weiteren Belästigungen schützen und für ein sicheres Geleit nach Bebenhausen sorgen zu wollen. Keil war beglückt darüber, dass »der alte Herr unter sicherem Schutz und unbelästigt die Übersiedlung nach Bebenhausen durchführen konnte«. Unter der Ehrenwache für den Monarchen waren Arbeiter und Soldatenräte.

Was andernorts ein Paradox und eine Provokation gewesen wäre, ist typisch für die Stuttgarter Revolution. Am 4. oder 5. November hatte ein Stuttgarter Bürger, wie der Generaladjutant später berichtete, ein Immediatgesuch an den König gerichtet mit dem dringenden Vorschlag, es möchten zum Schutz der Stadt und vor allem des Königs Bürgerwehren errichtet werden. Der König scheint nicht so ablehnend gewesen zu sein, wenn auch die Ereignisse allein die organisatorischen Vorbereitungen schon gar nicht mehr zugelassen hätten. Seltsam blieb, dass auch die Arbeiterschaft Stuttgarts selbst, die »Roten«, am Landesvater hingen. Politisch-ideologische Komplikationen waren da unvermeidlich. Keil hat in seiner zwanzigminütigen Rede im Hof des Neuen Schlosses am Vormittag des 9. November, der gewichtigsten Rede dieses Vormittags, eine ausweichende Haltung eingenommen. Nach dem übereinstimmenden Bericht der sozialdemokratischen Presse hieß der entscheidende Satz seiner Rede: »Unser neues Ministerium, dessen Ernennung heute veröffentlicht und hoffentlich zum letzten Mal von einem König von Gottes Gnaden unterzeichnet sein wird, wird nur eine Übergangserscheinung sein. In wenigen Tagen wird es einer anderen Leitung Platz machen müssen, in der die Arbeiterschaft einen ihrer Bedeutung entsprechenden Einfluss erhalten muss«. Wer die einzelnen Worte auf die Waage legt, hat die ganze Ideologie dieser Stuttgarter Revolution in der Hand: Sie zielt auf vermittelnde und überleitende Aktionen, nicht auf eine totale Gesellschaftsveränderung. Sie lebt nicht von der Gewaltsamkeit und nicht von der ungeniert illegitimen Praktik, sondern von einer eher konservativen Vorstellungswelt. Keil hat später immer wieder betont, in seiner – übrigens von stürmischem, lang anhaltendem Beifall überschütteten – Ansprache im Schlosshof sei von einer »Aufhebung der Monarchie« nie die Rede gewesen. Er habe »den württembergischen König« gar nicht erwähnt. Wie dem auch sei: Weder er noch einer der anderen neun Redner haben an diesem Vormittag in der Stuttgarter Innenstadt vor den Hunderttausend zum Sturz der Monarchie aufgefordert. »Wie hätten wir«, erklärt Keil hernach, »in Württemberg, wo der Monarch eine mustergültige konstitutionelle Haltung einnahm, die aus dem Zusammenbruch des Heeres hervorgehenden Schwierigkeiten noch vergrößern sollen durch Aufrollung der Frage der Staatsform!« Gibt es vernünftigere Revolutionäre?

Die Vorgänge, die unmittelbar zum Stuttgarter 9. November geführt haben, sind heute einigermaßen zu übersehen. Am 30. Oktober gab die USPD in einer Versammlung und anschließenden Straßendemonstration das Signal für »weitere Aktionen«. Dabei wurde ein »Manifest« der Landeskommission und der dreiköpfigen Landtagsfraktion der USPD bekannt gegeben, das sicher nicht, wie schon die Mehrheits-SPD meinte, auf Stuttgarter Boden gewachsen war. Aber man hat die Deklaration nach guter parlamentarischer Regel angenommen. Diese Stuttgarter Oktober-Aktion, von der USPD als großer Erfolg gefeiert, versuchte man in anderen Städten des Landes zu wiederholen, in Esslingen und Ulm, in Ravensburg und Göppingen. Aber es kam nur zu schwachen Ansätzen. In führender Weise ist damals nur in Stuttgart Politik gemacht worden. Im Land hat man auf die Stuttgarter Inspirationen zurückgegriffen oder die Stuttgarter Vorgänge überhaupt nur zu kopieren versucht. Aus Städten wie Esslingen, Heilbronn und Göppingen kamen am Abend des 8. November Vertrauensleute nach Stuttgart, die sich »informieren und sich dem Stuttgarter Vorgehen« des kommenden Tages anschließen wollten. Stuttgart ist Stellvertreterin des ganzen Landes. Nirgends sonst im Lande ist die Gretchenfrage Republik oder Monarchie so bewusst gestellt, in so komplizierter Weise angegangen und derart ausgestanden worden wie in Stuttgart. Am Sonntag, den 10. November, hat man im Lande draußen das nachgeholt, was in Stuttgart vorexerziert worden war: »Demonstrationen nach dem Vorbild der großen in Stuttgart vom Tage zuvor.«

Einer der Tätigsten unter den Radikalen war der Redakteur Fritz Rück, ein junger und, wie manche Sozialdemokraten meinten, etwas exzentrischer Mann. Er war einer der Hauptorganisatoren des Manifests vom 30. Oktober, in dem unter andrem ein sofortiger Waffenstillstand sowie die Auflösung des Reichstages und der Landesparlamente, die Umgestaltung des Heerwesens, die Aufhebung der Einzelstaaten und die Einführung der sozialistischen Republik gefordert worden war. Während einer Nachtschicht war es Rück gelungen, im Fabrikhof bei Daimler in Untertürkheim einen Arbeiter- und Soldatenrat zu gründen: die Getreuen unter den Arbeitern standen da, und ein paar Feldgraue als Soldatenvertreter waren schnell gefunden. An der Spitze des Unternehmens stand Rück selbst.

Am nächsten Tag trat die Revolutionsinstanz nach russischem Muster auf den Plan. Aber mit der groß angelegten Aktion am 3. November, einem Sonntag, klappte es nicht ganz, zumal der angekündigte, eben aus der Strafanstalt entlassene Karl Liebknecht nicht erscheinen konnte. Immerhin wurde am Montag in den – während dieser Tage führenden – Daimlerwerken und in anderen größeren Betrieben der östlichen Vororte durch Laufzettel, die von einem »Aktionsausschuss« unterzeichnet waren, die Parole zum Demonstrationsstreik ausgegeben. Der aus alten Gewerkschaftlern bestehende Arbeiterausschuss bei Daimler lehnte sich dagegen auf, gab aber dann schließlich unter dem Druck der entschlossenen USPD-Leute nach. Die Bosch-Arbeiter und die große Mehrzahl der Arbeiter in den mittleren und kleinen Betrieben Stuttgarts ließen sich nicht zum Demonstrieren bewegen. Dass dennoch zehn- bis zwölftausend Leute für einen Umzug zusammengekommen sind, muss verwundern. Die Zahl der Auswärtigen, etwa der Arbeiterschaft des Sindelfinger Daimler-Werkes, die für die spartakistischen Angebote nicht unempfänglich war, muss also eine gewisse Rolle gespielt haben. Die sozialdemokratische Tagwacht sprach von »planlosen Demonstrationen«. Innenminister Köhler hatte sie genehmigt, ihre Abordnungen empfangen und »gewürdigt«.

Aufs Ganze gesehen, wird man den Berichterstattern glauben dürfen, die vermerken, dass »die Tage bis zum 8. beziehungsweise 9. November verhältnismäßig ruhig« in Stuttgart verlaufen seien. Im Grund war es eine Handvoll Leute, Rück und Münzenberg, Hoernle und Thalheimer, die, mit Keil zu reden, »die Vorbereitung der Revolution als ihren neuen Beruf ansahen«. Das kann auf der anderen Seite nicht darüber hinwegtäuschen, dass diese ersten Novembertage auch in Stuttgart im Zeichen des Zerfalls der alten Gewalten standen.

Im Übrigen wäre es falsch, die Machtablösung dieser Tage auf einen »Fall«, auf einen Anlass zurückführen zu wollen. Köhler hat in der Nacht des 8. November sechzehn Mitglieder des bei Daimler ins Leben gerufenen Arbeiter- und Soldatenrats »wegen der Verbreitung revolutionärer Flugblätter« in Sicherheitshaft nehmen und ins Tübinger Amtsgerichtsgefängnis bringen lassen. Dort waren, das hat den Innenminister wohl ermutigt zu seinem Vorgehen, in der Nacht zum 8. November Rück und Thalheimer eingeliefert worden, die auf der Fahrt nach Friedrichshafen der Polizei in die Hände gefallen waren. Selbst die besonnensten, ältesten Gewerkschaftsleute bei Daimler haben sich aufgelehnt gegen diesen Schritt.

Am Vormittag des 8. November haben die beiden Vorsitzenden des Daimlerschen Arbeiterausschusses, Salm und Schifferdecker, der Bezirksleiter des Metallarbeiterverbandes Karl Vorhölzer, sein Geschäftsführer Hosenthien, Keil und andere bei Köhler wegen Freilassung der Festgenommenen interveniert. Gleichzeitig bekannten sie, dass für den morgigen Samstag, den 9. November, eine Großdemonstration geplant sei. Um Zusammenstöße zu vermeiden, schlage man vor, auf polizeiliche und militärische Vorkehrungen zu verzichten. Andere Absprachen scheinen nicht getroffen worden zu sein. Das Programm für die Großdemonstration ist am Nachmittag dieses 8. November zwischen den Gewerkschaften, der SPD und USPD abgesprochen worden. Auf den Handzetteln, die anderntags dem

»werktätigen Volk Württembergs« in die Hände gedrückt wurden, stand unter anderem, dass das »alte Deutschland« nicht mehr sei, Kaiser und Kronprinz abgedankt hätten, dass man »die Einführung einer Republik« fordere, demokratisches Wahlrecht, die Abschaffung der Ersten Kammer, eine Neuwahl, völlige Beendigung des Kriegszustandes, die Beseitigung der Schuldenwirtschaft und die Durchführung des sozialistischen Programms der unterzeichnenden Parteien.

Um halb zehn Uhr am Abend dieses Tages eröffnete Innenminister Köhler in seinem Amtsgebäude eine Besprechung, an der – vorübergehend – Ministerpräsident Liesching und außer den Herren des Kriegs- und Innenministeriums der Stuttgarter Oberbürgermeister, Stadtdirektor Nickel und Polizeidirektor Ludwig teilnahmen. Lautenschlager begann die Runde: Die Unruhe in den Arbeiterkreisen, die vor ein paar Tagen in Friedrichshafen zum Einschreiten genötigt habe, dränge auch in den Stuttgarter Großbetrieben zur Entladung. Er habe die Zusicherung seitens der Sozialdemokraten, dass man morgen alles daransetzen wolle, um Ausschreitungen zu verhüten. Aber es müsse damit gerechnet werden, dass die Demonstranten vom Schlossplatz aus zu den Kasernen, zum Rathaus und zu den einzelnen Ministerien zögen, um die Truppen für sich zu gewinnen und sich der Leitung der Stadt und der Regierungsgewalt zu bemächtigen. Er habe eine Beratung des Gemeinderats herbeigeführt, deren Ergebnis der Beschluss gewesen sei, den Dingen, da sie nicht mehr aufzuhalten seien, ihren Lauf zu lassen. Die Beamten des Innenministeriums verlangten Waffengewalt. Der Stellvertretende Kommandierende General Exzellenz von Schäfer erklärte, dass mit den Truppen, wenn die Versammlung auf dem Schlossplatz zugelassen werde, Weiteres nicht verhindert werden könne. Er glaube nicht, dass die Truppe, sollte das notwendig werden, schieße. Vom König kommt der Bescheid, »um seinetwillen« solle kein Blut vergossen werden. Der Minister spricht das Schlusswort: Das Militär erkläre seine Ohnmacht. Also müsse man die Dinge geschehen lassen.

Als der Morgen des 9. November heraufzieht, lesen die Menschen auf Extrablättern: »Mitbürger! Heute Vormittag wird die Arbeiterschaft Stuttgarts sich auf dem Schlossplatz und den benachbarten

Plätzen versammeln, um von ihren berufenen Führern Mitteilungen über die innenpolitische Lage entgegenzunehmen. Diese Versammlung will der ruhigen und geordneten Überleitung in andere staatsrechtliche Verhältnisse dienen. Die gesamte Einwohnerschaft bitte ich, Ordnung und Ruhe zu halten. Damit dient jeder am besten unserer Stadt und dem Vaterland. Stuttgart, den 9. November 1918. Namens der Gemeindekollegien: Lautenschlager, Oberbürgermeister.«

Was sich abgespielt hat, war keine Revolution. »In glänzender, vorbildlicher Disziplin«, berichtete die Presse, seien »die riesigen Arbeitermassen dem Aufruf zur völligen Einstellung der Arbeit gefolgt«, den die Vereinigten Gewerkschaften und die beiden sozialdemokratischen Parteien hätten ergehen lassen. Im Schlosshof und am Schillerdenkmal, wo die Teilnehmerzahl anfänglich nicht so zahlreich war, hat man die Reden mit Beifall quittiert und übrigens da und dort am Neuen Schloss sich ein Vorhängchen heben sehen: Die Schlossbediensteten wollten von diesem Spektakulum auch etwas haben. Auf dem Balkon des Rathauses wehte die rote Fahne. Die Reden der Genossen Schwab, Stetter und Sämann dort wurden »nur durch momentane Beifallsäußerungen unterbrochen«.

Am Karlsplatz staffierten einige Soldaten den »goldenen Wilhelm« und seinen Gaul mit roten Fahnen aus; ein Witzbold setzte unter dem Gelächter der Menge dem helmgeschmückten Haupt eine weiße Zipfelmütze auf. Die Maschinengewehrabteilung im Waisenhaus wurde entwaffnet; ein Leutnant, der Widerstand leisten wollte, »war rasch überwältigt«. Der Wache im Alten Schloss nahm man die Gewehre ab. Endlich formierte man sich zu einem Demonstrationszug, der, Soldaten und Zivilisten, mit und ohne rote Fahnen, durch die Innenstadt zog »bei lebhaft einsetzendem Regen«.

Dass sich während der Reden im Schlosshof und Schillerplatz, zwischen elf und halb zwölf Uhr, ein »wilder Haufen« anschickte, in das Palais König Wilhelms einzudringen – der sich entschieden geweigert hatte, die Stadt zu verlassen oder sein Haus mit Maschinengewehren zu bewaffnen – davon war der SPD, und man kann annehmen, auch der USPD vorher nichts bekannt. Wer es war, wird schwerlich noch zu klären sein. Die einen nannten später »Jugendliche«, Keil und seine Leute sprachen von einer »Rotte ungezügelter Burschen«. Der junge Reserveleutnant, der an diesem Tage die Palastwache hatte, der spätere Pfarrer Karl Botsch in Untertürkheim-Luginsland, ließ den Mob erst ein, als ihm einer der Revoluzzer die umgekehrte Helmspitze in die Schädeldecke gehauen hatte. Botsch, nach dem Tode des Königs von der Königin mit dem Degen des Monarchen beehrt, hat zeitlebens an dieser Wunde zu leiden gehabt. Dann stürmten die Helden, Soldaten und Zivilisten, nach oben und zogen die Hausflagge ein. Auf dem Wilhelmpalais wehte die rote Fahne. Musik habe eingesetzt, und – so die linke Presse – Zehntausende hätten gejubelt. Dann seien die Eindringlinge von dem Techniker Esterle wieder abgedrängt und der König vor persönlicher Belästigung bewahrt worden.

Der Auftritt im persönlichen Heim des alten Herrn muss eine peinliche, eine wüste, eine sinnlose Sache gewesen sein. Das Eigentum des Königs sei von denen, die hernach aus und ein gingen, unberührt geblieben. Wilhelm selbst hat das Palais nicht, wie ihm angeraten, durch einen Nebeneingang, sondern durch das Hauptportal verlassen. Er hat Stuttgart nie mehr betreten. Am 30. November hat er seine Krone niedergelegt und in einem Gruß von Bebenhausen aus von seinem Land und seinen Leuten Abschied genommen. »Allen, die mir in 27 Jahren treu gedient oder mir sonst Gutes erwiesen haben, danke ich aus Herzensgrund. Ich spreche hierbei zugleich im Namen meiner Gemahlin, die nur schweren Herzens ihre Arbeit zum Wohle der Armen und Kranken in bisherigem Umfang niederlegt. Gott segne, behüte und beschütze unser geliebtes Württemberg in alle Zukunft. Dies ist mein Scheidegruß!«

Volksstaat der Verlässlichkeit

Die Republik ist auf keiner der Veranstaltungen des 9. November ausgerufen worden. Vielmehr trafen sich am Spätnachmittag des Tages im Landtagsgebäude die Vorstände der beiden sozialistischen Parteien und des Stuttgarter Gewerkschaftskartells: Wiederum war das Stuttgarter Ständehaus Zeuge einer neuen Geschichtsepoche. Zum Präsidenten der Provisorischen Regierung wurde Wilhelm Blos gewählt, Parteimann und Historiker, dem man eine volkstümliche »Geschichte der Französischen Revolution« und eine der Jahre 1848/49 verdankt. Er war am Vormittag nicht dabei, sondern in seinem Degerlocher Heim. Ihm entgingen die fahnen- und tafeltragenden Arbeitergruppen ebenso wie 1945 vielen Einwohnern der Außenbezirke der Einmarsch der Franzosen und Amerikaner. In modernen Großstädten vollziehen sich solche Akte nicht mehr vor aller Öffentlichkeit. Blos, 1849 geboren, ein bedächtiger, würdiger alter Mann, dessen markante Gesichtszüge ein Leben voller Arbeit verrieten, war nicht gekommen, um ein Amt zu haben. Er wollte nur, wie sein Freund Keil später zu sagen wusste, »als Politiker und Historiker Zeuge des bewegenden Geschehens« sein. Ein paar Stunden später war er der erste Mann im Staate. Und mitten im Trubel des menschenvollen Saales hatte er einem Fräulein in die Schreibmaschine die Proklamation an das württembergische Volk zu diktieren. Er begann, nach dem Hinweis auf die »gewaltige, aber glücklicherweise unblutige Revolution«, mit den vier Worten: »Die Republik ist erklärt.«

Auch in den folgenden Wochen hatte das Ständehaus seine wichtige Rolle. Es war der Hauptort in der Auseinandersetzung um die Frage, ob die radikalen Kräfte, ob das Rätesystem sich durchsetzen werde oder die gemäßigte, mit der Vernunft kalkulierende Politik. »Wenn es in Stuttgart rasch und unblutig ging«, schrieb Paul Bonatz später in seinen Lebenserinnerungen, »dann ist es – lasst mich meine Bewunderung für diesen schönen, mutigen, damals jungen Paul Hahn immer noch einmal kundtun – allein sein Verdienst«. Der Hinweis hat viel Wahres in sich. Dieser einstige Volksschullehrer und Weltkriegsoffizier – den seine Anhänger Ende 1918 so geliebt haben, dass sie ihn selbstverständlich auch zu ihrem Soldatenrat wählten, der viele Jahre später von Freislers Volksgerichtshof zu drei Jahren Zuchthaus verurteilt wurde und Himmlers Befehl, ihn zu erschießen, nur deshalb entging, weil wenig später die russischen Panzer einfuhren –, dieser hervorragende Mann hat einen beachtlichen Anteil an der raschen und konsequenten Niederwerfung der Ultralinken.

Aber die Rechnung der Geschichte ist selten so einfach, dass sie durch den Arm eines Einzelnen beglichen oder liquidiert werden könnte. Das alles, was sich in diesen wenigen Novembertagen in Stuttgart ereignet hat, war ohne Hybris und ohne Blutrausch. »Kronen tanzen auf den Gassen, überlieferte Form und Formel sind zerbrochen durch unseren Vormarsch, und in dem Schmelztiegel der großen Ideen leuchtet das edle Gold der Sozialisierung der Gesellschaft«: Solche Sätze, Mitte November von den Stuttgarter Arbeiter- und Soldatenräten den heimkehrenden Soldaten entgegengeworfen, blieben, so kunstfertig sie gesetzt waren, nichts als Literatur. Wilhelm Blos, der in zwei schmalen Bändchen hernach seines Amtes als Historiker waltete und die Ereignisse ordnete und wertete, meinte, dieser Stuttgarter Revolution habe es an etwas gefehlt. Er vermisste in ihr »die allgemeine, alles überbrausende, mitreißende und erhebende Begeisterung«. Moderner gesagt: Die schwere Fracht der revolutionären Ideologie, der Abfall der Intellektuellen vom Staate, die unbesiegbare Verkündigung des neuen Propheten, von dem die Massen hypnotisiert sind: Das alles hatte Stuttgart nicht. Blos und seine Freunde waren keine Hitzköpfe. Sie kannten das Leben. Sie kannten die Geschichte. Selbst die Stadt Stuttgart war in der Proklamation des 9. November nicht vergessen. Die übrigen Gemeinden des Landes wurden aufgefordert, »sich dem von der Stuttgarter Bevölkerung gegebenen Beispiel anzuschließen und in den wirtschaftlichen und sonstigen Beziehungen zur Landeshauptstadt keine Stockungen eintreten zu lassen«. War dies auch gesagt, um an der weiteren Funktion der Landeshauptstadt, die in ein paar Stunden ihre vielhundertjährige Residenzstadttradition verlor, gleich gar keine Zweifel aufkommen zu lassen? Von den sozialistischen Parteien, den Gewerkschaften, dem Arbeiter- und Soldatenrat sei ein Arbeitsausschuss gebildet worden, dem sich General von Ebbinghaus mit seinen Offizieren zur Aufrechterhaltung der Ordnung angeschlossen habe. Diese »Körperschaften« würden »geeignete Fachleute für die Fortführung der Verwaltungsgeschäfte heranziehen, ohne Rücksicht auf ihre politische oder religiöse Gesinnung«. Das war nicht die totale, das war nicht die sozialistische Weltrevolution.

Die Unterschiede zu anderen deutschen Großstädten werden deutlich. In Bremen beschloss der Arbeiter- und Soldatenrat die Übernahme der ausführenden Gewalt im Bremer Staatsgebiet, in Berlin gab er sich, zum eigenen Schaden, mit der Usurpation partieller Macht, etwa der Hauptstadtverwaltung, schon gar nicht zufrieden, in Frankfurt behielt er sie bis zum Sommer 1919, in München wurde die Entwaffnung der Bourgeoisie von Toller proklamiert, und von Leviné verwirklicht. Er ließ sich die Macht erst nach Massakern aus der Hand nehmen. In Stuttgart stand der 9. November nicht, wie in München, in engstem Kontinuitätszusammenhang mit der vorrevolutionären Zeit. Die wachsende Substanzlosigkeit des monarchischen Prinzips und die zunehmende soziale Mobilität der unterprivilegierten Teile des Volkes war nicht so gravierend, der Hunger hatte sich der Leute nicht so bemächtigt, weil – das ist fast die Perversion dessen, was sich die pathetischen Deklarationen der Räteführer als Wirklichkeit erhofften – statt reuiger Kleinbürger und eines »einsamen Riesen« ohne Umland (München) eine mit dem Neckarland verbundene Industriearbeiterschaft da war, die nicht allzu viel hielt vom Rätegedanken. An Münchens November haben Industrie und Handwerk geringen Anteil; in Stuttgart war eher das Gegenteil der Fall. Als sich am 25. November der neu gewählte Stuttgarter Arbeiterrat mit seinen dreihundert Teilnehmern zur ersten Versammlung zusammenfand, hatten sich die labilen Verhältnisse schon recht gefestigt. Gewiss hatte die Regierung auch die »Räte« zugezogen. Aber wenn Edwin Hoernle, ein spartakistisch-kommunistisches Programm empfehlend, »wie ein Feldherr auftrat«, musste er sich von seinen eigenen Leuten Rügen gefallen lassen. Es gab ein durch die Regierung erlassenes Gesetz »Über die Satzungen der Arbeiter-, Bauern- und Soldatenräte«, das nach der am 8. Dezember in Stuttgart stattgehabten Versammlung beschlossen worden war. Aber gerade auf dieser Versammlung hatte man gemeinsam betont: »Die Vollzugsgewalt liegt ausschließlich in den Händen der Regierung. Die Arbeiter- und Soldatenräte vermeiden jeden Eingriff in die staatliche oder Verwaltungstätigkeit.«

Es hat nicht an Versuchen gefehlt, die Sache noch einmal zum dramatischen Höhepunkt zu bringen. Am 12. Januar war die Verfassungsgebende Landesversammlung zu wählen. Am Freitag vor dem Wahlsonntag zogen aufrührerische, zum Teil bewaffnete Kolonnen durch die Stuttgarter Straßen. Beim Angriff auf das Gebäude der Württemberger Zeitung, das durch Regierungstruppen geschützt war, kam es zu einer Schießerei, bei der es Tote und Verwundete gab. In der Nacht zum 11. Januar wurden sieben Spartakisten verhaftet. Am Samstag räumte Hahn, dem sich die alten Regimenter 119, 125 und 126 unterstellten, das Feld.

Die Wahl am Sonntag brachte der parlamentarischen Demokratie den Sieg. Die Sozialdemokratie erhielt zwölftausend Stimmen mehr, die USPD büßte viertausend ein. Die Sozialdemokraten sandten sieben Abgeordnete nach Weimar, die Demokraten und das Zentrum je vier, die Rechtsparteien zwei. Die USPD keinen. Die Unabhängigen mit Clara Zetkin kamen überhaupt kaum zum Zug. Das psychologische Moment, gestand sie ein, »die Macht zu ergreifen, wurde verpasst«. Aber »wir stehen Gewehr bei Fuß, eine proletarische Avantgarde des Sozialismus, stets auf dem Posten, stets schlagbereit, achtsam auf jedes Zeichen des mahnenden Sonnenaufgangs.« Die am 23. Januar eröffnete Landesversammlung bestätigte mit großer Mehrheit die Provisorische Regierung Blos im Amt.

Der Verfassungsentwurf des Tübinger Juristen Wilhelm von Blume (1867–1927), beraten in dem von Johannes Hieber (1862–1951) geleiteten Verfassungsausschuss des Landtages, wurde am 23. Mai 1919 im Regierungsblatt verkündet. Württemberg war, nach Baden, der zweite deutsche Einzelstaat, der sich ein neues Grundgesetz gegeben hatte. Dem Arbeiter- und Soldatenrat entzog der Landtag im Juli 1919 die wesentlichen Befugnisse: Das zügige Verfassungsunternehmen war nicht zuletzt auch als Riegel gegen ungeregeltes Mitregieren irgendwelcher Arbeiter- und Soldatenräte gedacht. Dass das württembergische Verfassungswerk durch die noch ausstehende Reichsverfassung zu korrigieren sein würde, wusste man: Als die Weimarer Reichsverfassung am 11. August 1919 angenommen war, war das für die württembergische Maiverfassung in den entsprechenden Artikeln schnell getan. Im Übrigen war das »Eigene«, die spezifisch württembergische Tradition und Aufgabe ein unüberhörbares, für manche Teilnehmer an diesem Unternehmen vielleicht sogar das wichtigste Anliegen. Wilhelm Keil, Landtagspräsident schon damals, hatte die Verfassungsverkündigung mit einem Festakt im Ordenssaal des Ludwigsburger Schlosses verbinden lassen, mit deutlichem Hinweis darauf, dass eine nunmehr einhundertjährige Entwicklung weitergeführt worden sei.

Die Frage, inwieweit dieser freie »Volksstaat Württemberg«, wie das in der Verfassung hieß, Originäres zu fassen und zu bieten hatte, ist überhaupt für uns heute wohl die primäre historische Frage. War man nur noch Auftragsinstanz eines höheren Orts, Berlins, das im Zweifelsfalle immer die Oberhand über föderative Sonderinteressen behielt? Oder waren die nivellierenden Tendenzen schon so weit vorangeschritten, dass nicht nur Verwaltungsdinge, begrenzt durch eine gesamtdeutsche Verfassungsstruktur, aufhörten, irgendwie »württembergisch« zu sein, sondern überhaupt die bisher stammlich bedingten »Eigenarten«?

Wenn man die Entwicklung Württembergs in diesen zwanziger Jahren übersieht, sozusagen aus allerhöchster Vogelschau, wird man sicher nicht zögern, die beiden Fragen mit einem Ja zu beantworten. Die spezifisch »landesgeschichtlichen« Essenzen beginnen sich mit dem – unvermeidlichen – Prozess des Großstaats zu verwischen und überhaupt zu verlieren. Tatsächlich machen viele der organisatorisch-institutionellen »Maßnahmen« in Württemberg zwischen 1920 und 1930 den Eindruck des Auswechselbaren: Das war, meint man dann, in Baden oder in Hessen genauso. Dazu gehört etwa die 1921 verfügte Verstaatlichung der Polizei für die größeren Städte des Landes, die 1924 vollzogene Trennung von Staat und Kirche, mit der die drei Kirchen – evangelisch, katholisch, israelitisch – öffentlich-rechtliche Körperschaften mit dem Recht zur Steuererhebung wurden, der Verzicht auf die Kreisverfassung im gleichen Jahre und die neue Gemeindeordnung von 1928.

Schließlich richteten sich die politischen Parteien nach den wechselnden Schicksalen der Reichsparteien: 1920 wurde Hieber Staatspräsident, beginnend mit einer Minderheitsregierung aus Zentrum und Demokraten, 1924 löste ihn Wilhelm Bazille ab, dessen Wahl am 3. Juni die Bildung einer kleinen Rechtskoalition aus Deutschnationalen (Bürgerpartei), Bauernbund und Zentrum voranging. Am 8. Juni 1928 wurde schließlich Eugen Bolz zum württembergischen Staatspräsidenten gewählt, mit den 39 Stimmen des Zentrums, der Rechten und der kleinen, von Hermann Kling geführten Gruppe des Christlichen Volksdienstes. Indessen verraten schon diese wenigen Namen – von Blos abgesehen, hatte Württemberg in diesem Jahrzehnt seiner ersten Demokratie nur drei Männer als Staatspräsidenten –, wie wenig in diesem Land von der Unruhe, und endlich, von dem Fiasko im Reich und in Berlin zu spüren war. Bazille – unter dem sein Parteifreund Alfred Dehlinger das Finanzministerium übernahm, der seinerseits fast bis zum Ende des Dritten Reiches, bis 1942, württembergischer Finanzminister war – war gewiss kein unangefochtener Mann und hat sich namentlich von der sozialdemokratischen Opposition im Landtag, geführt von Kurt Schumacher, heftigste Kritik gefallen lassen müssen. Aber an der Stabilität der Regierungsverhältnisse im Lande hat das nichts geändert. Schon 1924 meinte der bayerische Kronprinz Ruprecht, Württemberg sei zu beneiden um die Stetigkeit seiner Politik. Nach 1925, als sich besonders in Württemberg wieder wirtschaftliche Prosperität breit zu machen begann, hat sich das Bild von der württembergischen Konstanz eher noch weiter verstärkt.

Württemberg begann in den Novembertagen 1918 als ein Staat der Verlässlichkeit. Er blieb es, die ganzen spannungsgeladenen zwanziger Jahre hindurch.

Natürlich hat in den Anlaufzeiten diese württembergisch-schwäbische Demokratie ihre Rückschläge hinnehmen müssen. Es mutete uns seltsam an, wäre das nicht so gewesen. Am 26. August 1920 wurde die Öffentlichkeit mit der Nachricht überrascht, die drei Großbetriebe Bosch, Daimler und die Maschinenfabrik Esslingen seien polizeilich besetzt. Sie blieben geschlossen, bis Gewähr dafür gegeben sei, dass der Steuerabzug ohne Gefahren für die Betriebsführung und die Angestellten vor sich gehen könne. Zwar hatte sich die große Mehrheit der Arbeiter zum neuen Staat bekannt. Der neue Innenminister Graf wollte indessen ein starker Mann sein, obwohl sein Vorgehen, das Verfahren des Lohnsteuerabzugs betreffend, jeder staatspolitischen Klugheit zuwiderlief. Gleichwohl sind Dinge wie der dagegen gerichtete Generalstreik, der zehn Tage gedauert hat und dann zusammengebrochen ist, im Stuttgarter Industriegebiet Episoden geblieben. Unter der Überschrift »Die Katastrophe des Maulheldentums« wurde der große Streik damals von der Sozialdemokratie ausführlich kommentiert als eine Niederlage der extremistischen Großsprecher. Der Erfolg war übrigens, dass die drei Großbetriebe, in denen der Kampf inszeniert worden war, ihre Tore nur solchen Arbeitern öffneten, die sich durch Unterzeichnung eines Reverses mit dem Steuerabzug einverstanden erklärten. Dabei wurde stark gesiebt. Arbeiter, die sich irgendwie unbeliebt gemacht hatten, fanden keine Aufnahme mehr. Der schwach beschäftigte Daimlerbetrieb hatte damit eine gute Gelegenheit, seinen Arbeiterstand zu reduzieren.

In solchen vergleichsweise soliden Situationen konnte es möglich sein, dass Reichsregierung und Nationalversammlung auf den Kapp-Putsch hin nach Stuttgart flüchteten. Über Dresden trafen Ebert, Bauer und einige Minister am Montag, den 15. März 1920, in Stuttgart ein. General Haas von der 5. Division, deren Stab in Stuttgart lag, erklärte nach anfänglich schwankender Haltung: »Wir stehen auf dem Boden der von uns beschworenen Reichsverfassung, stellen uns hinter die vom Präsidenten Fehrenbach nach Stuttgart einberufene Nationalversammlung und übernehmen deren Schutz«. Das Stuttgarter Kunstgebäude erlebte am 18. März Reichspolitik in der gezügelten, aber auch unmissverständlichen Kritik Scheidemanns an Noskes Politik, die auf die konterrevolutionären Tendenzen in der Reichswehr abhob. Vor der Abreise der Gäste aus Berlin hat übrigens die Stadt Stuttgart noch ein »Festmahl« gegeben. Ob die damalige Zeit an der für heutige Begriffe spartanischen Einfachheit Schuld war oder der altschwäbische Hang zum Sparen, ist schwer auszumachen: Das Festessen bestand aus warmen Schützenwürsten, einem Kipf, Kartoffelsalat und einigen Vierteln Wein. Das Unternehmen fand im Weinkeller des Stuttgarter Rathauses statt, eher eine nachbarliche Gemütlichkeit als ein Empfang. Blos hat freilich am 16. März, während er die Triebkräfte des Kapp-Putsches ans Licht zu rücken versuchte, rechten Stolz darüber gezeigt, »dass Stuttgart der Reichsregierung und der Nationalversammlung einen geschützten Aufenthalt bieten« könne.

In solchen Bildern Provinzialismus sehen zu wollen, wäre so abwegig nicht. Provinz ist biereifrige, geistlose Imitation. Württemberg, vielleicht sagen wir hier richtiger, Stuttgart ging indessen originäre und eher vorbildliche Wege. Das ist vor allem in der Kunst- und Kulturszene deutlich geworden; die Namen Adolf Hoelzel oder Erich Schairer, Richard Döcker oder Ida Kerkovius, Josef Eberle oder Fritz Busch illustrierten die Vielfalt dieses künstlerisch-literarischen Lebens. Dass es keine Kopie war, sondern wie wir meinen, eine spezifisch schwäbische Sache geworden ist, ist das Bemerkenswerte daran.

Der industrialistisch-wirtschaftliche Bereich korrespondiert mit diesem Bild: Man hat die Kirche im Dorf gelassen, man hat seine industriellen Fertigkeiten mit enormem Fleiß, besonders aber mit Energie und Biegsamkeit an den Mann gebracht, man hat Vernunft mit Verlässlichkeit zu verbinden gewusst.

Freilich barg die Bemühung – und Leistung – um innere Befriedigung und Integration auch ein Manko: Mit dem typisch württembergischen »Schild der Sachlichkeit« ließ sich in einer schon von Staatsstreichen gezeichneten Zone je länger, desto weniger gegen den immer reißender werdenden Schwall von irrationalen, absolut-ideologischen Parolen angehen, zumal auch das württembergische Staatsministerium sich im Verlaufe des Jahres 1931 zunehmend von seiner parlamentarischen Basis löste und sich schließlich im Brünig'schen

Geist zur geschäftsführenden Regierung vollendete. Genügte Verantwortlichkeit und »sachliche Politik«, wo in Wirklichkeit die Demokratie längst in ein Machtvakuum hineingeglitten war?

Die »Golden Twenties«?

Vielleicht gab es in unserem Jahrhundert nie mehr so brodelnde und in hundert Leidenschaften verschlungene Zeiten wie die Jahre nach dem Ersten Weltkrieg. Im brutalen Gang der Hitlerdiktatur, in den Luftschutzkellern des Zweiten Weltkriegs hat man sie die »goldenen zwanziger Jahre« zu nennen gelernt. Die aus den Jahren 1914 bis 1918 Davongekommenen warfen sich mit dem Heißhunger ihrer Entbehrungen ins Abenteuer des wiedergewonnenen Lebens. Der geistige Notstand alarmierte tausend Hasardeure, Halbgenies und ein paar wahrhaft große Geister. Talmi und Talent versammelten sich in den Theatern und Kabaretts, in den Studentenbuden und verrauchten Cafés zum hektischen Rendezvous, zu weltstürzenden Resolutionen, zu Transvestitenbällen, zum Predigen, zum Deklarieren. Die Revolution, als politisches Ereignis missglückt, erobert den Geist. Die bigotte Provinz ist abgetan. Die Stadt, die Großstadt frisst die Kinder der Revolution.

Es ist müßig, heute darüber zu streiten, ob das goldene Jahre waren. Niemand hat sie damals auch nur als gut empfunden. Von Krise und Schande schrieben die Zeitungen, als sei es nachgerade etwas Gewöhnliches. Die Frage ist allenfalls, ob das überall so war, ob durch alle Straßenzüge und Mietskasernen ein Messias gegeistert ist, ob alle großen Städte diesem Virus verfallen waren. Stuttgart scheint, oberflächlich gesehen, keine Ausnahme zu machen. Die wild gewordenen Matrosen, die selten je ein Schiff betraten, dafür aber mitsamt ihrer zweideutigen weiblichen Begleitung alle Gelüste nach »Revolution« besaßen, rasten auch in Stuttgart durch die Straßen. Nicht jedes Auto fuhr im Dienst der Spartakisten, erklärte der Arbeiter- und Beamtenausschuss beim Immobilien Kraftwagendepot Untertürkheim Anfang Januar 1919, unmissverständlich verratend, wer die Szene in der abgehalfterten Residenzstadt beherrschte. Die Kronen über den Hoflogen hatte man bemerkenswert schnell abmontiert: Landestheater hieß diese Institution jetzt, die ihr Bestehen und Ansehen in allen Jahrhunderten dem Hof verdankte. Im Oktober 1922 versteigerte man die Königlichen Kunstsammlungen. Die größten Kisten davon gingen ins valutastarke Amerika: die Tradition wurde ausverkauft, Handelsobjekt wie die Kohle oder die Brotkarte. Zur Erfassung des verschobenen Heeresgutes musste eine Militärpolizei geschaffen werden, die unter dem bezeichnenden Etikett »Schubpol« im Neuen Schloss untergebracht war und fürs erste leben konnte von ihrem Auftrag. Gelegentlich des Januarputsches besetzte am 9. Januar 1919 ein Trupp unter Edwin Hoernles Führung das »Neue Tagblatt« in der Torstraße, um unter Waffendrohung den Druck ihres Kampfblattes »Die Rote Flut« durchzusetzen.

Was am 2. April am Ostendplatz geschah, als der versprengte Sicherheitssoldat Kirchherr abgeschlachtet wurde, ist nie völlig geklärt worden. Auch bei günstigsten Umständen hätte es bei diesen hinterhältigen Kämpfen zwischen den Aufständischen und den »Bluthunden« der Regierung nie aufgedeckt werden können. Über Württemberg war der Belagerungszustand verhängt. Auf der Wangener Höhe und am Abelsberg verschanzten sich Spartakistengruppen, gegen die Geschütze eingesetzt wurden. Kriegsgerichte wurden tätig; die Regierung gab einen amtlichen Gefechtsbericht heraus. Noch im Sommer 1919 schien alles wieder von vorne beginnen zu wollen: Einer Handvoll Räte gelang es, Leute der Sicherheitstruppe am 21. Juni ohne Wissen der Befehlszentrale zu einer Demonstration auf den Schlossplatz zu führen. Der gestern noch so genannte »rote Hahn«, begleitet vom späteren Bundesminister Eberhard Wildermuth, ging ihnen mit der Pistole entgegen. Der Aufruhr erstickte im Keim. Noch im August 1920 zerstörten Werksangehörige bei Daimler eine Lieferung Motorgeschütze, die von der Reichswehr bestellt waren, bis zur Unkenntlichkeit.

Auch Stuttgart war gestreift vom Willen zur totalen Änderung und Neuorientierung und von den Urphänomenen der Auflösung und des Hasses. Aber wohl nur gestreift. München und Berlin, das

Rheinische und Thüringische schien in der krakeelenden Menschheitsdämmerung untergehen zu wollen. Stuttgart zeigte auch in diesem Spektakel ein wunderliches Maß an Haltung. »Mehr Würde!« war ein in Stuttgart ausgegebener Aufruf dieser Tage überschrieben. Freilich schossen auch in Stuttgart die neuen Sekten ins Kraut, die hundert Ausschüsse und Aktionskollektive. Aber bei der Rückkehr der Fronttruppen, erzählte eine mitfahrende Krankenschwester, war der Stuttgarter Bahnhof als einziger im deutschen Süden mit Fahnen geschmückt. Freilich machten sich bürgerkriegsähnliche Zustände breit und wurden Truppenkommandos auf Lastwagen abgeholt. Aber dass die Sozialdemokratie zwischen allen Pendelausschlägen ihren Weg von der klassenkämpferischen Opposition zur konzessionsbereiten Regierungsarbeit ging, war in Stuttgart ein Richtpunkt für das ganze Land. Möglich, dass in Göppingen, Esslingen oder Friedrichshafen auch härtere, bösere Kraftproben hätten gewagt werden wollen. Die Entschlüsse in der Hauptstadt blieben indessen das bestimmende Ereignis fürs ganze Land. Wenn Franz von Papen 1932 bemerkte, Württemberg habe nach dem 9. November 1918 am schnellsten wieder zur Ordnung zurückgefunden, so fügte Wilhelm Kohlhaas als genauer Kenner der damaligen Verhältnisse an, dass dies den Entscheidungen in Stuttgart zuzuschreiben gewesen sei. Stuttgart stellte Studentenkompanien und Sicherheits- und Einwohnerwehren für München oder Schlesien oder den Harz, zu einer Zeit, als fast jede Großstadt noch so mit sich selbst beschäftigt war, dass Hilfsdienste für andere Landschaften gar nicht in Frage kamen. In Stuttgart hatte man damals aus einer Eisenbahnerkompanie die »Verkehrswehr« geschaffen, aus der sich später der »Deutsche Reichsbahnschutz« im ganzen Reich entwickelte. Illegale »Freikorps« gab es in Stuttgart, von verschwindenden Ausnahmen abgesehen, nicht. Hitler trat erstmals am 4. März 1920 auch in Stuttgart auf, bei einer Veranstaltung des deutschvölkischen Schutz- und Trutzbundes im Dinkelackersaal. Aber er fand damals – bis 1932 war er noch zehnmal in Stuttgart – ebenso wenig Anklang wie der erste nationalsozialistische Landesgruppenleiter Munder mit seinen Leuten.

Mitten in der betörenden Atmosphäre der zwanziger Jahre, in der man sich die Praktik, Politik auf der Straße zu machen, gar nicht mehr abgewöhnen konnte, war Stuttgart mit Wachheit und Nüchternheit ausgerüstet. Wilhelm Keil, Gewährsmann dieser Haltung wie kaum ein anderer, hat damals und später Politik immer als eine Sache des gesunden Menschenverstandes wahrgenommen. Es ist kein Zufall, dass er, ohne sein Zutun und ohne dass er sich prädestiniert dazu gefühlt hätte, bald zum Haushaltexperten seiner Partei im Landtag wurde. Kurt Schumacher, Ende 1918 noch Mitglied des Groß-Berliner Arbeiter- und Soldatenrats, auf Vermittlung Erich Roßmanns seit 1. Dezember 1920 Redakteur bei der »Schwäbischen Tagwacht« in Stuttgart, war ideologisch härter gestimmt als sein Parteifreund Keil. Seit 1924 im Stuttgarter Landtag, widmete er sich vor allem der Sozialpolitik und den Rechts- und Wirtschaftsfragen. Erwin Schöttle, der um vier Jahre jüngere Freund, berichtete später, der Preuße Schumacher habe die Hemmungen der schwäbischen Schwere fast mühelos überwunden und sei, der »Doktor«, bald zu einem Begriff in der Stuttgarter Partei und im ganzen Lande geworden. Schumacher hat in Stuttgart die Organisation »Schwabenland« aufgebaut, die er dann nach Hörsings Reichsbanner-Gründung im Februar 1924 dorthin überführte. Er hat im Landtag für klare und offene Fronten gesorgt, ob es jetzt für die Vervollkommnung des Arbeitsrechts einzutreten galt, das ihm das eigentliche Volksrecht auf deutschem Boden schien, oder ob er gegen den Staatspräsidenten Wilhelm Bazille zu Felde zog, der ihm die Politik der bürgerlich-rechtsgerichteten Kreise in das schlimmste Fahrwasser zu bringen schien. Nominell hat Schumacher sein Stuttgarter Landtagsmandat im Januar 1931 aufgegeben, nachdem er am 14. September 1930 in den Reichstag gewählt worden war. Aber er hat Stuttgart noch einmal passieren müssen, als Murr ihn im Juli 1933 aus dem Gefängnis in Plötzensee holen ließ. Fünf Jahre später war Keil mutig genug, einen Brief mit der Bitte um Schumachers Freilassung an Göring zu schicken. Das Schreiben blieb unbeantwortet. Wo letzte Hand an den Bau des »Großdeutschen Reiches« gelegt werden musste, konnte für so persönliche Feinde, die nichts als Entartung predigten, kein Raum sein. Nach 1945, als Schumacher den Einbruch der totalitären Ideologien abfing und damit die Sicherung einer demokratischen Entwicklung sachlich und seelisch stützte, erinnerte man sich des »Doktors« in

Stuttgart wieder. Man wollte »Dr. Schumacher, von dem nun feststand, dass er noch lebte«, fragen, ob er nicht in die Regierung eintreten wolle. Wahrscheinlich hätten ihn Keil und seine Freunde am liebsten zum Ministerpräsidenten gemacht.

Nur um den politischen Hintergrund aufzuhellen, haben wir hier ein paar Namen genannt. Die Frage, inwieweit Stuttgart damals in den zwanziger Jahren im Rahmen der Reichspolitik eine große oder kleine Rolle gespielt hat, ist damit auch gestellt. In der Landeshauptstadt des mit der Verfassung von 1919 so genannten »freien Volksstaates« kamen schon am 28. Dezember 1918 die Ministerpräsidenten der vier süddeutschen Staaten zusammen, um in einer Stuttgarter Erklärung ihr Festhalten am Reich zu bekunden. Diese bemerkenswert früh gefällte Entscheidung, vom Bayern Kurt Eisners mehr als zögernd mitgetragen, hat die württembergische Politik der zwanziger Jahre wie ein roter Faden durchzogen. Vordergründig und oberflächlich gesehen, ging freilich damit auch eine förderalistische Sonderströmung einher. Sicher galt in Württemberg ideologischer Föderalismus weniger als in Bayern. Aber an den praktischen Fragen bundesstaatlicher Ordnung war man hier genauso interessiert. Mochte man das Bekenntnis zum Reich in betonter Absetzung vom bayerischen Partikularismus noch so stark herausstreichen: Im Kampf gegen Reichstag und Reichsbürokratie war man sich, sofern die sich als Träger der Zentralisierung begriffen, immer einig. Die Kabinette unter Johannes Hieber von 1920 bis 1924, Wilhelm Bazille von 1924 bis 1928 und Eugen Bolz vom Juni 1928 bis März 1933 waren immer darauf bedacht, aus dieser Sicht – vermeintlichen oder tatsächlichen – Übergriffen von der Berliner Instanz zu wehren. Aber man war auch darauf bedacht, im Stuttgart der zwanziger Jahre den württembergischen Staat als ein konstantes Gebilde zu zeigen. Je mehr draußen im Reich der Parlamentarismus fluktuierte, desto mehr neigte man hier zu einer bestimmten politischen Stabilität. In ihren Reichsratsentscheidungen konnte das die Landesregierungen nur bestärken, die wichtigste politische Ebene – die der steuerlichen und haushaltsinternen Überlegung – nur günstig beeinflussen.

Mögen also Zusammenhänge von antiparlamentarischer und föderalistischer Gesinnung durchaus sichtbar geworden sein in den

Jahren zwischen 1920 und 1933: An einen völligen Bruch, an eine kämpferische Distanz gegenüber »Berlin« ist nie gedacht worden. Bezeichnenderweise konnte in dieser Atmosphäre verborgener Reichstreue eine Tendenz aufkommen wie diese: In Berlin mache man die Gesetze, in München lese man sie, in Stuttgart führe man sie aus. Die Aufgabe, gegen das Reich die Länderstaatlichkeit zu wahren, ist hier nie zu einer Neurose geworden. Die aus dem 19. Jahrhundert überkommenen Traditionen haben sich damals als positiv und fruchtbar erwiesen. Die Verbindung zur gesamtstaatlichen, zur deutschen Politik ist denn auch im Stuttgart der zwanziger Jahre immer wieder sichtbar geworden, in den Anfängen, wenn der Kanzler Joseph Wirth und sein Außenminister Walther Rathenau auf ihrer Rückreise von der Konferenz zu Genua am 9. Juni 1922 im Konzertsaal der Stuttgarter Liederhalle sprachen, vor tausend geladenen Gästen, darunter zahlreichen Gewerkschaftsvertretern, kaum vierzehn Tage, bevor Rathenau das Opfer zweier politischer Mörder wurde. Die Stuttgarter Sozialdemokratie, doch nicht ganz ohne Verlegenheit, wenn eine genuine landespolitische Aufgabe und Programmierung zur Debatte stand, war hocherfreut, als Reichskanzler Hermann Müller am 25. März 1929 gleichfalls in der Liederhalle zum 10. Jahrestag des Kapp-Putsches sprach. »Zum ersten Male in der deutschen Geschichte stand ein aktiver Reichskanzler in Stuttgart vor einer sozialdemokratischen Massenversammlung. Der Stuttgarter Vortrag des Kanzlers war für die Landespartei ein Ereignis«, ließ Keil verlauten. Und wiederum kam der frische Wind großer Politik in die Stadt, als Eugen Bolz auf dem Stuttgarter Bahnhof an einem Sommertag des Jahres 1932 seinen seitherigen Parteifreund Franz von Papen »mit süßsaurer Miene« empfing, den Mann, der des Glaubens war, mit einem eigenen neuerlichen Kabinett die Gefahr Hitler gebannt, mehr noch, den Rechtsstaat gerettet zu haben, auch wenn in diesem Augenblick, gestützt auf Gewalt, die preußische Regierung durch Papen ihres Amtes enthoben worden war. Verständlich, warum man dem »Herrenreiter« in Stuttgart einigermaßen reserviert gegenübertrat. Aber Papen war gekommen, um einer süddeutschen Ministerkonferenz zu beteuern, dass die Länder südlich des Mains nichts von ihm zu befürchten hätten.

Landes- und Reichspolitik haben auch in der ersten demokratischen Epoche deutscher Geschichte auf Stuttgarts Atmosphäre abgefärbt, wenn auch nicht mehr in dieser persönlichen Verbindung von Schloss und Regierung, wie das der Residenzstadt einst zukam. Die Garnison war erheblich vermindert worden. Im bisherigen Kriegsministerium in der Olgastraße richtete sich der Stab der neuen fünften Reichswehrdivision ein, mit dem einarmigen General Ernst Reinhardt an der Spitze, dem dann die Stabsoffiziere oder Generale Baun, Fischer, von Kardorff, Sieglin und Ritter von Molo als Kommandanten von Stuttgart folgten. Das Staatsministerium – seit 1972 in der vier Jahre zuvor durch den Staat erworbenen Villa Reitzenstein in der Heinestraße, der späteren Richard-Wagner-Straße – nahm dort den neuen Sitz des »Landesherrn« ein, unsichtbar für die Stadt: Die »Villa« sahen (und sehen) nur die, die dort zu tun haben.

Hat man deshalb, als am Vormittag des 21. Dezember 1931, eines klirrend kalten Wintertages, die Flammen aus dem Südostflügel des Alten Schlosses schlugen, diesen Brand so sehr als eine national-württembergische Sache empfunden? Weil insgeheim auch das Gefühl eines Abschieds vom »alten Stuttgart« auf dem Spiel stand? In den alten, baumstarken Balken und in der Spreufüllung fand der Brand reiche Nahrung. Gegen halb ein Uhr mittags brach das Feuer, obwohl die Feuerwehren längst am Platz waren, offen aus. Für die vielen Hunderte, die um den Schlossplatz herum zusammenkamen, waren die Augenblicke sicher unvergessen, als das Feuer in Minutengeschwindigkeit die Schlossflügel entlang raste, ein Giebelfenster ums andere Rauch und Flammen ausspie, Dachziegel zu Boden prasselten, Kamine in den Schlosshof stürzten. Das Feuer fraß sich, mittlerweile von Tausenden beobachtet, als ein einzigartiges, schaurig-schönes Schauspiel gegen die Ecktürme vor, gegen die Türnitz, gegen den Südflügel, wo ein Einsturz die Zuffenhausener Feuerwehrleute Ade und Wetzel tödlich verletzte und den Cannstatter Feuerwehrmann Übele im Krankenhaus seinen schweren Verletzungen erliegen ließ.

Die Steine, an denen jahrhundertealte Landes- und Stadtgeschichte hing, sind damals in der Gluthitze verwittert: ein herber Verlust für das originäre, für das unverwechselbare Leben der Stadt.

Um so erfreulicher, dass bei den Menschen da und dort noch ein unverfälschtes Stück Stuttgart aufgehoben war. Vielleicht haben sich die Originale der Stadt – für ihre Entwicklung zur »Stadt« wäre es bezeichnend genug – erst in der Biedermeierzeit gezeigt, der baumlange, hagere Gutekunst, den man als den »Totenkopf« kennt, Christian Baudistel, der »Algierer«, Straßenkehrer wie er und unersetzliches Requisit auf den Cannstatter Volksfesten, der schlitzöhrige »Kuhsattler«, der grundmusikalische »Uber«, der in den Stuttgarter Biergärten sein Schicksal vertrinkt, der »Durlacher«, der als Stiefelputzer und Stadtoriginal den Leuten sein Lebensleid nachsingt.

Auch in den zwanziger Jahren präsentierte Stuttgart seine Originale. Sicher hatte man damals aus anderen Städten und Landschaften Deutschlands griffigere Namen, von Berlin bis Wien, solche, bei denen sich Sportpaläste vor Lachen schüttelten. Stuttgart hatte keine »Stars«, die zum Inbegriff einer Bevölkerungsschicht oder einer Epoche hätten werden können. Aber es hatte immer noch ein paar liebenswürdige Zentren der Gemütlichkeit, in denen sich die lokale Sonderart Stuttgarts auf köstliche Weise konservierte, vom »Professoraboizle« in der Kornbergstraße bis zum »Marquardt«, wo um zwölf Uhr mittags auch die ein Essen bekamen, die nur einen Esslöffel in der oberen Rocktasche besaßen. Schlecht, wenn einer entlarvt wurde mit dem Hinweis: »O Kerle, halt doch du dei Gosch, du gohscht jo ens Marquardt ge essa!«.

Zur Kultur der Stadt und des Landes trug die Technische Hochschule bei, im Wintersemester 1921/22 der Universität Tübingen gleichgestellt; sie ist, in manchen architektonischen Perspektiven mit der seit 1924 so genannten Höheren Bauschule, zu einem unmittelbaren Ausstrahlungsfeld für Stuttgart, ja für den Südwesten insgesamt geworden. Auch die »süddeutsche Rundfunk AG«, inspiriert durch Theodor Wanners unentwegte Bemühungen, am 12. April 1924 unter Alfred Bofingers Leitung erstmals verlautend, war rasch ein Stück Stuttgarter, schwäbischer Kultur.

Übrigens waren die Senderäume der neuen Anstalt seit 1. Oktober 1924 im Waisenhaus am Charlottenplatz untergebracht, das Paul Schmitthenner damals für seine Aufgabe zum »Haus des Deutschtums« umbaute, in dem das Deutsche Auslandsinstitut seine Bleibe fand. Am

21. Mai 1925 hat man den neu gefassten Bau eingeweiht, in Anwesenheit des deutschen Außenministers Gustav Stresemann, des württembergischen Staatspräsidenten und des Oberbürgermeisters: Die drei Persönlichkeiten markierten stellvertretend die Bereiche, für die das Auslandsinstitut Anregung und Hilfe war. Es zog viele Fremde nach Stuttgart – 1930 war Gandhi da –, »Ausländer« in allen Schattierungen. Aber nicht nur die Übernachtungsziffern hoben sich, auch die Horizonte Stuttgarts selbst. Dafür sorgte auch das Lindenmuseum, mittlerweile zur weltberühmten Institution geworden. Als Albert Schweitzer 1932 zum fünfzigjährigen Jubiläum des handelsgeographischen Vereins, dessen Leitung Graf Linden 1885 übernahm, die Festrede hielt, hat er als »alter Afrikaner« den unaufhaltsamen Niedergang der Eingeborenenkunst bedauert. Aber man hat in Europa, in Stuttgart, das Geheimnis dieser Kultur verstanden. Bernhard Pankoks Porträt des Grafen, gleichsam ein kleineres Gegenstück zu Tizians Jacopo de Strada, ist wie ein Sinnbild dafür: Statt der Renaissance-Venus hält der Graf ein exotisches Figürchen in der Hand. Aus allen diesen Quellen speiste sich die literarische Landschaft Stuttgarts. Sie war in den zwanziger Jahren wieder greifbar wie sie vielleicht nur im Vormärz zu spüren war. Sie hatte auch in dieser Nachkriegszeit ihre sozusagen herkömmliche und übliche Seite, in der Mundartdichtung eines Martin Lang oder August Lämmle, in den köstlichen und längst zum schwäbischen Allgemeinbesitz gewordenen Gedichten Sebastian Blaus, dem die lateinische Poesie damals wohl noch eine entfernte, jedenfalls nicht mit seinem eigenen Ingenium identifizierte Sache war. Die Wortlava, die Satzmontage, der Simultanstil von Döblins Alexanderplatz: das darf im Stuttgart der zwanziger Jahre nicht gesucht werden. Indessen verraten die Dichtungen eines Otto Lautenschlager oder Max Reuschle doch auch den fortschrittsgeladenen Duktus, und Eduard Reinacher und Dr. Owlglass, der aus Leutkirch kommende Hans Erich Blaich, beide mit diesem Stuttgart zwischen den Kriegen auf vielfältige Weise verbunden, kannten sie sehr wohl, die Wortkaskaden und die feinen »Silberspäne« der Zeit, ohne dass sie das Gemächliche, das Besinnliche ihres eigenen Lebensraumes irgendwo verleugnen hätten können.

Versponnen war das Schwäbische, wenn es das je einmal war, nicht mehr. Die Novellen Manfred Schneiders oder Walter Erich

Schäfers verrieten deutlich die Verbundenheit mit dem, was »draußen« geschah. Was der Stuttgarter Schauspielkritiker Manfred Kyber oder der am Lindenmuseum tätige Rudolf Utzinger schrieben, konnte geradewegs für ein provozierendes literarisches Leben genommen werden: Der Kulturteil, die Feuilletonredaktion, die ungenierte Rezension unterm Strich sind in dieser Stadt – noch die Gründerzeitjahre wirken wie Provinz dagegen – zu einer unüberhörbaren Institution geworden. Karl Konrad Düssel hat vom Stuttgarter Neuen Tagblatt aus Hoelzel und seinem Schülerkreis die Wege geebnet; Hermann Missenharter, Theaterkritiker der Württemberger Zeitung, der in unvergessener Manier und immer wieder neuen Ansätzen das schwäbische Profil anvisierte; Erich Schairer, der in seiner großartigen, verwegenen, frohen »Sonntagszeitung« den jungen Publizisten Mut gemacht hat: Die Stuttgarter Presse war damals, wo man weniger von »Medien« und »Kommunikationsmitteln« sprach, aber in erfreulichstem Sinne zu kommunizieren verstand, ein Platz wirklich urbaner Geistesgefechte.

Von der »Freien Bühne« und einem musenfreundlichen Buchhändler der Marienstraße wurden Hesse, Hofmannsthal oder Hauptmann eingeladen, wobei fast jeder dieser Abende in einer Runde von Stuttgarter Freunden auslief. Auf der »Freien Bühne« las Gertrud Eysoldt Hasenclevers expressionistisches Drama »Der Sohn«. In einer Buchhandlung der Charlottenstraße traf sich die Avantgarde, unter ihr so bemerkenswerte Dramatiker wie Bernhard Blume oder Paul Wanner, der eine mit seinem ausgezeichneten »Bonaparte«, der andere mit seinem Kriegsgefangenenstück »P. G.« lange Zeit auf dem Repertoire des Landestheaters, unter ihr auch Männer wie Josef Eberle, sublimer Kenner nicht nur des Schwäbischen und das literarische Gewissen des Süddeutschen Rundfunks in dieser Zeit. Bei den Morgenfeiern des Landestheaters – sie waren so besucht, wie man das heute kaum mehr zu träumen wagt – lasen Frank Thiess, in Stuttgart eine Zeitlang Dramaturg, über Dostojewski, Manfred Kyber über das Märchen, Alfred Kerr über Jean Paul. Es ist bezeichnend und darf als ein Sinnbild gelten, dass Bruno Frank einmal in einer solchen Lesung gegen den pausbäckig-landläufigen Begriff vom »schwäbischen« Dichtertum protestierte und geltend machte, dass die Schiller und

Hegel und Hölderlin bei allem selbstgenügsamen Tälerfrieden doch auch die Sehnsucht ins Ungemessene verspürt hätten.

Vielleicht hat man dort, wo die alte württembergische Wortkultur überhaupt nicht mehr mit erhobenem, mit erinnerndem Finger hinter einem stand, dem Neuen noch unbefangenen Einlass gewährt. In der Musik hatte Stuttgart aus dem neunzehnten Jahrhundert das Erbe eines weniger schöpferischen als fleißigen, gekonnten Niveaus. An solche Überlieferungen knüpften das »Schwäbische Musikfest« des Landestheaterorchesters unter Karl Leonhardt im Juni und September 1925 an, die Feier zum fünfzigsten Jubiläum des Evangelischen Kirchengesangstages 1927 mit drei Aufführungen von Händels »Messias«, das große zwölfte deutsche Backfest im Juli 1924, wo der Dresdner Kreuzchor sich mit den Stuttgarter und Esslinger Chören maß und an das sich 1931 ein Heinrich-Schütz-Fest auf hohem Niveau anschloss. Wie viel Musikkultur in der Stadt war, bewies ja allein das unvergessene Wendling-Quartett, das mit Reger- und Pfitzner-Spiel Novitäten bot.

Sehr viel erstaunlicher aber ist, dass man die rezeptive, die präzeptorale Tradition auch übersprang, dass man sie, um im Bilde zu bleiben, zu überspielen verstand. Auch hier wäre man geneigt, Institutionen verantwortlich zu machen, das Stuttgarter Konservatorium, das von 1970 an Staatliche Musikhochschule war, unter der Leitung Max von Pauers, dann Wilhelm Kempffs. Kempff war von 1924 bis 1929 in Stuttgart und hat, dies ein lokaler Schnörkel, 1927 das Glockenspiel auf dem neugotischen Stuttgarter Rathaus eingeweiht: Er war noch Stuttgarter, als er schon Weltruf hatte. Nicht die Institutionen allein brachten das Neue, mehr noch die Menschen, die Persönlichkeiten. Es gab in der Stuttgarter Musik der zwanziger Jahre Momente, die blitzartig den großen, den schöpferischen Augenblick ahnen ließen. Die Stunden, in denen Hindemith mit der ihm befreundeten Pianistin Emma Lübbeke eigene Kammermusik vortrug, in den Räumen des Fabrikgebäudes, das der Kommerzienrat Schiedmayer in der Neckarstraße zur Verfügung stellte, sind den anwesenden Kennern – unter ihnen Fritz Busch, sein Assistent Stefan Temesvary, der Kunsthistoriker Hans Hildebrandt – als aufrüttelnde Ereignisse geblieben. Am 4. Juni 1921 spielte man Hindemiths Kurzopern

»Mörder, Hoffnung der Frauen« und das »Nusch-Nuschi« im Landestheater. Kaum jemand in Deutschland, der den damals Sechsundzwanzigjährigen gekannt hätte. Das Mörder-Drama, nach Kokoschkas überhitztem Text, nahm das Publikum noch einigermaßen ruhig auf. Als im folgenden, frivolen »Nusch-Nuschi« Hindemith mit Stellen aus Wagners Tristan daherkam, mit der Soloposaune aus Markes Auftritt höchst selbst, gab es einen tollen Skandal, wie er wohl einzig in der Geschichte der Stuttgarter Oper blieb. Indessen ist damals in Stuttgart einer der großen deutschen Opernkomponisten seiner Generation entdeckt worden.

Von einem anderen dieser Augenblicke erzählt Hubert Giesen. Von Rudolf von Laban, dem Lehrer Mary Wigmanns, sei er in Stuttgart aufgefordert worden, ein Tanzspiel zu schreiben. »Am denkwürdigsten Premierenabend auf der Bühne unseres Opernhauses saß ich hinter einem Vorhang vor dem Flügel, rechts neben mir ein Harmonium, links eine Celesta, hinter mir alles mögliche Schlagzeug, und ich jonglierte von einem Instrument zum andern, als ich mit erstaunten Augen meinen sich köstlich amüsierenden Lehrer Fritz Busch hinter mir stehen sah. Aus diesem Anfang ist das Tanzspiel entstanden, das weltberühmt wurde.« Die Ära Busch – Fritz Busch war 1918 noch als Hofkapellmeister nach Stuttgart berufen worden – war auch in musikalischer Hinsicht eine große Zeit der Stuttgarter Oper. »Wir waren glücklich in Stuttgart«, schrieb Busch später, »und fühlten, dass wir dort Wurzel fassten. Natur und Menschen, die Lebensform des Landes – das alles sagte uns gleichermaßen zu.«

Das Stuttgarter Landestheater war überhaupt in diesem Jahrzehnt ein Sammelbecken von Analysen und Begegnungen und Anregungen. Wenn Caruso im »Bajazzo« oder als Rudolf in »La Bohème« sang, lösten die Familien in der Nacht einander vor der Kasse am Großen Haus ab, für eine oder zwei Eintrittskarten. Die Ära Putlitz wurde im Sommer 1920 durch Albert Kehm abgelöst, einen geborenen Stuttgarter, den der nationalsozialistische Kultminister Mergenthaler dann am 27. März 1933 in seinem Dienstzimmer mit ein paar Sätzen entlassen hat. Man hat es in diesem demokratischen Jahrzwölft fertig gebracht, in Stuttgart ebenso Experimente zu wagen – im Jahre 1931 etwa mit Ossip Dymows Negerstück »Schatten über Harlem«, das Krawalle auslöste – wie künstlerische Akzente zu setzen. Das Publikum, die Bewohner von Stuttgart und vom Lande, hat die alte Legende vom theatermüden Stuttgart Lügen gestraft: Busonis »Doktor Faust«, Hindemiths »Cardillac« und Kreneks »Jonny spielt auf« waren eklatante Erfolge. Vielleicht lag das daran, dass Kehm den Sturm auf das Bollwerk der Operntradition, auf die romantische Tonalität und die traditionelle Linienführung immer wieder aufzuhalten und dosiert zu geben wusste. Kurt Weill und Bert Brecht waren in Stuttgart nicht die ersten. Aber sie sind umjubelt worden.

Auch im Schauspiel hat sich das Landestheater bewusst von der alten Illusionsbühne zurückgezogen. Aufführungen wie August Strindbergs »Traumspiel« sind weit über das Land hinaus beachtet worden. Und die bedeutendsten Aufführungen waren zugleich die Werke von Einzelgängern: Ernst Barlachs »Sündflut« und der »Blaue Boll«, freilich kaum registriert von der Öffentlichkeit, Hermann Kasacks »Vinzent«, das erschütternde Van-Gogh-Stück, Franz Werfels »Spiegelmensch«. Man hatte diese Aufführungen, die dann auch Bert Brecht und Arnolt Bronnen, Wolfgang Goetz und Alfred Neumann zu Wort kommen ließen, Fritz Holl zu danken, wohl einem der begabtesten Wegbereiter modernen deutschen Theaters im damaligen Deutschland. Holl hat seine Bühne sicher geführt, durch alle Erfolge und durch alle Aufregungen.

Das Große und Kleine Haus haben übrigens ihre Dekorationen von Oskar Schlemmer und Willi Baumeister bekommen. Die Stuttgarter Kunst und die Stuttgarter Bühne lebten und profitierten in nie geahntem Maße voneinander. Sicher hat die Kunststadt Stuttgart Jahre vor 1918 aufzuleben begonnen. Ein so berufener Mann wie Julius Baum hat 1913 nachgewiesen, dass die in Fachkreisen geäußerte Meinung, Stuttgart sei in künstlerischen Dingen »Vorstadt Münchens«, jetzt nicht mehr gelte. Aber in den zwanziger Jahren war die Kunst, der Kunstbetrieb, die Kunstdiskussion vielleicht das eigentliche Ferment, in dem die Königsstadt des 19. Jahrhunderts, jene eigentümliche Mischung aus imperialem Klassizismus und bürgerlichem Pietismus zu einer erfreulichen Ausgabe einer moderner Stadt geworden ist.

Gerade das Zusammenwirken der Disziplinen und Gruppen, der Lehrer und Schüler, der Künstler und Rezipienten ist für die zwanziger Jahre in Stuttgart typisch und prägend gewesen. Stuttgart kam mit seiner Landschaftlichkeit dem künstlerischen Auge entgegen. Paul Klee, sonst gesprächig und von literarisch breiten Allüren in seinem Tagebuch, vermerkt unter dem zwölften Dezember 1916 nur: »Stuttgart, eine wunderschöne Stadt«. Das moderne Bauen, das in den zwanziger Jahren einsetzte, wurde auch von den Stuttgartern geliebt und getragen. Während und nach der Inflationszeit zeigte sich in Stuttgart ein neuer Menschenschlag, wache Leute mit klugen und lebendigen Augen, die das Honoratiorenschwäbisch redeten wie jeder andere, mit einem ungenierteren Einschlag vielleicht, keinen Smoking hatten und keinen Homburg, aber einen Bubikopf trugen, als so etwas noch Sensationen machte, oder einen Rollkragenpullover und eine Baskenmütze, als man anderswo den Vatermörder trug und sich »deutsch« gerierte. Man traf sie auf den Kunstauktionen oder Antiquariatsmessen oder im Foyer des Landestheaters: ein durchaus der Wirklichkeit gehöriges Geschlecht, das sich mit der Nächstenliebe der Pietisten zu treffen, ja sie zu übertreffen schien. Rudolf Steiner hat in Stuttgart nach 1918 seinen Auftritt versucht, und Friedrich Rittelmeyer hat hier den Boden für sein Wirken gefunden. Auch diese Leute haben gebaut, aber ohne an die Stuttgarter Mietshäuser im Westen zu denken, mit ihren ausgetretenen gebohnerten Stiegenhäusern und ihrem aus Küchen- und Abtrittsdüften gemischten Aroma: helle, klare Häuser, voller Ehrlichkeit und Konsequenz. Bauten wie Pankoks Atelierhaus am Stafflenberg hatten 1906 den Anfang gemacht. Jetzt, zwanzig Jahre später, nahm man das Kunst- und Architekturangebot, überprüft, geläutert, gefestigt, mit Freuden auf.

Bernhard Pankok gab der Stuttgarter Kunstgewerbeschule, einem Brennspiegel von Impulsen und Pionierleistungen, einen weltweiten Ruf: ein Entwerfer und Gestalter und Bildner bis zu den innenarchitektonischen Details hin, zum impressionistischen Freilichtbild, zum Jugendstilsessel, bis zum Bühnenbild des Stuttgarter Hoftheaters. Adolf Hoelzel wohnte in Stuttgart seit Dezember 1905 zuerst in der Werastraße 59, zog dann mit seinem Abschied von der Akademie am 15. März 1919 ins eigene Haus nach Degerloch, wo er am 17. Oktober 1934 einem Schlaganfall erlag. Auch nach 1919 hat Hoelzel an Ausstrahlungs- und Anziehungskraft für die jüngere Generation nichts verloren. »Was Hoelzel sowohl in Dachau wie an der Stuttgarter Akademie bis zu seinem Tode für seine Schüler bedeutete, kann nur der ermessen, der sein langjähriger Schüler war«, so Ida Kerkovius. Erst nach dem Rücktritt Hoelzels wurde anscheinend klar, dass der Mann mit seinen zwölf Jahren Akademietätigkeit, wie Willi Baumeister 1933 schrieb, »als Mensch, als Künstler und Lehrer eine vorbildlich schöne Atmosphäre in Stuttgart geschaffen« hatte.

Hoelzels Schülerschar hat die eigentümlichsten gegensätzlichsten Begabungen versammelt. Haben Eberhard oder Marusja Foell mehr das stille, lyrische Element sichtbar werden lassen, hat August Ludwig Schmitt durch die 1927 erfolgte Gründung der »Freien Kunstschule«, an der Hoelzel selbst noch Vorträge hielt, zur Verbreitung der theoretischen Kenntnisse Hoelzels beigetragen, so ist Ida Kerkovius vor allem der kräftigen Farbwelt Hoelzels treu geblieben. Vielleicht war sie auch die Einzige, die dem Meister so konsequent auf dem Weg zum absoluten, zum gegenstandslosen Bild gefolgt ist. Aber auch Max Ackermann, ab 1930 Leiter des Seminars für absolute Malerei an der Stuttgarter Volkshochschule, nach Lehrverbot im Jahre 1936 und Übersiedlung an den Bodensee ab 1958 wieder ständig in Stuttgart, hat zu einer absoluten, zu einer »musikalischen« Malerei gefunden. Vincent Weber, 1902 in Monschau geboren, kam in den frühen dreißiger Jahren von Paris, Antwerpen und Düsseldorf immer wieder für längere Zeit zu Hoelzel nach Degerloch. In die Theorien seines Meisters hatte er sich so eingearbeitet, dass ihm Hoelzel attestierte, er sehe in ihm einen der wenigen, die sein künstlerisches Erbe verwalteten. Aber auch Johannes Itten war noch da, in seiner theoretisch-pädagogischen Begabung Hoelzel am vergleichbarsten, Paul Bollmann, Schüler noch aus Kalckreuths Zeiten, Gertrud Koref-Musculus, die 1917 den »unfarbigen«, hoffnungsvollen Hermann Stemmler geheiratet hatte, Gertrud Eberz-Alber oder Lily Hildebrandt.

Vor dem Schweizer Otto Meyer-Amden, der Schlemmer später schrieb, das Gemeinsame sei »unsere Stellung zu Adolf Hoelzel«, haben wir Oskar Schlemmer und Willi Baumeister zu nennen. Schlemmer, der schon 1920 einem Ruf an das Bauhaus in Weimar folgte, zeigte in seinen Stuttgarter Bildern vorherrschend Geometrie. Die Farben verharrten wandbildartig in der Fläche. Aber er ließ auch schon sein künstlerisches Hauptanliegen erkennen, die Durchdringung von Malerei und Plastik und Architektur. Mit der Wandgestaltung im Werkstattgebäude des Weimarer Bauhauses von 1923 hat Schlemmer dann seinen Tribut geliefert zur Utopie gebliebenen Idee eines modernen Gesamtkunstwerkes. Baumeister, mit seinem Lebenslauf Stuttgart mehr verbunden als Schlemmer, wirkte auf die Länge eher als Gegensatz zu Schlemmers konsequent realisierten Synthese von Gehalt und Gestalt. Hoelzel schickte ihm einmal, noch ins Feld, die Postkarte mit der auch für den Lehrer bezeichnenden Bemerkung: »Sie werden von uns allen der sein, der am höchsten kommt.« Baumeister nahm alles auf und verwertete alles, freute sich an neuen Experimenten und neuen Lösungen: Sein Weg ist reich an Verwandlungen und Entwicklungen, sein Werk voller Kontraste und urzeitlichen Stückungen, voller Spott und Drastik, voller technischer Verwegenheiten und schwer deutbarer Figurationen: eine ganze, eine eigene Welt.

Auch für Stuttgart waren die zwanziger Jahre nicht golden. Sie waren mehr: ausgewogen, durchdacht, ein Boden, auf dem sich hätte weiterbauen lassen, keine schlüpfrige Abgrundnähe. Man hat hier Expressionismus nicht als Masche abgespult. Unter günstigen soziologischen Bedingungen freilich, hat man keine Extreme aufkommen lassen, kein Vakuum, in dem dann, wie in München oder Berlin, nazistische Heilslehre als eine Sache von Massen sich festsetzen konnte. Das Wichtigste ist, dass die Stadt zwischen allen verführerischen Angeboten sich selbst treu blieb, dass die nervenkitzelnden zwanziger Jahre in der Stuttgarter schwäbischen Fassung statt fahlen Talmiglanz einen Schuss bodenständiger Farbkraft gehabt haben. Die Schwaben haben versucht, gerade in diesem zu Extremen neigenden Jahrzehnt, die eigene Identität neu zu finden, ja sie neu zu festigen. Das Schönste dabei blieb, dass es den Zusammenhang mit dem Hergekommenen nicht verloren, sondern gerade in der Aufgeschlossenheit gegenüber dem Modernen und Aktuellen betont hat. Die Besucher von draußen, von weither, haben das immer als höchst angenehm empfunden.

Aschenjahre: Wenn alles in Trümmer fällt

Die großen Abschnitte der Geschichte sehen wir Nationalsozialisten getragen durch Weltanschauung.« So erklärte der badische Gauleiter Robert Wagner in einem seiner seltenen Auftritte vor dem badischen Landtag am 31. Januar 1930. »Die Weltanschauung, die das Leben des deutschen Volkes während der letzten Jahrhunderte bewegt hat, erkennen wir Nationalsozialisten im Individualismus, das heißt jener Weltanschauung, die den Menschen als Einzelerscheinung in den Mittelpunkt des Lebens stellt. Wir Nationalsozialisten sind die schärfsten Gegner dieser Weltanschauung. Wir sind Universalisten, wir sind völkischer Weltanschauung, oder, dass wir es gleich richtig sagen, wir vertreten die nationalsozialistische Weltanschauung.«

Das »Dritte Reich« ist eine Sache des Geistes und der Weltanschauung. Die Frage nach der Möglichkeit des Dritten Reiches ist die Frage nach Charakter und geistiger Haltung. Selbstverständlich ist da eine ganze Reihe anderer Faktoren mit im Spiel, die immer bedrückender werdende wirtschaftliche und soziale Lage, die Auslieferung an den »Aufstand der Massen«, die Sehnsucht nach der »starken Hand« und vieles mehr – wir kennen dieses Syndrom zumindest in Einzelerscheinungen sehr wohl. Aber die Gretchenfrage, wie das alles kommen konnte, ist die Frage nach dem Geist, den man artikuliert oder dem man sich willig hingegeben hat. »Niemals sind es die Institutionen allein, die uns zu schützen vermögen«, hat Eugen Kogon, einer, der es erfahren hat, in seinem »SS-Staat« geschrieben, »immer ist es in besonderen Gefahrenlagen der Geist, der darüber entscheidet, wie von ihnen Gebrauch gemacht wird.« Dass wir uns mit dieser Version im Vorhof gültiger Geschichtsschreibung ganz allgemein befinden, braucht nicht eigens unterstrichen zu werden. »Die Geschichte ist für uns nach Kräften eine Geschichte des Geistes; die äußere materielle Geschichte nur eine unvermeidliche Basis hierzu.« Was Jacob Burckhardt in seinen Vorlesungen »Über das Studium der Geschichte« gesagt hat, ist die Vorwegnahme der Erkenntnis, dass der Mensch ohne die moderierende Kraft des Geistes noch immer der grausamste Barbar ist.

Das Dritte Reich ist vor allem ein kompliziertes Kapitel Geschichte, das die eher spielerische und dem Wissenschaftsjargon zugehörige Rede vom »Differenzieren« zur bitteren Wirklichkeit hat werden lassen. Das wiederum Dämonische an der Beschäftigung mit dem »Dritten Reich« ist, dass wir zugleich unterscheiden lernen müssen, dass wir kaum schwarz-weiß urteilen dürfen, dass wir auch die Gegenseite sehen wollen und sehen müssen. Dutzende, Hunderte von Namen auch für Baden und Württemberg, die im Dritten Reich, vereinfacht gesagt, schuldig und unschuldig zugleich geworden sind. Der eine war Wirtschaftsführer, hat bis zum Kriegsende dem Keppler-Kreis, einer bei Hitler und Himmler angesiedelten Gruppe von Wirtschaftssponsoren, regelmäßig namhafte Beträge überwiesen und zugleich die Leute des Goerdeler-Kreises unterstützt, der andere hat zum Goerdeler-Kreis selber gehört, zu einer Widerstandsgruppe mit recht verschwommenem Ideengut: Das wenig demokratische Weltbild der meisten Verschwörer macht die Rezeption des Widerstands nach dem Krieg zu einer tatsächlich zweischneidigen Sache.

Bei der Reichstagswahl am 14. September 1930, als die NSDAP im Reich in sensationeller Weise von zwölf auf 107 Mandate kam, hatten in Württemberg die Nationalsozialisten den kleinsten Anhang in ganz Deutschland, etwa 130 000 Wähler, genau so viele wie die Kommunisten. Verständlich, warum jetzt die Propaganda sich auf Württemberg konzentrierte. Am 7. Dezember 1930 versammelte Hitler seine Uniformierten in Stuttgart und nahm in der Schillerstraße ihren Vorbeimarsch ab. Zur gleichen Zeit demonstrierten die Sozialdemokraten bei der Gewerbehalle am Hegelplatz und die Kommunisten auf dem Marktplatz. Vierzehn Tage vorher hatte Reichstagspräsident Paul Löbe, ein Sozialdemokrat, der in seinem Geschick und seiner unverlierbar-souveränen Haltung wie geschaffen war für dieses Amt, in der Stadthalle eine Rede gehalten, der ein demonstrativer Fackelzug des Reichsbanners nachfolgte. Jetzt begann auch für Stuttgart die Zeit, in der über »Politisierung« schon gar nicht mehr diskutiert zu werden brauchte, weil die Politik schon auf der Straße gemacht wurde. »Unsere Versammlungsreden«, berichtet Wilhelm Keil über die SPD-Arbeit Ende 1930, der Zeit, in welcher der »Stuttgarter NS-Kurier« zu erscheinen begann, »waren nunmehr überwiegend Kampf und Abwehrreden gegen den ›Faschismus‹«.

Wenig später, am 21. Februar 1931, veranlasste ein Überfall von Nationalsozialisten auf Reichsbannerleute das Stuttgarter Innenministerium, alle Versammlungen und Aufzüge unter freiem Himmel zu verbieten. Für das Innenministerium war in Ämtereinheit gleichfalls Eugen Bolz zuständig, Zentrumsabgeordneter im Landtag seit 1913 und wohl unter den Nazigegnern der württembergischen Politiker der klarste und beste Kopf. Vielleicht ist ihm vor dem Januar 1933 nur ein Rechenfehler unterlaufen, der nämlich, dass er in der Stuttgarter Polizei nur ein loyales, staatstreues Instrument sah. Man müsse und könne das Faustrecht auf der Straße bekämpfen; die Staatsautorität würde den inneren Frieden erhalten können: das ist die württembergische Version. »Ich glaube«, meinte er am 21. Februar 1931, trotz aller Stechereien und Schießereien, »wir haben in Württemberg nichts zu fürchten. Wir haben die Kraft, auch bei politischen Verwicklungen Herr zu bleiben, und wir haben den Willen dazu, die ganze staatliche Macht einzusetzen. Ich möchte aber bitten, nicht nervös zu werden. Die politischen Bewegungen, die wir erleben, werden sich auch überschlagen. Ich habe die Überzeugung, dass weder die kommunistische Bewegung uns über den Haufen rennen wird noch die nationalsozialistische. Auch letztere Bewegung wird von selbst wieder abflauen, wenn die Leute lange genug ihre Sprüche dem Volk vordoziert haben. Ich gebe zu, dass in Württemberg die nationalsozialistische Welle noch einen gewissen Auftrieb erfährt, aber ich habe die feste Überzeugung, dass der scharfe Kampf, den wir gegenwärtig gegeneinander führen, seine Wirkung nicht verfehlen wird«.

So, wie Bolz hier die Dinge sieht und im Voraus bestimmt, mögen die Besten in der Stadt und im Lande auch gedacht haben.

Wer die Sätze genau liest, kann in ihnen nichts anderes erkennen als eine bemerkenswert unabhängige Analyse dieser schreienden und trommelnden Tage, eine Abbreviatur dessen, was Theodor Heuss in seiner 1932 erschienen Schrift »Hitlers Weg« oder Ewald von Kleist-Schmenzin in seinen Denkschriften dieser Monate, der eine aus schwäbischen und »naumännischen« Traditionen, der andere aus denen des preußischen Konservatismus schöpfend, in freilich sehr viel verbreiteter Weise auch gesagt haben. Bolz, dreizehn Jahre später als Opfer des 20. Juli hingerichtet, von unbestechlichem Urteilsvermögen und asketischem Zuschnitt, hat selbst in den schlimmsten Stunden nach dem 30. Januar 1933 Ruhe und Würde ausgestrahlt.

Was er nicht sah, oder für den Augenblick nicht sehen wollte, ist die Unterwanderung der Polizei durch die Leute der NSDAP. In Württemberg unterblieb der Versuch, die Republik auch gegen solche Feinde zu verteidigen, die sich, mit frommem Mantel behängt und mit manchen politischen Wassern gewaschen, nicht der Fäuste, aber immer wieder neu variierter Agitationen bedienten. Insofern lag das verborgene Elend auch nicht bei den braunen Sympathisanten unter den hohen Polizeioffizieren, sondern in der Überforderung des beamtlichen Ermessensspielraums. Man hätte einen Befehl »von oben« gebraucht. Man hat ihn in der Stunde X aber gar nicht mehr von dort erhalten können, weil die – bewusst verfolgte – Entpolitisierung und Bürokratisierung der Politik an eine Grenze heranführte, die die Ordnungsaufgabe des Staates schließlich nur noch als Aufrechterhaltung der öffentlichen Ruhe und Ordnung, als Polizeiproblem begriff.

Die Schicksalsfrage für uns heißt heute: Wie war das möglich? Wer die Komplexität jedes geschichtlichen Vorgangs bedenkt, wird zögern mit einer so genannten hundertprozentigen Antwort. Haben sich die herrschenden Schichten, als sie mit ihrem Latein am Ende waren, mit »dem Faschismus« verbündet, um mit seiner Hilfe die kapitalistische Gesellschaftsordnung zu retten? Dass mit der nationalsozialistischen Diktatur eine tödliche Gefahr heraufziehe, darüber war man sich, wenn auch in der Minderzahl, hüben und drüben einig; die Ablehnung ging, wenn man den württembergischen Landtag als das soziologische Spiegelbild der Bevölkerung nehmen darf, durch alle

Schichten. Sind die Ultrarechten, weil sie gegen die anstürmenden »Demokraten« sich nicht mehr mit normalen Mitteln zu verteidigen imstande waren, zur autoritären Diktatur übergegangen? Gerade in Württemberg hat sich vor und nach 1933 gezeigt, dass zwischen »den Rechtsparteien« und »den Nationalsozialisten«, will man überhaupt bei diesen Formeln bleiben und sie nicht als leer gewordene Hülsen abtun, ein zu tiefer Graben war, als dass von irgendwelcher, politisch relevanter Kollaboration gesprochen werden könnte. Oder haben die Führungsgruppen in Wirtschaft, Gesellschaft und Staatsapparat so etwas wie Faschismusflucht begangen, nur um die eigenen sozialen Privilegien zu halten? In Württemberg hat man eher den gegenteiligen Eindruck: dass die Trennung von staatlichen und gesellschaftlichpolitischen Gesichtspunkten zur fixen Idee geworden war, dass die Bürokratie mit dem Ausbleiben der politischen Vorentscheidung heillos überfordert war.

Ein nur an soziologischen, sozialistischen Denkvorstellungen orientierter Erklärungsversuch wird kaum zu stimmigen Antworten kommen, zumal wenn er nur von der Popularität zwischen Oberklassen und Unterdrückten fasziniert ist und die pluralistische Gesellschaft mit ihren mannigfaltigen und divergierenden Interessen gar nicht sieht. Geistesgeschichtlich gesehen ist »der Nationalsozialismus« doch nur ein Sammelsurium von Angeboten, die im Mülleimer des 19. Jahrhunderts zu finden waren, im ideologischen Wertcharakter eine seltsam unprofilierte und unoriginelle Sache. Ging es letztlich, gemessen an der Qualität und dem Niveau dieser »weltanschaulichen« Aktionen, überhaupt um ideologische, um geistige Konzeptionen? Oder war das nicht alles zufällig gewonnenes Beiwerk, hinter dem man sehr bald die nackte Handhabung dessen sah, worum es den »Nationalsozialisten« ging: die Handhabung der Macht? Die deutsche, die nationalsozialistische Variante des »Faschismus« war zunächst einmal eine Sache der politischen Technik und einer bestimmten politischen Methode, keine spezifische, verbindliche Idee – so sehr man die »Idee«, die verhüllende, in den ersten Jahren nach 1933 auch strapaziert hat.

Im Übrigen war es das Volk, welches das Placet gab. Die württembergischen Landtagswahlen vom 24. April 1932 machten die

Nationalsozialisten mit 23 Abgeordneten mit einem Schlag zur stärksten Fraktion im Stuttgarter Halbmondsaal. Zum Landtagspräsidenten wurde am 10. Mai 1932 Christian Mergenthaler gewählt, der Mann, der dann im Jahrzwölft des Dritten Reiches in Württemberg als der heimtückischste, ideologisch unabdingbarste Nationalsozialist agieren sollte. Das Kabinett Bolz blieb nur geschäftsführend im Amt. Die Wahl eines neuen Staatspräsidenten, eine sinn- und verfassungsgemäße Parlamentsarbeit kam schon gar nicht mehr zustande. Im Dezember 1931 hatte Stadtamtmann Dr. Karl Strölin, später Stuttgarter Oberbürgermeister, in einer großen Stadthalle-Versammlung Eugen Bolz als »bald weiland Staatspräsident von Württemberg« apostrophiert. Ein Vierteljahr später war es tatsächlich soweit. Der Landtag war ohnmächtig und hatte seine, vereinfacht gesagt, jahrhundertealte Rolle ausgespielt. Konstruktives sei von ihm nicht mehr zu erwarten, aber auch nicht zu befürchten, meinte Bolz: Er begriff die Regierung jetzt, nach dem Berliner Vorbild, als ein Präsidialkabinett von Beamten, deren wesentliche Aufgabe darin lag, die Staatsmaschine nicht still stehen zu lassen. Die Chance war perfekt, in dieses Niemandsland die braunen Bataillone einrücken zu lassen, »nachdem auch hier«, wie Keil das formulierte, »die Entscheidung des Volkes zur Arbeitsunfähigkeit des Parlaments geführt hatte«.

Was folgte, war eine Diktatur, die in Württemberg vielleicht deshalb andere Macharten gehabt hat, weil sie nicht nur von Gesinnungsterror und Blut- und Boden-Rausch getragen war: das vielleicht am wenigsten. Eher war das eine Diktatur in Pedanterie. Die zitierte Rede von den Gesetzen, die man in Berlin mache, in München zur Kenntnis nehme und in Stuttgart ausführe, trifft jetzt am deutlichsten. Das NS-Regime in Württemberg hatte auch seine vernünftigen Leute, Männer, mit denen man sozusagen »reden« konnte, Innenminister Jonathan Schmid war einer von ihnen, und Reichsstatthalter Murr gehörte in seinen ersten Amtsjahren sicherlich auch dazu. Aber es scheint andererseits bezeichnend, dass die eigentlich gefährlichen, in ihren Methoden aller Freiheit und allem Anstand ins Gesicht schlagenden Aktionen vom Ministerpräsidenten und Kultminister Christian Mergenthaler ausgingen: wiederum, oder noch einmal, sind es Schule, Erziehung und »Weltanschauung«, die im politischen Leben Württembergs ihre dominierende Rolle spielen, jetzt freilich, um von den Nationalsozialisten und dem, was sie an Heilslehre anbieten, korrumpiert und pervertiert zu werden.

Der »Schaden«, um dieses Bürgerwort zu gebrauchen, liegt denn auch in der Zerstörung von Städten und Montagehallen, im Tod vieler Tausende von Menschen daheim und draußen, die nicht mehr gewusst haben, welchen Sinn das alles haben solle, im Verlust des Ulmer Fischerviertels oder der Heilbronner Altstadt, feinster Kulturleistungen vergangener Generationen. Der größte Schaden beginnt dort, wo geistige, seelische Haltungen denunziert worden und Fundamente einer altüberkommenen politischen Kultur zerstört worden sind: solcher Schaden lässt sich nur schwerlich heilen. Er wirkt fort und fort.

Dichtung und Literatur

Bis heute sehen wir die Narben, die die Zeit des Dritten Reiches in der Kulturlandschaft Südwestdeutschlands hinterlassen hatte. Die Verheerungen in der Welt des Geistes waren nicht geringer.

Schon die Zeit vor dem Dritten Reich war eine Epoche, die zerfurcht und zerquält war von Welträtseln und Welterlösungslehren, von »-ismen« aller Art und aller Couleur, von Weltanschauungen jeglicher Neigung, von ideologischen Verdammungen und von ideologischen Zukunftsvisionen aller Schattierungen. »Feuilletonistisches Zeitalter« hat das Hesse ebenso verächtlich wie beschwörend genannt, und in Ina Seidels 1938 erschienenem »Lennacker«, vielleicht sogar ein Buch innerer und protestantischer Emigration, ist die Rede von einer »zum bloßen Zivilisationstrieb entarteten Kultur«. Die ursprünglichen und lebendigen Kräfte seien durch »Mechanisierung« abgelöst worden. Der »Mensch als Masse« sei nunmehr den Urmächten entgegengesetzt. Nur ganz selten erhebe sich »ein ganzes Volk im Dienst eines großen Gedankens«. »Dann aber ist für diese Menge niemals der Gedanke selbst, sondern ein von der Durchführung dieses Gedankens abhängiger Erfolg auf der Ebene irdischer Bedürftigkeit letztlich maßgebend. Die Opfer werden allein von den Führern gebracht.«

Nationalsozialistische Literatur, auch gerade regionaler und provinzialer Provenienz, gehört in diese Ecke orgelnder Weisheiten, in dem sich vornehmlich sozialdarwinistische und ultranationalistische Interpretationen, im Grunde längst vergangene Erbstücke des 19. Jahrhunderts, zu einem Brei ohnegleichen verbinden. Die irgendwo pathologische Abkunft führt zwangsläufig zu einer als Krankenbefund sich offenbarenden Gegenwartsanalyse. Die schwäbisch-alemannische Nazi-Literatur, wenn wir sie einmal so nennen wollen, beginnt mit Hermann Burtes Roman »Wiltfeber, der ewige Deutsche«. Burte, mit bürgerlichem Namen Strübe, ein Markgräfler aus Maulburg, erkannte die Wurzel allen Übels in der Verschlechterung des deutschen Blutes. Sein im Sommer 1911 in Arlesheim im Kanton Basel/Land geschriebenes Buch erbrachte einmal mehr den Beweis, dass kaum etwas im Dritten Reich öffentlich geschrieben oder öffentlich deklariert worden ist, was nicht schon vorher in den Jahren der Weimarer Republik oder überhaupt vor dem Ersten Weltkrieg gesagt oder konzipiert worden wäre. Burtes »Wiltfeber« ist gewissermaßen in der Nacht zum 31. Januar 1933 *das* nationalsozialistische Buch des deutschen Südwestens geworden; auch Georg Schmückles »Engel Hiltensperger« aus dem schwäbischen Raum konnte hier keine Konkurrenz sein, allein deshalb nicht, weil hier alle Gegenwartsbezüge in die Folie der Historie verpackt waren.

Burte brachte unverblümte Tages-Auseinandersetzung. Sie erwies sich als so genuin nationalsozialistisch, dass man den 1936 vom badischen Ministerium für Kultus und Unterricht »im Einvernehmen mit dem Herrn Reichsstatthalter Pg. Robert Wagner« gestifteten Hebel-Preis fürs erste Mal niemand anderem als dem Autor des »Wiltfeber« verleihen konnte. Zwar mag der Berichterstatter der Basler National-Zeitung recht gehört haben, wenn er vermerkte, in den Worten der beiden »nationalgesinnten Markgräfler Bürgermeister Rung von Eimeldingen und Hauser von Hausen« auf dem traditionellen Hebelmähli, diesmal im Mai 1933, sei zum Ausdruck gekommen, dass »beide von einer Gleichschaltung Hebels« nichts wissen wollten. Das hat indessen den badischen Kultusminister Dr. Wacker nicht gehindert, bei der Preisverleihung im Badischen Staatstheater den »nationalen« Wert des »Wiltfeber« ins richtige Licht zu stellen: »Ihr ›Wiltfeber‹ wird überall als hervorragendes Beispiel künstlerischen Einfühlvermögens in die treibenden Kräfte der Zeit, als hellsichtige Vorausschau kommender Entwicklungen und Mahnruf zu nationaler Selbstbesinnung, erklungen in einer Zeit allgemeiner völkischer Instinktlosigkeit, gewertet werden müssen.« Der 1933 in Neuauflage erschienene Roman blieb für das Badische das ideologisch-literarische Vorzeigebuch. Als einige nationalsozialistische Neutöner in ihrer vollmundigen, von Heidegger genährten Alemannen-Interpretation mit dem eher zurückhaltenden und jedenfalls auf eine spezifisch nationalsozialistische Literaturtheorie nie abhebenden Karlsruher Literarhistoriker Adolf von Grolman ins Gefecht gerieten, wiesen sie auf den »Wiltfeber«: Das sei Dichtung der neuen Zeit, und in ihr liege der Maßstab verborgen.

Burtes Buch steht schon der Form und der Sprache nach am Anfang jeder dithyrambischen Literatur, die dann nach 1933 Normalmaß werden sollte. Schmückle hat nichts geschrieben – seine biographischen Schriften und seine »Kulturellen Betrachtungen« mit dem Obertitel »Zeitliches und Ewiges« eingeschlossen –, was nicht vom Stakkato und vom kurzatmigen Duktus einer merkwürdig hymnischen Sprachwelt durchzogen gewesen wäre. »Wiltfebers« Seiten sind angefüllt mit einer allemal erhöhten und bekennerhaften Sprache. Man stößt auf vielerlei Anklänge an Lutherdeutsch, an Nietzschedeutsch, an Gebetshaftes, an Stabreime: eine oratorisch-evokative Sprache, angereichert mit Neuschöpfungen ebenso wie mit Holzschnittartig-Altertümlichem, halb antikisierende Bibel, halb neugotisch-»attische« Legende. Burte und Schmückle und viele Trabanten machten das bewusst Fragmentarische der »Romantik« zu *der* Aussageform des Nationalsozialismus. Die Nazi-Lyrik vom Schlage Gerhard Schumanns, geschult an Hölderlins Oden und Hymnen, schließt sich hier nahtlos an.

Wiltfeber ist der Heimatsucher. Die »steinerne Wüste« der Großstadt hat ihn so krank gemacht wie das Geplärr der »schollenlosen« Leute. »Nun bleibt die Heimat als letzte Hoffnung; wenn diese versagt, was soll mir noch das Leben?« Er geht wie weiland Heinrich von Ofterdingen »nach Hause«, aber nicht aus geheimnisvoll religiösen Gründen, sondern weil er die Demokratie verachten gelernt hat, weil er weiß, dass mit dem »Selbstbeflecker von Genf« das Elend in die Welt kam, weil er spürt, dass das Schöne verworfen ist, »weil es schön ist, und das Hässliche Meister geworden, weil es häufig ist«. Wiltfeber sucht nach »Rasse« und »Reinheit« und »Adel«. Im geistig-weltanschaulichen Haushalt zeigt alles auf einen Konkurs; es gibt keine Klarheit und keine Elite mehr.

Die »Reinigung« sei »sein Urgedanke«, sagt der »›ewige Deutsche‹. Damit fing ich an zu säubern, erst in mir, dann in andern.«

Burte, das scheint typisch »Faschistisches«, verknüpft die deprimierende Gegenwartsanalyse sogleich mit einer von der Zukunftshoffnung genährten leidenschaftlichen Tatvorstellung. Hinter der Diagnose steht die politische Methode und das politische Ziel. Wiltfeber will »rassensichere« Menschen, solche, die wissen, wozu sie gehören und warum sie dazu gehören. Der Adel liegt im Blut. Es geht ihm um Menschen »eines Glaubens, einer Rasse«.

Nähmen wir noch »Volk« hinzu, so genügten diese vier Stichwörter, um die wichtigsten Elemente dessen, was man »faschistische Literatur« nennen könnte, ein für allemal dingfest zu machen. Irgendwo im Windschatten des Alemannenlandes um Basel gibt Burte/Wiltfeber im Sommer 1911 eine Vorschau auf das faschistische System. Das Heldische ist das Große, und die Frage nach der Rasse gehört unmittelbar in diesen Zusammenhang. Im Bild von den »Blonden« wird eine solch rassereine und aristokratische Elitegruppe sichtbar, und dies um so dringlicher, als dem Autor die Gleichung »arisch gleich herrisch« eine ganz selbstverständliche Sache ist. In der Erscheinung des »Freiherrn« tritt ein »Führer« dieses Schlages auf den Plan. »Arisches Blut«, für ihn gibt es da keinen Zweifel, »ist frisch und unverbraucht.« Die »Blonden« sind laut Wiltfeber eine mythenstiftende Gruppe. Sie befinden sich jetzt in der gleichen Minoritätssituation wie einst die Juden: »Früher traf es die Juden; heute und morgen trifft es uns, die Blonden.« Freilich meldet sich auch hier die – für den späteren nationalsozialistischen Roman typische – Grundstimmung der weltanschaulichen Revolution, der Antizipation der Zukunft und des bereits begonnenen Kampfes fürs Tausendjährige Reich. Wiltfeber sieht, als er so in der Kirchenbank sitzt, im Geiste eine »Kirche des gereinigten Glaubens« heraufziehen, er sieht in Christus den Mann, »welcher in sich das Judentum überwand«. Wiltfebers spätere Erkenntnis ist wie eine fürchterliche Kampfansage: »Der Widerjuden Größter ist der Krist.« Mit den Pfarrern seiner Zeit ist diese neue, vom hebräischen Makel gereinigte Kirche nicht zu bauen. Der »kirchliche Pfarrer« in Wiltfebers Zeit ist nichts anderes als »der unbeschnittene Jude auf der Kanzel«.

Wiltfeber will eine neue Welt und eine neue Gemeinschaft, ein Volk. Dies dritte Reich ist das »neue Reich«, in dem das Leben, das politische, das gesellschaftliche, das geistige, wieder unvermischt und also in ewiger, dauernder Gewähr sich darbietet.

In diese Bekenner- und Tatwelt gehört ein eigener und artgemäßer »Krist« als der wirkliche Erlöser. Immer wieder bittet Wiltfeber um den »reinen Krist«, um einen Krist als den eigentlichen »Gott der deutschen Leute«. Wiltfeber ficht seinen geistigen Kampf um eine deutsche Revolution, »bis der Reine Krist heimlicher Vater ist auf der Welt«. Ja, er selbst will dieser Kyffhäuser-Kaiser sein. »Oh, möchte ich das sein, ich Wiltfeber, ich, der Sucher des Reinen Kristes!« Damit kann freilich keine kirchlich-konventionell gefasste Konfession angesprochen sein. Am Protestantismus von heute hat Wiltfeber Wesentliches auszusetzen. Er sei keine »stilzeugende Weltanschauung« mehr. Darin liege sein schlimmster Mangel.

Wiltfeber erklärt ohne Umschweife, dass er nur diesem Ziel zusteuere, »das bestimmt ist: gesunde, schöne, edle Menschen zu erzüchten!« Menschenleben sind für Wiltfeber, das ist wortwörtlich sein Vergleich, wie Kummete und Geschirre, wie Wagen und Schlitten. Der nationalsozialistische und natürlich von einem populären Nietzsche-Bild herstammende Gedanke von der Aufzucht und Machbarkeit des neuen Menschen als des Herrenmenschen wird hier offenbar. Die neue Zeit wird garantiert durch die Zucht des »Neuen Menschen«.

Dass der »Wiltfeber« nicht nur die Frühstufe eines nationalsozialistischen Weltanschauungs-Buches darstellt, sondern zugleich noch ein Alemannenbuch ist, unterstreicht seine Rolle innerhalb der Regionalliteraturen vor und während des Dritten Reiches in doppeltem Maß. Die Alemannen haben in diesem geistig-politischen Erneuerungsprozess einen besonderen Auftrag. Wiltfeber erinnert sich an den Pfarrer seiner Kindheit, den breitschultrigen Alemannen mit dem gewaltigen Bart, mit »den knochigen Fäusten, der donnernden Stimme«: der Herrgott, der sein Dorf geführt hat, ein Vorläufer des Engel Hiltensperger, der seinerseits ein hartknochiger und kämpferischer Alemanne war. Das Alemannische als das »Kernland« der 48er Revolution verbindet sich für Burte mit der Vorstellung vom Wunschland der nunmehr fälligen neuen Revolution. »Schwarzrotgold, das sind deine eingeborenen Farben, o Alemannien, meiner Väter Land!

Grüße dich Gott, alemannisches Land!« Im Blick auf »diesen neuen Sinn« und diese »Lehre von morgen« kann Burte die Lösung »Heim ans Reich« gar nicht oft genug wiederholen. »Völkisch waren wir, herrisch sollen wir werden! Grüße dich Gott, alemannischer Geist!«

In Württemberg-Schwaben, wo man der einheimischen Dichtung bis in den Ersten Weltkrieg hinein von fachkundiger Seite aus »eine gewisse innere Einheit« nicht vorenthalten wollte, fehlt ein solcher literarisch-provozierender Trompetenstoß wie der »Wiltfeber«. Noch zu Anfang der Weimarer Zeit hat man hier festgestellt, dass die schwäbische Dichtung mit den modernen Phänomenen wie Naturalismus und Neuromantik nicht viel habe anfangen können. »Dem Schwaben ist es angeboren, hinter das Gesicht der Dinge zu sehen. Er ist ein Grübler und Sinnierer, ein Kerl, der selbst in lebensfrohester Gegenwart mit einem Teil seines Ichs in einer andern, geistigen Welt weilt.«

Die schwäbische Dichtung hat keinen so ideologisierten und politisierten Roman geboren, dass er der prononciert nationalsozialistischen »Wehrhaftigkeit« des »Wiltfeber« hätte an die Seite gestellt werden können. Gegenüber der »modern«-alemannischen Dichtung wirkt die schwäbische beruhigter und harmonischer. Auch der »Engel Hiltensperger« von Georg Schmückle hat sich dafür viel zu sehr – auch sprachlich – in die Historie gehüllt; sie bedarf sogar eines Glossars für den ungebildeten Leser.

Kaum fünf Jahre nach Burtes »Wiltfeber« lässt Georg Schmückle, gerade als Reserveoffizier schwer verwundet in die Heimat geschickt, so etwas wie einen völkisch-nationalen Aufruf unter dem Titel »Haubitzen nach vorn!« erscheinen. Nähmen wir die Stichwörter »Kriegserlebnis« und »Heimat« noch hinzu, im Grunde sind das ja nur Varianten des im genauen Sinne des Wortes umfassenden Stichwortes »Nation«, so hätten wir damit schon die wichtigsten Signaturen für die Dritte-Reich-Literatur Badens und Württembergs. Was nach 1933 in beiden Ländern erschien, galt irgendwie immer Themenkreisen, die sich in der schwäbischen und alemannischen Dichtung bereits vor 1933 artikuliert hatten. Man war jetzt nur konkret geworden. Und während man bei Burte oder Schmückle noch nach dem großen und echten Volkstribun suchte, hatte man ihn jetzt: Adolf Hitler.

Georg Schmückles Buch »Engel Hiltensperger – Der Roman eines deutschen Aufrührers, Meiner lieben Frau gewidmet« erschien 1930 in Stuttgart bei Strecker & Schröder. Das Werk gliedert sich in zwei Bücher, das erste dreht sich, so die Überschrift, »Um das alte Recht«, das zweite »Um die Deutsche Nation«. Es gilt noch ganz der »Systemzeit« und nicht einer irgendwie schon etablierten nationalsozialistischen Wirklichkeit.

Die Zeitdiagnose dieses, sagen wir vordergründig, Bauernkriegs- und Reformationsromans, lebt denn auch ganz von der »Not« des Weimarer Jahrzehnts. Schmückle hätte unbesehen statt des Epocheneinschnitts um 1525 auch die Zeit um 1928 nehmen können. Auch er konstatiert wie Burte eine völlig verfahrene politische und weltanschauliche Gegenwartssituation. Deutschland ist gedemütigt, siehe Versailles, und seine politische Kraft ist ebenso gebrochen wie sein demokratisch-parlamentarisches Instrumentarium, wenn es denn je eines war, verbraucht ist.

Keine Frage, dass in diesem Romanwerk viel historisches Detailwissen steckt, in der Schilderung von Esslingen, Stuttgart oder Heilbronn, in der Wiedergabe reformatorischen Liedguts, in der Nachdichtung von Walters Sprüchen, überhaupt in der Verwendung alter Ortssagen oder der Spruchweisheit des Reformationsjahrhunderts.

Der Sinn dieses Romans steckt jedoch nicht in der unverbindlichen Erzählung, nicht, das wäre ja eine Art Renaissance-Spiegel, im humanistischen Kommentar, sondern in permanentem Aufruf zur Tat. »Stellt das Reich wieder her«, könnte man das Buch überschreiben, und die offiziöse Devise nach 1933 hieß da: »Ein Volk, ein Reich, ein Führer.« Als sich Hiltensperger gleichsam testamentarisch den Bauern als Helfer und Führer verschreibt, da erhebt sich seine Stimme und gibt einer Vision Raum: »Alsdann werdent seind freie Ritter, freie Städte, freie Pauren; alsdann wurd sein *ein* kaiserlich Gericht, *ein* Münz, *ein* Heer; alsdann wurd sein das tausendjährig, groß, teutsch, heilig Reich!« Die Bauern machen die eigentliche Substanz des Volkes aus – der Roman lebt auch von einer durchgehenden Aversion gegen die gleichgültigen oder hoffärtigen Städte –, und dies Volk wird sich sein großes Reich erkämpfen und erbauen. Engel Hiltenspergers Leben ist Unterpfand dieser politischen Vorstellungen und Bezüge; seine Rede vom einigen deutschen »Reich« erscheint immer wieder neu variiert und durchzieht sein ganzes Leben.

Hiltenspergers Biographie ist die personifizierte Schmerzensgeburt des neuen Reiches: das Leben des Bauernbuben, der als Memminger Klosterschüler durch seine Belesenheit auffällt, Priester wird, getrieben von den schreienden Unrechttaten des Kemptener Fürstabts aber die Kutte wegwirft und vor den Bauern den Eid ablegt, sich für sie und »das Reich« einzusetzen.

Engel ist ein Mann der Tat. Er greift beherzt in die Zügel, wenn er Luther durch die Menge zu führen hat, und er spürt »den Frieden des Abends« nur ein paar Mal in seinem Leben. Ist dies das Generationenerlebnis derer, die vom (ersten) Weltkrieg »nach Hause« kamen, ohne festen Beruf, aber allemal von der Sehnsucht nach dem »Reich« getrieben? Findet sich das individuelle Erleben dieser Generation im »Kampf« wieder, den alle sozialdarwinistischen Bekundungen gelehrt hatten und den die Kriegs- und Nachkriegsjahre erleben ließen? Das Leben ist Kampf. Nur der Starke setzt sich durch, die Schwachen scheiden von selber aus. Deutlich rassistische Argumentationen kennt das Buch ebenso wenig wie einen irgendwie auffallenden Antisemitismus.

Das am meisten »Faschistische« an diesem Buch ist die Lust an der Kämpfertat und dieses immer laute, lachende Bekenntnis zum Krieg. Eine der Frundspergischen Landsknechtsschlachten wird in aller Breite geschildert (»Die Venezianer kürzten die Schritte, die Landsknechte griffen aus. Noch zwanzig Ellen. Dann krachten sie zusammen«). Dazwischen schiebt sich der Bericht einer blutigen Schlägerei in seiner Kemptener Heimat. Und wieder Pavia: »Überall Schnaufen, Stöhnen, Ächzen, Beten. Furchtbar war das Morden. Kein Profos, kein Weibel blieb dahinten.« Und dann natürlich die blutige Wirklichkeit des Hauptthemas, des Bauernkriegs selber: »Wildes Heldentum ist erwacht in den Seelen der Geknechteten. Tapferer und todestreuer haben die größten Helden der Geschichte nicht gekämpft.« Und das Ende im fröhlich-grässlichen Bauernstechen: »Ihre Hunde übten sich im Aufspüren versteckter Menschen. Das war für die Herren eine fröhliche Hatz.«

Es geht nicht um den Nachweis, dass in diesem Roman immerzu Schlägereien, Gefechte, Kriege geschildert werden, in dieser nationalsozialistischen Kriegsdichtung schon zu einer Zeit, als es bis zum 30. Januar 1933 und Hitlers spätestens ab 1935 dokumentierbaren Kriegsplänen noch eine Weile Wegs war. Entscheidend ist, dass die ganze Atmosphäre dieses Romans von einer lauten und harten Stimmung bestimmt ist. Michel Hiltensperger ist ein Mannsbild, unter dessen Last »der Gaul fast zusammengebrochen« ist. Und Engel Hiltensperger selber ist »so bedrohlich und riesenhaft anzusehen«, dass jeder von ihm zurückweicht und Jörg von Frundsperg »den alten Kampfgenoß« auch mit niedergeschlagenem Visier erkennt. Nach geschehenem Kampf lachen sich beide halbtot, und der Engel wischt seinen Bihander »an einem toten Gaul ab«. Kalte, gewalttätige Luft überall.

Auch nach 1933 wirkt die schwäbische Dichtung des Dritten Reiches unpolitischer im Vergleich zur alemannischen Dichtung. Im Badischen hat man nach dem 30. Januar die literarischen Aufgaben aggressiver und irgendwie hitziger aufgegriffen, und man hat vor allem, Max Dufner-Greif steht für eine ganze Handvoll anderer Namen, die »Sendung der Alemannen« in einer viel offensiveren Weise gesehen. August Lämmle, der als pastor Sueviae auf schwäbischer Seite zum Vergleich herangezogen werden könnte, hat gewiss auch das »Wesen des Schwäbischen« herausgestrichen; aber das Schwäbische erscheint hier eben in mildem Licht, und die wissenschaftliche Stammesanalyse vom Schlage Heinz Otto Burgers hat dazu das Ihrige getan: Typisch für das Schwabentum sei der in einer höheren, dritten Stufe gesuchte Ausgleich, die Versöhnung der Gegensätze, das »so isch no au wieder«. Nur in der Lyrik, siehe Gerhard Schumann, er war sicherlich der meistzitierte unter den schwäbischen Dichtern des Dritten Reiches, hat sich das Schwäbische in der Tagesform aufgestellt. Aber eben – lyrisch.

Einem idyllischen Eiland kann die schwäbische Prosadichtung in ihren Jahren nach 1933 freilich auch nicht gleichgesetzt werden. Sie hat den nationalsozialistischen »Aufbruch« deutlich gespürt und hat diesem Lebensgefühl des »Kampfes« auch nach ihren Möglichkeiten Einlass gegönnt. Ostern 1935 hat Otto Heuschele, gewiss keiner von denen, der mit fliegenden Fahnen in das Lager der Nationalsozialisten übergelaufen wäre, einen Essay »Von der Wehrhaftigkeit des deutschen Geistes« veröffentlicht, der die Grundstimmung nach der braunen Revolution deutlich wiedergibt. Der Traktat ist nichts anderes als ein Beleg für die jetzt üblichen literarischen Zeugnisse des nationalsozialistischen Aktionismus. Der deutsche Geist, wenn man von ihm rede, äußere sich nicht in Bildern und Worten, »sondern in der stummen Tat, in der geistigen Haltung«. Beides seien »in Zeiten der Verwirrung« das Einzige, »durch das der Gebeugte bestehen kann«.

Als ein »Verhängnis« innerhalb dieses Prozesses erschiene manchem »der Einbruch des Christentums in den Deutschen Raum«. Es liege »ein Korn Wahrheit und Richtigkeit« auch in dieser Erkenntnis. Das Wichtigste sei jedoch, dass der deutsche Geist jetzt wehrhaft sei und sich für ein deutsches Lebensrecht einsetze. Die Träger des Geistes müssten bereit sein, in jeder Stunde ihr Leben hinzugeben.

Vieles und Grundsätzliches von dem, was man nationalsozialistischen Geist und nationalsozialistische Grundstimmung nennen mag, ist hier in programmatischer Fertigkeit zu Papier gebracht. Nach dem 30. Januar 1933 werden die zuvor artikulierten »völkischen« Grundthemen gewissermaßen ausgeschrieben, mit dem Erfolg, dass sich das Provozierend-Programmhafte dieser Thematik in gängige Alltagsmünze verwandelt, in praktische Gebrauchsware. Aber die Akteure bleiben dieselben. Burte, für die alemannischen Oberrheinlande – er hat in Lörrach gelebt und geschrieben – so etwas wie Lämmle für das Neckarschwäbische, bereits 1924 mit dem Ehrendoktor der Universität Freiburg bedacht, hat 1936 den Johann-Peter-Hebel-Preis erhalten und 1938 die Goethe-Medaille. Schmückle, 1934 als Erster mit dem Schwäbischen Dichterpreis ausgezeichnet, wurde Gaukulturwart und nach dem Tode Otto Günters auch Direktor des Marbacher Schiller-Nationalmuseums, der amtliche Repräsentant der nationalsozialistischen Dichter in Württemberg.

Man wird sich durch die am Ausgang der zwanziger Jahre zunehmende Lautheit und Forschheit der »Völkischen« – und das war weitaus die Mehrzahl – nicht beirren lassen. Hinter beidem steckten auch Angst und mancherlei Minderwertigkeitskomplexe. Man spürte – die Kleinbürger, der Mittelstand – irgendwie verhangene Horizonte, Betriebsschäden in der eben etablierten Demokratie, gefährlichen Industrialismus ebenso wie inflationäre Trends im kapitalistischen System. Georg Stammler, 1872 in Stuttgart-Stammheim geboren, von Hermann Pongs, dem Stuttgarter Germanisten, einem der führenden Nationalsozialisten seines Faches im ganzen Reich, als »Philosoph des Nationalsozialismus« gefeiert, sieht im Volk ein »Führungsgebilde«. »Befehl schafft Horde«, »Führung schafft und erhält den gegliederten Seelenleib, das Volk«. Was man draußen schon lange variiert, kann man, aus Stammlers Feder, jetzt auch in Stuttgart lesen: Man habe gegen das »Massenzeitalter« den »hohen Zustand der Seele« zu stellen. »Volk sind nicht die Menschen, sondern es ist der Kern, aus dem sie ihr Leben führen und das sie im Willen verbindet.«

Der Wille macht's – Hitler lebt das vor – und die Tat. NS-Literatur ist Literatur des Aktionismus. Stammler: »Das letzte ist nicht, was wir tun, sondern was wir aus dem Tun heraus werden.« Und Gerhard Schumann, schon in den Seminaren Schöntal und Urach nach eigenem Geständnis völkisch-heroischen Idealen ergeben, bei der Machtergreifung Studentenführer und SA-Sturmbannführer, 1936 mit dem Nationalen Buchpreis geehrt wie sonst keiner aus Baden oder Württemberg im Dritten Reich, reimt damals so:

Süß ist die Knospe, schwer die reife Saat.
Einst liebte ich die Schau. Nun liebe ich die Tat.

Das Tun bewährt sich in der Treue um den – eigentlich von allen irgendwann einmal besungenen – Führer, »Werkhof und Treuschar« schließen sich da zusammen, der Wille richtet sich auf ihn und das »Reich«. Schmückles Engel Hiltensperger zehrt von der Sehnsucht nach dem »Reich«, und Ludwig Finckh dichtet für die – vor allem für die eingezogenen schwäbischen Soldaten gedachte – »Jahresgabe schwäbischer Dichtung 1939«:

Wir standen unten, und da ward Licht:
Du kamst und sahst uns ins Gesicht.
Wir folgten und da fiel Streich um Streich,
Du schlugst die Tore auf ins Reich!

Die – vielfach mit dem Kampf um reines Deutschtum gepaarte – Hingabe an das größere Deutschland führte einerseits zu Untersuchungen wie der von 1939 mit dem Titel »Der Reichsgedanke im Werk schwäbischer Dichter«, worin man fürs erste Schmückle und Schumann traktierte. Sie führte andererseits natürlich auch zur Überlegung, was man an »Eigenem« dem großen Ganzen beizusteuern habe. Stammesdichtung, sagt Emil Wezel, Josef Nadlers lokaler Statthalter im nationalsozialistischen Württemberg, sei Gemeinschaftsdichtung. Und die wiederum sei »rassische Dichtung«, »bäuerliche Dichtung« und »politische Dichtung«. Man hätte da so etwas wie eine Definition nationalsozialistischer Regionaldichtung vor sich, wenn man nicht auch noch dem Stolz auf die eigene Sonderart eine größere Ecke einzuräumen hätte: Man gibt sich betont »schwäbisch« oder »alemannisch«.

Drüben im Badischen geschieht das auf eine würdigere und erfahrenere Weise. Im Jahresband 1941 der von ihm seit Jahren redigierten badischen Hauszeitschrift »Oberrheinische Heimat« schrieb Hermann Eris Busse, Freiburg, die »geistige Mutter der Landschaft«, »eine der schönen, sauberen, festlichen Städte des Reiches«, habe Lebensgefahr bestehen müssen und bestanden »wie durch ein Wunder«. »Ein neues Heldenlied, das vom getreuen Ekkart am Oberrhein, vorab, kann sich den alten Sängen unserer Landschaft anfügen.« Im Neckarschwäbischen trägt man's, wie es scheint, ein bisschen dicker auf, Schmückles »Schwabenlied« singt:

Furchtlos und treu! Edelhirsch und Leu!
Gott selber hat uns zur Sippe gefügt,
Die kein Sturm zerschlägt, keine Not zerbiegt
In tausend Jahr und immerdar!

Bei der Gelegenheit muss darauf hingewiesen werden, dass man zumindest von draußen die neckarschwäbische und die badisch- bzw. oberrheinisch-alemannische Literatur, auch die um den Bodensee, allemal als eine Einheit aufgefasst hat. Nadler fasste alle zusammen unter dem Stichwort »Alamannenland«, und Christian Jenssen machte das in seiner 1938 erschienenen deutschen Literaturgeschichte genauso. Im Württembergischen regte sich die Lust am Dynamischen, am Dramatischen, nicht nur Schmückle und Schumann waren »eigentlich« Dramatiker, auch Walter Erich Schäfer, der mit seinem Drama »Der Feldherr und der Fähnrich« von 1936 die zeitlosen Szenen, den Zusammenbruch von 1918 und die Erhebung von 1933, als »einen Mythos des ersehnten und des erfüllten Deutschlands« darstellte. Selbst Heinrich Lilienfein, in seiner gemütvollen Innerlichkeit eher einer der Mörike-Nachfahren, ließ 1938 die Tragödie »Die Stunde Karls des Zwölften« erscheinen.

Man versucht freilich auch zwischen »Schwäbischem« und »Alemannischem« zu unterscheiden, wenngleich die Grenzen fließend bleiben und Emil Strauß, im altbadischen Raum ganz zu Hause, seinem Roman »Der Engelwirt« den Untertitel »Eine Schwabengeschichte« geben kann. Man spürt Unterschiedlichkeiten. Aber man greift, so oder so, immer wieder auf Tonarten des Dialekts zurück, gelegentlich haben die Seiten sogar Anmerkungen für Anderssprechende, und man fühlt sich immer der »Heimat« verbunden, in welchen Ausgaben sie auch erscheinen mag. Ob Wilhelm Schussen oder Dr. Owlglass (mit bürgerlichem Namen Hans Erich Blaich), ob Hans Heinrich Ehrler oder Peter Dörfler, ob Hermann Eris Busse oder Friedrich Singer: Immer ist es Heimatdichtung, immer wird, wie Dörfler in seinem Wessobrunner Roman sagt, die »Wurzel« freigelegt, eben jene »schicksalhafte Bindung«, von der im programmatischen Sinne schon Eduard Spranger 1923 in seinem Vortrag über den »Bildungswert der Heimatkunde« sprach und mit der ein Jahr zuvor die Reichsschulkonferenz neuen Boden legen wollte. Bodenständigkeit, empfahl sie, solle zum Grundprinzip der Schule und des Lehrers werden.

Gerade die Autorinnen des schwäbisch-alemannischen Dritten Reiches, Isolde Kurz, Anna Schieber oder Auguste Supper – ihr verdanken wir rührende Hitler-Gedichte – griffen immer wieder auf die »nährende Erde« zurück. Das Wort stammt von Hölderlin, er ist auch hier Gewährsmann. Bei den Männern der Literatur wurde da gerne ein deftiger Bauernroman daraus, wie bei Hans Reyhing oder August Lämmle, bei Olaf Saile oder Veit Bürkle, der, mit bürgerlichem Namen Karl Heinrich Bischoff, in vielen seiner Romane nichts als weit ausholende Variationen zum Thema »Heimat«

bot. Sein Albroman »Bis zur Heimkehr im Sommer« nennt als Stichwörter immer wieder, »Blut« und »Sippe«, »Wurzel« und »Haus«.

Diese durchgängige Heimatorientierung konnte da und dort Hans Grimms »Volk-ohne-Raum-Thematik« in sich aufnehmen wie beispielsweise in den »Schillerbrüdern« von Wilhelm Kohlhaas, 1934 in Berlin als Roman erschienen, der Altwürttemberg mehr von der Kapkolonie her ansah und einmündete in den sehnsüchtigen Wunsch, es möge dereinst nur deutsche Regimenter geben und die ausgewanderten Südafrikaner sollten deutsche Kinder großziehen. Fast immer implizierte die Roman oder Novelle gewordene Heimatliebe ein Verdikt des Sitten- und Kulturverfalls der eigenen Gegenwart, die Wendung gegen das Städtische und Großstädtische zumal, gegen den, so in einer Rezension Otto Heuscheles, »zerlegenden und zersetzenden Intellektualismus der Großstadtdichtung«. Schließlich wurde, Weimarer Erfahrungen zufolge, auch die Demokratie in diese Frontstellung mit aufgenommen; in den »Schillerbrüdern« spricht Wilhelm Kohlhaas verbittert von »den Schmierereien des Genfer Uhrmachers über die Menschenrechte« und von den schachernden, egoistischen Holländern als den »Demokraten«.

Die Guten, das sind die Nicht-Entarteten, alle die, die von eigener Scholle kommen, aus dem Adel der Alt-Eingesessenen, der Ehrbarkeit. Dass etwa die württembergischen Nazi-Führer, Strölin oder Dehlinger ausgenommen, gerade nicht und »von Haus aus« zur alteingesessenen Ehrbarkeit gehörten, ist typisch für die Dialektik des Nationalsozialismus. Murr, zunächst Buchhalter in der Esslinger Maschinenfabrik, kam aus einem kleinen Haus in der Esslinger Webergasse, in dem der Gerichtsvollzieher nicht nur einmal war, Mergenthaler stammte aus einem kleinen Bäckerladen in Waiblingen und Schmückles Eltern waren eben nicht Bauern im Remstal, sondern über ein Jahrzehnt Hoteliers an der Côte d'Azur. »Rasse« ist im Nationalsozialismus auch die Rache dessen, der zu kurz gekommen ist und eben nicht dazugehört, freilich auch die Sehnsucht dessen, der den elitären, den adligen, den reinen Menschen erwartet, einen, der aus dem jahrzehntealten, brackigen Sumpf herausführen kann.

Lange Jahre zielte Wilhelm Schloz auf den »germanischen Menschen« und auf den »Mythos der Mutter Erde«, illustrierte Ludwig

Finckh den Wert von »Rassewerken und Erbkräften« und orakelte: »Es ist *ein* Blutnetz gesponnen wie die ganze Welt mit zarten Adern wie Spinnweb«. Walter Scheidt, 1933 Ordinarius in Hamburg geworden und 1963 dort emeritiert, war international angesehener Anthropologe und hat in seiner langen Veröffentlichungsliste auch eine »Allgemeine Rassenkunde« (1925), eine Studie über »Alemannische Bauern« (1930) und ein Jahr darauf über die »Alemannischen Bauern in reichenauischen Herrschaftsgebieten am Bodensee« erscheinen lassen. Volkstum, Erbtheorie, Kulturbiologie und bevölkerungsbiologisch-physiognomische Untersuchungen sind die Hauptthemen seines 1975 mit einer »naturkundlichen Harmonielehre« abschließenden Lebenswerkes. Als Berchthold Gierer, auf Grabsteinen des Wasserburger Friedhofes am Bodensee findet man den Namen öfters, hat Scheidt seine alemannische Heimat auch in Romane gefasst. Das 1940 erschienene Buch »Geschlechter am See« wurde sicherlich das meistgelesene.

Das Buch bietet keine abgerundete »historische« Geschichte. Viele Örtlichkeiten des Untersees sind genannt. Aber man weiß nicht, wo der Schüerhof genau liegt, die Heimat unseres »Helden«, des Johann Baptist Schnerhof. Es ist viel von den harten Spannungen zwischen dem Reichenauer Abt und »seinen« Bauern die Rede. Aber Geschichte im konkreten Sinne tritt nicht auf, nicht der Widerschein des Konzils, nicht die mörderischen Schläge des Bauernkriegs. Es ist eine bäuerliche Welt, die einem da vorgestellt wird; sie hat der Stadt das »Leben« voraus. Auch in diesem Roman, einem der letzten, der dem Schwäbisch-Alemannischen galt, bevor das Dritte Reich zusammenbrach, wird noch einmal etwas von dieser Zukunftshoffnung und diesem Sendungsbewusstsein lebendig. Man steht mitten in einer Zeitenwende; die Zukunft als die erfüllte Zeit wird nicht mehr lange auf sich warten lassen. »Ich mein überhaupt«, sagt Hagen, »es kommt eine andere Zeit. Es ist nicht mehr wie früher, und die Herren wären dumm, wenn sie in ihren alten Mauerlöchern sitzen blieben, bis sie den Kaufleuten in der Stadt zinsen müssen.«

Die »Stadt«, jede Stadt, ist frech und gemein und hat alles Maß verloren; das Land ist gesund und in sich ruhend. »Es ist nicht das Rechte in der Stadt. Ich hab's immer gesagt. Die Bärbel ist gesund, wohl, das schon, und der Peter auch. Sie haben's gut und alles. Aber das Haus ist leer und dunkel, keinen Sonnenbluster tut's hinein, und kein Baum und kein Stück Gras sieht man. Bloß um und um das Lärmen und Schreien von der Gasse rauf.« Die Enthüllung des Stadtlebens als eines degenerierten Lebens ist so gewichtig und so konsequent, dass der Vermerk auf der inneren Titelseite der Erstausgabe von 1940 wie ein Treppenwitz klingt: »Dieses Werk wurde mit dem Volkspreis der deutschen Gemeinden und Gemeindeverbände für deutsche Dichtung des Jahres 1941 ausgezeichnet.«

Das Auf und Ab dieser – eigentlich ziellosen – Geschlechtergeschichte wird von einem eigenartigen Geschichtsfatalismus bestimmt. Es gibt kein ideologisches Telos und keinen geschichtlichen Sinn. Es stellen sich Epochen der Zerstörung ein, Brand zum Beispiel: der ganze Hof muss neu gebaut werden; oder Gift: die ganze Familie des »Kindlishofes« stirbt in einer einzigen Stunde. Johann Baptist erlebt »Tod und Leben in einer Stund«: Das Kind verbrüht sich im gleichen Augenblick, in dem ein anderes das Licht dieser irgendwo stagnierenden Welt erblickt. Der aufmüpfige Dieterich Wittmack, einer von den lautstarken Kämpfern, redet vor sich hin: »Mich dünkt, das Best ist, dass wir kein ewiges Leben haben.«

Nirgends Blut-und-Boden-Religion; der christliche Glaube hat seinen festen Platz in dieser Geschlechterwelt. Nach dem Abendessen beten die Frauen Tag für Tag »einen Psalter«; die Tochter Johann Baptists betet allemal »aus besonders tiefem Herzen«. Christlicher Glaube kann hier so weit gezogen sein, dass in einem der Höfe sogar ein Zigeunerbub aufgenommen wird. Johann Baptist stirbt mit einem Paternoster aus »kleinen gelben Holzperlen« in seiner Hand.

Sehen wir uns nach einem »faschistischen« Gedankenfundament um, so fiele vielleicht die Derbheit und »Natürlichkeit« dieser Generationenwelt auf. Statt »Völkischem« werden Badstubengespräche geboten, die an Handgreiflichkeit indessen nichts fehlen lassen.

Fast demütig die Frau, die ihren Mann errötend bittet, »noch ein Maidle« mit ihr zu zeugen. Der »Kindlishof« steht in diesem Zusammenhang wie ein Symbol da. Bis zum grässlichen, alles vernichtenden Giftende lebt er gewissermaßen vom Kindermachen. Die Vorliebe Gierers für die Vokabel »gesund« gehört zu diesem Kontext: »Eine

Sünd wär's eher, wenn wir mit dem Herrgott streiten wollten, dass er uns so gesund und so eben geschaffen hat.« Das ist alles, was von der »Rassenkunde« des Autors in seinem, im zweiten Kriegsjahr erschienenen Roman übrig geblieben ist. Nationalsozialistische Dichtung ist in diesem Betracht die Sprache des Stärkeren, des Gesunden, der von des Gedankens Blässe bewahrt ist und ein Kerl ist: ein Kerl, ein Mann, ein Held.

Hermann Eris Busses Grimmelshausen-Roman »Zum silbernen Stern« von 1944 mündet in einen Dialog zwischen dem Magister und Grimmelshausen: »Es sollte endlich einer aufstehen, und sie wegwischen mit einem Schlag. Und er sollte die Besten um sich scharen und das Reich führen. Es brauchte kein Kaiser und kein König zu sein.« Und als der Bub den Vater fragt, was ein Held sei, erhält er zur Antwort: »Ein Held ist ein Führer.« Der historische Roman, zumindest hier im Baden-Württembergischen im Dritten Reich dann fast das dichterische Normal-Buch, dient zur Explikation der »Idee«. Hölderlin hat dutzendfach Pate gestanden, er wird auch in den unschuldigsten Liebes-Novellen zum Garanten: Hölderlin der Deutsche, nicht Hölderlin der Jakobiner. Und sie alle schreiben historische Romane, Georg Schmückle und Hermann Eris Busse, Helmut Paulus und Veit Bürkle, Anton Gabele und Georg Schwarz.

Dass das Kriegserlebnis gleichsam zum Archetypus dieses Dichtens wird, nimmt nicht weiter wunder, Otto Linck und Wilhelm Kohlhaas, Walter Erich Schäfer oder Otto Heuschele, Franz Schneller oder Peter Stühler haben dieser Erfahrung ihrer Generation immer wieder Raum gegeben. Und Gerhard Schumann, Max Reuschle oder Karl Josef Keller, auch hier stehen Dutzende von Namen daneben, haben im Hymnus auf Hitler allen diesen echten und falschen, angepassten oder nie anders als eigen empfundenen Bemühungen den letzten Glorienschein gegeben. »Das Ich wird zur reinen Stimme des Wir«: Der Führer ist, wie Johannes Haller in seinen »Epochen« dartut, die Erfüllung der Geschichte, Telos des Dienens von allen, vom Ganzen, von der Gemeinschaft. Hermann Eris Busse gab während der ganzen Zeit des Dritten Reiches die »Oberrheinische« bzw. »Badische Heimat« heraus, ohne je – ganz im Gegensatz zu Lämmles Zeitschrift »Württemberg« bzw. »Schwaben« – eine

Nazi-Vokabel einfließen zu lassen. Aber er hat in der Zeitschrift »Schwaben« 1939 zu Hitlers fünfzigsten Geburtstag ein triefendes Hitler-Gedicht aus seiner Feder abdrucken lassen, und Max Reuschle reimt ein Jahr darauf Ähnliches unter der Überschrift »Die Stimme«.

Keine zwei Jahre danach erschien bei Cotta in Stuttgart ein schmaler Band von nicht einmal dreihundert Seiten; sein Autor Albrecht Goes hat ihn mit »Die guten Gefährten« überschrieben. Der totale Krieg ist installiert, die Verwundetenzüge fahren ein, das Bunkergepäck steht griffbereit, die Gefallenenfeiern werden zu ehernen Bekundungen, in den Schaufenstern der Buchläden stehen Werner Beumelburg und Gustav Frenssen, Hans Grimms »Volk ohne Raum« und vielleicht die fünfte Auflage von Hellmuth Langenbuchers »Volkhafte Dichtung der Zeit«. Im Vorwort zu seinem Bändchen (»Im Feldquartier, Neujahr 1942«) erinnert sich Goes der Zeichen, »die das Heimweh hundertmal herbeigerufen und vergegenwärtigt hat: Die Willkommstimme der Frau, der Gruß der Kinder, das Antlitz der Freunde«. Und mitten »unter ihnen, eine von ihnen ist die Stimme Schuberts, die Mozarts, der Ruf Goethes und Mörikes, das Lächeln des Johann Peter Hebel, und der große Seherblick des alten Christian Wagner; sie sind da, alle die guten Gefährten.« Nichts von Fichte oder Horst Wessel vor blutrotem Hintergrund, keine Durchhalte-Anweisung, nichts von gewalttätiger Lautheit, nichts von »Räder müssen rollen für den Sieg«. Er hat nicht den »Führer« in seinem Gepäck, dieser Autor, aber »gute Gefährten«, den lebenslang zaudernden Mörike, Christian Wagner, den nachdenklichen Bauernweisen. Und Goes wagt gar noch den Hinweis, die »Wahl der guten Gefährten« sei nicht dem Zufall überlassen gewesen. Kein einziges Wort von den »Kräften des Volkstums« oder der heldischen »Durchdringung der Welt«.

Goes ist Heimkehrer in doppeltem Sinne. Er hat Baracke und Unterstand, das wochenlange Marschieren und das Hämmern der Maschinengewehre hinter sich. Er ist daheim. Und wundert sich, »dass es dies alles noch gab: diesen Saal, diese Bühne, die Geigenpulte dort und die Spieler mit den halb zur Seite geneigten Köpfen«. Und er hat das Gebrüll aller »Beauftragten« und Hauptamtsleiter hinter sich. »Dass die Wurzeln des eigenen Lebens tief in das Erd- und Geisterreich des schwäbischen Humanismus hineinreichen, bekenne ich dankbar und mit Freuden.« Er wolle keine Zensuren austeilen. Es gehe nicht um Bildungserlebnisse in diesem Buch, sondern um Bilder. Sie stehen dem knalligen Aktionismus des Hakenkreuzes konträr gegenüber. »Diese Bilder haben Zeit und Geduld; sie sind da, und wollen nichts anderes als unseren Blick, unsere uneigennützige, gelassene – am liebsten hieße ich sie: unsere humanistische Liebe.«

Die »guten Gefährten« sind im Gepäck der an die Front zurückfahrenden Soldaten mit dabei gewesen. Das Buch ist ein wundervoller Beleg dafür, dass aus der schwäbischen und alemannischen Geistigkeit Traditionen zu holen waren, welche die aufgesetzte »Kernigkeit« der nationalsozialistischen Poeten allemal unterliefen. Der Autor kann als eine Hoffnung stehen, dass aus den Trümmern des Untergangs neue, aber wohl gegründete Autorität erwachse.

Wege aus dem Elend

Wir haben ihn noch in der Nase, den Geruch der überfüllten Eisenbahnwaggons, in denen jeder auffiel, der ein Butterbrot aus dem Zeitungspapier zog. Und wir meinen, es sei gestern gewesen, dass wir – wir Tübinger Studenten – den Mitternachtszug nach Stuttgart wählten, um eine Station vor Bempflingen aussteigen und den Grenzort zwischen Nord- und Südwürttemberg umgehen zu können. Nur feine Herren hatten einen Passierschein. Unsereiner ging zu Fuß. Denn eines hatten wir bestimmt gelernt: marschieren.

Damit ist das Dritte Reich schon fast beschrieben: ein permanentes, ein einziges Aufgebot von Marschierern. Sein Ende war ein zerschlagenes oder vielmehr ein ausgebranntes Württemberg. Natürlich hat es 1945 nicht bei einer »Stunde Null« anfangen müssen: Im Gang der Geschichte ist nichts verloren. Allein unsere immer noch große Mühe, mit dem, was vor 1945 passierte, fertig zu werden, spricht deutlich dafür, wie töricht das Wort von der »Stunde Null« ist. In volkswirtschaftlicher, in industrialistischer Hinsicht war das eher so etwas wie ein Wiederaufbau: Man hat in vielen Bereichen, Branchen, Produktionsprogrammen den Faden wieder von vorne aufnehmen müssen. Stuttgart, Heilbronn, Mannheim, Ulm, Freiburg, Freudenstadt und so fort, aber auch kleinere Städte wie Crailsheim, Löwenstein oder Waldenburg: rüde Steinbrüche, in denen die Zivilisation zu einem kümmerlichen, billigen Rest zusammengesunken war. Baden und Württemberg haben großartige Aufbauarbeit getan. Wobei es sicher viel mehr Redensart ist als überprüfte historische Wirklichkeit, immer noch vom »Materialismus der Nachkriegsjahre« zu sprechen. Auch geistige Aufbauarbeit ist damals geleistet worden. Freilich in einer nüchternen, um das Modewort zu gebrauchen, entideologisierten Weise: Die »Real-Utopien« von heute hatten uns noch nicht geplagt.

Stuttgart war für uns, die wir ob unserer bescheinigten politischen Unbedenklichkeit willen das »Herbstsemester 1945« in Tübingen studieren durften, ein halbes Ami-Eldorado. Hier rauchte man Pall Mall, in Tübingen Roth-Händle, zumeist aber Österberg- oder Ammertal-Provenienz. Ein Erlebnis für uns, wie rasch dieses Stuttgart, das wir noch ganz als die brave Predigerstadt in Erinnerung hatten, sich dem amerikanischen Highlife anpasste. Viel Trümmer, aber auch viel Aufbau, viel Bewegung, viel Schwarzmarkt. Die Großzügigkeit der Amerikaner stieß nur in der Entnazifizierung auf Prinzipien. Tübingen und Freiburg dagegen boten eine Mischung aus Pedanterie und Plan: Demontagen, Abholzung der Wälder, Reparationen bis zu einem Drittel der Staatseinnahmen und Entnahmen der Lebensmittel für das Saargebiet und den Französischen Sektor in Berlin. Lächerliche 600 Kalorien pro Tag an Nahrungsmitteln wurden jedem Einwohner der französischen Zone zugeteilt – gerade genug, um nicht zu verhungern. Der Freiburger Staatspräsident Leo Wohleb hat damals in den endlosen Verhandlungen mit den Franzosen die Vokabel »Verelendung« couleurfähig gemacht. Die Französische Zone, das heißt die siebzehn württembergischen Landkreise südlich der Autobahn und die hohenzollerischen Lande, war in eine unhaltbare Situation geraten.

Abhilfe war nur möglich, wenn man die Zonengrenzen überspielte und die Landestrümmer in einen neuen Zusammenhang brachte. Der Südweststaat, wie der Arbeitstitel später hieß, verdankt seine Entstehung nicht hochgemuter Ideologie oder Historie. Der Stein ist dadurch ins Rollen gekommen, dass die Franzosen am 8. Juli 1945 Karlsruhe und Stuttgart räumen mussten und Eisenhower am 19. September 1945 die Bildung des Landes Baden-Württemberg proklamierte. Damit waren die überkommenen territorialen Gegebenheiten zerschnitten, zumal die ursprünglich für den Gesamtbereich von Württemberg konzipierte Zivilverwaltung durch ein – gerade umgekehrt gedachtes – Delegiertensystem den Boden hergab für eine selbständige, »französische« Landesverwaltung in Südwürttemberg. Man hat diese organisatorischen Bedingungen, die über Nacht zu einem provozierenden politisch-sozialen Ungleichgewicht innerhalb der baden-württembergischen »Zonen« führten, im Auge zu behalten. Wie wir uns heute fragen, ob der Südweststaat im Weimarer Machtvakuum je machbar war, so auch, ob er nach 1945 überhaupt zu vermeiden war. Reinhold Maiers Zuständigkeit haben die Amerikaner alsbald auf Nordbaden prolongiert. Als Innenminister Fritz Ulrich am 30. Januar 1948 dem Landtag einen Gesetzentwurf vorlegte, mit dem er die Umwandlung des Landesbezirks Baden in einen Regierungsbezirk vorsah, gingen die Wogen hoch. Gleichviel – ein Zurück gab es nicht. Ob Zufall oder nicht, ob Besprechungsergebnis aus dem amerikanischen Hauptquartier oder lediglich die Arbeit der Panzerspitzen: Die alten Länder Baden und Württemberg existierten nicht mehr.

Das Problem der Wiedervereinigung der 1945 getrennten südwestdeutschen Länder oder ihres Zusammenschlusses zu einem gemeinsamen großen Südweststaat hat viele bewegt, hat viel politische Kraft gebunden. Für die Mühen und den Enthusiasmus, die zu dessen Lösung aufgebracht wurden, haben viele Ausgebombte, Hungernde und Heimatvertriebene nur wenig Verständnis aufgebracht. Seine Bewältigung hat teilweise die Kluft zwischen den im Tiefsten ihrer Identität getroffenen Flüchtlingen, den Kriegsversehrten, den Kriegerwitwen und den kinderlos gewordenen Eltern einerseits und denen, die die Wiederherstellung eines Rheinbundstaates von 1806 als ihr höchstes politisches Ziel ansahen andererseits, wachsen lassen. Die politische Neugliederung Deutschlands, auch des Südwestens, gehörte nicht zu den Prioritäten des vom Krieg am stärksten betroffenen Teils der Deutschen, trotz des Neugliederungsauftrages der Alliierten im Zweiten Frankfurter Dokument von 1948. Die Tatsache, dass Leo Wohleb die Herzen und das Verständnis der Flüchtlinge für sein Baden nicht gewinnen konnte, ja, dass der sie vom Abstimmungsprozess ausschließen wollte, hat zu einem guten Teil zu seiner Niederlage beigetragen. Wer tiefer graben möchte, dem gibt die Bemerkung Gebhard Müllers, eines der Hauptakteure bei der Entstehung dieses Bundeslandes, er habe wenig Hoffnung, dass staatsvertragliche Nachbarschaftslösungen für Baden-Württemberg oder überhaupt Neugliederungen anderer Bundesländer noch zu erwarten seien, sehr zu denken.

Der baden-württembergische Lastenausgleich war ein Glücksfall der deutschen Nachkriegsgeschichte – zur homogenen Sprache dieses Landes, zu jener selbstverständlichen Identität, derer sich das Nachbarland Bayern unter dem Schutze seines weißblauen Himmels erfreuen darf, fehlt doch einiges. Der Bayer und der »Baden-Württemberger« – das sind keine Entsprechungen. Trotz fränkischer und augsburg-schwäbischer Reservationen hat die nationalstaatliche Ära des 19. Jahrhunderts dieses alt-uralte Bayern vollends zusammenwachsen lassen, während Baden und Württemberg sich im 19. Jahrhundert in ihrem vaterländischen Selbstverständnis und in ihren politischen Kulturen auseinander entwickelt haben. Dass der mittelstaatliche Patriotismus, wie Theodor Heuss im Juli 1948 in einem Brief an den Lahrer Landtagsabgeordneten Waeldin meinte, »eine Beamtenangelegenheit« gewesen sei, ist eine arge Verkennung, die wir der Neuordnungs- und der Südweststaats-Euphorie vor und nach der Währungsreform zugute halten.

Zugegebenermaßen lag (und liegt) in verwaltungsreformerischen Aktionen eine der ganz wenigen Aufgabenfelder, auf denen Abgeordnete und Ministerialbeamte heute noch gestalten können. Aber gerade sie, in Karlsruhe, in Stuttgart, in Freiburg, kennen die Unterschiede, die Abstufungen, die Nuancen dessen, was im Bundesrat unter »Baden-Württemberg« aufgerufen wird, aus ureigener Erfahrung. Es konnte lange Zeit keine Rede davon sein, dass sich hier und jetzt so etwas wie ein geschlossenes, vereinheitlichtes, integriertes Bundesland präsentierte. Das aber war nicht einmal das oft als Modell gepriesene Bayern. Franken – und die noch getrennt in Unter-, Mittel- und Oberfranken – mit einem von niemandem geliebten Nürnberg als einem möglichen Zentrum, Oberpfälzer, Schwaben und Altbayern – die wiederum getrennt in Ober- und Niederbayern – sind in sich gespaltene Teile des bayerischen Staatsvolkes. Dazu kamen nach 1945 noch die als weiterer bayerischer »Stamm« anerkannten Sudentendeutschen. Dass alle diese »Stämme« historische Fiktionen sind, mag uns nicht bekümmern. An ihre »Existenz« und an ihren prägenden Charakter wurde geglaubt und damit wurde er – auch als Fiktion – historische Realität. So zerstritten die einzelnen bayerischen Stämme unter sich sein mögen, wenn ein Franke, Oberpfälzer oder Schwabe außerhalb Bayerns auftritt, ist er eben zunächst Bayer und dann erst Angehöriger einer bayerischen Einzelregion. Die Einübung eines solchen Zusammenlebens in einem modernen Staat fehlte den Südwestdeutschen. Hohenloher, Oberschwaben, Klosteruntertanen, Reichsstädter, Ritterschaftsuntertanen mussten lernen, sich als Württemberger zu fühlen, so wie man dies von Seiten Badens den Fürstenbergern, den Vorderösterreichern und den Kurpfälzern abverlangte. Statt eines gesamtschwäbischen entstand ein badisches und ein württembergisches Identitätsbewusstsein.

Dass die Identität von »Alemannen« und »Schwaben« so furchtbar lang noch nicht entdeckt ist, wir haben davon gesprochen, ist historisch verständlich. Dass man diese Entdeckung immer wieder aufs Neue betonen muss, stimmt nachdenklich. Zwischen die (zweifellose) Philologen-Erkenntnis und die konkrete geschichtliche Entwicklung hat sich zu vieles geschoben, als dass man heute – trotz Flüchtlingsströmen, trotz der Nivellierungsmechanismen von Behörden und Industrie – von einer großalemannischen Einheit sprechen könnte. Selbst als man sie nach 1945 als politisches Gliederungsprinzip gefordert hat, hätte sie nur einen Teil des heutigen Baden-Württemberg umfassen können. Es wäre ein vergnügliches, überraschendes Spiel, die regionalen, sozialen, mentalen Andersartigkeiten im heutigen Baden-Württemberg im Einzelnen aufzuzählen. Ein Ertrag des vierzigjährigen Landesjubiläums im Jahre 1992 war es, dass die Existenz und Relevanz von Teilidentitäten als ein wesentlicher Bestandteil eines baden-württembergischen Landesbewusstseins anerkannt wurde. Wer immer sich ernsthafter mit der Geschichte der beiden Landesteile befasst hat, weiß, dass diese Geschichte, allen Jubiläums- und Gedenkartikeln und landesoffiziellen Handbüchern zum Trotz, für Generationen hin und vollends im prägenden Gang des 19. Jahrhunderts so viel Getrenntes bietet, dass eine Geschichte dieses Bundeslandes vor 1945 auf die Synopse einer vielgestaltigen, nach 1806 einer badischen und einer württembergischen Entwicklung hinausläuft. Sicher gibt es bis zur Reichsreform von 1495, bis zum faktischen Ausscheiden der Schweizer Eidgenossenschaft aus dem Reich 1499, bis zur Reformation von 1517/1534, bis zur Annexion weiter Teile des Elsass durch Frankreich 1648 eine »großschwäbische« Geschichte, die sich 1806 aber in eine württembergische, eine badische und eine hohenzollerische Territorialgeschichte aufteilt.

Der nüchterne, nach vielem Abwägen praktizierte Zusammenschluss, die »Vernunftehe« hat geklappt. Nicht mehr und nicht weniger. Die eigenwüchsigen Kleinräume im »neuen« Bundesland sind nicht von einer Schwaben-Ideologie fortgerissen worden. Das »Land« Baden-Württemberg hat ihnen weder geschadet noch genützt. Man kann vielmehr konstatieren, dass aus ihren Andersartigkeiten und aus der jeweiligen Mentalität, die so autonom ist wie eh und je, die neue Schöpfung lebt. Wobei die weiter oben zitierten Bedenken Gebhard Müllers, ob je noch eine Neugliederung in der Bundesrepublik erfolge, dafür habe man sich überall wirtschaftlich zu günstig entwickelt, einem Eigentor gleichkommt.

Die wirtschaftliche Prosperität und Stabilität, die man heute im Südwesten mit einem blauen Auge konstatiert, geht nicht allein auf das Konto des zusammenorganisierten Bundeslandes. Der wirtschaftliche Aufschwung ist sicherlich zu guten Teilen der Fusion zu danken, wäre vielleicht aber auch innerhalb zweier Bundesländer möglich gewesen. Die politische Organisation des Raumes ist nur *einer* der Faktoren für Wirtschaftsentwicklung. Andere, nicht minder entscheidende sind das persönliche Engagement oder die Biegsamkeit oder die Bereitschaft zur industrialistischen Zusammenarbeit. Es gibt Kleinsträume, in denen modernste Wirtschaft zu Hause ist. Und es gibt genug technologisch-wirtschaftsorganisatorische Möglichkeiten, die politische Kleinkammerung von der Wirtschaft her gegenstandslos zu machen. Um in der Sprache der Vorstandssitzungen und Geschäftsberichte zu bleiben: Die Bilanz dieses Landes entspricht der Atmosphäre seiner Entstehungszeit, dem politischen Klima und Stil des Südwestens. Man hat aus der Not des Winters 45/46 eine Tugend gemacht. Man ist keine Risiken eingegangen und hat das Überkommene nicht über Bord geworfen. Es ist kein »Schwaben« daraus geworden, keine sensationelle, keine enthusiastisch umarmte Neuschöpfung. Aber ein Baden-Württemberg, das den Sonderheiten der Entwicklung ebenso viel Raum lässt wie der Wirksamkeit seiner Traditionen. Das ist sicher mehr, als man in den Holzvergaserzeiten zu hoffen wagte.

»Wir gehören schon längst zusammen«

Auf langen historischen Wegen konnten wir die Gemeinsamkeit der südwestdeutschen Geschichts- und Kulturlandschaft verfolgen, die in den Staaten Württemberg und Baden, aber auch in den hohenzollerischen Landen ihre besondere Prägung fand. Die Bewahrung regionaler Besonderheiten gehört zur Eigenart südwestdeutscher Geschichte. Die Verkürzung dieses historischen Blicks auf wenige Jahre nach dem Zweiten Weltkrieg schmerzt den Kenner südwestdeutscher Geschichte immer wieder.

Traurig, aber wahr: Baden-Württemberg ist »eine staatliche Neuschöpfung ohne historische Tradition«. Jedenfalls las man diesen Satz vor vielen Jahren, kurz nach der Vereinigung der Länder Württemberg-Baden, Württemberg-Hohenzollern und Baden, in einer offiziösen Landes-Publikation. Der »junge Bindestrich-Staat« habe, heißt es da, »keine gemeinsame Vergangenheit«. Dementsprechend habe die »administrative Integration vieles erreicht, aber sie hat nicht ausgereicht, um einen neuen, einheitlichen Staat zu schaffen«. Schon in der Endphase der 48er Revolution, in der Reichsverfassungskampagne von 1849, habe sich gezeigt, »dass der Südwesten in keiner Weise als einheitliche politische Region verstanden werden darf«. Baden-Württemberg entstand »als eine Folge des Zweiten Weltkriegs. Die Weihe einer historischen Tradition kann also der Historiker diesen beiden Staaten und ihrem Zusammenschluss nicht spenden. Baden-Württemberg ist eine Neuschöpfung«. »Wie die Geschichte ihrer beiden Teile lehrt«, so der Schlusssatz dieser wissenschaftlichen Beisteuer, »können staatliche Neuschöpfungen auch dann erfolgreich sein, wenn sie von der Mehrheit der Bevölkerung ursprünglich nicht gewollt waren.«

Man reibt sich die Augen und denkt an den von Gebhard Müller – dem Staatspräsidenten von Württemberg und Hohenzollern und späteren Ministerpräsidenten von Baden-Württemberg, dem redlichen und unermüdlichen Kämpfer für den Südweststaat – am 12. November 1980 vor dem Württembergischen Geschichts- und Altertumsverein abgegebenen Bericht über sein Erscheinen beim Bundesverfassungsgericht nach der Klage des Landes Baden über die Rechtmäßigkeit des Zusammenschlusses der drei Länder. Wir erinnern uns: Leo Wohlebs Südbaden hatte bei diesem damals noch nicht personell besetzten Gericht gegen die beiden Neugliederungsgesetze geklagt mit dem Hinweis, die Aufhebung eines deutschen Landes, also (Süd)Badens, verstoße gegen das Naturrecht, mithin gegen das nichtgeschriebene übergesetzliche Recht. Die geplante Volksabstimmung musste verschoben werden. Kurz vor der Verhandlung war das Gericht erst endgültig zusammengesetzt worden. Die Richter kannten sich nicht, keiner hatte entsprechende Erfahrungen als Verfassungsrichter, die Verfahrensordnung war weitgehend lückenhaft. Der größte Teil der Richter hatte die umfangreichen Schriftsätze vor Beginn der Verhandlung gar nicht mehr studieren können. Baden hatte sechs zum Teil international berühmte Gelehrte als juristische Sachverständige für ihre Sache aufgeboten. Gebhard Müller – der so lange von seiner Ludwigsburger Dienstwohnung täglich mit dem Vorortzug nach Stuttgart fuhr, bis ihm sein Ministerialdirektor unmissverständlich erklärte, das könne ein Ministerpräsident nicht machen – konnte seine ihm eingeborene altschwäbische Sparsamkeit auch hier nicht abtun. Er erzählte hernach: »Wir konnten uns als armes kleines Land nur einen einzigen Professor als Beistand leisten trotz eines ungewöhnlich niedrigen Honorars«. Und dann: »Ich war zutiefst davon überzeugt, dass wir den Prozeß gewinnen werden, und war deshalb höchst überrascht, als mir der Vorsitzende des erkennenden Senats Dr. Katz, zuvor Justizminister in Schleswig-Holstein und Kollege im Bundesrat, dem ich auf dem Weg zur Urteilsverkündung vor dem Sitzungssaal begegnete, zuflüsterte: ›Herr Müller, es hat gerade gereicht!‹ In der Tat war die Entscheidung des Gerichts mit Stimmengleichheit – 6:6 Stimmen – getroffen worden. Nur durch die verfahrensrechtliche Bestimmung, dass bei Stimmengleichheit ein Gesetz nicht für nichtig erklärt werden kann, haben wir den Prozeß gewonnen« und, fügen wir hinzu, dadurch den Südweststaat endgültig gesichert.

Die letztliche Entscheidung über die Bildung Baden-Württembergs hing an einer einzigen Richterstimme. Das macht die Sache nicht gerade tiefgängig und nicht gerade furchtbar würdig-historisch. Man sieht den Altrömer Müller die Treppe vom Sitzungssaal herunterkommen, nicht in der »Gravitas« des Gründers, sondern wie einen nassen Studenten, den die Herren Professoren nach der Dienstprüfung gerade noch mit »Ausreichend« entlassen haben, mit irgendwie befremdlichem Blick und Gestus. So recht gehörte dieser junge Mann wie dieser, wie wir hörten, »junge Bindestrich-Staat« nicht zur alten, führenden und von Tradition getragenen Garde. Einer, der formaliter wohl dazugehörte, dem Inhalt nach aber gar nicht. Der Makel dessen, der eigentlich draußen vor der Türe bleiben sollte, war nicht wegzuwischen.

Baden-Württemberg als billiges Zufallsprodukt? Nahezu eine Legende, dieser Südweststaat sei eine in jeder Hinsicht neureiche Kunstschöpfung aus der Retorte.

Sollte die Idee eines Südweststaats allen Ernstes erst an jenem Montag, dem 2. August 1948, auf dem Hohenneuffen geboren worden sein, wohin Reinhold Maier als erster zu einem Gespräch über die Fusion »Südweststaat« eingeladen hatte? Oder sollte das eher in der Nacht dieses Sitzungstages geschehen sein? Als man, glücklich über die freundlich-hoffnungsvolle Atmosphäre des Tages, das ist aktenkundig, so sehr dem kräftigen Täleswein huldigte, dass Reinhold Maier, dessen Staatskanzlei die Zeche zu bezahlen hatte, immer schweigsamer wurde.

Wäre es nur mehr die Idee von einem südwestdeutschen Staat gewesen, könnte ein kritischer Zeitgenosse sagen, ihn kratze das nicht weiter, Ideen seien keine reale, keine gelebte Geschichte. Aber nun sind ja, wir bedienen uns hier einfach der späteren Nomenklatur, »Baden« und »Württemberg« von allem Anfang an in einen größeren Verbund inkorporiert gewesen, in das Herzogtum Schwaben. Unter den deutschen Stammesherzogtümern, verglichen mit Bayern oder Sachsen, war es – mit seinem Gebiet von Ellwangen bis zum Septimer, von Zabern bis Augsburg – gewiss nicht das am straffsten geführte. Die immer wieder auftretenden politischen Verwerfungen korrespondierten mit mancherlei geographischen Uneinheitlichkeiten. Beides macht klar, warum die Herzogherrschaft schließlich zerfiel und – viel – später sogar einem alemannischen (zähringischen) und einem schwäbischen Teil Platz machen musste. Aber es ist doch zu Beginn unserer, dem heutigen Bundesland Baden-Württemberg geltenden Überlegungen festzuhalten, dass es über 300 Jahre lang historisch ein Stammesherzogtum Schwaben gab, auch wenn es in seinen Teilen in einen zähringischen, einen welfischen und einen staufischen Einflussbereich gespalten und zuletzt von den Staufern wie ein zum Familienbesitz gehöriges Fürstentum gehandhabt und geführt wurde. Nach seinem Untergang gab es von Rudolf von Habsburg bis zu Eberhard im Bart von Württemberg immer wieder Versuche, es wiederzubeleben: ein Posten und eine Grundlage, deren politisch-mentale Auswirkungen man gar nicht überschätzen kann. Beginnt die Geschichte von der Sehnsucht nach einer gemeinsamen südwestdeutschen Staatlichkeit, nach »Schwaben«, mit diesem unfertig gebliebenen und Ruine gewordenen Herzogtum Schwaben? Sicher nicht in der historischen Realität. Im romantischen Geschichtsbild des 19. Jahrhunderts mag dies aber seinen Platz gehabt haben.

Für das endliche Zusammenkommen von »Baden« und »Württemberg« werden zweierlei Sachverhalte sichtbar werden, ein institutionelles und ein ideelles Moment. Als instrumentalisierte Institutionen haben vorab das Herzogtum Schwaben, der Schwäbische Bund und der Schwäbische Kreis die Baden und Württemberg übergreifende Form abgegeben. Den Inhalt dieser Form mit politischem, auch ideologischem Inhalt zu füllen, war die Wirkung ideeller politischer Programme und Konzeptionen. Sie setzen eigentlich erst am Ende des 18. Jahrhunderts recht ein und machen klar, dass beide Bereiche, die Strukturen und die Ideen, fast unlösbar ineinander übergehen. Die erste und einzige Zeitschrift, die sich nach 1918 um eine geistige Begründung Baden-Württembergs bemühte, hieß »Der Schwäbische Bund«. Sie verweist damit auf ein politisches Gebilde, das es einmal um die Wende vom 15. zum 16. Jahrhundert gab, das im konkreten Wortsinne gelebt wurde. Es ist, wie Baden-Württemberg, nicht als Ergebnis jahrelanger Sitzungen und gemeinsamer Schwüre ex ovo, sondern durch kaiserlichen Befehl entstanden.

Geschichte kann, wenn es darauf ankommt, knapp und auf einen Tag reduzierbar sein. Baden-Württemberg hat – letztlich – der amerikanische General Dwight D. Eisenhower befohlen, den Schwäbischen Bund Kaiser Friedrich III. Der erließ am 26. Juni 1487 vom Reichstag in Nürnberg aus ein Mandat an die schwäbischen Stände, zur Erhaltung des Landfriedens sich in Esslingen einzufinden und das Zustandekommen einer Einung zu beraten. Damit beginnt der Schwäbische Bund, der Zusammenschluss von Prälaten, Fürsten, Grafen, Herren, Klöstern, selbst Frauenklöstern, zahlreicher Reichsritterschaft und nicht zuletzt 22 Reichsstädten, die ihrerseits in ihren zahlreichen Städtebünden und hernach auf der Schwäbischen Städtebank des Regensburger Reichstags genossenschaftliche und korporative Politik gelernt und praktiziert haben. Selbstverständlich reicht die korporative Geschichte Schwabens mit Einzelbünden aber viel weiter zurück als der Einungsbefehl Kaiser Friedrichs III.

Der Schwäbische Bund war sehr viel mehr als das, was bei einem Nichtangriffspakt oder einem Abkommen zur Förderung gemeinsamer kultureller Beziehungen heuer herauskommen mag. Er war ein staatlicher Überbau bündischer, genossenschaftlicher Art mit einem Bundesrat an der Spitze, mit delegierten hauptamtlichen Räten und einem Bundeshauptmann. Dass der Kaiser, dass die Habsburger in dieser südwestdeutschen Föderation ein willkommenes Instrumentarium ihrer eigenen politischen Intentionen sahen, konnte nicht ausbleiben.

Aber der Bund konnte von den Leuten auch als respektables, funktionierendes Werkzeug politischer Macht empfunden werden. Das bündische Heer hat die verrückten Aktionen Herzog Ulrichs beendet und hat im Lande die blutenden Haufen der Bauern in die Knie gezwungen. Die südwestdeutschen Staaten und Städtchen haben hier für ein halbes Jahrhundert in rechtlichen Formen – Reuchlin war für ein Jahrzehnt Mitglied des bündischen Richterkollegiums – miteinander umzugehen gelernt. Das ist schon eine ganze Menge und verweist auf die korporativ-politische Praxis der württembergischen und dann auch der badischen Landstände. Johann Michael Armbruster, der in seiner um 1800 im schwäbischen Günzburg erschienenen »Zeitung« den »Mann im Lande Niedersachsen« dem »Mann im Lande Schwaben« gegenüberstellen konnte, hat einmal in seinem Schwabenblatt angesichts großer politischer Aufgaben an die in Augsburg versammelten »ehrwürdigen Stände Schwabens« appelliert und beschwörend auf die Gemeinsamkeit abhebend hinzugefügt: »Denkt an die Zeiten des Schwäbischen Bundes!«

Für Armbruster – übrigens von dem vorderösterreichischen Regierungspräsidenten von Summerau angestellter Propagandaschreiber der alten Ordnung gegen die revolutionären Ideen Frankreichs – war der Schwäbische Kreis der selbstverständliche Nachfolger des Schwäbischen Bundes. Wer heutzutage Sinn hat nicht für demokratische, so weit sind wir noch nicht, aber doch für genossenschaftlich-föderative Traditionen, der muss in einer Erscheinung wie dem »Schwäbischen Bund« ein imponierendes Stück Geschichte erkennen. Die an den Dynasten sich organisierende Geschichtsschau hat es leichter, wir wissen das alle. Und der auch an Kleinststaaten sich klammernde Nationalismus des 19. Jahrhunderts hat das Seine dazu getan, um Landesgeschichte zur alles dominierenden Fürstengeschichte zu machen, bis sie sich nach 1918 unter der Führung des Instituts für geschichtliche Landeskunde der Rheinlande mit Herrmann Aubin an der Spitze von dieser Perspektive verabschiedete.

Es gibt nur einen Einzigen unter den älteren Historiographen Württembergs, der die spätmittelalterliche Geschichte Württembergs im Rahmen Schwabens und des Reichs zu betrachten wüsste und, wie er selbst sagt, im Herzogtum Schwaben das Telos der heimischen Landesgeschichte sah: der Untertürkheimer Pfarrer und spätere Prälat Johann Christian Pfister. Für ihn, Historiker von Rang und gelehrigster Schüler Johannes von Müllers, der seinen Schweizer Landsleuten zum ersten Mal den schweizerischen Geschichtstraum als ihre historische Gemeinsamkeit zu zeigen wusste: für Pfister ist der Schwäbische Bund die große historische Leistung des ausgehenden Mittelalters, das Auffangbecken der partikularen Divergenzien und die gelebte Gemeinsamkeit.

Man wird sich kaum fragen müssen, ob das ein Zufall war, dass hierzulande dem Schwäbischen Bund der Schwäbische Kreis folgte, ein Gebilde, das dann immerhin zweieinhalb Jahrhunderte am Leben war, wir mit unseren etwas mehr als 50 Jahren können da nur staunen. An sechs Reichskreise dachte man schon 1467 auf dem Nürnberger Reichstag. Maximilian hat sie dann im Jahre 1500 verbindlich gemacht, im Zuge einer Reichsverfassungsreform, von der dann praktisch nur diese Kreise übrig blieben. Auch sie, von oben dekretiert, erhielten je und je ein eigenes Gesicht. Später wurde ihre Zahl auf zehn erweitert. Manche dümpelten so dahin, manche überhaupt nur auf dem Papier, Brandenburg-Preußen brauchte derlei administrative Zwischenebene nicht.

Zufällig ist das lebendige Aussehen des Schwäbischen Kreises deshalb nicht, weil hier wie nirgendwo in deutschen Landen die Territorien zu Dutzenden, zu Hunderten nebeneinander lagen: der berühmte Fleckenteppich, der je länger desto mehr nach einem organisatorischen Überbau verlangte. Wer die Fleckenkarte einmal beiseite legt und die Kreiskarte studiert, stellt fest, dass eigentlich nur Freiburg einem anderen, nämlich österreichischen Kreise zugehörte. Stark vereinfachend kann man sagen, dass beide Gebiete, das unseres heutigen Baden-Württembergs und das des Schwäbischen Kreises, zu großen Teilen deckungsgleich sind.

Näher betrachtet gehören die nördlichen Teile unseres Landes zum Fränkischen und zum Kurrheinischen Kreis, und im Süden zählen die ehemals habsburgischen Gebiete und Teile des Oberrheinlandes zum Österreichischen und zum Oberrheinischen Kreis. Als im August 1952 auch das Staatsarchiv Sigmaringen sein Gutachten über Name, Wappen und Landesfarben abzugeben hatte, vermerkte es in Übereinstimmung mit der Mehrheitsmeinung in Baden-Württemberg: »Auch der Schwäbische Reichskreis deckte sich im wesentlichen mit jenen Gebieten, die im neuen Bundesland zusammengefasst sind, und hat in dieser Form bis 1806 bestanden.«

Unser eingangs zitierter Historiker von heute hat arg bedauert, dass Baden und Württemberg 1952, »als der Südweststaat geschaffen wurde, auf keine gemeinsame Vergangenheit« zurückblickten. Vor allem hier im Schwäbischen Reichskreis haben sie's getan, in einem

Gebietsverbund, dessen Trend zum genossenschaftlichen Überbau und zur körperschaftlichen Einheitsbildung unverkennbar ist.

Wäre der Schwäbische Kreis nur ein simpelhafter Fall von administrativer Selbstbeschäftigung gewesen, wäre ihm kaum eine so nachhaltige – freilich kaum gelüftete – historische Resonanz beschieden gewesen. Baden-Württemberg führt heute das Wappen des Schwäbischen Kreises, die drei Löwen – das muss genügen. In der ersten Hälfte des 19. Jahrhunderts haben die Kreise für alle, die sich nicht mit den deutschen Kleinstaaten identifizieren wollten und für die der deutsche Nationalstaat ein politisches Ziel blieb, die Stelle der deutschen Vaterländer eingenommen, hat die Deutsche Burschenschaft bei ihren großen und feierlichen Bundesversammlungen die Teilnehmer nach den Kreisen, also nach Kreis Franken, Kreis Schwaben und so weiter aufgerufen. Der Kreis war so etwas wie eine überpolitische Allianz und eine vom politischen Wechsel abgezogene Dauer geworden.

Als sich in den letzten Jahren des 18. Jahrhunderts im deutschen Südwesten territoriale Einigungsversuche regten, hat man in den vielen Entwürfen einer großschwäbischen Republik, womöglich unter Einschluss der alemannischen Schweiz, nicht allein Gründe der besseren politischen und vor allem wirtschaftlich Effizienz ins Feld geführt, sondern den Schwäbischen Kreis auch als Arbeitsmaterial genommen. In einer Denkschrift an Talleyrand vom 19. März 1799 berichtet einer der ausgesandten Agenten, er habe in Karlsruhe und Stuttgart, Bruchsal und Heilbronn und so weiter die Bekanntschaft der führenden Männer in Sachen Schwäbische Republik gemacht. »Sie alle neigen«, schreibt er, »zu einer Vereinigung mit der helvetischen Republik. Es ist dasselbe Volk wie das in Schwaben, spricht dieselbe Sprache, hat dieselben Gewohnheiten und ist vermischt durch zahllose Handelsbeziehungen. Die von Württemberg und Baden verlangen nur die Vereinigung des Schwäbischen Kreises mit der Schweiz.«

Die Zentrale dieser Staatsverschwörung war Stuttgart. Am 25. Februar 1800 berichtet ein Mitglied der herzoglich-württembergischen Untersuchungskommission: »Es besteht eine dem Anschein nach sehr ausgebreitete Gesellschaft vieler Deutscher auf dem rechten

Rheinufer mit mehreren in der Schweiz und auf dem linken Rheinufer befindlichen Deutschen, deren Absicht die Revolutionierung wo nicht von ganz Deutschland, so doch eines großen Teils desselben und insbesondere des Schwäbischen Kreises ist.«

Liefen diese Bemühungen um ein republikanisches Schwaben also unter republikanischer und quasi revolutionärer Flagge, so gab es natürlich auch dynastisch-feudale Vereinigungspläne. »Wie Friedrich beinahe ein Großwürttemberg schuf«, das wurde sogar zu einem Kapitel der wohlfeilen Württembergischen Volksbücher. Da steht er, der dicke Friedrich, auf seines Daches Zinnen. Die schmerzliche Entdeckung, dass die schwarzroten Pfähle gen Westen und Süden und teilweise auch im Norden nicht an der rechten Stelle stehen, entlocken ihm die Worte »Ich will ein Großwürttemberg schaffen, das den ganzen Schwarzwald, das Rheintal von Kehl aufwärts bis an den Bodensee, einige Zipfel am unteren Neckar und im Gebiet der Jagst und das seltsam geformte Hohenzollern umschließt.«

Die Einwilligung Badens glaubte Friedrich dadurch zu erlangen, dass er für den westlichen Nachbarstaat reichliche Entschädigung auf dem linken Rheinufer auf Kosten Frankreichs vorschlug. Aber das blieb ein Plan wie jene, »Manuskript aus Süddeutschland« überschriebene, 1820 erschienene Schrift, die Friedrichs Sohn Wilhelm I. nach eigenem Geständnis angeregt hatte und in der – im Zuge der berühmten, von Napoleon in Gang gebrachten Flurbereinigung – ein »Königreich Alemannien« vom Elsass bis zum Lech unter württembergischer Führung vorgeschlagen wurde.

Wilhelm hatte 1814 als Kronprinz im Rat und auf dem Schlachtfeld an der Befreiung mitgewirkt. Beim ersten Pariser Frieden stellte er sich ganz auf die Seite Preußens, mit dem er Elsass und Lothringen von Frankreich zurückverlangte. Er glaubte sich berechtigt, zu einem der »Hauptwächter Deutschlands« ausersehen zu sein und sein kleines Königreich westwärts bis an die künftige französische Grenze auf dem Kamm der Vogesen ausgedehnt zu sehen. Eine Gelegenheit von gleicher Gunst ließ sich kaum denken. Die im Großherzogtum Baden regierende Familie war am Aussterben und die, welche ihr seitdem nachfolgte, war damals noch nicht allgemein legitimiert. Alle diese Möglichkeiten, gipfelnd in der Möglichkeit eines tüchtigen Grenzschutzes am Oberrhein, ließen den Gedanken an einen starken südwestdeutschen Staat, an ein Groß-Württemberg entstehen.

War hier auch die massive Absicht mit im Spiel, dem dritten Deutschland, Süddeutschland nämlich, eine paritätische Stellung zu geben und dabei, von württembergischer Seite aus, die alleinige Verantwortung für den Südwesten zu übernehmen, so ging es Dr. Josef Konrad von Bangold, einem pensionierten Kgl. Württembergischen Generalleutnant, in seinem 1848 bei Cotta erschienenen Buch darum, die bisherige Zersplitterung Deutschlands zu beseitigen und eine effektivere Landesverteidigung zu gewährleisten. Er schlägt vor, ein »Königreich Schwaben« aus Württemberg, Baden und den beiden Hohenzollern zu bilden. »Die materielle Begründung«, so der voluminöse Titel seines Buches, »des Deutschen Bundesstaates durch die organische Gestaltung der Staatengebiete«.

In den Jahren nach der abgewürgten Revolution und vor allem natürlich in Bismarcks kleindeutschem Nationalstaat hatte man mit Neugliederungen und gar mit supranationalen Sammelgebilden nichts am Hut.

Auf dem schweren Boden des Gottesgnadentums gab es das nicht, leichtfertig und irgendeiner momentanen Effizienz wegen zurechtgefügte »Staaten«. Für Otto Dibelius oder Martin Niemöller, zwei noch in der Kaiserzeit groß gewordene protestantische Theologen, war – so fest und unabdingbar ihre Haltung gegenüber dem Nationalsozialismus war – wahre Obrigkeit nur die von Gott eingesetzte. Der Protestant Bismarck mochte – so sehr er sich über ihren Eilschritt und ihre Zungenfertigkeit amüsieren konnte – die Franzosen nicht. Weil sie Republikaner waren. Republikaner sind nicht redlich und auch nicht zuverlässig. Und also keine politischen Partner.

Die These, von umwerfender Selbstsicherheit, galt auch in territorialpolitischem Betracht.

Als mitten im Ersten Weltkrieg mit der vorgesehenen Verfassungsreform auch innerdeutsche staatliche Erweiterungstendenzen die Runde machten und Württemberg die Vergrößerung durch Hohenzollern in Aussicht gestellt wurde, haben der letzte württembergische König Wilhelm und sein Ministerpräsident, der alte Weizsäcker, dieses Projekt wie eine heiße Kartoffel fallen lassen. Man wollte keine Verschiebung der innerstaatlichen Verhältnisse zwischen Mergentheim und Friedrichshafen und eine Vergrößerung Bayerns schon gar nicht.

Als im November 1918 in den Residenzstädten die ersten Schüsse fielen und die Monarchen und das tausendjährige Feudalzeitalter verabschiedet wurden, war das anders. In der allergrößten Vereinigungsfrage, der zwischen Deutschland und Österreich, hieß es immer lauter, die Dynastien seien verschwunden und damit auch die ererbten Hindernisgründe. Jetzt könne Österreichs Anschluss doch vollzogen werden. In Wien hat man dergleichen vielmals gehört, in Karlsruhe vice versa gar nicht. In der ersten Sitzung der (badischen) Verfassunggebenden Nationalversammlung vom 15. Januar 1919 hat der neue badische Staatspräsident Anton Geiss von der SPD unmissverständlich erklärt: »Die Umwälzung hat sich in unserem Bundesstaat innerhalb der alten staatlichen Grenzen vollzogen. An größeren und kleineren Versuchen, diese Grenzen zu ändern, hat es nicht gefehlt. Wir haben jedes Mal kräftig abgewunken. Es war ein guter Wurf, als Napoleons gewaltige Hand den mehr beschaulich heiteren Stamm der Alemannen mit dem lebhafteren und tatkräftigeren Frankenvolk der Pfalz und des Taubergrunds zu einem südwestdeutschen Staatengebilde zusammenformte. Was immer die Zukunft bringt, Badener wollen wir bleiben. Baden soll erhalten bleiben als selbständiger Bundesstaat im Rahmen des Reiches (Beifall).«

Nur ein paar Monate später erschien in Karlsruhe eine Schrift mit dem Titel »Gegen den Zusammenschluss von Württemberg und Baden«, Sonderabdrucke waren das aus der Badischen Landeszeitung, die eine fleißige Hand mit sichtlichem Vergnügen gesammelt hatte. Das Pendant der Geiss'schen Eröffnungsrede, die Eröffnungssitzung der verfassunggebenden Landesversammlung des freien Volksstaats Württemberg am 23. Januar 1919 in Stuttgart fiel ganz anders aus. Es ging wie in der nächsten Sitzung lediglich um Verfahrens- und Kompetenzfragen. Erst am Ende der zwanziger Jahre kam die Vereinigung von Baden und Württemberg im württembergischen Landtag einige Male zur Sprache. Da gehörte Eugen Bolz, Zentrumspolitiker und Staatspräsident, zu den entschiedensten Befürwortern. Auch der nationalliberale Johannes Hieber, Staatspräsident vom Juni

1920 bis zum April 1924, plädierte mehrfach für eine Vereinigung der süddeutschen Länder Baden, Württemberg und Hohenzollern. Im Januar 1919 hatte Theodor Heuss vor der Deutschen Demokratischen Partei – auch der Partei Reinhold Maiers – in einer großen Rede über »Deutschlands Zukunft« erklärt: »Ich könnte mir aber gut vorstellen, dass Württemberg und Baden einen anständigen [hier ist das ein schwäbisches Wort, gemeint ist einen respektablen, d. Vf.] Staat zusammen geben, das heißt nicht, dass wir von hier aus Baden »annektieren« sollten ... Aber vor der Territorialgeschichte dieser beiden Staaten brauchen wir wirklich keine Ehrfurcht zu haben ... Baden ist geographisch ein recht unglückliches Gebilde, wie es sich um Württemberg herumlegt – Schwarzwald und Neckar, die Stammesarten und die Wirtschaftsaufgaben sind uns gemeinsam.«

Wie immer auch: Über Nacht war die Fusionsfrage akut geworden, und wieder, wie ein Jahrhundert zuvor nach dem Wiener Kongress, war die Frage nach dem Stellenwert der süddeutschen Staaten gegenüber Norddeutschland und Preußen aufs Engste damit verbunden. Der Südweststaat war, wie wir uns erinnern, auch ein bundesrepublikanisches Problem. Schon am 27. und 28. Dezember 1918 gelegentlich einer süddeutschen Staatenkonferenz in Stuttgart hatten sich die Regierungen von Bayern, Württemberg und Baden, so wörtlich, »gemeinsam auf eine Neueinrichtung des Reichs auf bundesstaatlicher Grundlage« geeinigt. Zur selben Zeit hatte der Ulmer Studiendirektor Dr. Karl Magirus mit seinem »Schwabenkapitel« genannten Freundeskreis und einem zur Jahreswende 1918/19 erschienenen und in mehrfacher Auflage nachgedruckten Flugschrift »Zeitblatt Schwaben« den Zusammenschluss des schwäbischen Stammes und der wirtschaftlich und kulturell eng verbundenen badischen und württembergischen Landesteile zu »einem Bundesstaat oder Reichsland Schwaben« gefordert. Von allen in Frage kommenden Staatsgebilden habe Württemberg am »wenigsten Nichtschwäbisches« an sich. Es habe aber deshalb nicht unbedingten Anspruch auf die Hauptstadt dieses Reichslandes. Sein Landtag könne zunächst »an einem kleineren, ruhigen Orte zusammentreten«, in der Mitte des neuen Landes, vielleicht am Donau- oder Neckaroberlauf; nach dem Zweiten Weltkrieg hat Otto Feger Rottweil vorgeschlagen.

Was die Ulmer Gruppe unter Karl Magirus wollte, ein Reichsland ohne den Münchener Zentralismus, das ist »höheren Orts« zweifellos angekommen. Eine Denkschrift des Reichsinnenministers Erich Koch-Weser vom 22. Januar 1920 über »Die Gliederung des Reichs in Länder« registriert dieses Projekt. Noch 1930 propagiert Dr. Konstantin Bertele mit seinem Buch mit der Überschrift »Reichsland Groß-Schwaben mit Stuttgart und Augsburg« diesen einmal eingeschlagenen Weg.

Ihm verschrieben ist auch der zweifellos gewichtigste Vorschlag dieser ersten Nachkriegszeit, der »Großschwaben-Plan« des preußisch-hohenzollernschen Regierungspräsidenten Dr. Emil Belzer innerhalb der Diskussion um die »Reichsreform« in den Jahren 1920 bis 1922. Günther Bradler hat das Schriftstück vor einiger Zeit vorbildlich kommentiert und mit dem Untertitel »Eine Vorstufe zur Entstehung des Bundeslandes Baden-Württemberg« versehen. Belzers Plan ist deshalb der gewichtigste, weil er überall die erfahrene Hand des hohen Staatsbeamten spüren lässt und weil er unmittelbar mit dem Reichstag und seinem Ausschuss für die Neugliederung des Reiches verzahnt ist. Und schließlich, weil er, immer wieder neu variiert und diskutiert, bis in die Zeit des Dritten Reiches nachgewirkt hat. Neben vielerlei admistrativen und politischen, sagen wir, »stammlichen« Gründen haben Belzer und seine Gruppe, Mitglieder des Kommunallandtags und seines Regierungskollegiums, vor allem wirtschaftliche Gründe ins Feld geführt.

Neu an diesen, nunmehr ohne den Glanz der Dynastien artikulierten Einigungsbestrebungen ist, dass hier wirtschaftspolitisch argumentiert wird, mit der einfachen, aber gerade deshalb durchschlagenden Überlegung: Wenn wir uns zusammenschließen, sind wir doppelt so stark und können in wirtschaftlichen Dingen im Reich – und bald nicht mehr nur in Sachen Wirtschaft – ein Wörtchen mitreden. Nach 1945 war die Baden-Württemberg-Diskussion im Grunde überhaupt nur mit wirtschaftlich-industrialistischen Argumenten geführt worden. Die wirtschaftlich-statistischen Belege für diese Klatte von Vorteilen für eine Fusion lagen seit den frühen zwanziger Jahren auf dem Tisch. Als Wirtschaftsland war Baden-Württemberg im Grunde genommen schon um 1930 herum fertig. Damals hat man übrigens auch in den beiden Landtagen die Frage eines Zusammenschlusses berührt.

Die erste Welle dieser mit wirtschaftlichen und wirtschaftspolitischen Kategorien operierenden Verlautbarungen hat nach 1918 eingesetzt, in Sprache und Beweisführung so blütenfrisch, als ob sie um 1950 konzipiert worden wären. Sage und schreibe in Freiburg ist 1923 eine Dissertation von Helmut Gräff angenommen worden mit dem akademisch-vorsichtigen Titel: »Eine Untersuchung der wirtschaftspolitischen Grundlagen zu dem Plan eines Staates ›Baden-Wuerttemberg‹«, aparterweise schreibt Herr Gräff Württemberg durchgehend mit ue. Er hat sich sichtlich erwärmen lassen für diese größere Ausgabe von Wirtschaftsland, von einem, wirtschaftlich gesehen, ganz fraglosen baden-württembergischen Staat.

Die zweite Welle solcher Publikationen setzt um 1930 ein und reicht bis in die Zeit der Nazis hinein (die ja ihrerseits und auf ihre Art an der Baden-Württemberg-Schraube gedreht haben). Wir beschränken uns auf die Vorstellung von drei Veröffentlichungen, die 1930, 1931 und 1935 erschienen sind. 1930 hat Willi Ehmer im altrenommierten landesgeschichtlichen Verlag W. Kohlhammer in Stuttgart sein Buch »Südwestdeutschland als Einheit und Wirtschaftsraum« erscheinen lassen, mit dem Untertitel »Eine geschichtliche Wirtschaftskunde Südwestdeutschlands«. Ehmer nennt sein zweihundert Seiten starkes Buch einen »ersten Versuch, ein geschlossenes Bild der auf Landschaft, Volk und Kultur des deutschen Südwesten beruhenden Wirtschaftskraft zu zeichnen«.

Tatsächlich darf der Band Pilotcharakter beanspruchen. Erst 1987 ist aus der Feder von Willi A. Boelcke wieder eine »Wirtschaftsgeschichte Baden-Württembergs« erschienen. Ehmer hat es nicht bei der bloßen Registrierung und Faktensammlung bewenden lassen. Sein Buch lebt vom Duktus des permanenten Nachweises und der argumentierenden Rechtfertigung. Ohne einen Rückgriff auf die Vorgeschichte des gemeinsamen südwestdeutschen Staates will er dabei gar nicht auskommen. Eine staatliche Neubildung »bei der Foch-Wilsonschen Neugruppierung« sei leider ausgeblieben, als sich »kurz nach dem deutschen Umsturz«, also nach 1918, Stimmen geregt hätten, »die für eine Vereinigung der stammesverwandten und wirtschaftlich verbundenen südwestdeutschen Staaten waren«. Man habe damals, im Frühjahr 1919, »mit guten, einleuchtenden Gründen« für den südwestdeutschen Einheitsstaat geworben. Aber »die neuen Machthaber« seien »ängstlich auf ihre Eigenstaatlichkeit bedacht gewesen«.

Heute denke man anders. Die Zeit habe inzwischen bewiesen, »daß ein neu erstehender Reichskreis Schwaben doch lebendiger, stärker und zukunftsreicher« sei »als die jetzt noch bestehende Einteilung« mit ihren »willkürlichen, oft ganz unmöglichen Grenzen«. Die Schranken »zwischen den Alamannen« sollten fallen und »das alte Schwaben, wenn auch in veränderter Gestalt wieder auferstehen«.

Eine knappe Tour d'horizon macht ihm klar, dass allein die frühe Bodenseekultur und alle die – ungeniert von hüben und drüben hergenommenen – »Leistungen schwäbischen Geistes«, bereichert durch die in den Spätstunden des Mittelalters sich zeigenden Ausgriffe der Großen Ravensburger Handelsgesellschaft, den natürlichen Boden abgeben für ein wiederaufgerichtetes neues Südwestdeutschland. Das alte Herzogtum Schwaben sei »der geschlossenste Kulturkreis des alten Reiches« gewesen. Heute sei Südwestdeutschland die stärkste Arbeitsprovinz im Reich und, ohne industrielle Ballungen und ohne aussichtslose soziale Gegensätze, industrielles Vorbild. Kurz: Südwestdeutschland habe »wieder die gleiche Bedeutung im Rahmen des Reiches gewonnen wie sie einst das Herzogtum Schwaben im alten deutschen Reiche besaß. Kulturell und wirtschaftlich!«

Dass man im Blick auf eine derart erwünschte Vorzugsstellung leicht zu Überhöhungen neigt, wird bei Ehmer offenbar. Er führt von einem Superlativ zum anderen. Die Muntprats, Allgewaltige in der »Großen Gesellschaft von Oberdeutschland«, waren »die damals reichsten Leute Deutschland«, natürlich mit »Weltgeltung«, welche Ehmer dann auch einigen Branchen der modernen südwestdeutschen Industrie zuzuschreiben vermag. Die Salamander A. G. sind »zur größten deutschen, wohl sogar europäischen Schuhfabrik aufgestiegen«, Erhard Junghans hat »seine erste deutsche Uhrenfabrik« durch alle Fährnisse geführt, durch schärfste Betriebsverbesserungen errang Trossingen als Sitz der Harmonika-Industrie »das unbedingte Übergewicht in Deutschland«, Südwestdeutschland hat »das größte Weinbergbaugebiet des Reiches«, in Südwestdeutschland hat sich »die handwerksmäßige Wirtschaft am ausgeprägtesten« erhalten, die Metall verarbeitende Industrie dieses Raums »gehört mit zu den höchst entwickelten Industrien des ganzen Reiches, ja wohl der Welt«, die Heilbronner Firma P. Bruckmann & Söhne ist »die größte Silberwarenfabrik des Reiches«, die Matth. Hohner AG entpuppt sich als »die größte Harmonikafabrik der Welt«, die südwestdeutsche Strickerei- und Trikotagenindustrie steht »an der Spitze in ganz Deutschland«, die Tabakindustrie als »Sonderheit der südwestdeutschen Industrie« ist »führend in der deutschen Zigarrenherstellung«, und Stuttgart gehört »mit zu den reichsten Städten Deutschlands«.

Tröstlich bleibt, dass diese so erwiesene »Vorherrschaft Südwestdeutschlands in vielen wichtigen Sondergruppen« der Industrie keinen zerrissenen, von immer wieder neuen Akzentuierungen und Konkurrenzen durchschnittenen Raum zeitigte, sondern eine Einheit. Erstaunlich, in wie vielen Details – in der Industrialisierung überhaupt, in der Etablierung der Textilindustrie, in der chemischen Schwer- und Großindustrie, in der Zigarrenindustrie, im Großhandel (Mannheim ist der große Umschlagplatz für ganz Südwestdeutschland), in der Verkehrserschließung – Baden immerzu eine Nasenlänge vorne liegt. Aber die Einheit ist da, vielfach dadurch, dass Ehmer die hervorragenden geistigen Köpfe Badens und Württembergs oder die einzelnen Landschaftsbilder einfach nebeneinander setzt.

Genauer besehen liegt das einigende Moment nicht im geistig-kulturellen oder geographischen Profil dieses Raums, sondern in seiner wirtschaftlich-industriellen Gleichartigkeit. Für Willi Ehmer ist es gar keine Frage, dass sich ein staatsrechtlich sanktionierter Zusammenschluss rentieren würde. »Durch ein Zusammengeschlossenes Südwestdeutschland würde die Gesamtgrenze wenig länger als die bisherige badische werden; die Einsparung beträgt mit 1779 Kilometern fast ebenso viel wie die gesamte jetzige württembergische Grenze«. Selbst im administrativ-politischen Sinne wäre ein bedeutender Zugewinn zu verbuchen. Die vom Reichsparkommissar für Württemberg vorgeschlagene Verwaltungsvereinfachung – Aufhebung eines Ministeriums durch Vergrößerung des Innenministeriums – brächte ein jährliche Einsparung von 6,85 Millionen RM.

»Diese Summe ist allerdings trotz ihrer beachtlichen Höhe bei dem Haushalt von 240 Millionen RM nicht ins Gewicht fallend. Wenn aber bei einer gemeinsamen Verwaltung von Südwestdeutschland die teuere badische Verwaltung nur auf den Kostensatz Württembergs gebracht würde, können die Verwaltungsersparnisse doch von ganz anderer Höhe werden. Es wird mit einer Einsparung von mindestens 15 Millionen RM jährlich zu rechnen sein, also einer Summe, die bis jetzt z. B. etwa die Aufwendungen für das Verkehrswesen erfordern.«

Ehmer spricht bei dem neu zu schaffenden Südweststaat stets von »Südwestdeutschland«. Der in Heilbronn geborene Diplom-Handelslehrer Fritz Beyer redet in seiner 1931 vorgelegten Dissertation »Die wirtschaftsgeographische Einheit des südwestdeutschen Raumes. Ein Versuch und Beitrag zur territorialen Neugliederung des Deutschen Reiches« selten einmal von »Baden-Württemberg«. Wie sehr Beyer auf der Höhe der Zeit ist, verrät sein Eingangssatz: »Männer wie Stein, Friedrich List, Adolf Hitler u.a. haben immer wieder in beredter Sprache die verhängnisvollen politischen und wirtschaftlichen Folgen deutscher Kleinstaaterei beklagt.« Noch weiß die Welt nichts von einer »Machtergreifung«. Gleichviel zählt Beyer Adolf Hitler schon unter die Großen der deutschen Geschichte.

Die Verbeugung vor dem großen nationalen Reichsstaat zwingt Beyer dazu, die Integration des – unausweichlich – neu zu gliedernden Südweststaats in das größere Vaterland zu unterstreichen. Beyer versichert, dass man »keineswegs einen neuen, wirtschaftspartikularistischen Block gegen Berlin bilden« wolle. »Im Gegenteil, mehr denn je müssen bei unserer von außen stark bedrängten Notlage die politischen und wirtschaftlichen Kräfte zielbewusst zusammengefasst werden. Unsere Zeit ringt um ihre eigenen, neuen Ausdrucksformen zur inneren Festigung der Reichseinheit«. Am Schluss der kleinen, sechzigseitigen Schrift klingen die wirtschaftsgeographischen Überlegungen und Forderungen aus in einem emphatischen Schwur auf das Reich. »Für die südwestdeutschen Reichsbürger, die im ersehnten kraftvollen nationalen Einheitsstaat nach wie vor als Inbegriff aller berechtigten kulturellen Eigenheiten ihre warme Heimatliebe bewahren werden, geht Deutschland über alles, gilt in dieser Frage nur ein übergeordneter Gesichtspunkt: Das unsterbliche Reich.«

Für jemanden, der in der territorialen Neugliederung auch eine wirksame und notwendige Beisteuer zu einem ungeniert nationalistisch empfundenen Deutschen Reich erkennt, kann die jüngste Neugliederungsgeschichte nicht ohne Wert sein. Tatsächlich bringt Beyer einen historischen Überblick im Kapitel »Südwestdeutschland in den vorliegenden territorialen Neugliederungsversuchen«. Hier zeigt er sich bestens unterrichtet über seine Vorgänger, über W. Vogels Entwurf »Deutschlands bundesstaatliche Neugestaltung« (Berlin 1919), wo Schwaben aus einer Vereinigung von Württemberg und Baden geschaffen wird, über W. Tuckermanns Gedanken zur Neubildung eines Landes »Schwaben« mit Württemberg und den drei nördlichen Ämtern von Hohenzollern (1920), über den so genannten Frankfurter Entwurf von A. Weitzel (1928/29) zur Konstituierung von »Reichsländern nach Kultur, Wirtschaft und Verkehr«, über die Vorschläge H. Baumanns (1923), H. Rabes (1926) und E. Obsts (1928), von denen der von Rabe noch am weitesten geht. Er möchte das Saarland »in die Verwaltungs- und Verkehrseinheit Baden-Württembergs« miteingeschlossen wissen. Zu uns bekannten Autoren wie Bertele oder Ehmer gesellt sich auch E. Scheu (1924 und 1928), der, wie andere vor und nach ihm, – noch Karl Holl ging 1945 im Blick auf einen neuen Südweststaat von dieser Variante aus – ein Land Pfalz-Baden-Württemberg im Auge hatte.

Beyer geht pragmatischer vor. Er hat »nur« Baden und Württemberg als Bestandteile anvisiert. Beide Gebiete, das weiß er nachzuweisen, werden von einer starken gegenseitigen Durchdringung bestimmt. Ihm fällt – in zeitgebundener Fragestellung – auf, dass in »rassekundlichem Betracht« in Südwestdeutschland eine »weitgehende Übereinstimmung gewisser Typen« festzustellen ist, während sich »gegenüber Bayern« ein »wesentlicher Unterschied« bemerkbar macht. Dazu kommt, dass »die mitteldeutsche Hausbauform« tief »in sonst alemannisches Gebiet vorgedrungen« ist, dass es kein »badisches Volk« gibt, dass dafür aber »dies- und jenseits der Grenzpfähle dasselbe Volk« wohnt, dass die Zuckerindustrie auf baden-württembergischem Niveau geeinigt ist, dass man auf »die gleiche Verkehrslage« stößt, dass zahlreiche badische Fabriken zu Konzernen gehören, deren Sitz in Württemberg liegt und umgekehrt.

Das Fazit – »gemeinsame Märkte, Versteigerungen, Börsen und Messen fördern den Austausch der (beiden) Wirtschaftsgebiete« – liegt offen. Nicht nur in geographischer, sondern auch in wirtschaftlicher Perspektive erweist sich eine »auffallende Übereinstimmung«. »Den weitgehend einheitlichen natürlichen Voraussetzungen entsprechen ähnliche wirtschaftliche Verhältnisse mit gleichen Wirtschaftsbestrebungen und engen wirtschaftlichen Zusammenhängen.«

Willi Hüfner (1935) tut nichts anderes, als diese, wie er sagt, »Verflechtungen« noch präzis und mit einer Fülle statistischen Materials im Speziellen in drei Bereichen nachzuweisen, »auf den drei Forschungslinien des Personenverkehrs als eines eisenbahnstatistischen Maßes der Arbeitsmarktbildung, des Güterverkehrs als eines eisenbahn- und schiffahrtstatistischen Maßes der allgemeinen Erzeugung und des Elektrizitätsverkehrs als eines besonderen Maßes moderner Raumversorgung«. Hüfner, Schüler Carl Brinkmanns und Assistent am Institut für Sozial- und Staatswissenschaften an der Universität Heidelberg, enthält sich jeglichen politischen Satzes. Obwohl die »Grenzuniversität Heidelberg« damals im Jahre 1935 nicht so zimperlich war mit völkischen Deklarationen, fällt in Hüfners Untersuchung kein einziges spezifisch politisches oder ideologisches Wort. In vielerlei Branchen und mehreren Etagen weist er nach, dass Baden und Württemberg längst zu einem gegenseitig sich bedingenden Wirtschaftsraum zusammengewachsen sind.

Aber eine Schlussfolgerung im Hinblick auf Neugliederungen damit zu unterstützen, ist nicht seine Sache. Im Gegenteil: Scheu, Weitzel oder Baumann wollten, so Hüfner, Unterlagen »für die politische Neugliederung des Reiches« bieten. Hüfner will »nur« die »wirtschaftlichen Zusammenhänge« erfassen. Der »Südwestdeutsche Wirtschaftsraum« seiner Sicht und Forschungsergebnisse »setzt sich aus folgenden Ländergebieten zusammen: Württemberg einschließlich Hohenzollern, Baden, bayerische Pfalz, Saargebiet und die beiden hessischen Provinzen Starkenburg und Rheinhessen. Er umfasst somit ein Gebiet von 47 500 qkm, das ist etwa ein Zehntel des Reichsgebietes, auf dem eine Bevölkerung von 7 685 000 Personen, das ist ein Achtel der Reichsbevölkerung, lebt.«

Wer übellaunig und schon gelangweilt ist, könnte in dieser Offerte von Projekten und Analysen das Herzblut vermissen. Man wittert die Gliederungstechnokraten unter sich. Einzigartig an dieser nach 1918 einsetzenden baden-württembergischen Einigungswelle ist, dass sich eben nicht nur die Manager und die Profis zu Wort meldeten, sondern auch die Schriftsteller und Literaturwissenschaftler, die Künstler und die Publizisten. 1919 erschien der erste Band der eingangs erwähnten Zeitschrift »Der schwäbische Bund«, für eine Handvoll von Jahren die geistige Begleiterin des endlich oder wieder zusammengesehenen schwäbisch-alemannischen Kulturraums, eine Literatur- und Kunst- und Geschichtszeitschrift, wie sie der deutsche Südwesten vorher und nachher nie mehr gehabt hat und die, nebenbei bemerkt, von der Landesgeschichte bis heute nicht ausreichend registriert worden ist. Da berichtet einer über die Vorarlberger Bauschule, der andere über das Lebenswerk von Adam Müller-Guttenbrunn, Max Wingenroth über den Bodensee oder Hans Klaiber über die Deutschordensarchitektur, Theodor Heuss oder Wilhelm Hausenstein, Christoph Schrempf oder Jakob Schaffner: ein köstliches, ein großartiges Symposion und eine Sternstunde tatsächlich schwäbisch-alemannischer Geistigkeit.

Josef Nadler hat die von Hermann Missenharter redigierten Bände eingeleitet mit einem Traktat »Vom Reich des alamannischen Geistes«. Nadler, muss man wissen, war der Anführer derer, die genau wussten, was ein Volksstamm ist, wo er anfängt und wo er aufhört, die uns Kindern im Langenburger Dekanat, wir haben ernsten Auges stillgehalten, die Ohrläppchen und die Nasenwurzel abgemessen haben und nachher dann als maschinenschriftliche Dissertation haben erscheinen lassen, mit der Überschrift: »Limpurger und Hohenloher. Rassenkundliche Dorfuntersuchungen am oberen Kocher und der mittleren Jagst«. Ganz so primitiv war Nadler allerdings nicht. Seine monumentale »Literaturgeschichte des Deutschen Volkes« hat echte Fragen gestellt, deren Beantwortung man 1945 abrupt – und bis heute – abgeschnitten hat. Warum für ihn die Vokabel »Schwäbisch« gar nicht existierte und er einfach von Wahlafried und Notker bis Busse und Walter Erich Schäfer oder Georg Schmückle und Gerhard Schumann von »den Alamannen« sprach, bleibt sein Geheimnis.

Aber er hat zweifellos zurecht auf Wechselspiele zwischen Raum und Dichtung aufmerksam gemacht. Wer es weniger »stammlich« und rigide haben wollte, las, mitten im Krieg und also zur gleichen Stunde, in den »Guten Gefährten«, diesem unvergänglich stillen und wahren Buch von Albrecht Goes, dass und warum er auch den lächelnden Johann Peter Hebel aufgenommen habe. »Dass die Wurzeln des eigenen Lebens«, schreibt Goes, »tief in das Erd- und Geisterreich des schwäbischen Humanismus hineinreichen, bekenne ich dankbar und mit Freuden. Von hier aus stand der Weg zu Mörike offen, der zu Uhland und der zu Christian Wagner; und da die Grenzen zwischen Schwäbischem und Alemannischem fließende Grenzen sind, war Johann Peter Hebel nicht weit.«

Allein und nur diese beiden zum Nachdenken führenden Sätze wiegen diese tonnenschwere Munition auf, mit der man spätestens nach Bildung des Südweststaats auf die Badener und die Schwaben – es müsste natürlich heißen: und die Württemberger – geschossen hat. Längst haben wir uns an die von zeitgemäßer Lautheit und kurzatmigen Blödeleien lebende Dichotomientafel gewöhnt, auf der die scheinbaren Andersartigkeiten zwischen Baden und Württemberg festgehalten werden, ohne beim Malen auch nur einen Augenblick innezuhalten und einen Schluck, einen ernsthaften Schluck aus der Geschichte zu nehmen. Im »Schwäbischen Bund«, in der Zeitschrift, hat man die hier zartdünne, dort teppichschwere Decke der geistigen Gemeinsamkeiten des Schwäbisch-Alemannischen ganz ohne den Ehrgeiz zu modernen public relations demonstriert bekommen. Dass im zweiten Jahresband 1920 eine Beisteuer, eine sehr umfängliche, mit dieser Überschrift erschien, war nichts als eine natürliche Konsequenz: »Der oberrheinische Staat und die Vereinigung von Baden und Württemberg. Ein badischer Vorschlag von Dr. Friedrich Metz, Heidelberg«. Wenn von den geistigen Vätern – und nicht den parteipolitischen und den verfassungsrechtlichen – des Südweststaates die Rede sein soll, dann gehört Metz in die erste Reihe. In seiner Generation war er vielleicht der Einzige, der das südwestdeutsche Geflecht in seiner ganzen Vielgestalt zu ordnen und zu deuten wusste.

Die einmal geweckte Lust am »Stammlichen« und an der Beschreibung der typisch schwäbischen Musik und der typisch alemannischen Eigenart hat sich der in biologistisch-rassistisch dilettierende Nationalsozialismus zunutze gemacht. Er hat auf seine Weise neugegliedert. Mancherlei gute Tradition durfte vor dem Altar des »Völkischen« geopfert werden. Als im Oktober 1933 der »Reichswanderführer« anordnete, dass in Zukunft in jedem Landschaftsgebiet nur *ein* Verband bestehen dürfe, vereinigten sich der badische und der württembergische Schwarzwaldverein stante pede, nicht ohne eilfertigen Hinweis auf die ohnehin alte Gemeinschaft zwischen hüben und drüben. Es gibt andere und gewichtige Beispiele für diese Art von Vor-Vereinigung.

Aber auch im staatlichen und im Länderbereich blieben die Dinge im Fluss. In Augsburg benutzte der Kreistagspräsident Otto Merkt die Vorgaben der Jahre 1930 und 1931, den Bertele-Plan und den »Bund Schwaben und Reich«, um dem bayerischen Ministerpräsidenten 1933 »die Wiederherstellung des Kerngebiets des hohenstaufischen Imperiums aus den hohenzollerischen, vorarlbergischen, württembergischen, bayerischen und schweizerisch alemannischen Gebieten« vorzuschlagen. Daraus ist nichts geworden. Aber Augsburg durfte wenigstens den nationalsozialistischen Gau »Schwaben« behalten, was den württembergischen Nazigrößen immer einen roten Kopf machte: *Sie* waren ja der Reichsgau Schwaben.

1934 war in der deutschen Reichspresse von baldigen Neugliederungen des Reichsgebiets zu lesen. Irgendwie fürchtete Heilbronn, nach Franken abgetreten zu werden. Diese Idee hat in Neugliederungsdiskussionen der Bundesrepublik fröhliche Urstände gefeiert, wobei der »Fränkische Bund« bin in die siebziger Jahre des 20. Jahrhunderts ein Bundesland Franken mit Heilbronn anstrebte. Flugs meldete damals der Heilbronner Bürgermeister dem Führer, jeder Heilbronner sei alter, guter Württemberger! Die Eingabe lief aus in den Schlachtruf: »Hie gut Württemberg in allewege.« Nicht viel später traf in Berlin eine Denkschrift des württembergischen Staatssekretärs Karl Waldmann ein, ein sehr ernsthafter Entwurf zur Gaueinteilung des Deutschen Reiches, in dem wiederum ein Großschwaben vorgeschlagen wird. Falls das jedoch mit den Reichsinteressen konkurriere, wäre ein Zusammenschluss von Württemberg und Baden das Gegebene.

Dieser Plan ist weiterverfolgt worden, auch von dem Singener Bürgermeister Bernhard Dietrich, der im August 1946 einen »Schwäbisch-Alemannischen Heimatbund« gründete und, wie Feger, ein autonomes Groß-Schwaben wollte, praktisch eine Neuauflage des alten Herzogtums Schwaben. Etwas weiter westlich, in Südbaden, legte man Pläne vor, die von einem neuen Rheinbund über verschiedene Modelle einer Donaukonföderation vom Elsass bis nach Bayern oder gar Österreich reichten. In Freiburg entstand die – am früheren Habsburgerreich und an der österreichischen Herrschaft über Freiburg und den Breisgau sich orientierende – Idee eines »Alpenlandes«.

Auch die politische Linke trat mit Projekten auf; der sozialdemokratische Politiker Friedrich Leibbrandt schlug vor, regionale Autonomie – die »Republik Baden« – mit einer dezentralen Konföderation ganz Europas zu verbinden. Zur gleichen Zeit plädierten Otto Färber und Willibald Eser von Augsburg aus für ein Staatsland Schwaben, einmal die Summe aus dem Regierungsbezirk Schwaben, Teilen aus Oberbayern, Württemberg-Baden und dem Bodenseegebiet, ein andermal ein Staatsland aus Ober- und Niederschwaben mit Augsburg und Stuttgart als Hauptstädten.

Aber mittlerweile hatten sich die Besatzungstruppen häuslich eingerichtet, und Behörden gab es, wie wir uns erinnern, alsbald auch. Erster von den Amerikanern eingesetzter Oberpräsident Nordbadens war Professor Karl Holl, Literarhistoriker an der Technischen Hochschule Karlsruhe, dem die Nazis dort Lehrverbot erteilt und der sich als Wirtschaftsberater durchgeschlagen hatte. Holl hat am 5. Juli 1945 seinen gleichfalls in Heidelberg wohnenden Freund Theodor Heuss gebeten, ihm ein Gutachten in Sachen Länderneugliederung zu verfertigen. Heuss schrieb in sein Exposé: »Dass Bayern, die Heimat des Nationalsozialismus, als geschlossenes Staatsgebilde nun unter partikularistischer Leitung mit vielleicht klerikalem Einschlag erhalten blieb, während die beiden Staaten der demokratischen und liberalen Tradition, Württemberg und Baden, zerschnitten sind, erscheint für die deutsche Geschichte als wenig erfreulich. Doch das steht nicht zur Erörterung. Aber es bedarf der gründlichen Überlegung, ob nicht die beiden in der amerikanischen Zone liegenden

Restteile von Baden und Württemberg mit sachlichem Gewinn als Verwaltungseinheit konstituiert werden sollen.«

So ist es denn, auf Eisenhowers Befehl, auch gekommen. Dass am Konzept »Südweststaat« Generationen zuvor auf gut schwäbisch herumgebastelt haben, ist ohne Zweifel. Wäre die Autobahnlinie der einzige Grund und Anlass für eine Vereinigung von Baden und Württemberg geblieben, dann wäre das ein dürrer Verwaltungsakt gewesen und »Württemberg-Baden« nichts als eine Verwaltungseinheit. Töricht anzunehmen, Eisenhowers Unterschrift habe genügt. Mit einem Ministerialerlass ist noch lange keine Industrie geschaffen. Und mit einer Verfügung noch lange kein Land. Die Autobahn war die Demarkationslinie, mehr nicht. Das neue »Land« mit heimatlicher Wärme und mit Identitätsgefühl zu füllen, war die Aufgabe. Sie zu erkennen und auszuführen, war das Los derer, die die Naziherrschaft, aus welchen Gründen auch immer, überlebt hatten.

Dass Geschichte und Tradition dabei eine elementare Rolle spielten, war jedem klar. Wohlebs »Baden« lebte, ja zehrte vom Schulterschluss mit den vorderösterreichischen Erben. Sein Staat gründete auf dieser Heimat. Gab es das überhaupt, Staatskonstruktionen im luftleeren Raum? Noch im Exil, forderte de Gaulle eine französische Besatzungszone mit den ehemaligen Ländern der Rheinprovinz, Hessen-Nassau, dem größten Teil von Hessen, dem Saargebiet, der Pfalz und Baden. Als die französische Besatzung dann im Lande war, blieb für sture Kontroll-Politik gar nicht so viel Zeit. Die Grenzen wollten gezogen sein. Dem katholischen Chef des Commandement en Chef Français en Allemagne, dem General Pierre Koenig, und seinen politischen Beratern aus dem Quai d'Orsay war mehr an einem südwestdeutschen Staatenbund mit deutlich lockeren, föderalen Elementen gelegen. Koenigs Gegenspieler war der ihm unterstellte und dann verhältnismäßig früh wieder abberufene Sozialist Émile Laffon, Chef des Gouvernements Militaire pour la Zone Française d'Occupation. Er wollte einen Bundesstaat und hatte seine Zweifel an einer Zwergstaatenkonföderation.

Im Januar 1946 schlug der Conseiller politique Saint-Hardouin bei Koenig durch François Puaux ein »Südschwaben« mit der Hauptstadt Freiburg vor, nach Aufteilung der französischen Besatzungszone in eine Nord- und eine Südzone. »Dynastische Kreise in Hohenzollern« reihten sich von Zeit zu Zeit mit einer »Alpinen Union« in die Diskussionsrunde ein. Der Mainzer Professor Hubert Armbruster schlug im September 1946 in einem ausführlichen Gutachten die Schaffung eines einzigen südwestdeutsches Landes vor, mit Südbaden, Südwürttemberg, Hohenzollern und dem Kreis Lindau. Matthias Schneider vom Baden-Badener Gewerkschaftsbüro erläuterte in einem Exposé vor allem seine Vorstellungen vom Verwaltungsaufbau seines Landes, dem er gerne – wir stoßen einmal mehr auf die jahrhundertealten Wirkungen des Schwäbischen Bundes – den Namen »Schwäbisch-Alemannischer Bund« gegeben hätte, während der Sozialdemokrat Friedrich Leibbrandt, von der Militärregierung zum Finanzminister in Südbaden berufen, eine »Badische Republik« im Kommen sah.

Wenn es auch zweifellos übertrieben ist, den Sozialdemokraten von damals ein geschlossenes und uneingeschränktes Eintreten für einen Südweststaat zu bescheinigen, so haben wir doch eindrucksvolle Beispiele für ein derartiges Engagement. Der badische sozialdemokratische Arbeitsminister war wohl der erste, der im November 1918 offen für eine Vereinigung Badens mit Württemberg eintrat. Wie in Fegers unverwelklicher Preußenfeindschaft ging es auch hier um die Rettung des natürlichen und gewachsenen Kleinstaates und um eine scharfe Wendung gegen Preußen.

Ein paar Monate später, am 28. März 1919, hatten sich die badischen und württembergischen Abgeordneten der deutschen Nationalversammlung auf württembergische Initiative hin in Weimar getroffen. Wenn auch mehrere Abgeordnete fehlten: Ein Zusammenschluss, so meinten sie alle mit Ausnahme eines einzigen Gegners, würde Baden und Württemberg nur zustatten kommen. Ob das neue Land – viele zählten die Pfalz einfach dazu – jetzt »Südweststaat« hieß oder »Großschwaben« war egal, Hauptsache es kam Bewegung in die Länder- und Neugliederungsdebatte im Reich.

Wohl keiner hat die Dinge so vorangetrieben wie der Mannheimer Redakteur und Abgeordnete zur Weimarer Nationalversammlung Oskar Geck. Er war der unbestrittene Wortführer der Vereinigungsbewegung. Innerhalb der badischen SPD entfachte er eine lebhafte Agitation für den Zusammenschluss. Mit den gleichen Argumenten trat der Staatsrat Wilhelm Engler, ebenfalls SPD, für die Vereinigung von Baden und Württemberg ein. Aber der badische Landtag war dagegen, und das Kabinett zog nach mit seinem Votum gegen eine Fusion.

Die SPD indessen ließ nicht locker. Am 29. April 1919 trafen sich die beiden SPD-Landtagsfraktionen in der Grenzstadt Mühlacker, die Dinge weiterzubringen. Freilich, wie immer in solchen Fällen beschloss man, in der Sache erst einmal nichts zu beschließen. Ein Höhepunkt der SPD-Bestrebungen waren die vom badischen Innenminister (SPD) am 31. Dezember 1928 gemachten, auf Remmeles Programm von 1924 zurückgehenden »Vorschläge für die Reichs- und Länderreform«. Baden und Württemberg müssten verschmolzen werden zu einem Land »Südwestdeutschland«. Das besitze mehr Lebenskraft als die bestehenden Länder. Dadurch sei ein Fortbestehen der Länderstaatlichkeit eher garantiert.

Ein wenig von dieser latenten Furcht vor einem unitarischen Gesamtstaat schwingt auch in dem vom badischen und württembergischen Zentrum immer wieder vorgetragenen Plädoyer für Baden-Württemberg mit. Als man am 10. Februar 1930 im Staatsministerium die Neugliederungsdiskussion als Tagesordnungspunkt auf dem Tisch hatte, argumentierte man, ein vereinigtes Land sei ein größeres Gewicht gegenüber dem Berliner Zentralismus.

Wir sehen in Sachen »Baden-Württemberg« zurück auf eine mächtige und lange Tradition. Äußerlich hatte das, was nach Hohenneuffen im August 1948 unter dem Stichwort »Der Kampf um den Südweststaat« folgte, natürlich viel von einer Konstruktion. Dem Inhalt nach war es nur die Endphase einer langen Entwicklung, das Ergebnis von Geschichte. Als am 16. August 1946 die Vorläufige Volksvertretung für Württemberg-Baden feierlich eröffnet wurde, sagte Reinhold Maier in seiner Regierungserklärung: »Ohne Vorurteile und unvoreingenommen: Wir gehören schon längst zusammen«, da erntete er spontanen Applaus; »Beifall und Händeklatschen« verzeichnet das Protokoll.

Zeittafel zur Geschichte Baden-Württembergs
von Otto Borst und Rainer Jooß

um 600 000 v. Chr.	Homo Heidelbergensis, ältester Menschenfund Mitteleuropas.
um 200 000 v. Chr.	Homo Steinheimensis, Schädel von Steinheim (Murr).
vor 120 000 bis vor 35 000 v. Chr.	Neandertaler.
nach 35 000 v. Chr.	Jüngere Altsteinzeit. Erste Zeugnisse des Jetztmenschen (homo sapiens sapiens). Funde von Kleinplastiken in den Höhlen auf der Donauseite der Schwäbischen Alb und am Petersfels bei Singen.
10 000 v. Chr. bis 5600 v. Chr.	Ende der Eiszeit. Mittlere Steinzeit.
5600 v. Chr. bis 1800 v. Chr.	Jüngere Steinzeit. Sesshaftwerden, erste länger dauernde Siedlungen im Land, Anfänge der Landwirtschaft.
1800 v. Chr. – 800 v. Chr.	Bronze- und Urnenfelderzeit. Steigender Wohlstand, größerer Aufschwung des Handels v. a. mit Metallen.
800 v. Chr. – 430 v. Chr.	Hallstattkultur. Eisenverarbeitung. Adelssitze (z. B. Heuneburg) und Fürstengräber (z. B. Hochdorf). Erste wirtschaftliche und kulturelle Kontakte mit der Mittelmeerwelt (Keramik, Bronzekessel).
450 v. Chr. – Zeitenwende	Latènekultur: Keltische Kultur mit entwickeltem Kunsthandwerk, Münzprägung und einzelnen befestigten Siedlungen (»oppida«) sowie abgegrenzten Höfen, die auch als Kultanlagen dienten (»Viereckschanzen«).
ab Mitte 1. Jh. n. Chr.	Anlage römischer Kastelle entlang der Donau.
73/74	Rottweil wird eine römische Siedlung (Arae Flaviae).
80/90	Anlage des Neckarlimes.
150	Vorverlegung des Limes auf die Linie Miltenberg – Walldürn – Öhringen – Lorch – Aalen – Buch – Weißenburg – Eining.

2./3. Jh.	Hinter dem Limes entwickelt sich eine römisch-gallische Mischkultur mit Kastellen, Gutshöfen, größeren Siedlungen und Straßen.
um 260	Die Römer räumen das Land am Limes.
Mitte 3.–6. Jh	Einwanderung germanischer Gruppen in die ehemals römischen Gebiete östlich und nördlich des Rheins. Entstehung des alemannischen Stammesverbandes und dessen Ausbreitung bis zu den Vogesen, zum Alpenkamm und an den Lech. Aufnahme der Reste der Donausueben.
496/498	Niederlage der Alemannen gegen die Franken: Verlust der nördlich liegenden Gebiete an die Franken; Alemannien wird Teil des fränkischen Reiches; Festlegung der Grenzen Alemanniens. Taufe des Frankenkönigs Chlodwig. Er wird römischer Christ. Soziales und kulturelles Zusammenwachsen von Gallorömern und Germanen.
Anfang 5. Jh.–746	Alemannische Herzöge als Stammesführer und als Beauftragte der fränkischen Könige tätig.
um 600	Gründung des Bistums Konstanz.
Anfang 7. Jh.	Älteste alemannische Rechtsaufzeichnung: Pactus Alamannorum.
724	Gründung des Klosters Reichenau.
um 730	Zweite alemannische Rechtsaufzeichnung: Lex Alamannorum.
746	Ende des älteren alemannischen Herzogtums. Alemannien wird ein Teilreich (regnum) innerhalb des karolingischen Reiches.
768–814	Karl der Große ist fränkischer König und Kaiser.
771	Heirat Karls des Großen mit Hildegard, einer Ururenkelin des alemannischen Herzogs Gottfried. Alemannien wächst kulturell und politisch in das Karolingerreich hinein. Reichenau und St. Gallen gehören zu den bedeutenden karolingischen Reichsklöstern.
843	Vertrag von Verdun. Alemannien bildet einen Teil des östfränkischen Reiches.

911	Tod Ludwigs des Kindes, des letzten ostfränkischen Karolingers. Erhebung Konrads I. zum ostfränkischen König.
917	Erneuerung des Herzogtums durch Burchard II. (917–926). Die Bezeichnung »Herzogtum Schwaben« und »Herzog von Schwaben« setzt sich durch. »Alemannia« und »Alemanni« sind im Hoch- und Spätmittelalter selten gebrauchte Begriffe, die, wenn sie benutzt werden, auch »Deutschland« und die »Deutschen« bedeuten können (s. französisch »Allemagne« und »les Allemands«).
950–954	Liudolf, Sohn Ottos des Großen, Herzog von Schwaben.
1012–1038	Ernst I., Ernst II. und Hermann IV.: Herzöge von Schwaben aus dem Haus der älteren Babenberger.
1057–1079	Rudolf von Rheinfelden ist Herzog von Schwaben.
1061	Verleihung des Herzogtums Kärnten an Berthold I. von Zähringen, Graf im Breisgau.
1171	Herzog Rudolf von Schwaben wird zum (Gegen-)König erhoben.
1079–1098	Das Herzogtum Schwaben gespalten zwischen dem von König Heinrich IV. eingesetzten staufischen Herzog Friedrich I. (+1105) und den vom Gegenkönig erhobenen bzw. von einer Adelsversammlung gewählten Herzögen Berthold von Rheinfelden (+1090) und Berthold von Zähringen (1090–1111).
1083	Weihe der Kapelle der Burg Wirtemberg (= Württemberg).
1092	Erste gesicherte Nennung Konrads von Wirtemberg.
1098	Ausgleich zwischen Friedrich I. und Berthold II.: Der Staufer bekommt Innerschwaben, der Zähringer den südwestlichen Teil Schwabens mit Zürich als Vorort. Er darf weiter den Herzogstitel führen.

1098–1268	Herzöge von Schwaben aus dem staufischen Haus. Der schwäbische Herzogstitel ist nach der Königswürde der wichtigste Titel der Staufer. Sie befestigen ihre Herrschaft durch Städtegründungen, Pfalzenbau und Verkehrserschließungen.
1105–1147	Herzog Friedrich II. von Schwaben.
1112	Markgraf Hermann I. aus dem Haus der Zähringer nennt sich nach der Burg Baden.
1120	Marktgründung in Freiburg durch Herzog Konrad von Zähringen.
1152	Herzog Friedrich III. von Schwaben wird deutscher König und 1155 Kaiser (Friedrich I. Barbarossa).
1156	Konrad von Staufen, Halbbruder Barbarossas, wird Pfalzgraf bei Rhein.
um 1170	Gründung der Stadt Heidelberg als Residenz der Pfalzgrafen bei Rhein.
1171–1191	Die Güter der süddeutschen Welfen gehen an die Staufer über.
1190–1197	Kaiser Heinrich VI.
1198–1208	Philipp, Herzog von Schwaben, jüngster Sohn Barbarossas, ist deutscher König.
1212–1250	Friedrich II., römischer Kaiser, deutscher König und König von Sizilien.
1213	Die Pfalzgrafschaft bei Rhein kommt an die Wittelsbacher.
um 1240	Die Königsfamilie der Staufer ist die mächtigste in Schwaben.
1241–1265	Graf Ulrich I. von Württemberg ist Führer der Staufergegner in Schwaben.
ca. 1254	Die Habsburger erwerben die Vogtei über Kloster St. Blasien – der Anfang habsburgischer Besitzungen nördlich des Hochrheins.
1268	Herzog Konradin von Schwaben wird mit 12 Begleitern, darunter Markgraf Friedrich von Baden, in Neapel hingerichtet. Ende des Herzogtums Schwaben.

1273–1291	Rudolf von Habsburg ist deutscher König.
um 1275/1285	Errichtung der königlichen Reichslandvogteien Oberschwaben, Niederschwaben und Franken um Wimpfen und Rothenburg o.d.T.; vergebliche Versuche König Rudolfs, das Herzogtum Schwaben wiederherzustellen.
1288–1503	Die zahlreichen Herrschaftsteilungen schwächen immer wieder das politische Gewicht der badischen Dynastie.
1310–1313	Reichskrieg König Heinrichs VII. gegen Eberhard I. den Erlauchten von Württemberg, der sich behaupten kann.
1321	Verlegung des Stiftes Beutelsbach nach Stuttgart; Anfänge der Residenzstadt Stuttgart.
1356	Goldene Bulle: Der Pfalzgraf bei Rhein ist der vornehmste der vier weltlichen Königswähler.
1368	Freiburg im Breisgau begibt sich unter habsburg-österreichische Landesherrschaft.
1376–1389	Älterer Schwäbischer Städtebund unter der Führung Ulms.
1377	Schlacht bei Reutlingen: Sieg der Städte über Württemberg
ca. 1380–1530	Große Ravensburger Handelsgesellschaft.
1386	Gründung der Universität Heidelberg.
1388	Die Städter werden von einem Ritterheer unter württembergischer Führung bei Döffingen geschlagen. Die Versuche, einen genossenschaftlich-städtischen Staat (»Eidgenossenschaft«) im deutschen Südwesten zu bilden, sind endgültig gescheitert.
1400–1411	Kurfürst Ruprecht von der Pfalz wird deutscher König.
1411	Aufteilung der Kurpfalz unter die Söhne König Ruprechts in die Linien Kurpfalz (Heidelberg), Neumarkt, Simmern und Mosbach.
1414–1418	Konzil von Konstanz.
1442–1482	Teilung der Grafschaft Württemberg.

seit ca. 1450	Einzug des Humanismus im Südwesten mit Schwerpunkt an den Universitäten, aber auch in den Reichsstädten wie Ulm oder Esslingen sowie in den größeren Territorien wie Württemberg oder Kurpfalz.
1457	Gründung der Universität Freiburg.
1457	Erste württembergische Landtage in Leonberg und Stuttgart.
1459–1496	Graf Eberhard im Bart von Württemberg.
1462	Sieg des Pfälzer Kurfürsten Friedrich I. über Graf Ulrich V. von Württemberg und Markgraf Karl von Baden. Die Kurpfalz wird zum wichtigsten Territorium im Südwesten.
1477	Gründung der Universität Tübingen.
1488–1534	Fürsten, Ritter und Städte schließen sich unter habsburgischer Führung zum Schwäbischen Bund zusammen, der den Landfrieden garantieren sowie die Ausdehnung Bayerns und der Schweiz eindämmen soll.
1488	Vorderösterreich kommt an Erzherzog Maximilian, den späteren König und Kaiser (1493–1519). Die habsburgischen Besitzungen bilden neben der Kurpfalz und Württemberg das größte Territorium im Südwesten.
1493–1517	Bundschuhbewegung unter Joß Fritz aus Untergrombach bei Bruchsal am Oberrhein und im Schwarzwald. Die Vorstellung von einer »göttlichen Gerechtigkeit« legitimiert die Forderungen nach Abschaffung der geistlichen Gerichte, nach Verringerung der Abgaben und Fronen sowie einer gerechten Verteilung des Kirchenguts.
1495	Graf Eberhard im Bart von Württemberg wird durch Kaiser Maximilian in den Herzogstand erhoben. Württemberg ist das geschlossenste Territorium im Südwesten.
1504/05	Landshuter Erbfolgekrieg. Die Kurpfalz ist geschwächt. Württemberg erwirbt u. a. Kloster Maulbronn, Löwenstein, Weinsberg und die Herrschaft Heidenheim mit den Klöstern Königsbronn, Herbrechtingen und Anhausen.

1505	Vereinigung aller badischen Territorien in der Hand Markgraf Christophs I. (1475–1515/27).
1514	Tübinger Vertrag: Ein Übereinkommen zwischen Herzog Ulrich von Württemberg und den Landständen am Ende des »Armen Konrad«, eines Aufstandes der städtischen und ländlichen Unterschichten. Den Untertanen wird die Möglichkeit zu steuerfreier Auswanderung gewährt und ein ordentliches Strafgerichtsverfahren zugesichert.
1519–1534	Vertreibung Herzog Ulrichs von Württemberg durch den Schwäbischen Bund, der das Land an Österreich verkauft.
seit 1518	Ausbreitung reformatorischen Gedankenguts.
1524/25	Bauernkrieg im Südwesten. Die »Zwölf Artikel« fassen wichtige Forderungen des gemeinen Mannes zusammen: Abschaffung der Leibeigenschaft und des Kleinen Zehnten, Verringerung und schriftliche Aufzeichnung der Abgaben und Stärkung der Gemeindeautonomie durch freie Pfarrerwahl, eigene Verwaltung der Zehnten und des Waldes sowie einen Rückerwerb der Allmenden.
23. April 1525	Stuttgart öffnet sich den Bauern; Württemberg wird durch einen zwölfköpfigen Ausschuss unter der Leitung des Gastwirts Matern Feuerbacher aus Großbottwar regiert. Adel, Bürger und Bauern sollten gleichwertig am Regiment beteiligt sein und die Kompetenzen des Herzogs beschränkt werden.
12. Mai 1525	Schwere Niederlage der württembergischen Bauern gegen den Schwäbischen Bund bei Böblingen.
2. Juni 1525	Niederlage des Neckartal-Odenwälder Haufens bei Königshofen.

1525/26	Verfolgung, Entwaffnung und Bestrafung der Bauern: Zahlreiche Bauernführer werden hingerichtet, daneben gibt es viele Ehrenstrafen sowie Verurteilungen zu Schadenersatz und Strafzahlungen. Eine Reihe von Herrschaften, z. B. Kempten, Ortenau, Markgräflerland, Breisgau schließen neue Verträge mit den Bauern und schreiben Verpflichtungen fest.
27. August 1526	Abschied des Speyerer Reichstages gibt die Annahme der Reformation frei.
1530	Reichstag von Augsburg. Nürnberg und Reutlingen unterzeichnen die Augsburger Konfession.
27. Februar 1531	Schmalkaldischer Bund der evangelischen Reichsstände zur Verteidigung ihrer Konfession. Zunächst treten dem Bund aus dem Südwesten nur Reichsstädte bei, u. a. Ulm, Straßburg, Reutlingen, Esslingen, später auch Territorien.
12./13. Mai 1534	Schlacht bei Lauffen. Herzog Ulrich kehrt nach Württemberg zurück. Beginn der Reformation im Herzogtum. Beitritt Württembergs zum Schmalkaldischen Bund.
29. Juni 1534	Vertrag von Kaaden (Böhmen): Württemberg wird ein erbliches Lehen vom Haus Österreich (sog. Afterlehen des Reiches). Die Habsburger führen Titel und Wappen eines Herzogs von Württemberg.
1535	Teilung der badischen Lande in die Markgrafschaften Baden-Baden (katholisch) und Baden-Durlach (evangelisch).
1542	Einberufung des ersten Kreistages des Schwäbischen Kreises nach Ulm. Anfang der Wirksamkeit eines Selbstverwaltungskörpers, der bis 1802 die staatlich-körperschaftlichen Gemeinschaftsaufgaben im deutschen Südwesten erfüllte.

30. Juni 1548	Abschied des Reichstages von Augsburg, das sog. Interim: Kaiser Karl V. gesteht den Protestanten Priesterehe und Laienkelch zu, sonst soll »einstweilen« (interim), bis zu einem Konzil, alles beim katholischen Herkommen bleiben. Durchsetzung des Interims in Württemberg mit Hilfe spanischer Truppen.
1548/49	Erste Anfänge der katholischen Reform.
25. September 1555	Augsburger Religionsfriede. Die Landesherren bestimmen die Konfession ihrer Untertanen. Die geistlichen Herrschaften (Hochstifte) bleiben katholisch. Die Territorien und Reichsstädte im nördlichen Teil des heutigen Baden-Württemberg werden überwiegend evangelisch: Kurpfalz, Baden-Durlach, Württemberg, Hohenlohe, Limpurg, Brandenburg-Ansbach, Schwäbisch Hall, Rothenburg o.d.T., Ulm, Heilbronn, Esslingen, Reutlingen. Die katholischen Territorien liegen eher im Süden: Baden-Baden, Fürstenberg, Waldburg, Vorderösterreich und die Reichsstädte Überlingen, Rottweil, Schwäbisch Gmünd.
1559	Unter Herzog Christoph und Johannes Brenz Große Württembergische Kirchenordnung – Grundgesetz des württembergischen protestantischen Staatswesens.
1563	Heidelberger Katechismus: Die Kurpfalz schwankt zwischen lutherischem und reformiertem Bekenntnis, bleibt aber ab 1585 endgültig reformiert.
1580	Konkordienbuch mit den wichtigsten evangelischen Bekenntnisschriften, unterzeichnet u. a. von Württemberg, Baden-Durlach, Brandenburg-Ansbach, Hohenlohe, Limpurg und Reichsstädten wie Ulm, Esslingen, Heilbronn.
1599	Prager Vertrag. Württemberg wieder Reichslehen. Gründung von Freudenstadt.
1606/07	Gründung von Stadt und Festung Mannheim.

1608	Zusammenschluss der protestantischen Fürsten unter Führung von Kurfürst Friedrich V. von der Pfalz zur Union. Württemberg, Brandenburg-Ansbach, Baden-Durlach, Ulm, Straßburg und Nürnberg treten bei.
ab 1615	Errichtung der Festung Philippsburg als Gegengründung zu Mannheim durch den Kurfürsten von Trier und Bischof von Speyer, Philipp Christoph von Sötern (1610–1652).
11. November 1619	Kurfürst Friedrich V. von der Pfalz wird in Prag zum König von Böhmen gekrönt.
8. November 1620	Schlacht am Weißen Berg bei Prag. Die Truppen des »Winterkönigs« Friedrich von der Pfalz werden vernichtend geschlagen. Friedrich kehrt nie mehr in die Kurpfalz zurück.
1621	Auflösung der Union.
6. Mai 1622	Sieg des kaiserlichen Feldmarschalls Johann von Tilly über die pfälzischen und badischen Truppen bei Wimpfen.
15. September 1622	Eroberung von Heidelberg durch die Truppen der Liga.
1623	Abtransport der Heidelberger Bibliotheca Palatina nach Rom.
3. März 1629	Kaiser Ferdinand II. ordnet im Restitutionsedikt an, dass alle seit 1552 säkularisierten Kirchen- und Klostergüter zurückgegeben werden müssen.
1630	Schweden greift auf protestantischer Seite in den Krieg ein.
6. September 1634	Nach dem Sieg der Kaiserlichen über die Schweden in der Schlacht bei Nördlingen wird v. a. Württemberg stark zerstört. Die Kaiserlichen erobern Süddeutschland zurück.
1634–1648	Der Krieg zwischen dem Kaiser und Frankreich wird im Südwesten ausgetragen und führt zur Verwüstung und Entvölkerung des Landes.

1648	Westfälischer Friede: Die Kurpfalz wird wiederhergestellt und für den Sohn des Winterkönigs, Karl Ludwig (1617–1680) eine neue, achte Kurwürde geschaffen. Die Reformierten werden in den Religionsfrieden einbezogen. Die Festung Philippsburg bleibt französisch besetzt.
1672–1678	Holländischer Krieg. Freiburg französische Festung.
1681	Straßburg wird französisch. Situation der »offenen Flanke« gegenüber Frankreich.
1688–1697	Pfälzer Erbfolgekrieg zwischen Frankreich und dem Reich. Verwüstung von Heidelberg und der Kurpfalz. Oberbefehlshaber der Reichstruppen ist Markgraf Ludwig Wilhelm von Baden-Baden, der in den Jahren davor gegen die Türken in Ungarn gekämpft hatte (»Türkenlouis«).
1697	Beginn des Schlossbaus in Rastatt.
1701–1714	Spanischer Erbfolgekrieg, der zeitweilig am Oberrhein ausgetragen wird.
1704	Beginn des Schlossbaus in Ludwigsburg.
1715	Gründung der Stadt Karlsruhe.
1720	Verlegung der kurpfälzischen Residenz von Heidelberg nach Mannheim.
1728–1811	Markgraf, ab 1806 Großherzog Karl Friedrich von Baden.
1737–1793	Herzog Carl Eugen von Württemberg: Er setzte kulturelle Maßstäbe mit der Gründung eines Schauspielhauses (1757), einer Kunstakademie (1761) und einer öffentlichen wissenschaftlichen Bibliothek in Ludwigsburg, dann in Stuttgart (1765/1773).
1742–1799	Kurfürst Karl Theodor von der Pfalz. Sein Hof ist ein wichtiges kulturelles Zentrum im Südwesten durch Musik (»Mannheimer Schule« ab 1747), Nationaltheater (1776/78), Akademie der Wissenschaften (1767).
1768	Gründung des Lehrerseminars Karlsruhe.

1769	Erbvergleich Herzog Carl Eugens mit den Ständen. Trotz seines absolutistischen Auftretens bleibt der Herzog auf die Mitwirkung der Stände in der Landespolitik angewiesen.
1770–1794	Hohe Carlsschule in Stuttgart mit breitem Lehrangebot (Architektur, Malerei, Medizin, Verwaltung, Land- und Forstwirtschaft) und mit großer kultureller Ausstrahlung.
1771	Vereinigung der beiden badischen Länder Baden-Baden und Baden-Durlach.
1777	Kurfürst Karl Theodor wird Kurfürst von Bayern und verlegt seine Residenz nach München. Die Kurpfalz wird von München aus regiert.
1783	Aufhebung der Leibeigenschaft in Baden.
1789	Beginn der Französischen Revolution.
1794–1800	Die Parolen der Französischen Revolution greifen auf den deutschen Südwesten über und leiten Bestrebungen zur Gründung einer »Republik Schwaben« ein.
1795–1810	Im Zuge der napoleonischen Veränderungen wird Baden 1803 zum Kurfürstentum und 1806 zum Großherzogtum erhoben und um das Vierfache seiner bisherigen Fläche vergrößert. Württemberg wird 1803 gleichfalls Kurfürstentum, im Jahr 1806 Königreich und im ganzen um das Doppelte erweitert. Die Kurpfalz verschwindet ebenso von der Landkarte wie außer den Hohenzollerischen Landen alle übrigen geistlichen und weltlichen Territorien.
1797–1816	Friedrich I., Herzog, Kurfürst (1803) und König (1806) von Württemberg.
1810	Vertrag von Compiègne: Württemberg und Baden erhalten ihre bis 1945 gültigen Grenzen.
1811	Erstes württembergisches Lehrerseminar in Esslingen.
1815–1866	Württemberg und Baden Bundesstaaten im Deutschen Bund.

1815	Beginn der Rheinkorrektion durch Johann Gottfried Tulla (1770–1829).
1816–1864	König Wilhelm I. von Württemberg; Modernisierung und partielle Industrialisierung des Landes.
1817–1865	Grundentlastung in Baden und Württemberg. Ablösung aller grund- und leibherrlichen Abgaben und Verpflichtungen.
4. Oktober 1817	Badisches Hausgesetz: Das Thronfolgerecht der Linie Baden-Hochberg wird festgelegt und am 10. Juli 1819 von den Großmächten anerkannt.
1818	Verfassungsurkunde für Baden.
1819	Verfassungsvertrag für Württemberg.
1821	Aufhebung des Bistums Konstanz. Errichtung des Erzbistums Freiburg.
1825	Gründung des Polytechnikums Karlsruhe.
1828	Errichtung des Bistums Rottenburg (seit 1978 Rottenburg-Stuttgart).
1829	Gründung des Polytechnikums Stuttgart.
1830	Julirevolution in Frankreich und Aufstand in Polen. Sympathiekundgebungen für die Freiheitsbewegung in Polen v. a. in Heidelberg und Tübingen.
1832	Hambacher Fest mit vielen Teilnehmern aus dem Südwesten.
1834	Deutscher Zollverein.
1834/35	Württemberg und Baden treten dem Zollverein bei.
1840	Erste badische Eisenbahn von Mannheim nach Heidelberg.
1841	Gründung der Maschinenfabrik Emil Kessler in Karlsruhe.
1845	Erste württembergische Eisenbahn von Bad Cannstatt nach Untertürkheim, dann nach Esslingen.
1846	Gründung der Maschinenfabrik Esslingen, gleichfalls durch Emil Kessler.

9. September 1847	Offenburger Versammlung: »Die entschiedenen Freunde der Verfassung« verkünden ein republikanisch-sozialistisches Programm.
24. Februar 1848	Februarrevolution in Paris.
7.–12. März 1848	Die Offenburger Volksversammlung (20000 Teilnehmer aus ganz Baden) verlangt die Verwirklichung radikaler Forderungen, die über die bisherigen Reformen hinausgehen.
März 1848	Das württembergische Märzministerium unter Friedrich Römer (1794–1864) beginnt mit der Durchsetzung liberaler Reformen: Geschworenengerichte, Revision des Strafgesetzbuches, Fortsetzung der Grundentlastung.
März/Mai 1848	Gründung der Zentralstelle für Gewerbe und Handel in Stuttgart. Neuordnung der Gewerbeförderung in Württemberg.
13.–20. April 1848	Zug Friedrich Heckers von Konstanz bis Kandern mit dem Ziel der Errichtung einer Republik in Deutschland.
20. April 1848	Badische Regierungstruppen stürmen Freiburg.
21. September 1848	Ausrufung der Republik durch Gustav Struve in Lörrach.
24. September 1848	Militärische Niederlage der Struve-Anhänger bei Staufen.
25. April 1849	König Wilhelm I. von Württemberg nimmt die Reichsverfassung der Paulskirche an.
12./13. Mai 1849	Der Landeskongress der republikanischen Volksvereine in Baden beschließt die Republik und gibt damit das Zeichen zur Revolution. Meuterei des Militärs in Rastatt und Karlsruhe.
13./14. Mai 1849	Großherzog Leopold flieht aus Karlsruhe.
Anfang Juni 1849	Das »Rumpfparlament« übersiedelt von Frankfurt nach Stuttgart.
6. Juni 1849	Neuwahlen zur »Konstituierenden Landesversammlung« in Baden, Bildung einer Provisorischen Regierung.
14.–18. Juni 1849	Abwehrkampf der badischen Volksarmee gegen die preußischen Truppen.

18. Juni 1849	Das Rumpfparlament in Stuttgart wird aufgelöst.
21. Juni 1849	Bei Waghäusel werden die badischen Aufständischen von preußischen Truppen besiegt.
23. Juli 1849	Die belagerte Festung Rastatt kapituliert. Etwa 1000 Aufständische werden angeklagt und ca. 50 von ihnen zum Tode oder zu langen Freiheitsstrafen verurteilt. Andere können aus der Festung fliehen und gehen in die USA.
18. August 1849	Großherzog Leopold kehrt nach Karlsruhe zurück.
1850	Die hohenzollerischen Fürstentümer werden preußisch.
1856–1907	Großherzog Friedrich I. von Baden.
1860/62	Erste Arbeiterbildungsvereine in Baden und Württemberg.
1862	Aufhebung der Zünfte in beiden Ländern.
1862	Abschaffung der geistlichen Schulaufsicht und Gleichberechtigung der Juden in Baden.
24. Juli 1866	Gefecht bei Tauberbischofsheim: Baden und Württemberg sind gegen Preußen verbündet.
16. August 1866	Abschluss von Schutz- und Trutzbündnissen zwischen Preußen einerseits und Baden und Württemberg andererseits.
1870/71	Teilnahme der Truppen beider Länder am Deutsch-Französischen Krieg. Eintritt als Bundesstaaten in das Deutsche Reich. Württemberg kann sich einige Reservatrechte im Bereich Post und Bahn und im Steuerrecht sichern.
1876	Simultanschule in Baden.
1886	Gottlieb Daimler und Karl Benz erhalten Patente auf einen schnelllaufenden Benzinmotor bzw. auf einen Motorwagen.
1891/1895	Die ersten Abgeordneten der SPD im badischen und im württembergischen Landtag.
1891–1918	König Wilhem II. von Württemberg (1848–1921).

1900/1904	Frauen werden in Baden und Württemberg zum Universitätsstudium zugelassen.
1904/1906	Verfassungsreformen in Baden und Württemberg. Die entscheidenden Zweiten Kammern werden ausschließlich vom Volk gewählt. Es gibt dort keine privilegierten Abgeordneten mehr.
1905	»Großblock« in Baden: Wahlbündnisse der Nationalliberalen und der Demokraten mit der SPD.
1907–1918	Großherzog Friedrich II. von Baden (1857–1929).
1914–1918	1. Weltkrieg.
9./10. November 1918	Ausrufung der Republik. Abdankung der Monarchen.
1919–1930	Kehl französisch besetzt.
1920	Während des Kapp-Putsches flüchtet die Reichsregierung nach Stuttgart; die Nationalversammlung wird nach Stuttgart einberufen.
1920–1922	Vorschläge und Programme für eine Vereinigung der Länder Baden und Württemberg.
26. August 1921	Ermordung des Reichsfinanzministers Matthias Erzberger (1875–1921) in Bad Griesbach.
29. Januar 1923–August 1924	Während des Ruhrkampfs französische Besetzung von Appenweier und Offenburg sowie der Rheinhäfen Karlsruhe und Mannheim. Die Eisenbahnstrecke nach Südbaden ist unterbrochen, ebenso die Schifffahrt auf dem Rhein.
1924–1928	Sog. »Goldene Zwanziger«: Allmähliche wirtschaftliche Erholung. Das Wachstum ist in Württemberg etwas stärker als in Baden (Grenzlage, entmilitarisierte Zone). Durch die Inflation Verarmung des Mittelstandes in beiden Ländern.
Januar 1924	Aufhebung von 13 der 53 Bezirksämter in Baden.

1929–1932	Die Polarisierung der Wählerschaft nimmt zu. Die KPD wird stärker auf Kosten der SPD. Die NSDAP profitiert vom Rückgang der Konservativen und v. a. von der Abnahme der Nichtwähler.
Mitte 1932	Nur in Baden funktioniert das parlamentarische System noch. In Württemberg und im Reich wird ausschließlich mit Notverordnungen regiert.
30. Januar 1933	Hitler wird Reichskanzler.
5. März 1933	Reichstagswahl. 45% in Baden, 42% in Württemberg wählen NSDAP. SPD und Zentrum erzielen zwar gleichfalls Stimmengewinne, dennoch erleiden sie prozentuale Verluste. Die KPD ist, weil verboten, nicht wählbar; zugleich können NSDAP, aber auch das Zentrum die bisherigen Nichtwähler stärker aktivieren. Beginn willkürlicher Verhaftungen v. a. von Kommunisten und Sozialdemokraten.
7. März 1933	Besetzung des Süddeutschen Rundfunks und Entlassung des Programmleiters.
8. März 1933	NS-Gauleiter Robert Wagner wird Reichspolizeikommissar und später Reichsstatthalter in Baden. Die Regierung besteht nur aus NSDAP-Migliedern.
15. März 1933	NS-Gauleiter Wilhelm Murr wird vom Landtag zum württembergischen Staatspräsidenten gewählt. Er regiert nominell mit einer Koalition aus NSDAP, DNVP und Bauernbund.
1. April 1933	Erster reichsweiter Boykott jüdischer Geschäfte, der Anfang der Entrechtung, Beraubung und Ausgrenzung der Juden in Deutschland.

Frühjahr 1933	Einrichtung von sog. »Schutzhaftlagern« in Kislau, Ankenbuk, Heuberg, später auch in Ulm (Oberer Kuhberg) und Welzheim. Kommunisten, Sozialdemokraten, Gewerkschafter und andere, bisher im Sinne der Weimarer Republik politisch tätige Frauen und Männer werden dort ohne Verfahren und unter entwürdigenden Bedingungen festgehalten.
März–Juli 1933	»Gleichschaltung« des politischen Lebens in beiden Ländern. Verbot und Selbstauflösung aller Parteien.
Februar–Dezember 1933	Rückgang der Arbeitslosigkeit in Baden um ein Viertel, in Württemberg fast um die Hälfte.
17. Mai 1933	Bücherverbrennung in Heidelberg.
27. Mai 1933– 1. Mai 1934	Martin Heidegger Rektor der Universität Freiburg.
30. Januar 1934	Aufhebung der Länder und der Landtage. Die ehemaligen Länderministerien führen nur noch Verordnungen der Reichsministerien aus.
7. Februar 1934	Eingliederung der evangelischen Jugend in Württemberg in die Hitlerjugend. Dasselbe geschieht am 4. März in Baden.
März 1934	Der württembergische Landesbischof Wurm kündigt die bisherige Zusammenarbeit mit der »Reichskirchenleitung« unter »Reichsbischof« Ludwig Müller auf.
29. März 1934	Der sozialdemokratische Politiker und ehemalige badische Minister Ludwig Marum (1882–1934) wird im KZ Kislau ermordet.
6. Oktober 1934	Bischof Wurm wird seines Amtes enthoben und unter Hausarrest gestellt. Diese Maßnahmen werden nach Protesten Ende Oktober aufgehoben.
November 1934	Der badische Oberkirchenrat widerruft den Beitritt zur »Deutschen evangelischen Kirche«.
1936	Verkleinerung der Zahl der Bezirksämter in Baden von 40 auf 27.

7. März 1936	Einmarsch deutscher Truppen in die entmilitarisierte Zone. Viele badische Städte werden wieder Garnisonsstädte.
1937	Eröffnung der Autobahnabschnitte Bruchsal–Karlsruhe, Karlsruhe–Pforzheim und Stuttgart–Ulm.
Juni 1937	Aufhebung der Konfessionsschulen in Württemberg.
28. Mai 1938	Beginn des Westwall-Baus: Über eine Million Arbeiter sind beschäftigt, die Hälfte der deutschen Zementproduktion wird dort verbraucht.
24. August 1938	Bischof Joannes Baptista Sproll wird aus der Diözese Rottenburg ausgewiesen.
1. Oktober 1938	Kreisreform in Württemberg: Aus 62 Oberämtern werden 32 Landkreise.
9./10. November 1938	In der Reichspogromnacht werden Ausschreitungen gegen Juden und jüdische Einrichtungen organisiert: Niederbrennung der Synagogen, Demolierung jüdischer Geschäfte und Verwüstung jüdischer Friedhöfe.
1939	Die badischen Bezirksämter werden zu Landratsämtern und damit zu Selbstverwaltungskörperschaften.
5. April 1939	Einführung des »Weltanschaulichen Unterrichts« in den württembergischen Schulen anstelle des Religionsunterrichts.
1. September 1939	Zu Beginn des 2. Weltkriegs Räumung der »roten Zone«, die in Reichweite der französischen Geschütze lag. Ab Juni 1940 konnten die Evakuierten zurückkehren.
18. Januar–13. Dezember 1940	In der Tötungsanstalt Grafeneck bei Münsingen werden 10684 geistig behinderte und psychisch kranke Menschen aus allen Kliniken im Südwesten umgebracht.
5. Juni 1940	Beginn der Luftangriffe auf Mannheim. Dort gingen im Laufe des Krieges mehr als 30% aller über Baden-Württemberg abgeworfenen Bomben nieder.

1940–1945	Neben Kriegsgefangenen kommt eine große Anzahl v. a. polnischer, ukrainischer und russischer Zwangsarbeiter ins Land, die unter meist unmenschlichen Bedingungen in Industrie und Landwirtschaft arbeiten müssen.
22. Oktober 1940	Abtransport von über 5900 Juden aus Baden in das KZ Gurs in Südfrankreich.
4. November 1944	Der Luftangriff auf Heilbronn fordert über 6000 Tote.
23. Februar 1945	In Pforzheim sterben etwa 20000 Menschen bei Luftangriffen.
23. März 1945	Die US-Armee überschreitet bei Oppenheim den Rhein.
31. März 1945	Französische Truppen überqueren bei Speyer den Rhein.
29. April 1945	Der Krieg ist im Südwesten zu Ende.
8. Mai 1945	Bedingungslose Kapitulation: Die Besatzungsmächte übernehmen die Staatsgewalt in Deutschland.
11. Mai 1945	Provisorischer Württembergischer Gewerkschaftsbund gegründet.
Juni 1945	Anfänge von Radio Stuttgart, des Senders der Militärregierung.
22. Juni 1945	Abkommen zwischen USA und Frankreich. Die Franzosen räumen Karlsruhe und Stuttgart und ziehen sich in die Landkreise südlich der Autobahn Stuttgart–Ulm zurück.
Juli 1945	Aufbau einer getrennten Verwaltung für (Süd)Baden und Württemberg-Hohenzollern.
September/Oktober 1945	Neugründung von Parteien: KPD, SPD, Demokratische Volkspartei (Liberale) und CDU. Das Zentrum entsteht nicht mehr neu.
24. September 1945	Zusammenschluss von Nordwürttemberg und Nordbaden zum Land Württemberg-Baden. Vereidigung der ersten gemeinsamen Landesregierung unter Ministerpräsident Reinhold Maier.

16. Oktober 1945	Carlo Schmid wird 1. Vorsitzender des Staatssekretariats für das französisch besetzte Gebiet Württembergs (Württemberg-Hohenzollern).
18./19. Oktober 1945	»Stuttgarter Schuldbekenntnis« des Rates der Evangelischen Kirche in Deutschland.
Frühjahr 1946	Beginn des Südwestfunks als Rundfunk für die französische Zone (Sitz: Baden-Baden).
24. November 1946	Annahme der ersten Verfassung von Württemberg-Baden durch Volksentscheid.
18. Mai 1947	Volksabstimmung über die Verfassung und 1. Landtagswahlen in Württemberg-Hohenzollern. Volksentscheid über die Verfassung des Landes (Süd)Baden.
6. September 1947	Stuttgarter Rede von US-Außenminister James Byrnes: Neuorientierung der amerikanischen Deutschlandpolitik.
1. Juli 1948	Die westlichen Alliierten erteilen im Frankfurter Dokument Nr. 2 den elf Ministerpräsidenten den Auftrag, Vorschläge zur Neugliederung der Länder zu machen.
2./3. August 1948	Treffen der drei südwestdeutschen Regierungen auf dem Hohenneuffen.
23. Mai 1949	Verkündigung des Grundgesetzes der Bundesrepublik Deutschland. Artikel 118 sieht eine Neugliederung des Südwestens durch Bundesgesetz vor.
25. April 1951	Zweites Neugliederungsgesetz im Bundestag verabschiedet.
9. Dezember 1951	Volksabstimmung über den Südweststaat. In Nordbaden, Nordwürttemberg und Südwürttemberg-Hohenzollern ergibt sich eine klare Mehrheit für den Südweststaat, in Südbaden eine Mehrheit für die Wiederherstellung der alten Länder.
25. April 1952	Konstituierung der neuen Regierung und damit des neuen Bundeslandes Baden-Württemberg.
1952–1953	Reinhold Maier (1889–1971) ist Ministerpräsident.

1953–1958	Gebhard Müller (1900–1990) ist Ministerpräsident.
30. Mai 1956	Das Bundesverfassungsgericht ordnet eine erneute Volksabstimmung im badischen Landesteil an.
1958–1966	Kurt Georg Kiesinger (1904–1988) Ministerpräsident.
1966	Gründung der Universität Konstanz.
1966	Große Koalition aus CDU und SPD. Die Schulfrage im ehemaligen Württemberg-Hohenzollern wird gelöst. Konfessionelle Privatschulen mit staatlicher Unterstützung können errichtet werden. Bisherige konfessionelle Bekenntnisschulen werden Privatschulen. Ende der konfessionellen Lehrerbildung.
1966–1978	Hans Filbinger (geb. 1913) ist Ministerpräsident.
1967	Gründung der Universität Ulm und der zweiten Medizinischen Fakultät der Universität Heidelberg in Mannheim.
1967–1973	Studentenbewegung an den deutschen Hochschulen, in Baden-Württemberg besonders in Heidelberg, Freiburg und Tübingen.
7. Juni 1970	Im badischen Landesteil wird noch einmal abgestimmt. Fast 82% der Abstimmenden entscheiden sich für den Fortbestand des Landes Baden-Württemberg.
22. Juli 1971	Gesetz zur Verwaltungsreform: Von 63 Landkreisen bleiben 35, von 9 Stadtkreisen 8 und von ca. 3300 Gemeinden ca. 1100.
1974	Erstes Umweltprogramm der Landesregierung.
26. März–5. Juni 1977	Die Ausstellung »Die Zeit der Staufer«, veranstaltet anlässlich des 25-jährigen Landesjubiläums, wird mit 671 000 Besuchern ein unerwarteter Erfolg.
7. April 1977	Ermordung von Generalbundesanwalt Siegfried Buback (1920–1977) durch RAF-Terroristen in Karlsruhe.

18./19. Oktober 1977	Selbstmord der RAF-Terroristen Andreas Baader, Gudrun Enßlin, Jan Carl Raspe im Gefängnis in Stammheim. Der am 5. September in Köln entführte Arbeitgeberpräsident Hanns-Martin Schleyer (1915–1977) wird im Elsass ermordet aufgefunden.
1978–1991	Lothar Späth (geb. 1937) ist Ministerpräsident.
Sommer 1983	Nach langer öffentlicher Diskussion wird das geplante Kernkraftwerk Wyhl nicht gebaut.
1983/1984	Anhaltende Proteste der Friedensbewegung v. a. vor dem Depot Mutlangen (Ostalbkreis) gegen die Nachrüstung der NATO mit Mittelstreckenraketen.
1984	Schließung der Pädagogischen Hochschulen Esslingen und Lörrach.
1985	Gründung des Museums für Technik und Arbeit in Mannheim.
1987	Ein eigenes Umweltministerium wird geschaffen.
1988	Schließung der Pädagogischen Hochschule Reutlingen.
1991	Erwin Teufel (geb. 1939) wird Ministerpräsident.
1991	Eisenbahnneubaustrecke Stuttgart–Mannheim fertig gestellt.
1992	Die Partei der Republikaner im Landtag.
1997	Zusammenschluss von Süddeutschem Rundfunk (SDR) und Südwestfunk (SWF) zum Südwestrundfunk (SWR).
1999	Fusion der L-Bank, der Südwest-Landesbank und der Landesgirokasse zur Landesbank Baden-Württemberg.
2001	Ausscheiden der Republikaner aus dem Landtag.
2002	Eröffnung des Hauses der Geschichte Baden-Württemberg.

Professor Dr. Otto Borst (1924–2001)*

Geistige Arbeit will uns selber haben. Denn darin liegt ihre Qual und ihr Glück«. Mit diesem Satz beendete Otto Borst 1983 seine Festrede, die er aus Anlass des fünfundsiebzigjährigen Bestehens des Geschichts- und Altertumsvereins Esslingen im Alten Rathaus gehalten hat. Ein Wort dieser Art könnte als Überschrift über dem Leben des Wissenschaftlers und Lehrers Otto Borst stehen, denn immer gehörte seine Person zu seinem Forschen, Lehren und Organisieren.

Geboren am 30. Juli 1924 im Pfarrhaus in Waldenburg und aufgewachsen im Dekanat in Langenburg, blieb die Beziehung zu Landschaft, Geschichte und Menschen des Hohenlohischen zeitlebens erhalten. Der altwürttembergischen Wortkultur begegnete er später im Eberhard-Ludwigs-Gymnasium in Stuttgart und vor allem im Evangelisch-theologischen Seminar in Schöntal. Von seiner Schulzeit dort erzählte er immer wieder, und die Beziehung zu seinen Schöntaler Kompromotionalen hatte lebenslangen Bestand. Noch sein Dankesbrief für die Glückwünsche zum 75. Geburtstag enthielt eine Erinnerung an Schöntal. 1941 schloss die NS-Regierung die Seminare, daher kam er nicht mehr nach Urach, sondern vollendete seine Schulzeit in Tübingen. Von 1942 bis 1945 folgten Kriegsjahre und Gefangenschaft; erst im Wintersemester 1945/46 konnte er mit dem Studium beginnen, anfänglich Theologie, dann Deutsch, Geschichte und Latein. Seinen Freundeskreis im Studium fand er bei der Verbindung »Normannia«, deren Mitglieder seit über 100 Jahren zum württembergischen Bildungsbürgertum gehörten. Wenn die Rede

* Erstdruck in: Esslinger Studien Zeitschrift 42, 2003. S. 7–12

auf seine Tübinger Studienzeit kam, fielen Namen wie der des Latinisten Otto Weinreich oder die der Germanisten Hermann Schneider und Paul Kluckhohn, bei denen er 1954 – schon im Schuldienst stehend – mit einem wirkungsgeschichtlichen Thema aus der Romantik promovierte (»Friedrich von Hardenbergs Wirkungen in der zweiten und dritten Phase der deutschen Romantik«).

Wichtiger aber wurde für ihn mehr und mehr die Begegnung mit dem Historiker Rudolf Stadelmann (1902–1949). Früh vollendet, genialisch veranlagt, hat dieser Gelehrte zu denen gehört, die die Vergangenheit nach 1945 neu befragten und bestimmten. Er kombinierte erfolgreich Methoden der Geistes- und Sozialgeschichte. Borst ist diesem rhetorisch mitreißenden und glänzend formulierenden Lehrer gefolgt. Stadelmanns Bild hing deshalb auch in seinem Dienstzimmer in der Pädagogischen Hochschule, neben denjenigen von Jakob Burckhardt und Golo Mann.

Damit sind zwei Vorbilder genannt, die für ihn große Bedeutung besaßen. Der Basler Polyhistor lehrte Skepsis gegen allen national verbrämten und übersteigerten Nationalismus – nach 1945 ohnehin nicht mehr aktuell – und ermutigte dazu, nicht nur nach politischen Taten zu fragen, sondern ebenso nach Geist, Wirtschaft, Sprache und Gestik einer Zeit. An Golo Mann bewunderte Borst die Fähigkeit, Geschichte verständlich formuliert, doch wissenschaftlich fundiert, darzustellen. Es bedeutete ihm viel, als Golo Mann ihm 1973 zu seinem Stuttgart-Buch mit den Worten gratulierte: »Es ist in der Tat Geschichtsschreibung, wie sie mir liegt, wie ich sie liebe. Erzählte Geschichte, mithin unterhaltend und spannend bei aller wissenschaftlichen Gründlichkeit, vielmehr dank aller wissenschaftlicher Gründlichkeit«.

Neben Jakob Burckhardt und Golo Mann muss sicher auch Theodor Fontane genannt werden, der in seinen Werken »wandernd« alte und neue Städte, dazu Landschaften und Menschen mit kritischer Distanz, aber sprachlich und inhaltlich mit großem Verständnis seinen Zeitgenossen vorgestellt hat – eine Form der Darstellung, die Borst gleichfalls meisterhaft beherrschte. Demgegenüber lehnte er modischen, in der Geschichtswissenschaft und der Geschichtsdidaktik lange Zeit als »kritisch« bezeichneten Jargon als

»Seminarstil« ab. Wissenschaft muss verständlich bleiben, wenn sie wirksam sein soll.

Nach Abschluss von Studium und Referendarzeit kam der zwischenzeitlich mit Ruth Frick verheiratete Borst – aus dieser Ehe gingen zwei Kinder hervor – 1952 als Studienassessor nach Stuttgart und 1953 nach Esslingen an das traditionsreiche Georgii-Gymnasium. Die Jahre dort bis 1971 blieben Schülern und Kollegen in bester Erinnerung, nicht nur wegen des Unterrichts, sondern ebenso durch besondere Höhepunkte im Schulleben wie Theater- und Opernaufführungen, die unter seiner Leitung oder tätigen Mitwirkung über die Bühne gingen. Mit der Übernahme des Stadtarchivs Esslingen im Jahr 1955 – neben der Tätigkeit in der Schule – trat er in die Nachfolge ein von Männern wie Karl Pfaff, Paul Eberhardt und Erwin Haffner. Er setzte so, wie er in seinem Nachruf auf Haffner schreibt, die »Esslinger Tradition der Personaleinheit zwischen Historiker, Erzieher und Archivar« fort. Wie bei diesen seinen Vorgängern, die gleichfalls nicht aus Esslingen stammten, bedeutete auch für ihn der Amtsantritt als Stadtarchivar die Hinwendung zur Esslinger Geschichte. Hatte er vorher nur kleinere Beiträge zur Geschichte des Hohenloher Landes verfasst, so traten jetzt Esslinger Themen in den Vordergrund. Er legte zunächst nur kurze Artikel in der Esslinger Zeitung und im Veranstaltungskalender der Stadt zu vielerlei Themen vor, vor allem zu Karl Pfaff und der Sängerbewegung, zur Geschichte des Stadtarchivs und zur Industrialisierung, womit er wissenschaftlich völliges Neuland betrat. Daneben entstanden mehrere Auflagen des zusammenfassenden »Breviers« der Esslinger Kunst und Geschichte sowie mehrere umfangreiche Monographien zur Wirtschafts- und Verkehrsgeschichte (»Die Pliensaubrücke« 1971) und zur Kultur- und Geistesgeschichte (»Über Alt-Esslingen« 1969 und »Buch und Presse in Esslingen am Neckar« 1975). Als Höhepunkt und in gewisser Weise auch Abschluss seiner Bemühungen um die Esslinger Geschichte erschien 1977 zum 1200-jährigen Stadtjubiläum eine umfangreiche Monographie zur Stadtgeschichte (»Geschichte der Stadt Esslingen am Neckar« 1977). Dieses Werk hat in der allgemeinen stadtgeschichtlichen Literatur nicht viele Parallelen, denn kaum einem einzelnen Historiker gelingt es mehr, die gesamte Vergangenheit eines bürgerlichen Gemeinwesens von seinen frühmittelalterlichen Anfängen bis zu den Jahren »im Zwang der Zuwachsrate« – so die vorletzte Kapitelüberschrift – zu erforschen und zu beschreiben.

Aber nicht nur über Esslingen, sondern auch über die Geschichte anderer Städte und Gemeinden legte er Monographien vor – besonders das schon erwähnte Werk über Stuttgart fand große Beachtung.

Borst begnügte sich allerdings nicht mit seinen eigenen Forschungen, sondern er schuf auch Organe, in denen er und andere die Ergebnisse ihrer Bemühungen publizieren konnten. Zunächst geschah das in den »Eßlinger Studien«. Mit dem 10. Band wurde diese Zeitschrift zum Organ der »Arbeitsgemeinschaft für reichsstädtische Geschichtsforschung, Denkmalpflege und bürgerschaftliche Bildung«. Es ging hier nicht darum – wie oft vermutet –, sich »den Reichsstädter ins Knopfloch zu stecken« (Borst), sondern darum, die Stadtgeschichte aus einem lokalen Raum herauszuführen und die kulturellen sowie politischen Traditionen der ehemaligen Reichsstädte wieder ins Bewusstsein zu heben. Dabei sollte deutlich gemacht werden, dass es auch in der Spätzeit dieser Gemeinwesen nicht nur politische Erstarrung, Nepotismus und Schuldenwirtschaft gegeben hat. Borst beließ es allerdings nicht bei der forschenden und schreibenden Vermittlung von Geschichte. 1962 übernahm er die Geschäftsführung im Geschichts- und Altertumsverein Esslingen und organisierte zusammen mit der Volkshochschule umfangreiche Programme mit Vorträgen zur Geschichte der Stadt und des Umlandes.

Weil der Geschichts- und Altertumsverein auch die Trägerschaft des Stadtmuseums innehatte, engagierte sich Borst auch im Bereich des Umgangs mit den Sachzeugnissen der Esslinger Geschichte. Er betrieb mit anderen Vereinsmitgliedern zusammen die Neuaufstellung des Stadtmuseums im Alten Rathaus 1967 und setzte sich anschließend, von 1972 bis 1981, als Vereinsvorsitzender für ein neues, größeres Museum in einem eigenen historischen Gebäude in der Innenstadt ein. Neben seiner Tätigkeit im GAV muss auch sein langjähriges Engagement im Rotary-Club, im Verein der Freunde des Merkelschen Schwimmbades, im Verkehrsverein, im Dienstagskreis und für den Montagsstammtisch in der »Alten Kanzlei« bzw. im »Becher« in Stuttgart erwähnt werden.

Von seinen lokalen Forschungen und Erfahrungen ausgehend, beschäftigte er sich mit übergreifenden Fragen der Stadtgeschichte, vor allem mit Sichtweisen von »Stadt« oder »Städten« im Laufe der Geschichte. Hier wandte er die Fragestellungen seiner Dissertation auf den Gegenstand »Stadt« an. Grundsätzliche Ausführungen dazu legte er im ersten Kapitel seines Buches »Babel oder Jerusalem – Sechs Kapitel Stadtgeschichte« von 1984 nieder. Die Ziele der herkömmlichen Stadtgeschichtsforschung und seine gründlichen Reflexionen über den Stadtbegriff reichten Borst allerdings nicht aus. Nach dem Abschluss des Wiederaufbaus nach 1945 mussten die Restaurierung und Revitalisierung der alten Städte in Angriff genommen werden. Dazu brauchte man auch den Beitrag der Geschichte und zwar innerhalb eines Dialogs zwischen den an der Stadtsanierung beteiligten Disziplinen. Stadtsoziologen, Historiker, Denkmalpfleger, Architekten und Kommunalpolitiker mussten miteinander ins Gespräch kommen. Wie ein historischer Beitrag zur Sanierung einer alten Stadt aussehen kann, zeigte er in seinem Buch »Die Esslinger Altstadt, Materialien zu ihrer Erneuerung« 1972.

In Erweiterung der 1960 in Gengenbach gegründeten »Arbeitsgemeinschaft der Oberdeutschen Reichsstädte« rief Borst 1974 in Weißenburg (Bayern) die Arbeitsgemeinschaft »Die alte Stadt« ins Leben, der heute ca. 160 Mitgliedsstädte in Deutschland, Österreich, der Schweiz und in Südtirol angehören. Auf deren Tagungen, die er lange Jahre als Sekretär dieser Arbeitsgemeinschaft organisierte, fand und findet bis heute dieses interdisziplinäre Gespräch statt, wie Borst es sich wünschte. Hinzu kamen in derselben Zeit die Anfänge der wissenschaftlichen Zeitschrift »Die alte Stadt«. Es gibt im deutschen Sprachraum bis heute nur wenige Organe, die Interdisziplinarität so konsequent pflegen wie dies in der »alten Stadt« geschieht. Diese ganze Arbeit resultierte letztlich aus Borsts Auffassung von Geschichte überhaupt: Sie muss zur Identifikation der Menschen mit ihrer Gegenwart in der Stadt beitragen. Sie muss aber auch kritisieren und Alternativen aufzeigen, auf Vergessenes hinweisen und dadurch gleichfalls nützlich für die Gegenwart werden. Menschen müssen, um ihres Lebens in der Gegenwart willen, ihre Geschichte kennen und mit ihr umgehen.

Überblickt man die Zahl der Monographien und Aufsätze und berücksichtigt außerdem die bis 1977 währende Arbeit im Archiv sowie die große Zahl von Vorträgen und Reden, die Borst vor allem zu Stadtjubiläen gehalten hat, so fragt man sich, ob bei einem solchen Oeuvre überhaupt noch Zeit für die Berufsarbeit blieb. 1971 wurde er an die Pädagogische Hochschule Esslingen berufen und vertrat dort mit zwei weiteren Kollegen zusammen das Fach Geschichte. Seinen dienstlichen Aufgaben kam er mit großer Selbstverständlichkeit nach. Den Studierenden erschloss er mit Überzeugungskraft die politischen, kulturellen und sozialen Zusammenhänge vor allem des 18. bis 20. Jahrhunderts. Immer wieder bot er mit großem Zulauf Themen an wie »Das 18. Jahrhundert« oder »Staatsutopien«, »Industrialisierung« oder auch »Weimarer Republik« und »Nationalsozialismus«. Außerdem begleitete er pflichtgemäß jeden Dienstag in der Herderschule in Oberesslingen eine Gruppe Studierender in die Schulpraxis, in der sein Großvater als Rektor gewirkt hatte, und gehörte semesterlang diversen Hochschulgremien an. Zu den Höhepunkten des Hochschulprogramms gehörten die Exkursionen nach Wien, ins Elsass oder an den Bodensee. Hier wie auch sonst kam die gesellige Seite des Hochschullebens nicht zu kurz. Dabei erwies er sich nicht nur als gewandter Redner und Versemacher, sondern auch als begabter Musiker, der manches Lied auf dem Klavier begleiten konnte und dabei einen ordentlichen Tropfen nicht verschmähte.

»Für den mittlern Borst das letzte Zeichen – muss jetzt manches wohl dem späten weichen«. Dieser selbstironische Zweizeiler, mit dem er dem Verfasser dieses Nachrufes seine große Stadtgeschichte 1977 widmete, deutet an, dass die Esslinger Fragen von da an mehr in den Hintergrund traten. Im Gefolge der Stauferausstellung beschäftigte er sich intensiv mit mittelalterlichem Alltagsleben – das gleichnamige Buch, vor allem aus literarischen Quellen erarbeitet, erschien 1999 in der 11. Auflage. Eine gewisse Zäsur in seinem Leben, die eine weitere Distanz zu Esslingen mit sich brachte, bedeutete die Schließung der Pädagogischen Hochschule Esslingen im Jahr 1984. Unverständlich blieb ihm an diesem Vorgang, dass niemand von denen, die sich sonst für »Heimat« zuständig hielten, in die Diskussionen um die Aufhebung der ältesten Lehrerbildungseinrichtung im württembergischen Landesteil eingriff. Eine einhundertsiebzigjährige Bildungstradition wurde ausgelöscht in einer Sitzung, die kaum eine Viertelstunde gedauert hatte. »Für mich selbst war dieser Fall so etwas wie ein Schock, und den Festredensformeln von der guten Tradition misstraue ich seitdem abgrundtief«, formulierte er damals. In die neuen Aufgaben als Professor für Landesgeschichte an der Universität Stuttgart arbeitete er sich schnell ein und schuf sich dort, wie zuvor in Esslingen, einen interessierten und fähigen Schülerkreis, wie einige der in diesen wenigen Jahren seiner Stuttgarter Lehrtätigkeit entstandenen Wissenschaftlichen Hausarbeiten und Dissertationen beweisen. Es ist sicher seiner Person und seinem weit gespannten öffentlichen Wirken zuzuschreiben, dass seine Stelle 1989 zu einem ordentlichen Lehrstuhl für Landesgeschichte ausgebaut wurde.

Die Jahre seines Ruhestandes seit 1989 erfüllte vor allem seine Arbeit für das Haus der Geschichte Baden-Württemberg, dessen Eröffnung 2002 er leider nicht mehr erlebt hat. Von Anfang an gehörte er den Gremien an, die die Planung dieser Präsentation der Landesgeschichte der letzten 200 Jahre vorantrieben. Er wirkte als »Projektberater« mit, aber dieses technokratische Wort sagt nicht viel aus über seine Tätigkeit. Er arbeitete an den inhaltlichen Vorbereitungen mit, stellte Pressekontakte her, erläuterte und verteidigte vor Politikern und Öffentlichkeit die Zielsetzungen und die Inhalte dieser neuartigen Vermittlung von Geschichte. Für die Mitarbeiterinnen und Mitarbeiter wirkte er als guter Geist dieses Hauses, der mit seiner fachlichen und persönlichen Autorität ermutigte und neue Impulse setzte. Wie an den früheren Orten seines Wirkens schuf er auch in Stuttgart ein wissenschaftliches Forum für die Diskussion, die »Stuttgarter Symposien« und eine dazugehörige Schriftenreihe, in der die Forschungsergebnisse einer breiteren Öffentlichkeit zugänglich gemacht wurden. Der »Schwäbischen Gesellschaft«, 1919 von Robert Bosch gegründet und inzwischen etwas in die Jahre gekommen, hauchte er neues Leben ein. Die Themen der Vorträge wurden aktualisiert und die Manuskripte unter seiner Redaktion im Druck verbreitet. In einem letzten großen Werk, einer Geschichte Baden-Württembergs, wollte er die Forschungen und Erkenntnisse seiner über fünfzigjährigen Arbeit in Wissenschaft und Lehre zusammenfassen. Das ist ihm zu Lebzeiten versagt geblieben. Es ist dankenswert, dass dieses unvollständige Werk nach seinen Unterlagen nunmehr vollendet wurde und der Öffentlichkeit übergeben werden kann.

Ein so langes und reiches Leben angemessen zu würdigen, fällt schwer. Otto Borst war ein erfolgreicher Forscher und Organisator von Wissenschaft, aber ebenso ein begnadeter Lehrer und Erzähler, ein Meister des Worts, humorvoll, gesellig und den Menschen, die ihm nahe standen und die ihm anvertraut waren, zugewandt. Nicht unbedingt ein Mann der »Historikerzunft«, wohl aber einer, der den Leuten verständlich und umfassend ihre Geschichte erklärte und ihnen deutlich machte, welche Bedeutung sie in ihrem Leben hat. Mehr kann ein Historiker und Lehrer nicht leisten.

Rainer Jooß

Auswahlbibliographie

BORST, OTTO, Alte Städte in Württemberg, 2. Aufl., München 1974

BORST, OTTO, Babel oder Jerusalem? Sechs Kapitel Stadtgeschichte. Im Auftrag der Arbeitsgemeinschaft »Die Alte Stadt«. Hrsg. v. Helmut Böhme, Eberhard Jäckel und Rainer Jooß, Stuttgart 1984

BORST, OTTO, Dichtung und Literatur, in: Das Dritte Reich in Baden und Württemberg (Stuttgarter Symposion 1), Stuttgart 1988, S. 183–210, 313–316

BORST, OTTO, Die Epoche und ihre schwäbisch-alemannische Variante, in: Aufruhr und Entsagung. Vormärz 1815–1848 in Baden und Württemberg. Hrsg. v. Otto Borst (= Stuttgarter Symposion 2), Stuttgart 1992, S. 10–43, 445–450

BORST, OTTO, Geschichte der Stadt Esslingen am Neckar, 3. Aufl., Esslingen 1978

BORST, OTTO, Identität und Integration, in: 40 Jahre Baden-Württemberg. Versuch einer historischen Bilanz (1952–1992). Colloquium am 2. 7. 1992 in Freiburg im Br. Hrsg. v. Meinrad Schaab (Veröff. d. Komm. f. geschichtliche Landeskunde Baden-Württemberg B 134), Stuttgart 1992, S. 1–33, 99–102

BORST, OTTO, Die Kehrseite: Baurs schwäbische Historische Schule, in: Aufruhr und Entsagung. Vormärz 1815–1848 in Baden und Württemberg. Hrsg. v. Otto Borst (= Stuttgarter Symposion 2), Stuttgart 1992, S. 336–365, 485–490

BORST, OTTO, Die Kulturbedeutung der oberdeutschen Reichsstadt am Ende des alten Reiches, in: Blätter für deutsche Landesgeschichte 100, 1964, S. 159–246

BORST, OTTO, Leben in einer sich ändernden Welt [Vortrag, gehalten am 19. November 1998], in: Schwäbische Gesellschaft. Schriftenreihe 27–29, 1999, S. 25–37

BORST, OTTO, Leitbilder und geistige Antriebskräfte, in: Wege in die Welt. Die Industrie im deutschen Südwesten seit dem Ausgang des 18. Jahrhunderts. Hrsg. von Otto Borst, Stuttgart 1989, S. 1–50

BORST, OTTO, Musik und Kult, in: Das Dritte Reich in Baden und Württemberg (Stuttgarter Symposion 1), Stuttgart 1988, S. 272–289, 325 f.

Borst, Otto, Schule des Schwabenlandes. Geschichte der Universität Stuttgart (= Die Universität Stuttgart 1), Stuttgart 1979

Borst, Otto, Der schwäbische Stil (Schwäbische Gesellschaft. Schriftenreihe 1), Esslingen 1989

Borst, Otto, Schwäbische Frühsozialisten, in: Aufruhr und Entsagung. Vormärz 1815–1848 in Baden und Württemberg. Hrsg. v. Otto Borst (= Stuttgarter Symposion 2), Stuttgart 1992, S. 147–169, 463–466

Borst, Otto, Silvester 1900, in: Ein Jahrhundert beginnt. Baden und Württemberg 1900 bis 1914. Hrsg. v. Haus der Geschichte Baden-Württemberg durch Otto Borst (Stuttgarter Symposion 6), Tübingen 1996, S. 7–19

Borst, Otto, Stuttgart, Die Geschichte der Stadt, 3., durchges. u. erw. Aufl., Stuttgart/Aalen 1986

Borst, Otto, Vorstufen Baden-Württembergs. Hegel und die Folgen, in: Schwäbische Gesellschaft. Schriftenreihe 9, 1992, S. 3–30.

Borst, Otto, Die wirtschaftlichen Führungsschichten in Württemberg zwischen 1790 und 1850, in: Führungskräfte der Wirtschaft in Mittelalter und Neuzeit 1350–1850. Hrsg. v. Herbert Helbig (= Deutsche Führungsschichten in der Neuzeit 6), Limburg (Lahn) 1973, S. 229–279

Borst, Otto, Die Wissenschaften, in: Das Dritte Reich in Baden und Württemberg (Stuttgarter Symposion 1), Stuttgart 1988, S. 149–182, 304–313

Borst, Otto, Württemberg. Geschichte und Gestalt eines Landes, 2. Aufl., Konstanz 1980

Borst, Otto, Zur Verfassung und Staatlichkeit oberdeutscher Reichsstädte am Ende des alten Reiches, in: Esslinger Studien 10, 1964, S. 106–194